한국의 정치사회적 지배담론과 민주주의 동학

—한국 민주주의와 사회운동의 동학(3)

The Politico-Social Dominant Discourses and Dynamics of Democracy in Korea

이 책은 성공회대학교 사회문화연구소가 한국학술진흥재단의 지원으로 수행하고 있는 1999년 중점연구소 지원과제 〈한국 자본주의의 발전과 사회구성의 변화〉 가운데, 제2 세부과제 : 〈한국 민주주의의 구조와 동학 : 정치사회 및 시민사회운동조직의 변화 · 담론 · 대안〉의 제2단계 연구인 〈한국의 정치사회적 담론 변화와 민주주의의 동학〉(KRF-2001-005-C20012)의 첫 번째 연구 성과물입니다.

한국의 정치사회적 지배담론과 민주주의 동학

─한국 민주주의와 사회운동의 동학(3)

The Politico-Social Dominant Discourses and Dynamics of Democracy in Korea

조 희 연 편

함께읽는책

차 례

'한국사회 재인식 시리즈' 두 번째를 내면서

　성공회대 사회문화연구소가 학술진흥재단 중점 연구소 연구 프로젝트의 지원 속에서 〈한국 사회 재인식 시리즈〉 공동 연구를 시작한 지도 어언 4년의 시간이 흘렀다. 우리는 산업화, 민주화, 시민사회 발전의 복합적 과정으로서의 한국 현대사를 새로운 지평에서 재인식하고자 하는 목적에서 연구를 진행하였다. 한국 현대사에 대한 두 가지 연구 과제는 한편에서는 현대사에 대한 사실적 연구의 심화와 다른 한편에서는 현대사의 새로운 재해석 및 일반이론화라고 할 것이다. 우리는 특별히 후자의 관점에서 기존의 연구들을 뛰어넘어 한국현대사의 해석적 재인식을 시도하였다.

　지난번 〈한국 사회 재인식 시리즈〉 발간 첫 번째 글에서도 밝힌 것처럼, 1999년 말부터 총 6년간에 걸쳐 진행되는 이 공동 프로젝트는 한국 자본주의 발전에 따르는 사회구성의 변화를 탐색하고 대안을 모색하는 것을 대주제로 하여, 다음과 같이 경제(자본주의)·정치(민주주의)·사회(시민사회)의 세 가지 세부 주제영역으로 구성되어 있다.

　전체 주제 : 자본주의 발전과 사회구성의 변화—자본주의, 민주주의, 시민사회의 구조 변화
　제1 세부과제 : 한국 자본주의 발전모델의 구조와 동학
　제2 세부과제 : 한국 민주주의의 구조와 동학
　제3 세부과제 : 한국 시민사회의 구조 변화와 사회정책

　이러한 전체 구성 속에서 우리는 공동 연구를 단계별로, 즉 '역사적·

구조적 분석'(1단계 2년), '담론 분석'(2단계 2년), '대안 분석'(3단계 2년) 등으로 진행하기로 했다. 그리하여 1단계 2년 동안의 연구 성과는 4권의 책―『한국 자본주의 발전모델의 형성과 해체』, 『한국 민주주의와 사회운동의 동학』, 『한국 시민사회의 변동과 사회문제』, 『국가폭력, 민주주의 투쟁, 그리고 희생』―으로 발간되었으며, 이제 2단계 2년 동안의 연구 성과 일부를 모아 다시 3권의 책으로 출간하게 되었다.

지난 2년 동안 우리는 '담론 분석'의 방법을 통해, 한국의 자본주의 · 민주주의 · 시민사회에 대한 연구를 수행하였다. 그 과정에서 우리는 자본주의, 민주주의, 시민사회의 객관적 변화 과정은 동시에 담론의 변화 과정이라는 점을 확인할 수 있었다. 이런 점에서 우리가 1단계에서 분석한 한국 근현대 사회변동의 객관적 과정은 현실적인 정치 · 경제 · 사회적 이슈들을 둘러싸고 복합적이고 다층적인 투쟁이 전개된 과정이자, 동시에 '담론정치'(politics of discourse)의 역동적 과정―담론을 둘러싼 투쟁의 과정―이었다. 즉, 한국 현대사의 전과정은 집권세력을 포함한 지배집단이 자신들의 이해를 정당화하고 사회구성원들로부터 정당성과 지지를 확보하기 위한 정치적 상징과 가치, 의미체계를 생산하는 과정일 뿐만 아니라, 대항적 세력이나 집단들의 저항적 응전을 포함하는 복합적 과정이라고 할 수 있다는 것이다. 그리고 그것은 담론을 둘러싼 헤게모니적 길항 과정이라고도 표현할 수 있을 것이다. 결국 우리의 2단계 공동연구작업은 1단계에서 분석하였던 내용을 '담론'이라는 프리즘으로 '재인식'하는 작업이 된다.

이상의 내용을 〈그림〉으로 표현하면 다음과 같다.

'조직화된 말'로서 담론이라고 하는 것은, 한 사회에 존재하는 다양한 정치 · 경제 · 사회적 행위자들이 자신들이 추구하는 목표를 정당화하기 위해 창출하는 논리성을 갖는 언술체계 혹은 넓은 의미에서의 지식체계라고 할 수 있다. 이 담론은 모든 논리가 그러하듯이 '설득'의 힘을 갖는

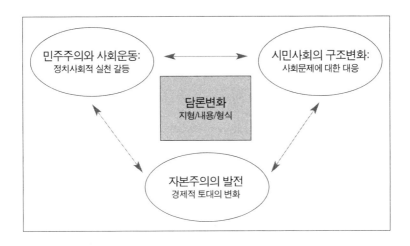

것이고, 타인의 사고와 인식을 자신의 논리 속에서 포섭화하는 성격을 가지고 있다. 그것은 논리에 의한 종속의 효과를 의미한다. 푸코가 권력의 이면을 지식으로 파악한 것도 바로 이러한 의미를 갖는다고 하겠다.

이러한 문제 의식 아래 〈자본주의〉라는 문제영역을 다루고 있는 제1세부과제는, 산업화 시기 한국자본주의 역사를 국가와 계급관계를 중심에 두고 주제별, 제도영역별로 통시적으로 다룬 연구 성과들을 묶었으며(I부), 아울러 '한국 자본주의의 체제이념과 경제정책 담론'이라는 새로운 연구주제 아래 산업화시기 경제정책의 이념이 형성되는 과정과 대립을 다룬 연구 성과들을 일부 묶어서(II부) 이번 책(시리즈 ⑤)을 출간하게 되었다. I부에 실린 연구들이 한국경제를 연구하기 위한 방법론을 개발하고 연구의 기초인 시기구분의 문제를 해결하려는 목표를 가지고 제도변화의 측면에서 한국 자본주의의 구체적인 역사를 재구성하는 과정이었다고 한다면, 이와는 달리 II부의 연구는 산업화 시기 한국의 경제정책 이념이 어떻게 형성되었는가를 검토하려는 연구라고 할 수 있다.

〈민주주의〉문제를 '담론의 정치'라는 관점에서 다루고 있는 제2세부과제는, 해방 이후 한국 사회의 정치경제적 변동과 다층적인 계급적 · 사회적 투쟁에 상응하여 정치사회적 담론 구도가 각 시기별로 왜, 그리고 어떻게 변화하는지를 밝혀보려는 것을 기본 목표로 하여 공동연구를 진행하였다. 그것은 기본적으로 '담론의 동학'(dynamics of discourses)에 대한 구체적 분석이자, 동시에 한국 민주주의의 실체에 대한 규명 작업으로서의 의미를 지닌다고 할 수 있다. 지배담론 연구와 저항담론 연구를 연차별로 구분한 제2세부과제의 경우는, 먼저 정치사회적 지배담론─반공주의, 성장 · 발전주의, 국가주의, 자유민주주의, 지역주의, 국제경쟁, 가족주의─에 대한 구체적 분석을 이번에 책(시리즈 ⑥)으로 출간하게 되었다. 그리고 민주주의 논쟁, 파시즘 논쟁, 변혁주체 논쟁, 진보정치세력화 논쟁, 사회주의 논쟁, '진신' 논쟁, 자본주의 논쟁, 노동위기 논쟁, 미국/북한 논쟁 등으로 구성된 정치사회적 저항담론에 대한 연구 성과는 올 연말까지 시리즈 ⑧로 출간될 예정이다.

지난 2년간 '통합과 배제의 사회정책과 담론'를 주제로 〈시민사회〉 영역을 접근해 온 제3세부과제의 경우, 이번에 한국 사회에서 전개되고 있는 여러 형태의 담론투쟁들을 분석하는 연구를 시리즈 ⑦의 단행본으로 출간하게 되었다. 여기서 다루는 담론투쟁들을 구체적으로 살펴보면, 사회정책, 대중문화, 언론, 교육, 정보화의 다섯 문제영역에서의 담론투쟁과, 여성노동자, 빈민, 이혼여성, 노인, 장애인, 화교의 여섯 가지 사회적 약자집단을 둘러싸고 벌어지는 담론투쟁들로 구성되어 있다. 책을 통해 제3세부과제는 "우리가 사회적 약자의 입장에 서지 못하는 한, '사회'에 대해 말하는 것은 모두가 위선일 수밖에 없다"는 것, 그리고 "한국 사회에서 사회적 약자들에 대한 차별과 배제의 특수성은 한국 자본주의의 발전 경로와 밀접히 연관되어 있다"는 것을 힘주어 강조한다. 이 책에서 특히 관건이 되는 것은, 다루어지는 여러 형태의 담론투쟁들 속에서 지배담론에 맞서는 대항담론들이 어디에까지 진척되었는지를 분석하는 것이다.

   앞서 말한 것처럼 우리는 각 세부과제별로 1단계에서는 경제적 토대
와 정치사회 질서와 사회문제에 대한 구조적 분석을 하였고, 2단계에서
는 그동안 한국 사회에서 이루어져 온 '담론정치'의 역동성에 대해 다루
고 있다. 이처럼 각 세부과제별로 수행되어 온 2단계의 담론분석을 통해,
우리는 한국 자본주의 · 민주주의 · 시민사회의 변화에 대한 구조적 · 역
사적 분석이 제공하지 못하는 새로운 통찰력을 얻게 되었다. 이처럼 1단
계와 2단계의 연구 성과는 이 연구프로젝트의 최종 목표라고 할 수 있는,
한국 자본주의 · 민주주의 · 시민사회에 대한 대안적 패러다임을 심층적
으로 탐색하는 3단계 연구의 지적 자양분이 될 것이다. 아울러 이처럼 각
세부연구과제별 공동작업에서 얻어진 성과들은 3단계에서 '학제간 총합
체계'로 종합적으로 정리될 것이다.
   2단계를 마치고 3단계 연구작업으로 이행해야 하는 지금, 우리들의 작
업의 부족함도 지적하지 않을 수 없다. 여러 가지 한계가 있겠지만, 특별
히 담론의 내용 분석과 효과 분석에 있어 미시적인 작동양식에 충분히
심도있게 접근하지 못했다는 점이 아쉬움으로 남는다. 풍부한 현실 사례
들을 통해서, 담론 분석을 풍부화해야 하는 과제는 이후의 연구 과제로
남겨놓아야 할 것 같다.

   2001년 겨울부터 진행된 이번 2단계 연구 프로젝트에는 지난 1단계와
마찬가지로 각 세부과제별 2명씩 총 6명의 전임 연구교수들과 30명 가까
이 되는 비상근 연구위원들이 공동 연구자로 참여하고 있다. 물론 성공
회대학교 사회문화연구소가 이 연구의 주관 연구소이긴 하지만, 성공회
대 외부의 관련 학자들과 연구자들이 대거 참여하고 있다는 점에서, 그
리고 연구 성과라는 것이 한 대학교 캠퍼스 내에 머무를 수 없다는 점에

서 이 공동 작업이 단순히 성공회대만의 연구 프로젝트는 아니라고 할 수 있다.

끝으로 이 연구 프로젝트가 오늘에 이르기까지 성공회대 전임 이재정 총장과 현 김성수 총장 이하 여러 교수들이 성원하고 동참함으로써, 큰 무리 없이 원활하게 진행될 수 있었다고 생각하며 이 자리를 빌어 감사의 말씀을 드린다. 특히 전임 연구소장이었던 이종구 교수와 이영환 교수의 열성과 노력이 이 작업에 알게 모르게 큰 힘이 되었다는 것은 굳이 강조할 필요가 없을 것이다. 또한 각 세부과제를 책임진 유철규·조희연·이영환 교수 등 세 명의 연구책임자, 지난 몇 년간 연구교수로서 각 분야 연구의 실질적인 진행을 묵묵히 수행해 온 경제영역의 오유석·이경미·김태승 박사, 정치영역의 조현연·허재영 박사, 사회영역의 심상완·강남식·이종영 박사, 그리고 그 외 많은 공동연구진과 연구보조원들에게도 감사를 드린다. 아울러 여러모로 어려운 사정임에도 출판작업을 맡아준 도서출판 〈함께읽는책〉 임직원들께도 깊은 감사를 드리면서, 아무쪼록 이 연구 시리즈가 한국의 비판적·진보적 사회과학이 한 단계 더 나아갈 수 있는 계기가 되었으면 하는 바람을 가져본다.

2003년 8월 1일
구로구 항동 연구실에서
성공회대 사회문화연구소 소장 유철규

지배담론과 저항담론의
상호작용으로 본 한국현대사

한국현대사에 대한 두 가지 핵심적인 연구과제를 든다면, 현대사에 대한 사실적 연구의 심화와 현대사의 새로운 재해석 및 일반이론화라고 할 수 있을 것이다. 우리의 연구는 대부분의 사실기술(事實記述)적인 역사학적 연구가 지향하는 전자의 방향보다는 후자의 지향, 즉 한국현대사에 대한 해석적인 사회과학적 연구를 지향하고 있다. 한국현대사는 후진국에서 유일하게 '성공적인' 산업화, 그리고 '성공적인' 민주화를 달성한 사례, 나아가 사회운동 및 NGO의 성공적인 사례로 간주되고 있다. 그런 점에서 연구의 보고(寶庫)가 되는 연구대상을 우리가 갖고 있는 셈이다. 그러나 기존의 연구들은 주로 사실적 연구에 초점을 두고 있을 뿐, 이러한 거대한 연구대상에 대한 해석적 연구를 많이 산출하지 못하였다. 물론 한편에서는 원자료(raw material)로서의 한국 현실에 대한 사실적 연구 축적 자체도 진보시켜야 하겠지만, 해석의 지평을 확장하고 새로운 해석적 지평에서 한국현대사를 재조명하는 과제는 충분히 진척되지 못해왔다. 그동안 한국현대사를 '산업화, 민주화, 시민사회 발전의 복합적 과정'으로 전제한 위에서, 몇 가지 새로운 프리즘으로 한국현대사를 재조명하고자 하는 목적 하에 연구를 진행하였다.

총 6년간(1999년~2005년)에 걸쳐 진행되고 있는 이 프로젝트 작업은 한국 자본주의의 발전에 따르는 사회구성의 변화 탐색과 대안 모색을 대(大)주제로 하여, 자본주의(제1세부) · 민주주의(제2세부) · 시민사회(제3세부) 등 세 가지 세부 주제 영역으로 구성되어 있다. 이 가운데 제2세부과제는 공동연구작업을 통해 『한국 민주주의와 사회운동의 동학』과 『국가폭력, 민주주의 투쟁, 그리고 희생』이라는 두 권의 책을 이미 발간한 바 있으며, 그 연속선상에서 이번에는 '지배담론과 저항담론의 상호작용' 이라는 주제로 새로운 책을 발간하는 것이다.

제2주제영역은 한국현대사의 변화의 핵심적인 측면의 하나를 민주주의로 파악하고 연구를 진행하고 있다. 민주주의라고 할 때 우리는 그것을 정치적 체제나 정치적 절차로 이해하기보다는 구조적 · 역사적 측면에서 '다층적인 계급적 · 사회적 투쟁의 과정' 으로 규정하였다. 그런 점에서 2주제영역은 이러한 다층적인 계급적 · 사회적 투쟁('현실의 정치')의 관점에서 해방 이후 현대사의 변화과정을 조명하고자 하는 시도를 하고 있다고 보면 될 것이다. 첫 번째 책은 제도정치와 운동정치의 상호작용으로 분석하였으며, 두 번째 책에서는 계급적 · 사회적 투쟁과정에서의 국가폭력성과 희생에 대해서 다루었다('폭력과 희생의 정치'). 이 책에 실리는 연구 성과는, 다층적인 계급적 · 사회적 투쟁과정이 동시에 담론적 투쟁과정('담론의 정치')이라는 전제 하에서, 담론사적 측면에서 해방 이후의 현대사를 재조명한 것이라고 이야기할 수 있다. 표로 그 동안의 연구를 나타내면 다음과 같다.

담론의 정치를 연구 주제로 한 최근 2년간의 공동작업은 해방 이후 한국 사회의 정치경제적 변동과 다층적인 계급적 · 사회적 투쟁에 상응하여, 정치사회적 담론 구도가 각 시기별로 왜 그리고 어떻게 변화하는지를 밝혀보려는 것을 기본 목표로 하고 있다. 즉 '한국현대사에 대한 담론사(談論史)적 재해석' 을 지향하고 있는 것이다. 이런 점에서 이번 연구는 현실의 정치사회적 동학에 상응하여 전개되는 '담론의 동학'

		연구 결과(책)	주요 주제	발간 시기
1단계 1차년도	한국현대사의 역사적·구조적 분석	한국 민주주의와 사회운동의 동학	제도정치와 운동정치의 상호작용으로, 한국 현대사의 재해석	2001. 8
1단계 2차년도		국가폭력, 민주주의 투쟁, 그리고 희생	민주주의 투쟁을 둘러싼 희생에 대한 통계적·사실적 분석	2002. 12
2단계 3차년도	한국현대사의 담론적 분석	정치사회적 '지배담론'과 민주주의의 동학	지배담론에 대한 총괄적·각론적 분석	2003. 8
2단계 4차년도		정치사회적 '저항담론'과 민주주의의 동학	저항담론에 대한 총괄적·각론적 분석	2003. 11
3단계 5차년도		대안 분석		2004
3단계 6차년도				2005

(dynamics of discourses)에 대한 구체 분석이자, 동시에 한국 민주주의의 동학을 담론사적 측면에서 재조명하는 의미를 지닌다고 말할 수 있다.

담론이라고 할 때, 그것은 '조직화된 말' 혹은 체계화된 언술(言述)이라고 할 수 있다. 다양한 사회적 행위자들이 사회적 행위의 일부로서 만들어내는 체계화된 언술, 넓은 의미에서의 지식을 담론이라고 할 수 있겠다. 인간의 사회적 관계가 언어를 소통수단으로 해서 이루어지기 때문에 경제적·정치적·사회적인 일체의 행위는 행위자 상호간의 담론적 의사소통을 포함하게 된다. 체계화된 언술은 사회적 행위자의 행위를 정당화하는 측면이나 타인에게 자신의 행위를 정당화하는 측면 등을 내포하고 있다. 담론은 모든 논리가 그러하듯이 '설득력' 이라는 것을 갖게 된다. 이 설득력을 통해서 특정한 사회적 행위자의 행위가 타인에 의해 정당한 것으로 수용되거나, 타인의 사고와 인식을 자신의 논리 속에서 설득적으로 포섭하게 된다. 이런 점에서 담론이란 현실에서 전개되는 각종 사건 및 행위들을 해석하는 '해석적 틀' 혹은 '인지적 틀' 을 제공한다고 할 수 있다. 예컨대 지배블록이나 저항블록의 성원들은 바로 이 해석적 틀로 각종 사건들을 해석하게 되는데, 이러한 해석적 틀을 공유하는 속에서 하나의 '인지적 공동체' 혹은 '해석적 공동체' 를 '구성' 하게 된다. 인간과 인간 간의 지배-종속관계를 표현하는 권력이라는 것은, 이런 의미에서 언제나 물리력만으로 존재하는 것이 아니라 담론적 질서로 존재하게 된다. 권력의 복종자는 권력측이 만들어내는 담론에 '설득' 되면서 권력의 질서를 정당한 것으로 수용하고 권력에 대한 자발적 복종을 행하게 된다.

이러한 담론 분석은 기존의 이데올로기 분석과 다르다. 즉, 이데올로기론은, 특정한 사회적 언술 자체가 그 속에서 은폐되어 있는 특정한 의도와 목적을 가지고 있는, 그래서 언술의 내용과 실제 의도가 괴리되어 있다고 전제한다. 즉, 허구성의 언술체계로 인식한다는 것이다. 그러나 담론이라고 할 때는 그 자체가 하나의 객관적인 지식체계로서의 성격을 담고 있고, 그것에 대한 객관분석이 필요하게 된다. 즉, 인간행위의 한 측면으로서의 객관적으로 표출되는 언술행위를 대상으로 하고, 그것이 현실의 투쟁 혹은 현실의 권력작용과 어떻게 관계되는지를 다루게 된다. 따라서 담론 그 자체를 이데올로기와 등치할 수는 없다. 오히려 특정한 이데올로기가 특정한 담론을 통해서 스스로를 관철한다고 할 수 있을 것이다. 이런 점에서 보면, 담론의 이데올로기성(性)을 완전히 부정하는 시각도 문제이지만, 담론을 이데올로기로 환원하는 시각도 문제가 있다고 할 수 있다. 푸코가 지적한 바와 같이, 권력은—동전의 또 다른 일면으로—지식의 형태를 띤다. 권력은 지식체계로서 민중들에게 작동한다. 권력은 매순간 공권력과 같은 폭력으로만 나타나는 것이 아니라, 공권력의 정당성에 대한 민중들의 의식을 규정하는 지식으로 존재하게 된다

담론 분석은 크게 보면, 담론의 콘텐츠 분석과 담론의 효과 분석으로 나눌 수 있다. 전자는 담론의 언어 구성, 담론의 내적 구조, 담론 간의 상

호관계 등 담론의 '객체적' 측면에서 대한 분석이다. 후자는—단순히 담론의 언어 구성적 측면을 넘어서서—담론의 현실적 기능과 효과 등에 대한 분석, 즉 현실 투쟁과 담론투쟁의 결합지점에 대한 분석이 된다. 예컨대 현실 속에서 지배집단과 저항집단이 존재한다고 할 때, 두 집단의 투쟁관계는 단순히 물리적 힘의 관계에 의해서만 규정되는 것이 아니라, 설득력의 정도에 차이를 갖는 담론에 의해서 규정된다는 것이다. 이 책에서는 전자의 측면뿐만 아니라 후자의 측면을 집중적으로 다루고 있다. 예컨대 1960년대에는 '민주주의가 밥 먹여주냐' 하는 식의 담론이 지배적이었다. 그러다가 1970년대 후반이 되면 '사람이 밥만 먹고 사냐' 하는 식으로 민주주의의 중요성을 강조하는 담론 상황이 형성되기에 이른다. 이것은 지배와 저항의 정치적 경계를 변화시키는 현실정치적 힘으로 작용하게 된다.

2003년의 중반 노무현 대통령은 초기와 달리 '국민소득 2만불 시대'라는 언술을 자주 사용하고 있다. 처음 개혁담론을 주로 하던 참여정부는 전반적인 경제적 위기상황과, 위기상황에서 정부의 친(親)시장적 역할을 강조하는 언론의 재촉에 힘입어 2만불 시대를 국정 지표로 설정해가고 있다. 이는 참여정부의 방향을 둘러싼 보수층과 개혁측의 치열한 각축의 언술적 표현이라고 해야 할 것이다. 한때 '고비용 저효율 정치'라고 하는 담론을 재계에서 제기하여 유포된 바가 있었다. 이것 역시도 재계와 정치권의 역관계를 변화시키는 담론 효과를 가지고 있었다. 담론은 어떤 점에서 담론의 대상을 '해석적 공동체'의 일원으로 끌어들이는 효과를 가지고 있다. 이것은 현실투쟁집단이 지지층의 경계를 부단히 변화시키는 방식으로 현실투쟁에 영향을 미치게 된다. 이것을 우리는 담론의 '효과'라고 할 수 있다.

현실정치사회적 투쟁 속에서 담론은 특정한 내용을 전달하는 것뿐만 아니라, 담론을 통한 정치사회적 세력관계에 대해 특정한 '효과'를 낳는다. 예컨대 지배담론의 경우 한편으로는 지배블록 내의 다양한 분파를 통합시키는 방식으로, 다른 한편으로는 지배에 대한 민중블록을 통합시키는 방식으로 효과를 발휘한다. 현대사의 전과정을 역사적으로 보게 되면, 지배담론과 저항담론을 구성하는 다양한 언술들이 존재하여 왔다. 특정 시기에 권력층은 폭력을 통해서 권력을 유지하면서, 동시에 담론의 설득력을 통해서 권력에 대한 민중의 동의를 창출하는 방식으로 작동하여 왔다. 우리는 지배블록과 저항블록, 지배와 피지배의 각축과정을 담론적 각축과정으로 설정하고 분석함으로써, 한국현대사의 역동성을 보다 새로운 시각에서 다루고자 하였다.

  이러한 기본 목표와 문세 의식 아래 우리의 공동연구 작업은 시배담론과 저항담론을 구분하여 먼저 정치사회적 지배담론을 다룬 뒤, 그 연속 작업으로 정치사회적 저항담론을 분석하고자 했다. 이 책에 담겨져 있는 연구는 지배담론을 중심으로 한 분석이며, 올해 안에 네 번째로 발간될 책에는 저항담론을 중심으로 한 분석의 내용이 담겨지게 된다. 정치사회적 지배담론을 다루고 있는 이 책은, 그것을 반공주의, 성장·발전주의, 국가주의, 자유민주주의, 지역주의, 국제경쟁, 가족주의 등으로 세분화하여 분석하고 있다.
  먼저 이 책에서 다루고 있는 담론변화의 거시적 구도를 서술하여 보자. 담론변화의 과정은―한국현대사의 시기구분과 같이―1950년대 시기와 1961~87년까지의 권위주의 시기, 1987년 이후의 민주주의 이행 시기로 시기를 구분할 수 있다. 담론사의 거시적 지형을 이렇게 3단계로 나눈다고 할 때, 한국전쟁 이후 1950년대는 반공주의 담론이 압도적인 시기였다고 할 수 있다. 일체의 저항담론은 '설득'적 논리로 존재할 수 없었다. 반공주의적 지배담론 하에서, 일체의 하위담론들은 부차화하면서 존재하던 시기였다. 이 시기에 저항세력은 극도로 취약한 상태에 있었기 때문에, 적극적인 저항담론 혹은 저항담론은 부재한 상태에 있었다.

1960년대부터 1987년까지는 근대화 담론(발전주의 담론)을 주로 하는 지배담론(그것을 이용한 지배블록)과, 민주주의 담론을 축으로 하는 저항담론(저항블록)이 존재하였다. 지배담론은 1950년대의 반공주의 담론을 계승하면서도, 새롭게 근대화 담론으로 자신을 혁신하면서 민족주의 담론과 국가주의 담론을 내포화하면서 존재하였다. 이 시기에 지배담론은 근대화담론, 즉 '개발주의적 지배담론'으로 변화하였다고 할 수 있다. 이는 개발이라는 적극적인 국가목표를 지배담론에 포섭함으로써, 지배담론이 재(再)정당화되고 혁신된다는 의미를 갖는다. 이 시기에 민주주의 담론은 부차적인 지위로서 존재하였다. 사실 1950년대 지형에서 민주주의는 이식된 기준이었다. 미국식 민주주의는 외부이식적인 담론으로 인식되었고, 그렇게 때문에 1960년대 이후 지배담론으로서의 근대화 담론에 의해 쉽게 주변화될 수 있었다. 어떤 점에서 역설적으로 4.19혁명이나 1960 · 70년대 반독재 민주화운동을 통해서, 민주주의는 이미 이식된 기준이 아니라 내재화된 기준으로 수용될 수 있었다. 민주주의 담론은 저항블록에서는 공유된 담론으로 되어 갔으나, 국민적 담론이 될 수는 없었다. 박정희 정권은 남북대치라는 불리한 여건 속에서 초기 산업화를 달성하기 위해서는 강력한—어떤 점에서는 권위주의적—리더십이 필요하다는 취지에서, '민족적 민주주의'라는 반(反)민주주의적 담론으로 민주주의 담론을 상대화시키고 부차화시킬 수 있었다.

그러나 반독재 민주화운동의 국민적 확산과정에서, 민주주의 담론은 국민적으로 확산되어 갈 수 있었다. 개발독재정권의 장기집권에 따른 정치적 정당성 약화, 근대화 자체의 새로운 현실 모순에 의해 촉진되면서, 민주주의 담론이 점차 광범위하게 수용되어가기에 이른 것이다. 1987년 6월 민주항쟁은 바로 민주주의라는 것이 국민적 담론이 되었음을 의미하는 사건이었다. 이렇게 본다면 권위주의 시기의 현실투쟁과 그 일부로서의 담론투쟁은, 한국적 민주주의로 민주주의 담론을 상대화하면서 권위주의적 산업화를 정당화하고자 하였던 독재정권과, 반대로 민주주의를 국민적인 절대 기준으로 만들어가는 반독재 민주화운동진영 간의 투쟁이었다고 생각된다.

다음으로 1987년 이후의 민주주의 이행과정을 담론투쟁의 과정으로 보게 되면, 한편에서는 87년 이전 시기에 저항담론으로 존재하였던 민주주의 담론이 국민적으로 수용되면서 과거의 권위주의체제를 민주주의적으로 개혁하기 위한 노력이 있어 왔다면(이는 민주주의 담론과 반대담론의 대치선이 없어지고 민주주의 담론은 이제 국민적 합의로 되었다는 것을 의미한다), 다른 한편에서는 세계화―그에 따른 국제경쟁력 강화 등―담론이 지배적으로 부상하는 시기이기도 하였다. 그런 점에서 세계화를 국정 지표로 만들었던 문민정부 시기는, 지배블록과 저항블록의 담론적 대치선이 변화하는 시기라고 할 수 있다. 이런 점에서 노태우 정권기는 과도기적 성격을 갖는다.

흥미로운 것은 바로 이러한 지배블록의 담론적 혁신이 이전 권위주의 시기 반독재 민주화운동진영을 구성한 일부 세력에 의해 주도된다고 하는 점이다. 즉, 반독재 민주화운동의 일부를 이루는 김영삼 등의 정치세력이 집권층에 참여하면서, 어떤 점에서 지배블록의 재구성과 지배담론의 재편이 급진전된다는 것을 알 수 있다. 노태우 정부와 같이 독재정권의 흔적을 가지고 있는 정부보다는, '민선민간정부' 혹은 '민주' 정부로서의 정치적 정당성을 갖고 있는 정부에서 새로운 지배담론으로서의 세계화가 부각되는 것은 역설적이다. 과거 극우적 보수주의세력과 대결하였던 저항적인 자유주의적 정치세력―DJ세력이나 YS세력 등―은 이제 새로운 지배담론으로서의 세계화 담론의 핵심적인 담지(擔持)주체가 된다. 이는 개방화와 민영화 등으로 상징되는 세계화정책의 중요한 구성요소가 시작된 것은 전두환 정권기부터였지만, 그것이 지배담론으로 정착하게 되는 것은 새로운 담론을 담지할 주체가 등장하면서부터라는 것을 말해준다. 과거의 민주주의 담론의 주요 내용을—비록 불철저하다고 하더라도—지배담론과 저항담론의 공유사항으로 수용되면서, 이제는 새로운 지배담론으로서의 세계화가 지배블록의 통합역할을 수행하게 되고, 동시에 지배담론과 저항담론의 대치 지점도 여기에서 발생하게 된다는 것이다.

물론 지배담론의 주요한 내용이 세계화로 전환된다고 하더라도, 이것이 과거의 반공주의와 개발주의의 폐기를 의미하는 것은 아니다. 어떤 점에서는 과거의 반공주의-개발주의 지배담론이 지속되면서 변형된다고 말할 수 있다. 저항담론이 지배담론에 의해 규정되면서 자신을 정식화하게 되는 점을 감안할 때, 세계화라고 하는 지배담론에 의해 새롭게 시장주의적 흐름이 강화되고 이전의 개발주의가 변형된 형태로 강화되면서, 공공성을 옹호하고 시장의 사회성을 강화하려는 저항담론, 더 급진적으로는 반(反)세계화 혹은 반(反)신자유주의 담론, 공공성 담론 등이 부각되게 된다.

세계화 담론은 이전의 지배와 저항의 경계, 지배블록의 내적 구성 등에 있어 중요한 변화를 동반하게 된다. 세계화 담론은 이전의 권위주의적 세력을—보수적인—세계화 추진세력으로, 또한 반독재 민주화운동에 참여하였던 새로운 집권층을 새로운 지배담론에 의해 포섭하는 결과를 낳게 된다. 예컨대 YS세력이나 DJ세력도 근대화에는 반대하지만, 새로운 지배담론으로서의 세계화의 당위성을 수용하게 되며 그것의 적극적인 담지세력이 되기에 이른다. 이렇게 지배담론이 변화하게 되면서, 이제 지배블록과 저항블록의 대치선도 변화하게 된다. 즉 과거의 권위주의 세력은 '내적 개혁없이 세계화를 추진하는 구세력'으로, 과거 반독재 민주화운동에 참여하였던 정치적 자유주의세력은 개혁을 통해서 세계화를 철저히 추구하는 '신추진세력'으로 재위치(reposition)하게 된다.

이런 점에서 지배블록 내에는 한편으로는 과거 수구세력과 반독재 개혁세력 간의—민주주의적 개혁을 둘러싼—대치선이 존재하지만, 다른 한편으로는 과거의 수구세력과 반독재 개혁세력 모두가 세계화를 불가피한 대세로 수용하고 정책적 변화를 추구하여야 한다는 점을 인정한다는 점에서 새로운 담론적 합의가 존재하게 되는 것이다. 이런 점에서 반세계화를 중심으로 하는 저항블록도 재구성되고 있는 셈이다. 과도기적으로 다양한 대치선이 존재하고 개혁을 둘러싼 스펙트럼이 광범하게 존재하지만, 지배담론과 저항담론의 기본 대치 라인은 이런 식으로 재편되고 있다고 보아야 한다. 이 점이 우리가 이 책에서 밝히고 있는 가장 핵심적인 사항 중의 하나가 될 것이다.

이상은 해방 이후 한국현대사에서의 담론변화의 거시적 구도를 설명한 것이다. 그런데 이러한 거시적인 담론구도는 다양한 하위담론과 결합되어 나타나게 된다. 그 하나의 예를 개발독재 시기를 중심으로 하여 찾아 볼 수 있다. 근대화 담론과 민주주의 담론의 대립을 축으로 하는 1960년대 이후의 담론지형에서, 반공주의는 지속적으로 지배담론의 중요한 강화 요인으로 작용하였다. 박정희 정권은 반공주의에 발전주의를 결합시켜 지배담론을 재구축하고자 하였는데, 이때 발전주의에 대한 저항 및 독재에 대한 저항을 탄압하는 명분은 언제나 반공주의였다. 1950년대의 반공주의는 박정희 정권 하에서 '대결적 남북관계'에 기초한 적대적 반공주의로 강화되었으며, 정권적 차원에서 이러한 적대적 반공주의를 발전주의적 동원에 이용하고자 하였다. 이러한 반공주의-발전주의 지배담론에서 민족주의는 특별한 중요성을 갖는다. 1950년대에 고착된 반공주의적 정서는, 반(反)외세적 집단적 정체성 의식으로서의 민족주의가 '의사(擬似)' 민족주의적인 형태로 변형되어 대북 적대적 정서로 표출되는 방향으로 작동한다. 민족주의는 '외세의 지원을 등에 업은' 북한 공산주의에 대한 적대적 집단의식으로 변형되게 된다. 이러한 의사민족주의적 정서를 대북 경쟁의식으로 활용하는 과정에서, 발전주의와 민족주의는 긴밀하게 결합된다. 때로는 이러한 접합이 '일면 국방, 일면 건설'이라는 구호로, 때로는 '싸우면서 건설하자'는 구호로, 때로는 '부국강병'식의 논리로 국민들 사이에 내재화되었고, 국민들을 근대화라는 국가적 목표에 적응하고 동원하는 데 가속적인 요인으로 작용하게 된다.

여기서 우리는 담론의 하위 구성요소 간의 상호관계를 생각하게 되는데, 특정 시기의 지배담론은 한 사회 내에 존재하는 다양한 지식자원들—때로는 상호모순적인—을 지배담론의 하위 구성요소로 포섭하는 방식으로 작동하게 된다는 점을 지적해야 할 것이다. 사실 반공주의와 발전주의(근대화), 민족주의, 가부장제, 국가주의 등이 특정한 맥락에서 어떤 방식으로 결합하느냐 하는 것은 '구조결정론적' 과정을 자동적으로 따르는 것은 아니다. 지배블록과 저항블록의 다양한 구성원들의 '주체적인' 실천을 통해 지배담론은 '구성'되는 것이라고 해야 할 것이다. 그런 점에서 1960년대 이후 개발독재 하에서 반공주의와 발전주의, 민족주의의 결합이 존재하였다고 한다면, 그것은 '한국적인' 특정한 '접합' 형태라고 해야 할 것이다. 이는 다른 역사적·구조적 맥락에서는 구성 담론들 간의 관계가 다른 형태를 띠었을 수도 있는 가능성을 열어놓는 것이다.

1부 총론에서는 이상에서와 같은 담론구도의 변화를 보다 구체적으로 설명하고 있다. 한가지 흥미로운 것은 지배담론과 저항담론이 정치사회적 세력 구성 및 경계에 어떠한 효과를 미치고 있는가 하는 점이다. 총론에서는 정치사회적 세력을 보수주의, 자유주의(중도), 진보주의로 나누고 있는데, 반공주의적 지배담론이 존재하던 1950년대의 시기에 자유주의세력은 어용화되고 진보주의세력은 억압되고 부분적으로는 비합법화되었다. 1950년대 극우적 성격의 반공주의적 지배담론은 자유주의와 진보주의의 부재와 주변화를 결과하였다. 1950년대 식의 이러한 지배담론의 담론효과 상황은 4.19혁명을 통해서 균열된다. 그러나 반공주의적 지배담론을 반공주의-개발주의적 지배담론으로 '혁신' 함으로써, 4.19혁명에서 표출된 바와 같은 1950년대적 지배담론의 균열을 극복하면서 자유주의적 세력의 어용화와 그 보수적 통합, 진보주의의 배제를 지속할 수 있게 된다. 그러나 이러한 지배담론 상황은 1970년대를 거치면서 균열되게 된다. 주목할 것은, 민주주의 담론이 저항담론으로서 확산되어 가면서, 기존에 어용화되어 있던 자유주의세력 내에 균열이 나타나게 된다는 것이다. 즉, 어용적 자유주의로 일색화되어 있던 상태에서, 저항적 자유주의(세력)가 출현하게 된다는 것이다. '어용적' 자유주의는 1950년대와 같이 극우보수주의에 포섭된 형태로 존재하나, 이제 자유주의의 일정 분파—1970년대 교회 및 반독재 지식인들의 대부분은 자유주의적 지향을 가지고 있었다—가 저항적 성격을 드러내면서 반독재 민주화운동에 합류하게 된다는 것이다. 민주주의적 저항담론의 확산은 바로 이처럼 정치사회적 세력의 경계를 변화시키는 방향으로 작용하게 된다.

이런 점에서 1970 · 80년대 반독재 민주화운동은 저항적 자유주의(세력)과—새롭게 출현한—저항적인 진보주의의 결합이라고 할 수 있다(필자는 2000년대의 지형에서 복거일이나 공병호, 이문열과 같이 스스로를 자유주의자로 자임하는 많은 인사들이 보수주의의 변형이라고 생각한다. 한국의 진정한 자유주의는 반독재 민주화운동과정에서 합류한 저항적 자유주의에서부터 배태되게 된다고 생각한다. 즉, 강준만, 최장집 등이 진정한 자유주의자라고 생각한다. 여기서 물론 과거 반공주의-개발주의 담론이 지배하는 상황에서, 지배담론에 포섭되어 종속적으로 존재하던 어용적 자유주의가 진정한 자유주의인가 자체도 쟁점화될 수 있을 것이다). 1980년대를 거치면서부터 이러한 저항적 자유주의의 '전투화'와 저항적 진보주의의 '급진화'는 반독재 민주화운동이 국민적 운동이 되는 것―또는 민주주의 담론이 지배담론을 압도하게 되는 것―과 궤를 같이 한다.

한편 1987년 이후 민주화와 세계화는 이러한 지배담론과 저항담론의 이념적 배치도를 변화시키게 된다. 민주화는 민주주의 담론이 단순히 저항담론으로서만 존재하게 되는 것이 아니라―어떤 점에서 민주주의 담론은 저항담론이자 지배담론의 일부가 된다―정부나 제도 정당의 지배적 담론으로 전환되게 된다. 그리고 새로운 지배담론으로서의 세계화 담론이 재정식화되기에 이른다. 이러한 지배담론의 변화는 정치사회적 세력의 경계를 변화시키는 효과로 나타나게 된다. 즉, 반독재 민주화운동 과정에서 연합하고 있었던 저항적 자유주의와 진보주의의 분리가 나타나게 되고, 저항적 자유주의는 지배블록의 한 분파로 재설정된다. 이와 함께 반독재 민주화운동 과정에서 결합하였던 자유주의가 진보주의로부터 독자화하여 분립하게 되고, 진보주의 내부에서도 '제도정치화'(정치세력화 등)나 사회개혁을 둘러싸고 분화하는 양상을 보이게 된다. 자유주의의 진보주의로부터의 분립은 사회적 차원에서는 '자유주의' 적 지향을 갖는 시민운동의 출현으로도 나타나고, 전투적 재야세력에 포함되었던 양김 씨를 포함한 제도정치세력들이 제도정치권에 복귀하여 권력집단에 이르게 되는 것도 포함한다. 그러면서 세계화 담론은 지배블록 내의 보수적인 구 집권층과 저항적 자유주의 출신의 신집권층의 통합 효과를 가져온다. 총론에서는 현시기와 관련하여 세계화를 둘러싼 새로운 현실투쟁적 · 담론적 대치선이 형성되고 있다고 보고 있다.

2부는 구체적인 담론주제영역을 중심으로 담론에 대한 구체적인 분석을 행하고 있다. 제2장(김정훈 · 조희연)은 '반공규율사회'의 변화를 중심으로 반공주의 지배담론을 다루고 있다. 이 글은 남한의 반공주의적 사회성격을 '반공규율사회'로 개념화하고, 이러한 반공규율사회를 3가지 하위유형으로 나누면서 반공규율사회가 어떻게 변화하는가를 다루고 있다. 반공규율사회가 1950년대의 '반공전시(戰時)사회' 로부터 1960년대 이후의 '반공병영사회' 를 거쳐 1987년 이후 반공규율사회의 해체적 변형을 경험하고 있는 것으로 보고 있는 것이다. 즉, 해방 이후 지배담론의 기본적인 구성을 이루는 반공주의는 '적대적 반공주의' 의 성격을 지니고 있었는데, 이러한 적대적 반공주의는 변화하여 가고 있으나 반공주의 자체의 소멸로 이어지지 않는 '해체적 변형' 의 과정을 밝고 있다고 보고 있는 것이다.

제3장(이광일)은 '발전주의 국가' 에서 '신자유주의 경쟁국가' 로 이어지면서 나타난 성장 · 발전주의 지배담론의 신화와 딜레마에 대해 말하고 있다. 이 글에서는 성장 · 발전주의 지배담론을 세 시기로 나누고 있는데, 4.19혁명 이전의 시기는 성장 · 발전주의가 대중들의 빈곤 해소와 관련하여 중요한 의미를 지니고 있음에도 불구하고 지배블록에 의해 적극적으로 동원되지 않았다고 파악된다. 일종의 '약탈국가' 적 상태에 있었다는 것이다. 그러나 4.19혁명 이후 빈곤 탈피와 발전에 대한 대중적 요구가 전면화하면서, 이를 '민족적' 성향의 군부가 적극적으로 수용하여 목적의식적인 경제개발프로젝트를 추동하면서 성장 · 발전주의가 전면화된다. 1980년대 말 · 90년대 이후에는 발전주의에 대한 급진주의적 비판이 등장하고, '성장이냐 분배냐' 의 대립구도가 부상하게 되는데, 반독재 민주화운동세력의 집권과 같은 정치적 변화가 나타남에도 불구하고 변형된 형태의 성장 · 발전주의는 지속된다. 이런 점에서 이전의 발전주의 국가는 '신자유주의적 경쟁국가' 로 변형지속된다고 말할 수 있다.

제4장(손호철 · 김윤철)은 '일민주의론' 에서 '국가경쟁력 강화론' 까지에 이르는 국가주의 지배담론 변천의 역사적 궤적에 대해 설명하고 있다. '(시민)사회에 대한 국가의 압도적인 우위와 주도성을 당연한 것으로 받아들이는 인식 및 사고 경향' 을 의미하는 국가주의는, 보다 구체적

으로는 식민지 시기와 해방공간을 통해서 형성된 '과대성장국가', 한국전쟁 및 국가주도형 산업화에서 기원하는 것으로 보고 있다. 이러한 국가주의는 1950년대에는 '일민주의론', '북진통일론', '국권수호론' 등으로 현상화되었고, 1960년대 이후의 국가주도 성장기에는 '국민총화론'이나 '민주복지국가론' 등으로 표현되었다. 그리고 1987년 이후 민주주의 이행기에는 '총체적 위기론'이나 '국가경쟁력 강화론' 등으로 표현되어, 지배의 주체로서의 국가의 이니셔티브를 수용하도록 함으로써 지배의 재생산에 기여하게 된다는 분석하고 있다.

제5장(조현연)은 '반공주의적 자유민주주의'에서 '자유주의' 적 민주주의로 나아가는, '자유민주주의' 지배담론의 역사적 궤적에 대해 분석하고 있다. 한국전쟁 이후 반공분단국가가 형성된 이후 한국 사회에 이식된 자유민주주의는 '반공주의적 자유민주주의'로 왜곡화되어 존재하게 되는데, 1960년대 이후의 권위주의적 독재시기에는 '한국적 민주주의' 같은 형태로 자유민주주의 담론 자체가 허구화되게 된다. 1987년 이후 민주주의 이행기에는 '시장의 원리를 특권화한 시장자유주의 또는 시장근본주의'에 의한 민주주의의 변형적 재구성이 나타나게 된다. 이런 점에서 '(시장)자유주의' 적인 방향에서의 자유민주주의의 재구성을 이야기할 수 있다고 분석하고 있다.

제6장(박상훈)은 '3김청산론'의 담론동맹과 그 이데올로기적 기능을 중심으로 민주화 이후의 한국정치와 지역주의 지배담론에 대해 분석하고 있다. 이 글은 기존 연구에 대한 비판적 검토 속에서 언론매체의 보도를 분석의 주요 대상으로 하여, 지역주의가 과거의 근대화 지배담론의 해체상황에서 과도기적으로 어떻게 지배담론으로서의 '효과'를 갖는가에 대해 구체적으로 분석하고 있다. 이른바 '3김청산론'의 대상은 한국정치의 왜곡현상으로서의 지역당체제, 망국적 지역감정을 핵심으로 하는 지역주의, 지역주의를 볼모로 정치적 영향력을 지속하는 3김씨 등을

지칭하는데, 이러한 해석틀이 주류언론에 의해서 확대 증폭되고 미디어 공론장에서 이의없이 소비됨으로써 권위주의 집권연합의 세력기반을 확대시킨다는 것이다. 그리고 다른 한편으로 그것은 정치적 반대세력을 분해하는 데도 기여하게 되는데, 예컨대 정치적 반대세력의 일부로서 민중당 지도부 혹은 재야운동 출신이 권위주의정당인 신한국당에 참여하는 담론적 루트를 제공하는 효과를 가져온 것으로 분석하고 있다.

　제7장(김영범)은 박정희 정권에서 김대중 정권까지의 '국제경쟁' 지배담론에 대해, 신년사·취임사 내용을 중심으로 살펴보고 있다. 이 글은 국제경쟁력 강화라는 것이 지배담론에서 중요한 경제적 내용을 구성하고 있다는 전제 하에서, 이 국제경쟁 담론이 권위주의 및 민주주의 이행의 맥락 속에서 어떻게 표현되는가를 분석하고 있다. 권위주의 시기에는 국제경쟁이 지배담론에서 핵심적 지위를 차지한 것은 아니었고 오히려 반공주의나 성장주의 담론에 크게 의존했다가, '민주' 정부로 이행하면서 국제경쟁이 지배담론에서 핵심적 지위를 차지하게 된다고 분석한다. 특히 1990년대 중반 이후 김영삼 정부 하에서 국제경쟁력 강화가 지배담론에서 중요한 위치를 점하게 되고, 아예 세계화 담론이 공식적인 지배담론의 지위를 차지하게 된다고 보고 있다. 50년만의 야당정권인 국민정부 하에서도 IMF위기로 인해 개방화와 자유화를 더욱 높은 수준으로 추동하는 담론적 근거가 된다고 분석하고 있다.

　제8장(박태호)은 '가족계획 담론의 생체정치학'의 관점에서 가족계획사업과 가족주의 담론을 분석하고 있다. 당초 민간운동이었던 가족계획운동이 국가정책으로 전환되면서 가족계획의 주체가 국가로 변화되고, 가족계획의 주제가 모성이나 모자보건에서 인구문제로 변환되기에 이른다. 이러한 작업이 시작된 개발독재 시기에 가족계획 캠페인과 가족계획사업은 가족이라는 사적이고 내밀한 영역에서 이루어지는 성과 섹스와 같은 은밀한 행위를, '공적인' 국가가 특정한 형태로 통제하고 조절

하는 담론으로 작동하게 된다. 이런 점에서 가족계획은 인구학적 담론이나 성적인 담론이지만 동시에 국가적 담론이라고 할 수 있다. 성에 대한 담론으로서의 가족계획이 사용하는 '생체정치학'적 기술은, 남녀간의 성교에 대한 탈성화(脫性化)된 생식행위로의 정의, 섹슈엘리티의 교육화, 가족형태의 경제화, 가족건강의 보건화, 개인이나 가족생활을 서류화하는 권력기술이 작동하는 '가족생활의 행정화' 등을 동반하게 된다. 이러한 현상은 가족에 관한 관념이나 가족이란 관념을 둘러싼 욕망의 양상 등을 변화시키게 된다. 예컨대 생식활동과 성욕의 분리는 성욕이나 성생활을 생식활동으로부터 '탈(脫)영토화' 하는 결과, 즉 성욕의 분출과 성관계가 가족이라는 틀 내에 갇히거나 생식적 활동과 일치될 필요가 없는 결과를 낳는다는 것이다. 이 글을 통해 독자들은 거대한 지배담론이 가족계획이라는 특수영역에서 어떻게 작동하는지를 체험하게 된다.

마지막으로 이 글을 마치면서, 우리는 이번 연구의 한계를 지적하지 않을 수 없다. 여러 한계점이 있겠지만, 특별히 담론의 내용분석과 담론의 효과분석에 있어 '미시적인' 작동양식을 심도있게 다루지 못하였다는 점을 지적해두고 싶다. 풍부한 현실 사례들을 통해서 담론분석을 구체화하여야 함에도 불구하고 이를 충분히 달성하지 못했다는 점에서, 그것을 이후의 과제로 남겨두고자 한다.

이전 책들과 마찬가지로 이 책 역시도 많은 분들의 정성과 진한 땀의 결과라고 할 수 있다. 이 책이 세상의 빛을 보기까지 도움을 주신 많은 분들, 특히 전체 프로젝트의 관리 책임자인 성공회대 사회문화연구소 소장 유철규 교수, 작업을 함께 한 공동연구진과 연구보조원들, 그리고 정말 어려운 출판 상황임에도 흔쾌히 책을 낸 도서출판 〈함께읽는책〉 직원 분들께 연구책임자로서 감사의 말씀을 드린다.

아무쪼록 이 책을 포함하여 성공회대 사회문화연구소가 진행하고 있

는 '한국 사회 재인식' 시리즈가, 새로운 시대 현실 속에서 한국 사회에
대한 의미 있는 역사적 · 구조적 분석과 바람직한 대안의 실천적 모색을
위한 '작지만 소중한' 밑거름이 될 수 있기를 바라며 글을 맺는다.

2003년 7월
비 내리는 어느 날
성공회대 연구실에서
조희연

제1부

총 론

제1장
정치사회적 담론의 구조 변화와 민주주의의 동학
— 한국 현대사 속에서의 지배담론과 저항담론의 상호작용을 중심으로

조희연

1. 문제의식과 분석틀

이 글은 해방 이후 한국 사회의 정치경제적 변동과 계급적 · 사회적 투쟁에 상응하여 담론구도가 어떻게 변화하는지를 탐색하려는 것이다. 즉, 현실 정치사회적 동학에 상응하는 '담론의 동학'(dynamics of discourses)을 밝혀보고자 하는 것이 기본 목표이다.

우리는 1단계 연구[1]에서 해방 이후 정치변동의 과정을 '민주주의'라는 개념을 중심으로 분석하였는데, 이 때 민주주의를 "다층적인 계급적 · 사회적 투쟁의 과정"으로 보았고, 그러한 다층적인 계급적 · 사회적 투쟁의 관점에서 해방 이후 현대사의 변화과정을 조명하고자 하였다. 2단계에서는 바로 이러한 다층적인 계급적 · 사회적 투쟁과정이 동시에

---

1) 1단계의 연구 결과는 『한국 민주주의와 사회운동의 동학』(조희연 편, 나눔의집, 2001)과 『국가폭력, 민주주의 투쟁, 그리고 희생』(조희연 편, 함께읽는책, 2002)으로 출판되었다.

담론적 투쟁과정이라는 전제 하에서[2], 담론사적 측면에서 해방 이후의 현대사를 재조명한다.

이런 관점에서 볼 때 2단계의 분석은 다음과 같은 분석과제를 포함하게 된다.

① 해방 이후 지배담론과 저항담론 자체가 내용적으로 어떻게 변화하여 왔는가(담론 자체의 구조 분석).

② 현실적인 정치투쟁의 변화(계급적·사회적 투쟁)와 담론 변화는 어떤 관계에 있는가.

③ 해방 이후 자본주의적 토대 변화가 이러한 정치투쟁 변화/담론 변화에 어떻게 반영되는가(자본주의 발전과 담론 변화).

여기서 남론 분석의 분석들은 나음과 같다. 〈그림 1-1〉에서 보는 바와 같이 지배블록과 저항블록이 투쟁하는 과정으로서의 민주주의는 자본

〈그림 1-1〉

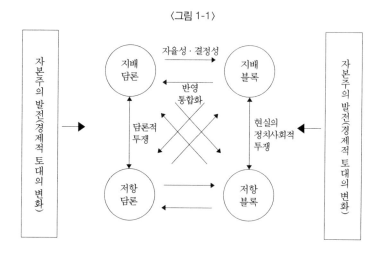

---

2) 이 프로젝트는 자본주의 발전, 민주주의 전개, 시민사회의 변화를 객관적 과정일 뿐만 아니라 정치사회적 갈등의 과정으로 파악하고 있다. 이러한 정치사회적 갈등의 과정은 담론적 변화와 갈등의 과정이라고 할 수 있다.

주의 발전이라고 하는 경제적 토대에 의해 규정되면서 전개된다. 이러한 지배블록과 저항블록의 정치사회적 투쟁은 동시에 담론적 투쟁을 포함한다. 그런 점에서 지배블록과 저항블록의 투쟁과정을 담론적 투쟁의 과정으로도 분석할 수 있다. 이 때 담론투쟁은 기본적으로 현실의 정치사회적 투쟁을 반영하지만 일정한 자율성을 가지면서 전개되면서 역으로 현실 정치사회적 투쟁에 영향을 미치게 된다.

1) 담론의 공시적 구조

먼저 공시적 관점에서 지배담론과 저항담론을 분석하면 다음과 같다.

첫째, 민주주의 속에서 전개되는 지배블록과 저항블록 간의 현실 정치사회적 투쟁은 지배담론과 저항담론의 투쟁이기도 하다.

여기서 담론은 정치사회적 투쟁의 전술적 차원이 아니라 정치사회적 투쟁의 구성적 일부를 이룬다. 담론적 투쟁은 정치사회적 투쟁 그 자체를 구성하는 것이다. 그리고 담론은 이데올로기만의 문제가 아니다. 그람시(Gramsci), 풀란차스(Poulantzas), 제숍(Jessop)의 논의를 통해서 볼 때, "지배는 구성되는 것"이고 이러한 구성의 과정은 지배에 대한 지적·이데올로기적 구성의 과정이라고 할 수 있다. 담론은 단순히 토대를 반영하는 허구적인 것이 아니라 현실투쟁을 구성하는 유기적 일부라고 할 수 있다. 즉, 지배의 조직화에 담론적·지적 차원은 유기적인 일부를 구성한다고 할 수 있다[3]. 풀란차스가 지적한 대로 생산관계의 재생산에

---

[3] 그런 점에서 지배블록과 지배담론은 분리된 것이 아니다. 지배블록은 자신을 현실적인 정치사회세력으로 재생산할 뿐만 아니라, 자신을 담론적 존재로 재생산한다. 현실적인 투쟁관계 속에 있는 세력들의 투쟁은 그 내부에서 뿐만 아니라 제3자적 위치에 있는 개인이나 집단에게는 담론이라는 형태로 투영된다. 예컨대 하나의 투쟁이 담론적 언술로 어떻게 정식화되느냐에 따라 전선이 변화하고 현실 역관계에도 변화가 나타나게 된다. 어떤 점에서 '담론 없이 투쟁 없다'고 할 수 있다. 현실적인 정치사회투쟁은 담론적 투

국가 혹은 정치는 그 재생산의 조직적 계기로 작용하게 된다. 제숍이 지적하는 대로 한 사회의 사회구성적 통합(societalization)은 국가의 헤게모니 프로젝트의 통합적 역할을 배제하고서는 불가능하게 된다. 1960년대 이후 근대화 과정에서는 근대화 프로젝트가 한국 사회의 발전론적 통합(developmental societalization)에 중요한 역할을 하게 된다. 예컨대 근대화론이나 민주화, 세계화 담론은 지배와 피지배 간의 전선의 구성에 변화를 미치게 된다. 1960년대 근대화론은 하층민중 및 기층민중의 이데올로기적 포섭의 기능을 하는 것이고, 이것은 지배의 기반 자체를 변화시키게 된다. 이런 점에서 '근대화 대 반근대화' '독재와 반독재'의 구도는 현실정치투쟁을 재규정한다고 할 수 있다. 이렇게 보면 지배블록과 지배담론의 관계는 곧 저항블록과 저항담론의 관계와 대등하다고 할 수 있다. 이런 점에서 담론분석은 담론의 내용분석뿐만 아니라, 담론이 현실적인 투쟁과정 속에서 어떻게 현실투쟁을 반영하며 담론 개입을 통해 현실투쟁이 어떻게 재구성되는가에 대한 분석, 즉 현실투쟁의 '구성'에 작용하는 담론의 역할에 대한 분석을 포함해야 한다. 즉, 담론분석은 현실투쟁의 전개과정을 담론적 투쟁과정으로 분석해 낼 것을 요구한다는 것이다.

둘째, 담론의 독자성과 자율성의 문제이다. 담론은 현실정치투쟁을 반영하는 것이기는 하지만 그것은 반대로 현실정치투쟁의 구성 및 전선을 변화시키게 된다(담론의 계급적 · 사회적 투쟁의 재구성)[4]. 즉, 담론의 현실투쟁 '반영성'과 재규정성이라고 할 수 있다. 지배담론은 지배블록의 구성과 재생산에 있어 중요한 역할을 하게 된다.

이런 점에서 담론 분석의 독자성이 존재하게 된다[5]. 따라서 "누가(담론생

쟁과정 그 자체라고 할 수 있다. 현실투쟁의 총체성 속에서 담론투쟁이 구성적 일부를 이루는 이유가 바로 여기에 있다.

4) 이데올로기적 생산은 물질적 생산과는 구별되는 독자성을 가지고 그 자체가 하나의 '생산'의 과정이라고 하는 알튀세(Louis Althusser)와 발리바르(Étienne Balibar)의 논의 참조.

5) 이와 관련해 "경제적 · 사회적 구조들과 담론의 관계를 어느 쪽도 지배력을 행사하지

산 주체들), 어떤 시점(사회적 맥락)에서, 무엇을(이슈와 의제), 어떤 구성(담론의 주제 구조), 어떤 양식(비담론적 제도와 기구의 연계)으로" 이루어지는 가에 대한 구체적인 분석이 요구된다. 담론의 내용과 담론의 양식은 단순히 토대에 의해서만, 혹은 정치적 요구에 의해서만 결정되는 것은 아니다.

한 시기의 지배담론과 저항담론은 각 시기에 존재하는 특정한 역사적 상징과 담론 자원을 동원하고, 그것을 지배 혹은 저항담론으로 '구성'하는 방식으로 작동한다[6]. 이런 점에서 담론분석은 담론의 '내용 분석'을 포함한다.

셋째, 담론의 '효과' 이다. 현실 정치사회적 투쟁 속에서 담론은 특정한 내용을 전달하는 것뿐만 아니라, 담론을 통한 정치사회적 세력관계에 대해 특정한 '효과'를 낳는다. 지배담론의 경우 이것은 지배의 재생산과 관련하여 양면적인 효과를 갖는데, 한편으로는 지배블록 내의 다양한 분파를 통합시키는 방식으로, 다른 한편으로는 지배에 대한 민중블록을 통합시키는 방식으로 전개된다. 지배블록 내의 다양한 분파들이 핵심분파를 중심으로 통합되어 지배블록을 구성하는 데에는 지배담론의 매개적 역할이 중요하게 된다. 반면에 지배의 재생산에는 민중들의 지배에 대한 적응과 종속이 전제되어야 한다. 이런 점에서 지배담론은 민중블록을 지배의 가치관에 포섭하도록 하는 데 매개적 역할을 하게 된다. 다시 말해 지배담론은 지배블록에 대한 통합 효과와 민중블록에 대한 통합 효과를 갖는다[7]. 이런 방식으로 담론은 현실의 정치사회적 세력관계의 구성에

않는 복합적인 상호작용으로 본다"는 푸코의 논의를 염두에 둘 수 있다(밀즈 2001, 51).
6) 풀란차스가 이야기하는 이데올로기적 층위에서의 생산도 여기에 속한다. 정치적, 이데올로기적 층위에서의 '생산'은 생산 요소와 원료들을 가지고 정치적, 이데올로기적 실천을 통해 하나의 '이데올로기적 산물'을 생산하는 과정으로 이루어진다. 남한에서의 지배담론은 아시아의 유교문화적 조건, 식민지적 유산, 전후의 반공주의적 유산 등을 자원으로 하여 하나의 지배담론을 구성해낸다고 할 수 있다.
7) 지배의 과정은 곧 담론을 통한 지배의 조직화과정이다. 지배는 폭력이지만 동의를 수

효과를 갖는다.

이런 점에서 담론분석은 담론의 효과에 대한 분석을 요구한다. 즉, 담론의 작동을 통하여 지배블록과 저항블록의 투쟁전선이 어떻게 변화하며, 계급계층의 정치적 태도가 어떻게 변화하는지 등에 대한 분석이 필요하다.

넷째, 담론의 토대적 규정성이다. 지배블록과 민중블록의 현실적 투쟁, 지배담론과 저항담론의 담론적 투쟁과정은 거시구조적으로 자본주의 발전 혹은 경제적 토대의 변화에 의해서 규정된다. 특별히 자본주의적 발전단계는 현실정치투쟁과 그 일부로서의 담론의 내용에 영향을 미치게 된다. 1960년대까지의 대안으로서의 농업협업화론이나 70년대까지의 민족경제론의 대안적 지위의 약화도 이러한 측면을 시사한다. 이런 점에서는 우리는 맑스주의의 통찰력을 수긍할 수 있다.

이상의 논의들을 종합하여 볼 때, "담론은 자본주의적 토대의 변화라는 거시구조적 규정성 속에서 자체의 독자적인 논리 구조를 가지면서, 자신의 블록 성원들을 통합하고 동시에 타블록 성원들의 종속을 유도하는 기능을 하는 방식으로, 현실정치투쟁의 유기적 일부로 재생산 · 변화한다고 할 수 있다."

2) 담론변화

이상이 담론에 대한 정태적 분석이라고 한다면, 담론에 대한 동태적 분석은 어떠한가.

첫째, 〈그림 1-2〉에서 보는 바와 같이 특정 시기의 지배적 담론은 일정

반하게 되는 것이며, 동의를 위한 이데올로기적 콘텐츠가 바로 지배담론이라고 표현할 수 있다. 담론을 통해 지배블록의 내적 통합을 달성하며, 민중블록의 지배에 대한 적응, 동의를 창출한다. 이것이 성공적으로 수행될 때, 지배는 일정한 기간 동안 정치적 안정성을 획득하게 된다.

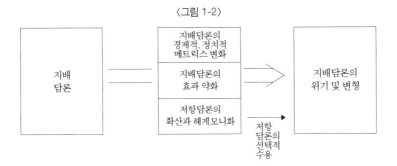

한 변수에 의해 위기를 맞게 되고 변형된다. 지배담론에 집중하여 보게 되면 지배담론은 고정되어 있는 것이 아니라, ① 지배담론의 경제적·정치적 조건 변화, ② 지배담론의 효과 약화, ③ 저항담론의 확산과 헤게모니화에 의해 위기에 직면하면서 변형을 강요당하게 된다.

　담론에 대한 정태적 분석에서 보는 바와 같이 지배담론은 특정 시기의 구조적 조건 위에서 재생산된다. 즉, 일정한 경제적 토대와 현실적인 권력관계를 전제로 하여 재생산된다. 그런데 이러한 조건이 변화하면서 지배담론은 변화를 강요당하게 된다. 한편 지배담론의 효과 약화를 보면, 앞서 서술한 대로 지배담론은 지배블록 내에서의 통합효과를 가지며 동시에 민중블록의 지배에 대한 포섭과 종속화 효과를 갖는다. 그런데 이러한 통합효과가 균열되는 데에서 지배담론의 위기가 나타나게 된다. 예컨대 개발 혹은 근대화라는 지배담론은 1960년대에 지배블록 내의 핵심 분파인 군부와 여타의 분파들을 통합하는 효과를 가지고 있었다. 그러나 이러한 효과는 1970년대 이후 현저히 약화되며 지배블록 내의 균열이 심화된다. 다음으로 저항담론의 확산 및 헤게모니화를 보면, 지배담론에 대항하는 대항의식의 담론적 정식화와 그것에 대한 동의의 증가는 지배담론의 위기를 낳게 된다. 이러한 위기를 매개로 지배담론은 새로운 변형을 경험하게 된다. 이런 점에서 담론분석은 담론의 내용분석을 떠나서

담론 '효과' 에 대한 분석을 포함하여야 한다.

둘째, 담론투쟁의 상호작용적 성격이다. 현실 정치사회적 투쟁과 그 일부로서의 담론투쟁은 상호작용하고 서로 영향을 미치면서 변화하게 된다. 이 공동 연구의 1차년도 성과인 『한국 민주주의와 사회운동의 동학』(조희연 편 2001)에서 제시한 현실 정치사회투쟁에서 적용되는 메커니즘인 '금단' , '배제', '선택적 포섭' 의 과정이 담론투쟁에도 적용될 수 있다고 본다. 즉, 지배담론은 저항담론의 특정 내용을 반국가적이고 반체제적이고 불온한 내용으로 규정하고 비합법화한다. 이 때 금단의 내용들은 민중블록의 성원들이 그러한 금단화에 대한 일정한 동의적 태도를 보이는 것들이 된다. 1950년대에 반공 같은 것을 예로 들 수 있다. 금단의 정치는 지배담론에게 금단적 기능을 요구한다. 이러한 금단의 정치의 한계 내에서, 1960년대 이후 '배제의 정치' 가 나타나게 된다. 1950년대의 금단의 정치는 '의사' 동의를 전제로 한 것이지만, 1960년대 이후 독재정권에 의한 배제의 정치는 동의적 기반이 없이 폭력과 억압을 통해서 이루어지는 정치를 의미한다. 지배블록은 저항담론의 특정 내용을 민중들이 동의하지 않더라도 그것을 폭력과 억압을 통해서 강제적으로 '배제' 하고 주변화시키며, 지배담론을 통한 동원을 시도하게 된다. 1970년대 유신헌법 같은 것을 예로 들 수 있다[8]. 금단 역시 배제의 한 과정으로 이해될 수 있다. 배제의 정치는 지배담론에게 배제적 기능을 요구한다. 그러나 이러한 금단과 배제에도 불구하고 저항블록의 투쟁이 확대되고 저항담론이 새로운 대안적 동의 내용이 되어갈 때, 지배블록과 지배담론

---

8) 푸코의 경우 『담론의 질서』에서 담론이 제도에 의해 규제되는 방식으로서 "지식으로 간주할 수 있는 것의 한계를 부여하는 배제의 과정" 을 금지 혹은 금기라고 표현하고 있는데, 이 글에서의 금기란 이에 대응한다고 할 수 있겠다. 이것이 첫 번째 배제의 과정이라고 한다면, 두 번째 배제의 과정은 '정상' 이라고 여겨지지 않는, 그리하여 합리적이고 여겨지지 않는 사람들의 담론을 배제하는 과정이 나타나게 되는데, 이것이 여기서 말하는 '배제' 에 상응한다고 하겠다(밀즈 2001, 100-105).

은 위기에 직면하게 된다. 이렇게 되면 지배블록은 이제 저항담론의 내용을 선택적으로 수용하는 방식으로 지배담론을 재구성하게 된다. 앞의 〈그림 1-2〉에서와 같이 지배담론의 위기상황 속에서 새로운 지배담론을 재구축하는 과정에서 기존의 저항담론의 내용을 선택적으로 수용하면서, 새로운 지배담론의 정당성을 확보하게 된다는 것이다.

셋째, 담론이란 기본적으로 지배블록과 저항블록의 성원들로 하여금 현실에서 전개되는 각종 사건 및 행위들을 해석하는 '해석적 틀' 혹은 '인지적 틀'을 제공한다. 이 틀은 각종 현실적 사건이나 행위들의 발생 원인, 의미, 해결방안 등에 대한 해석을 제공하게 된다. 지배블록이나 저항블록의 성원들은 바로 이 해석적 틀로 각종 사건들을 해석하게 되는데, 이러한 해석적 틀을 공유하는 속에서 하나의 '인지적 공동체' 혹은 '해석적 공동체'로 속하게 된다. 이러한 담론을 통해서 지배담론의 지배블록의 통합과 지배에 대한 민중들의 통합이 가능한 지적·이데올로기적 조건을 마련하게 된다. 예컨대 1980년대에 민주주의 담론은 대중들이 독재권력의 각종 고문사건이나 탄압을 해석하는 틀을 제공하였다. 하나의 사건은 '개별 사건'이 아니라 체제의 속성을 드러내는 총체적 구조의 사례로 자리매김된다. 이것이 바로 앞서 언급한 담론 '효과'의 핵심적 측면이라고 할 수 있다.

이러한 해석적 틀로서의 지배담론과 저항담론의 각축과정에서 앞서 말한 금단과 배제의 과정이 나타나게 되는데, 이와 관련해 금단과 배제의 '근본주의(fundamentalism)'화의 경향에 주목할 필요가 있다. 사실 해석이란 특정한 의미에 대한 배제를 내포하고 있다. 그런데 근본주의화의 경향이란 개별 사건을 해석하고 지배블록이나 저항블록의 성원들에게 인지적 의미를 부여함에 있어 환원론적이며 양분논리적 틀로 바라보게 만드는 경향을 의미하며, 해석의 극단화를 의미한다. 현실 정치사회적 투쟁 속에서는 언제나 새로운 사건들이 발생하게 되며, 이러한 투쟁과정은 어떤 점에서는 새로운 사건들의 '해석' 투쟁 과정이자 이러한 해석을 공유화하는 과정이라고 할 수 있다. 그런데 이러한 근본주의화의 경향은 하나의 사건 속에 내재해 있는 복합적인 성격을 사상하고 지배블록과 저항블록의 입장에서 유의미한 하나의 측면을 집중적으로 부각시키게 만든다.

지배담론과 저항담론의 상호관계 속에서, 현실 주체들은 담론의 해석적 틀을 따라 점차 근본주의적인 방향으로 사건을 해석하게 만든다. 지배블록과 저항블록의 투쟁이 치열하게 전개될수록 현실투쟁에서 개인들은 좀더 분명한 태도의 선택을 요구받게 된다. 그렇게 되면 '아방(我方)이냐 타방(他方)이냐'의 대립만 존재하며, 중간의 회색지대는 존재하지 않게 된다. 우리 편이 아니면 반대진영에 속하는 것으로 해석된다. 현실의 투쟁이 갖는 이러한 근본주의화의 경향은 담론에도 그대로 표출된다.

지배블록과 저항블록의 투쟁 속에서, 이러한 근본주의화의 경향은 반대의 저항을 불러온다. 예컨대 반공주의적 지배담론은 복합적 정치사회 세력들을 점차 근본주의적인 방향에서 '반공이 아니면 모두 친공(親共)'으로 분류하고 해석하는 방향으로 나아가게 된다. 이러한 근본주의적 경향성은 반대로 저항블록의 저항을 확대하는 계기로 작용하게 된다. 근본주의화의 경향은 저항담론에도 표현될 수 있다. 1980년대의 민주주의 담론이 급진화되면서 혁명적 민주주의 투쟁에 동참하지 않는 세력들과 개인들은 모두 '개량주의' 내지는 '친독재'적인 것으로 해석되게 되었던 것도 같은 근본주의적 경향의 예라고 할 수 있겠다.

담론에 내재하는 근본주의화의 경향은 현실 정치사회적 투쟁이 강화되면서 더욱 강화될 가능성이 크다. 역설적인 것은 지배담론과 저항담론의 투쟁과정에서 하나의 담론의 지배적인 지위를 점할 때 그 담론의 개방성은 줄어들고 더욱 근본주의화의 경향을 띨 가능성이 크다는 사실이다. 예컨대 1950년대 정치사회적 조건 속에서, 즉 반공 자체에 대해 현실적인 저항을 할 수 없는 조건 속에서 반공주의 담론은 좀더 근본주의화하면서 정치적 반대자와 중간적 입장을 모두 '친공(親共)' 적 태도로 매도하고 억압하게 된다.

넷째, 담론 변화의 여러 수준이다. 체제비판세력이나 저항세력이 부재한 상황을 가상할 수 없다면, 사실 어떤 점에서 체제의 유지 과정은 '일상적인' 담론적 투쟁과정이라고 할 수 있다. 매일매일 벌어지는 일상의 사건들에 대하여 '해석' 의 틀을 제공하며, 민중들이 그러한 해석의 틀을 공유하고 해석 자체를 내면화하도록 매일매일 담론적 지침을 제공하게 된다.

한편 사회구성체적 수준(국가유형 수준)에서의 담론 변화, 국가형태적 수준에서의 담론 변화, 정권 수준, 정부, 특정 국면에서의 정책 수준에서의 담론 변화 등(조희연·조현연 2002), 즉 국가의 다양한 수준에 상응하는 담론이 존재할 수 있다. 한국의 경우를 보면, 박정희 시대와 전두환 시대를 관통하는 권위주의 시대의 담론이 있을 수 있고, 박정희 시대만에 적용되는 담론, 유신시대에만 적용되는 담론, 특정 시기의 사건 및 정책을 정당화하기 위한 담론 등 다양한 수준의 담론이 있을 수 있다. 하위 수준의 담론은 상위 수준의 담론의 규정을 받으면서 다양한 내용으로 민중들에게 사건에 대한 해석의 틀과 해석 자체를 제공한다. 그런 점에서 지배담론과 저항담론은 일상적으로 변화하고 있다고 할 수 있으며, 변화의 수준은 다차원적이라고 할 수 있다.

3) 정치사회적 세력관계와 담론효과 – 담론과 담지 주체의 변화

담론은 현실의 정치사회적 세력관계에 '효과' 를 갖는다. 한국 현대사의 전과정은 한편에서는 지배블록과 저항블록의 관계 및 그 내부에서의 헤게모니 분파의 변화 속에서, 그리고 다른 한편에서는 현실적인 정치사회세력이라고 하는 담론 담지(擔持) 주체들 간의 관계에 바탕한 담론의 변화 속에서 진행된다. 그랬을 때 현실에 존재하는 정치사회적 세력들의 이념적 성격을 '이념형' 적으로 구분한다고 할 때 보수주의, 자유주의, 진보주의로 나눌 수 있다. 이 각각의 지향 내부에서는 다시 온건지향(moderate)과 급진지향(radical)이 존재하게 된다[9]. 이 글에서는 담론의 콘텐츠가 변화하면서 그것이 이러한 정치사회세력들 간의 관계에 어떤

---

9) 1980년대 '3정치세력 정립론', 즉 RB(반동적 부르주아지), LB(자유주의적 부르주아지), P(프롤레타리아트)의 구분과 그에 따른 정치적 태도의 구분을 상기해볼 수 있다. 즉, 사회구성체론에 바탕한 계급구성과, 각 계급의 정치적 입장(개량 혹은 혁명)을 유형화한 것이다. 다른 관점에서 이러한 정치사회적 세력의 지향을 보수주의와 진보주의로 나누고, 이를 다시 온건지향과 급진지향으로 나누어 분석하는 방법도 있다. 여기서는 보수 - 자유 - 진보의 구도로 설정하였다. 제도정치적 정체성에 이것을 대입하여 보면, 미국의 공화당이 보수정당이고 민주당이 자유주의정당이라고 한다면, 유럽의 사회민주당과 다양한 좌익정당들이 진보정당에 포함될 수 있다. 최근 한국 사회에서 보수 - 진보, 좌파 - 우파, 개혁 - 반개혁 등의 개념이 혼란스럽게 사용되고 있다. 주지하다시피 '좌우'의 구분은 프랑스 대혁명 직전에 루이16세가 소집한 일반회의에서 왕의 우측에 귀족계급과 성직계급이, 왕의 좌측에 시민계급이 앉은 데서 비롯되었다. 그 이후 19세기를 지나면서 자본주의에 반대하는 혁명적 운동들이 전개되고 20세기 초 사회주의가 현실 국가로 성립하면서 좌파는 자본주의에 반대하는 급진적 세력을 지칭하는 개념으로, 우파는 자본주의를 옹호하는 세력을 지칭하는 개념으로 정착되게 되었다. 한국에서는 한국전쟁 이후 '빨갱이 콤플렉스' 가 형성되면서 좌파보다는 좌익이라는 개념으로, 우익보다는 우익이라는 개념이 고착화되었다. 논자에 따라 다양할 수 있지만, 좌파와 우파의 개념은 '체제' 에 대한 태도, 특별히 자본주의 체제에 대한 태도를 둘러싸고 나타나는 차이라고 할 수 있다. 현 시기 우파는 보수주의적 우파와 자유주의적 우파가 존재할 수 있으며, 좌파 내부에서도 무정부주의, 레닌주의 등 다양한 분파들이 존재할 수 있다. 이에 비해 진보의 개념은 특정 시기에 존재하는 기성의 체제를 변화시키려는 입장이라고 할 수 있으며 반대로 보수의 개념은 그러한 기성체제를 존속시키려는 입장이라고 할 수 있다. 이 때 기성의 체제는 때로는 자본주의일 수도 있고 때로는 독재체제일 수도 있다. 그런 점에서 진보와 보수는 상대적인 개념이라고 할 수 있다. 예컨대 1990년대 사회주의 체제의 균열과 변화과정에서는 공산주의세력이 오히려 구체제를 사수하려는 입장을 취한다는 점에서 보수세력이 된다고 할 수 있다. 그러나 자본주의체제 내에서 활동하고 있는 정치적, 사회적 세력을 염두에 둔다면, 좌파는 대체로 진보적 입장을 취하

효과를 갖는지를 동시에 고찰하게 된다.

일반론적으로 볼 때 보수주의와 자유주의는 그 사상적·철학적 지향이 다양할 수 있다. 근대로의 이행과정에서 보수주의가 봉건적 구체제를 옹호하고 지향하고 있었다고 한다면, 이와는 달리 자유주의는 근대적 시장경제를 지향하고 있었고 그만큼 진보적 성격을 띠고 있었다고 할 수 있다. 그러나 근대 이후에는, 자본주의와 시장경제에 관한 태도를 기준

고, 우파는 보수적 입장을 취한다고 할 수 있다. 1960년대 이후 한국 사회에서 독재 대 반독재, 반민주 대 민주의 투쟁전선이 존재하였다고 할 때, 반독재와 민주주의 회복이 진보의 입장에 서게 된다고 할 수 있다. 이 진보에는 자유주의자도 존재할 수 있고 급진주의자, 맑스주의자도 존재하였다. 또한 우파적 경향도 존재할 수 있고 좌파적 입장도 존재하였다고 할 수 있다. 여기에 개혁과 반개혁(수구)이라는 구분을 도입하면 더욱 복잡해진다. 개혁이라는 것은 특별히 1987년 6월 민주항쟁 이후 구 권위주의체제의 개혁이 시대정신이 되어 있는 특수 상황에서 의미를 갖는다. 박정희 체제 및 전두환 체제로 상징되는 구체제의 개혁을 지향하는 세력이 있을 수 있고, 구체제의 유지를 지향하는 세력이 있을 수 있다. 그런데 구체제가 재벌체제나 정경유착체제 등 '비정상적'인 시장경제체제로 운영되었기 때문에, 이 개혁세력에는 시장경제체제나 자본주의체제를 유지하려고 하는 우파적인, 혹은 보수적인 입장을 지닌 집단들도 포함될 수 있다. 그런 점에서 현재 한국의 갈등 국면에서 급진적 개혁세력, 진보적 개혁세력, 보수적 개혁세력들도 있을 수 있다. 즉, 시장경제를 유지하고자 하는 본질적으로 우파적이고 보수적인 사람들도 구체제가 개혁되어야 한다고 판단하는 경우, 보수적 개혁의 입장에 설 수도 있다. 예컨대 노무현이 진보적이고 개혁적이라고 한다면, 이는 시장경제를 넘어서려는 좌파적 의미에서 진보적이거나 개혁적인 것이 아니라, 왜곡된 재벌체제, 왜곡된 언론질서, 왜곡된 지역주의 정치질서에 반대하고 극복하고자 한다는 점에서 진보적이고 개혁적인 것이다. 그러나 문제는 바로 이러한 입장을 좌파적이라거나 사회주의적이라거나 친북적이라거나 하는 식으로 '과잉 규정' 하는 방식을 통해서, 교묘하게 이념공세를 펴는 데 있다. 예컨대 언론사 세무조사나 여야 국회의원들에 의해 국회에 제출된 정기간행물법 개정안은 구체제하에서 왜곡된 언론질서를 극복하고자 한다는 점에서 개혁적이고 진보적이라고 할 수 있다. 그러나 그것은 자본주의체제나 시장경제 부정 여부와는 관계없는, 독재적 구체제하에서 왜곡된 언론에 대한 최소한의 개혁을 요구하는 것에 다름 아니다. 그것을 색깔논쟁을 벌이는 사람들의 입장에서는, 매개적 논의 없이 좌파적이라고 규정하고 특별히 한국의 반공주의적 풍토 속에서 좌파라는 말 속에 함의된 부정적 의미를 상대방에게 부여하고 있는 것이다.

으로 본다면, 보수주의와 자유주의는 모두 친자본주의적이고 친시장경제적 태도를 갖는다고 할 수 있다. 어떤 점에서 자본주의와 시장경제의 '질적 성격'과 그 제도적 특성, 정치적 주도성 등에 있어서 차이를 보인다고 할 수 있다. 즉, 근대 시장경제와 근대 자본주의 체제하에서 보수주의는 친자본적 정책지향을 보이고 있고, 자유주의는 상대적으로 '경쟁적' 측면을 강조하고 시장경제와 사회정책을 결합하려는 경향을 보인다고 할 수 있다. 좀바르트(Werner Sombart)처럼, '사회주의가 존재하지 않는' 미국에서는 자유주의가 일정하게 진보주의적 성격을 띤다고 할 수 있다.

　진보주의에는 사회민주주의, 공산주의, 무정부주의 등 다양한 지향이 존재할 수 있다. 공산주의체제가 붕괴하기 이전 20세기적 맥락에서는 진보주의가 반시장주의적 완전계획경제 지향을 가지고 있었다고 할 수 있다. 진보주의의 헤게모니적 흐름은 맑스주의였고 그런 점에서 반자본주의, 반시장경제적이라고 할 수 있었다. 따라서 자유주의와 진보주의의 경계는 상대적으로 명확했다고 할 수 있다. 그러나 현재의 지형에서 보면, 진보주의의 많은 경향들은 시장경제 자체를 부정하지 않고 시장경제와 계획의 결합, 시장경제 내에서의 사회성이나 공공성을 확보하는 범위 등에서 차이를 보이고 있다고 할 수 있다. 그런 점에서 자유주의와 진보주의의 경계는 시장경제의 존재에 대한 태도의 측면에서는 가변적인 것이 되었다고 할 수 있다.

　이런 구분에서 볼 때, 해방 이후 현재까지의 정치사회적 세력들의 이데올로기적 지향성은 1987년 이전까지는 '보수주의의 극우화, 자유주의의 어용화, 진보주의의 소멸과 비합법화'가 특징이라고 할 수 있다. 즉, 1960·70년대에는 보수주의의 군사주의와의 결합, 자유주의의 분화(어용적 자유주의와 저항적 자유주의화), 진보주의의 새로운 출현으로, 1980년대에는 '보수주의의 분열, 자유주의의 어용화 및 저항적 자유주의의 확산, 진보주의의 혁명화'가 특징이라고 할 수 있다. 마지막으로 1987년 이후는 '보수의 합리화, 자유주의의 진보주의로부터의 독자화 및 개혁주의화, 진보주의의 분화'가 특징이라고 할 수 있다. 이러한 변화에 바로 지배담론과 저항담론의 상호작용이 중요한 영향을 미쳤다.

그런데 이러한 '보수 - 자유 - 진보'의 이념형적 구도가 현실 속에서 어떤 실제적 관계로 구체화되느냐 하는 데에는 다양한 변수들이 작용하게 되며, 여기에 지배담론과 저항담론이 영향을 미치게 된다. 다양한 담론들—예컨대 반공주의, 국가주의(또는 민족주의), 성장주의, 가족주의, 지역주의, 글로벌리즘 등—은 이러한 보수주의 - 자유주의 - 진보주의의 상호관계에 영향을 미치게 된다.

첫째, 반공주의와 관련하여, 분단의 조건에 기반을 두는 반공주의는 '보수주의 - 자유주의 - 진보주의'의 질적 성격을 변화시키게 된다. 예컨대 한국전쟁 이후 반공주의의 극단화는 보수주의세력의 극우반공주의화, 자유주의세력의 어용화, 진보주의세력의 비합법화 등을 결과하게 된다. 서구적 자유주의가 남한 현실에서 불구화된 모습으로 존재하게 되는 이유도 여기에 있다.

둘째, 국가주의 및 민족주의와 관련하여, 분단·반공의 조건에 의해서 영향을 받으면서 식민지국가, 안보국가를 계승하는 개발독재국가의 재생산은 국가 대 시민사회의 관계에서 이른바 '강한 국가-약한 시민사회'를 출현시키게 되었다. 남한에서의 국가주의적 전통은 '보수 - 자유 - 진보'를 관통하는 국가주의적 성격을 정당하게 문제시(problematize)하지 못하게 하였다[10]. IMF 이후에—비록 정권교체 때문이기도 하지만—위기 극복의 주체로 국가가 정면 부상하는 것에서 역설적으로 'IMF위기 극복의 주체로서의 국가의 화려한 복귀(?)'를 보게 되는 점이 있다.

---

10) 이른바 '미시 파시즘'에 대한 임지현의 문제 제기 참조(임지현 외 2000).

셋째, 성장주의 혹은 개발주의와 관련하여 본다면, 성장주의, 개발주의(developmentalism) 역시 '보수주의 - 자유주의 - 진보주의 세력'을 관통하고 있다. 심지어 남한의 자본주의적 발전주의(capitalist developmentalism)뿐만 아니라 북한의 사회주의적 발전주의(socialist developmentalism)까지도 개발주의 혹은 성장주의로부터 예외가 아님을 알 수 있다. 남한의 현실에서 대통령의 주된 치적도 성장률에 의해 규정되는 현실은 이것을 반영하고 있다고 할 수 있다.

넷째, 지역주의와 관련하여 본다면, 개발독재 하에서 '보수주의 - 자유주의 - 진보주의'의 왜곡된 관계는 1987년 6월 항쟁에서 정점에 이른 아래로부터의 민중적 투쟁에 의해 '근대적인' 이념적 구도로 전환되어어야 했다. 그러나 이는 왜곡화되어 지역주의적 구도로 전화되었다[11].

개발독재 하에서의 패권적 지역주의의 이념적 본질―극우적 보수주의

---

11) 필자는 현재의 지역주의적 구조는 개발독재 시대의 '민주 대 반민주'의 구도가 전향적인 방향으로 해체되어가지 못하고 왜곡된 형태로 고착되어 나타난 과도기적 현상이라고 생각한다. 다양한 역사적·구조적 요인들을 거론할 수 있겠지만, 지역주의는 민주주의 이행의 과도기에서 군부권위주의세력의 지배전략과 저항세력의 분열―1987년 양김의 분열을 연상하라 ―이 결합하여 만들어낸 왜곡현상이다. 군부권위주의세력에 의한 저항세력의 지역적 분열전략과, 그에 효과적으로 대응하지 못하고 분열하게 된 양김 씨의 오류로 인하여 지역주의적 구도는 단순히 군부세력의 분열지배전략에서 국민들이 서로를 지역적 관점에서 적대시하는 '괴물'로 전화되게 된 것이다. 1987년 대선과 1988년 4.26 총선을 겪으면서, 지역주의는 '강요된 지역주의'에서 '자발적 지역주의'로 변화하게 된다. 필자는 국민정부 출현 이전 지역주의의 성격을 대구·경북의 '패권적 지역주의', 호남의 '저항적 지역주의', 충청이나 기타 지역의 '반사적 지역주의'로 개념화할 수 있다고 본다. 먼저 국민정부의 수립이 가져온 중요한 변화는 과거의 패권적 지역주의가 '방어적 지역주의'로 변화하게 된다는 점이다. 영남의 지역민들이 '가상적 상실감'을 갖게 되고 이에 따라 패권적 지역주의가 방어적 지역주의로 변화하는 것에 편승하여, 구 보수정당은 지역주의의 우산 아래서 자신의 정치적 기반을 쉽사리 방어할 수 있게 된다. 여기서 가상적이라는 것은 권력의 '상실'이 사실 지역출신 엘리트들의 문제이지 정작 지역민들의 문제는 아니기 때문이다. 저항적 지역주의의 경우도 마찬가지이다. 저항적 지역주의는 야당으로서의 지위에

내지 온건보수주의—과 저항적 지역주의의 이념적 본질—자유주의 내지 진보주의—은 전면화되지 못하고, 동일한 지역주의로 퇴행·굴절되어 버렸다. 1987년의 반독재 진영, 특별히 자유주의적 제도정치세력의 도덕적 파탄은 패권적 지역주의가 자신을 지역주의의 우산 아래서 유지·보수(保守)하는 것을 가능하게 했다고 생각된다. 현재의 지역주의는 개발독재의 민주주의로의 이행과정에서의 왜곡태가 고착화된 현상이라고 볼 수 있다.

상응하는 지역주의였으나, 국민정부 이후 '저항'적 지역주의라는 정당성은 실효성을 잃게 되었다.

한국의 정치발전과 관련하여, 탈지역주의화라고 하는 것은, 지역주의의 외피 속에 잠재되어 있는 이념적·정책적 차이들이 좀더 선명하게 되고 그것을 통해 국민적 기반이 어떻게 재확보될 것인가 하는 점이다. 그렇다면 패권적 지역주의의 합리적 핵심은 무엇이며, 또 저항적 지역주의의 합리적 핵심은 무엇인가. 단적으로 패권적 지역주의—이제 방어적 지역주의로 되었는데—의 본질은 보수주의라고 생각한다. 그런 점에서 방어적 지역주의를 배경으로 하는 한나라당의 경우 지역주의의 우산 속에서 안주하면서 자신을 방어하는 차원을 넘어서서, 과거의 극우반공주의적·권위주의적 보수주의로부터 '합리적' 보수주의로 변화해야 하는 과제를 안고 있다. 저항적 지역주의의 본질은 무엇인가. 그것은 단적으로 자유주의였다. 그것은 독재에 저항하는 자유주의였다는 점에서 개혁적 자유주의의 성격을 지니고 있었고, 반독재운동 속에서 급진 재야와 연합하는 속에서 부분적으로 '사회민주주의'적 혹은 '사회자유주의'적 요소를 띠고 있었다. 물론 국민회의 집권 후 개혁자유주의적 요소조차도 충분히 발현되지 않았고, 최근에는 '개혁의 관료화' 현상으로 그나마 후퇴하고 있는 실정이다. 저항적 지역주의를 배경으로 하는 민주당이 집권당이 된 상태에서, 이제 '저항'적 지역주의는 어떤 형태로든 변화하지 않으면 안 된다. 이처럼 잠재적 보수정당 및 잠재적인 자유주의 정당이 지역주의를 뛰어넘어 근대적인 정당으로 변화되기 위해서는, 새로운 경쟁자, 즉 지역주의적 구도에서부터 자유로운 정치세력의 제도정치권 진입이 필요하다고 생각된다. 기존의 정당들은 지역주의 재생산구조의 유기적 일부를 구성하고 있기 때문에, 어느 일방의 노력만으로 탈지역주의화하는 것은 불가능하다. 예컨대 민주노동당 같은 정당이 제도정치에 진입하는 경우, 기존의 보수주의정당과 자유주의정당의 지역주의적 안주 태도에 변화가 나타나게 되고, 기성 정당들의 이념적·정책적 분화를 촉진하게 된다고 생각된다. 이에 대해서는 조희연(1998a, 5장)을 참조.

다섯째, 가족주의와 관련하여 보면, 가족주의 역시 '보수주의 - 자유주의 - 진보주의'를 구속하는 시민사회적 기반으로 존재한다. 폐쇄적 가족주의와 그 속에 내장된 가부장성은 한국 자본주의의 기본 성격으로 재생산되고 있고 상호재생산의 계기로 작동하고 있다— '한국 자본주의의 cronyism'. 가족주의적 자본주의가 어떻게 남한의 정치적 보수주의와 결합하면서, 남한 자본주의의 사회성 및 공공성을 질곡하게 되는가—자본재생산의 가족주의적 성격, 문민 · 국민정부에서의 황태자의 역할?—하는 문제가 제기될 수 있다. 이러한 가족주의는 '절대적 사유주의'와 자연스럽게 결합되어, 사유성의 공공적 규율과 규제를 제약하게 된다. 그리하여 공공성을 확장 · 진작시키기 위한 진보주의적 투쟁에 근본적인 제약요인으로 작용하고 있다고 할 수 있다.

2. 한국 사회에서의 담론 변화

1) 담론 변화의 기본적인 흐름

지배담론과 저항담론의 여러 측면들 중 각 시기별로 핵심적인 측면은 1950년대의 반공, 1960, 70, 80년대의 근대화(개발), 1990년대의 세계화로 특징지울 수 있다. 반대로 저항담론은 1960, 70, 80년대에는 민주화, 1990년대에는 반세계화 혹은 반신자유주의로 나눌 수 있다. 이 과정에서 주목할 것은 1987년 이후의 지배담론은 그 이전의 권위주의 시기의 저항담론의 핵심적 내용이었던 민주주의를 포섭하게 된다는 사실이다. 이 점은 민족주의 담론의 경우에도 그대로 적용될 수 있다. 해방 이후 현재까지의 시기구분과 각 시기의 담론의 특징적인 측면을 표로 요약하면 다음과 같다.

<표 1-1> 한국 자본주의와 민주주의 전개와 담론의 변화

	1950년대	1961년~1987년: 개발독재 시대		1987년 이후: 민주주의 이행기
		1960 · 70년대	1980년대	
지배의 경제적 토대 (자본주의 발전)	전산업화단계. 취약한 비지계급, 해체되어가는 구지배계급	산업화. 개발독재 하에서의 산업화의 진전과 그로 인한 비지계급의 성장. 시장의 성장.		포스트—산업화. 신자유주의적 조건하에서, 국가동원체제 하에서의 왜곡성을 극복하면서, 합리적 시장의 출현을 위한 과제가 제기됨.
현실정치 투쟁조건	민간권위주의. 반공규율사회적 조건 속에서, 안보독재.	군부권위주의. 부정적 안보에서 긍정적인 목표인 근대화, 개발독재로의 전환. 국가헤게모니 프로젝트의 호소력.	근대화 및 개발의 모순. 모순의 첨예화. 자유주의정치세력(개량)의 비합법화. 장외 운동정치와의 결합.	위로부터의 보수적 민주화의 경로를 따른 민주의로의 이행.
경제적 지배—저항 담론	원조경제 하 경제적 발전정책 담론.	근대화론(개발주의 담론) 대 민족경제론(국독자론, 사회주의론). 자립경제론이 대안으로 제기됨. 근대화의 종속적 성격에 대한 비판.	반자본주의 담론의 출현과 확산. 개발독재로 인한 자본주의화에 대한 혁명적 저항.	새로운 지배담론으로서의 세계화 담론. 80년대의 반자본주의 담론의 주변화. 공공성 옹호라고 하는 '방어적' 이면서 동시에 자유주의적 · 진보주의적 복합 담론의 부상.
정치적 지배—저항 담론	극우적 성격을 갖는 '반공주의 담론'. 저항담론의 부재. 자유주의적 경향은 취약(어용적 자유주의와 비합법적인 자유주의)	한국적 민주주의 대 민주주의. 지배의 독재에 따라, 그나마 취약한 자유주의는 어용적 자유주의로 존립하거나, 비합법적인 급진적 반독재 운동에 합류(자유주의와 진보주의운동의 연합=민중운동)	민주주의를 혁명적 투쟁. 진보주의의 혁명화. 진보주의 담론의 혁명화. 자유주의 담론은 침묵.	민주주의 회복에서 민주개혁 담론으로의 전환. 민주개혁의 철저화와 민주개혁의 사회적 차원으로의 확산을 둘러싼 지배와 저항의 담론적 각축 존재. 민주주의의 형식적 정착화에 따른 자유주의적 운동의 등장. 시민운동으로 상징되는 자유주의적 운동의 성장.

2) 한국정치변동에 따른 시기별 담론 변화의 기본구도

(1) 한국전쟁 이후 1950년대의 지배담론과 저항담론

1950년대의 담론을 이해하기 위해서는 해방공간과 한국전쟁을 통해서 형성된 남한사회의 독특한 정치사회적 구성을 이해할 필요가 있다. 이것을 필자는 '반공규율사회'로 개념화한다[12].

현재와 같은 담론분석의 맥락에서 볼 때, 반공규율사회는 지배담론의 핵심적인 측면이 반공주의가 되는 사회를 의미한다. 즉, 반공주의적 규율이 지배담론을 통해 시도된다는 의미이다. 이러한 반공주의는 지배담론과 저항담론에 여러 가지 측면에서 변화를 몰고 오게 된다.

1950년대는 반공규율사회적 조건 속에서, 사회적으로는 반공 '의사 합의'가 존재하고 그에 기초하여 국가권력의 '백색 테러리즘'적 성격이 강하게 나타나게 된다. 해방공간의 정치적, 계급적 투쟁이 '내전'으로 발전하고 그 과정에서 남한 내부에서의 대항운동의 초토화와 무장해제, 대중의 탈동원화, 그를 통한 국가와 (시민)사회의 극단적인 비대칭성의 출현, '레드 콤플렉스'의 내재화 등이 나타난다. '시민사회'는 수동화되고 주체화의 정도는 낮게 된다. 현실 정치사회적 투쟁의 소멸 속에서 저항담론은 최소한의 비판성을 표현하면서 존재할 수도 없게 된다. '내전'이

---

12) 한국은—대만과 함께—"냉전과 내전의 특수한 결합으로 인하여 반공이데올로기가 '의사합의'(pseudo-consensus)로 내재화된 특유한 우익적 사회"라고 할 수 있는데, 필자는 대만과 한국의 특수한 정치사회상황, 계급관계의 독특한 정치사회적 구성을 개념화하기 위하여 '반공규율사회'(anticommunist regimented society; 反共規律社會, 反共紀律社會, 反共兵營社會)라는 개념을 사용하고자 한다. 전쟁과 1950년대 국가적 테러(state terrorism)를 통하여 형성된 반공규율사회는 냉전의 논리가 내전이라는 독특한 역사적 경험을 통하여 내적인 의사합의로 전화되고 그것이 개인 및 집단 간의 사회적 관계와 행위를 우익적으로 규정하고 있는 사회라고 할 수 있다(조희연 1998a, 1장과 2장).

정치사회적 세력의 분단을 포함하는 지리적 분단으로 나타나게 되면서, 남한에서는 이전의 반제민족해방운동과의 연속성 상에 있는 정치사회적 투쟁과 주체들이 비합법화되거나 약화·소멸된다.

이러한 반공규율사회적 조건 속에서 지배담론의 기본적 성격은 '반공주의 담론'으로 성격을 규정할 수 있다. 1950년대의 지배담론에서 지배적 지위를 차지하는 이러한 반공주의는 극단화되고 그 속에서 '승공담론'이나 멸공(滅共)담론이 부각된다. 백색 테러리즘의 조건 속에서 합법적 저항담론의 여지는 박탈된다. 극우보수주의적 세력과 담론만이 합법적이고 동시에 지배적으로 존재하게 되고, 저항담론은 비합법화될 수밖에 없는 조건이 출현하게 된다. 멸공담론이나 승공담론이 지배적인 속에서 민족주의적 담론은 그 존재 여지를 박탈당하게 된다. 한국전쟁 이후 중도 민족주의적 흐름이나 진보당의 평화통일 담론 마저도 '반국가적인' 것으로 규정되는 조건이 창출된다. 1950년대에 자본주의-공산주의의 대립을 뛰어넘는 민족주의적 담론은 설 자리를 잃어버리게 되고 일종의 민족주의적 담론의 휴지기적 성격이 나타나게 된다[13].

극단적인 반공주의적 담론의 지배화 속에서 친미적 인식과 미국에 대한 혈맹적 인식이 강고하게 자리잡게 된다. 최소한 공식적 기준에서는 이러한 친미적 인식을 전제하고 그 바탕 위에서 미국적 민주주의 기준에 의해 남한 현실을 파악하지 않을 수 없는 지적 상황이 나타나게 된다. '이식된 민주주의'의 기준에 의해 남한 정치를 파악하게 되고, 이런 속에서 경제체제 및 정치체제 자체를 둘러싼 실천과 담론보다는, 정착된 미국식 민주주의의 기준에 따른 '체제 내적'인 문제들—부패, 부정선거 등—을 중심으로 하는 시민사회의 제한적 활성화가 나타나게 된다. 4.19 혁명은 미국적 민주주의의 기준에서 보더라도 현저히 부패한 정권에 대

---

13) 반공주의적 담론의 지배화 속에서, 국가권력의 멸공담론이나 승공담론과 구별되는 평화통일담론이나 화해담론은 '합법적'으로는 존재할 수 없는 상태에 놓이게 된다.

한 국민들의 궐기였다고 할 수 있다.

이런 반공주의적 담론은 현실의 정치사회적 세력관계의 구성에 영향을 미치게 된다. 극우적 성격을 갖는 반공주의 담론의 지배화 속에서, 한국적 보수주의는 극우보수주의화되고, 1950년대의 그것처럼 '백색테러리즘'적인 성격을 내장한 폭력적 보수주의로서 존재하게 되며, 그러한 극우보수주의의 '패권'적 지위는 국가폭력에 의해 보장되게 된다[14]. 1950년대 지배담론을 담지하는 지배블록에 속하는 여당과 야당 모두 이러한 극우(반공)적 보수주의의 성격을 지니고 있었다. 정치적 · 사회적 세력에게 존재하는 자유주의적 성격은 극우보수주의의 지배화 속에서 발현될 수 없었다. 반공주의 담론이 지배담론으로 작동하면서 자유주의세력의 비자유주의화의 효과를 갖는 것이다. 이런 점에 1950년대의 지형에서 '이식된' '자유민주주의'를 담지할 계급계층 및 정치사회세력은 존재하지 못하였다고 말할 수 있다. 이승만 공화당 세력들이나 한민당 야당세력들 모두 극우반공주의적 조건에 적응하면서 한국적 보수주의의 일그러진 모습으로 존재하였던 것이다. 1950년대의 반공주의 담론은 저항담론의 자유주의적인 내용마저도 불온한 것으로 규정하고 탄압하는 조건으로 작용하였다. 1950년대의 극우반공주의적 조건 위에서 자유주의적 전통은 존재할 수 없었다. 보수 혹은 반동과 구별되는 자유주의적 담론은 취약하였고 자유주의적 실천 및 담론을 담지할 정치사회세력도 부재하였다. 자유주의세력은 그 지적 내용에도 불구하고 극우보수주의적 권력에 대하여 어용적이고 종속적인 위치로서만 존재할 수 있었다.

앞서 서술한 대로 담론은 일정한 독자성과 자율성을 갖는 것이기는 하지만, 동시에 그 담론을 체현할 현실 정치사회세력이 소멸한 상태에서는

---

14) 한국의 국가폭력성에 대해서는 조희연 · 조현연(2002) 참조.

존립할 수 없었다. 반공규율사회적 조건하에서 한국의 자유민주주의는 극우반공주의적 조건 속에서 왜곡화되어 존재하였다고 말할 수 있다. 서구에서 시민혁명을 통해서 시장의 '자유'와 시민사회의 독립과 '자유'를 쟁취하고 요구하고 그것을 담론화하던 자유민주주의세력과 한국의 그것은 정반대의 성격을 지니고 있었다. 자유민주주의세력은 실체적인 반공권위주의와 국가폭력성을 정당화하는 비자유주의적 세력으로서만 존재할 수 있었다. 나아가 이 시기에 진보주의적 세력과 진보주의적 담론은 비합법화될 수밖에 없었으며, 따라서 최소한 공론의 영역에서는 소멸할 수밖에 없었다. 부분적으로 민족주의적 이슈를 중심으로 하는 주변적 담론으로 존재(평화통일론 등)하게 된다. '연좌제' 등 법제도적 장치의 작동 속에서 '잔존' 진보주의세력은 억압당했으며, 비합법성을 감수하면서 공론의 공간에서 배제된 채 방어적으로 생존할 수밖에 없었다. 반공주의 지배담론이 이러한 세력관계를 정당화하였다. 1950년대의 지형에서 진보주의는 명시적인 맑스주의나 사회주의, 친북주의뿐만 아니라 민족주의까지를 포함하였다. 이러한 영역조차도 지배세력에게는 '금단'의 영역으로 간주되었다. 저항세력이 없는 상황에서 반공주의 담론은 '근본주의화'되면서 일체의 반대의 경향을 불온한 것으로 간주하고 탄압하게 된다. 금단화의 경향이 더욱 강화되는 것이 바로 근본주의화의 한 표현형태이다. 1950년대의 지형에서 자유주의적 입장에서건 진보주의적 입장에서건 조직화된 저항적 사회운동의 영역은 존재하지 않았고 저항적인 공적 담론공간은 허용되지 않았다.

이런 속에서 담론투쟁 및 현실투쟁이 존재한 유일한 영역은 '이식된 민주주의'를 둘러싼 영역이었다. 즉, 극우반공주의적 민간권위주의권력이 승인하고 있는 미국식 '이식된 민주주의'의 절차적 규칙을 위반하거나 극도로 부패하거나 타락하는 반민주주의적 행태를 보일 때, 이를 둘러싼 현실저항과 비판담론을 제기할 수 있을 뿐이었다. 즉, 지배담론의 규정을 전제하고 그 지배담론의 기준 자체에 의해서 볼 때도 문제가 되는 이슈를 중심으로 투쟁과 비판이 제기되는 것이었다. 최장집이 이야기한 '제1의 균열', 즉 권위주의와 민주주의의 균열 지점에서 현실투쟁과 비판담론이 국민적으로 전개될 수 있었다(최장집 1993). 정치와 정치적 실천에서 '금단'의 영역이 존재한다고 하는 것은 저항블록에게는 폭넓은 제한이 존재한다는 것이고, 나아가 저항담론의 구성에 있어 저항블록이 동원할 수 있는 지적·문화적·이데올로기적·현실적 자원이 대단히 제약된다는 것을 의미한다.

철저한 극우반공주의 담론만이 지배적으로 존재하던 현실에서, 극우반공주의적 권위주의 권력이 위기에 직면하게 되는 것은 '이식된 민주주의'적 기준에서 볼 때에도 명명백백한 부패와 타락에 대한 저항 때문이었다. 어떤 점에서 한국전쟁으로 인한 분단은 저항세력의 연속성을 보장할 수 없는 조건을 부여하였다―이전의 반제민족해방운동이나 무산자혁명 이념의 계승태로서의 저항세력이 존재할 수 없게 된다는 것이다. 그런 점에서 이전의 저항담론의 철저한 소멸 위에서, 지배담론을 전제하고 그 지배담론의 기준에 의한 '새로운 저항', '새로운 비판'이 나타나게 된다. 그 정점에 바로 4.19혁명과 같은 민주주의적 저항이 존재한다.

4.19혁명은 반공주의 담론에 의해 협애화된 현실투쟁 지형 속에서 저항이 국민적 투쟁으로 발전한 경우라고 할 수 있다. 반공주의 담론이 부여하는 한계에 유폐되어 그 지형 내에서 발전된 투쟁이었다. 그런 점에서 한국전쟁 이전의 저항 전통과 철저히 단절된 새로운 투쟁이었다고 볼 수 있다. 한편 4.19혁명의 성공을 통해 과거 반공주의 담론에 철저히 의존해온 지배권력이 붕괴함에 따라 곧바로 반공주의 담론 자체에 대한 도전, 그것에 의해 유폐된 투쟁지형을 뛰어넘는 새로운 투쟁이 전개된다. 4.19혁명 이후의 운동공간에서 평화통일 문제가 제기되고 반공주의 담론이 강제한 반북적 태도를 뛰어넘는 인식과 저항적 실천이 나타나게 된

것은 바로 이것을 의미한다.

(2) 1960년대 이후 '국가주의적 발전동원체제' (statist developmental mobilization regime) 하에서의 담론 변화

① 지배담론과 저항담론의 성격 변화

이 시기는 1950년대의 '민주주의적 외양'을 띤 민간권위주의체제가 군부권위주의체제로 전환된 시기이다[15]. 1950년대의 지배담론이었던 반 공주의적 담론은 그 자체가 한계를 가지고 있었다. 그것은 공산주의로부 터 자신을 지킨다고 하는 소극적·방어적 담론의 성격을 지니고 있었다. 이런 점에서 1960년대 이후 개발독재 하에서는 지배담론이 근대화, 산업 화, 절대빈곤으로부터의 탈피 등을 포함하는 개발주의 혹은 발전주의 (developmentalism) 혹은 성장주의 담론으로 전환된다. 이것은 4.19혁명 으로 인한 지배담론의 위기에 대응하여 지배담론이 혁신하는 성격을 띠 게 된다. 이처럼 반공주의 담론을 기본으로 하면서 동시에 적극적인 국 가 목표로서의 개발주의를 표방한다는 점에서, 1960년대 이후 지배담론 은 '반공주의 - 개발주의 담론'이라고 성격 규정할 수 있다. 이러한 반공 주의 - 개발주의 담론을 통해 지배블록의 내적 통합과 민중블록의 통합

---

15) 반공주의와 개발주의를 정당화 기제로 한 반공주의적 개발독재체제는 각 나라마다 상이한 방식으로 출현하고 작동하게 된다. 예컨대 인도네시아의 수하르토 체제의 경 우 1965년 공산당을 중심으로 하는 민중봉기 국면으로 인한 정치사회적 혼란을 명분 으로 하여─한국과 같이 '내전'의 경험은 없었다─철저한 반공주의적 정당화와 독재 적 탄압으로 특징지어지는 체제가 출현하게 된다. 정당성이 취약한 독재정권은 반공 주의를 개발주의 혹은 발전주의와 결합시켜 자신을 정당화하면서, 공산주의세력 및 저항세력에 대한 철저한 폭력체제를 구축·운영하게 된다. 한국에서 저항세력이 '교 회'의 우산 아래 자신들의 이념적 순수성─비공산주의적 성격─을 드러내고자 하였 던 것처럼, 인도네시아 수하르토 체제 하에서는 학생들이 '보수적인' 무슬림의 '우 산' 아래 자신들의 이념적 순수성을 드러내고자 하는 아이러니도 나타나게 된다.

을 포함하는 전사회의 '발전론적 통합'(developmental societalization)을 시도하게 된다[16].

1950년대 지배담론이었던 반공주의 담론이 미국식 민주주의 기준의 내면화라는 현상을 동반함으로써 비록 반공주의 담론 자체는 유지되더라도 바로 이러한 새로운 기준에 의한 위기를 맞았던 것처럼, 1960년대 이후의 개발담론은 독재체제적 성격을 동반함으로써 이러한 독재에 반대하는 저항을 맞게 된다.

이런 점에서 1960년대 이후의 지배담론은 1950년대의 반공주의를 개발주의와 결합시킨 것이라고 할 수 있다. 1950년대의 지배담론이 공산주

---

16) 여기서 우리는 1960, 70년대 반공주의에 대하여 두 가지 물음을 제기할 수 있다. 첫째는 이 시기의 반공주의가 얼마나 '헤게모니'적으로 존재하였는가 하는 것이고, 둘째는 이 시기의 반공주의가 1950년대의 반공주의와 비교해 볼 때 어떻게 달라졌는가 하는 점이다. 첫째의 질문은 반공주의의 '동의'적 기반이 얼마나 광범하게 존재하였는가 하는 것이다. 그람시(A. Gramsci)가 이야기한대로 '강압에 의해 강화된 헤게모니'(coercion armoured by hegemony) 혹은 '헤게모니에 의해 강화된 강압'의 의미에서 볼 때, 박정희 정권은 정치적 정당성, 즉 국민적 동의가 부재했다. 따라서 반공주의와 성장주의에 대한 국민적 동의를 통해 정권을 유지하였다고 보는 것은 적절하지 않을 것이다. 오히려 반공주의적 담론의 변형과 성장주의적 담론의 새로운 재구축을 통해 자신의 정치적 정당성을 '구성'하려고 시도하였다고 할 수 있다. 둘째는 1960년대 이후 반공주의적 담론의 변형이다. 필자가 볼 때, 1950년대 이후 1960, 70년대를 거치면서 체험적 반공은 국가에 의해서 대결적 반공주의로 구성되어갔다고 할 수 있다. 예컨대 국민들의 의식 속에서 '잔학한 인민군'의 기억도 존재할 것이고, '친절한 인민군'의 기억도 존재할 것이다. 그러나 체제에 반하는 기억은 주변화되고 억압되면서 권력이 요구하는 특정하게 스테레오타이프한 반공의 상이 구성되고 강요되는 과정을 밟게 된다고 할 수 있다. 박정희 시대에 특징적인 것은 1970년대를 거치면서 이러한 반공주의를 체계적인 교육과정에 삽입함으로써 교육을 통한 반공주의의 '2차적 재생산'을 시도하였다고 하는 것이다(배규환 1979). 박정희 시대에 있어서 반공주의는 1950년대와 달리 이미 '실체적 진실'은 중요하지 않은, 아니 '진실 자체가 전제되는' 고정화된 관념으로 존재하게 된다. 여기서 반공주의에 있어서 실체와 관념은 분리되고 관념은 실체와 무관하게 재생산되며, 실체적 사건들을 재해석하는 인식틀로 작동하게 된다.

의를 반대한다고 하는 '소극적'이고 방어적인 성격을 띠었다고 한다면, 군부권위주의정권 하에서 지배담론은 1950년대의 그것을 계승하면서 동시에 좀더 적극적인 담론으로서의 근대화 담론을 표방하게 된다. 4.19 혁명에 의해 균열될 조짐을 보이고 있던 반공주의 담론을 새롭게 근대화 담론과 결합시킴으로써 지배담론의 혁신이 이루어진 것이라고 볼 수 있다. 근대화 담론의 부상은 정치적 정당성이 취약한 군부정권이 자신의 정당성을 보완하기 위하여 경제성장을 최고의 국가목표로 삼으면서 더욱 중요해진다. 이처럼 1960년대의 지배담론은 1950년대의 반공주의 담론을 계승하면서 지배블록의 새로운 국가적 과제로서의 근대화를 중심으로 하는 경제개발 담론이었다고 할 수 있으며, 이러한 경제적 담론은 정치적 측면에서는 독재 불가피론 혹은 민주주의 희생론 혹은 한국적 민주주의론을 전제하고 있었다고 할 수 있다. 그런 점에서 1960년대 이후 1987년까지의 지배담론은 근대화 담론을 중심으로 하면서 반공주의 담론과 민주주의 희생담론을 결합시켰다고 규정할 수 있다.

1960년대 이후 저항담론은 핵심적 측면에서는 민주주의 담론(혹은 민주화 담론)의 성격을 띠게 된다. 개발을 명분으로 하는 '독재' 체제에 대하여 개발의 문제점을 지적하는 '민주화' 운동이 대립하는 양상을 띠게 된다. 군부권위주의정권 시대는 개발을 명분으로 하는 독재체제의 지배블록과 개발의 모순과 독재의 모순에 대항하는 반독재 저항블록의 현실정치적 투쟁의 시기였는데, 이에 대응하여 담론적 수준에서는 개발의 당위성을 지시하는 근대화 담론과 독재의 반민중성을 지시하는 민주주의 담론이 기본적으로 대립되고 있었다. 1960년대 이후의 저항담론은 반공주의적 질서를 전제하면서 정치적인 의미에서의 민주주의 담론을 중심적인 특징으로 하면서 경제개발의 종속성과 불평등성, 독점성 등 경제개발의 문제점을 비판하고, 대안으로서의 자립적 민족경제를 제시하는 민족경제론적 경제담론을 내포하고 있었다고 규정할 수 있다.

<표 2-2> 1960년대 이후 지배담론과 저항담론의 특징

	담론의 성격
1960년대 이후의 지배담론 특징	근대화 담론 혹은 개발주의 담론을 중심으로 하면서, 1950년대의 반공주의 담론을 계승하고(반공주의-개발주의 담론) 동시에 정치적으로는 독재 불가피론, 민주주의 희생론 혹은 한국적 민주주의론을 결합
1960년대 이후의 저항담론 특징	민주주의 담론을 중심으로 하면서, 1950년대의 반공주의 담론의 소극적 전제 위에서, 근대화의 불평등성·종속성·독점성 등을 비판하는 담론을 결합

바로 이러한 현실적 상황은 담론적 상황에도 투영된다. 즉, 1960년대의 경제적 지배담론을 보면 개발(성장) 혹은 근대화 담론이 지배담론으로 존재하고, 저항담론으로는 민족경제론과 같은 민족주의적·자립경제론적 담론이 존재하였다. 이 대립은 수출경제 대 자립경제의 대립구도로 표출되었다. 저항담론은 자립경제론의 입장에서 균형성장 대 불균형성장, 자립성 대 종속성의 문제를 둘러싼 쟁점을 제기하였다. 정치적 지배·저항담론과 관련해서는 한국적 민주주의라는 형태의 민주주의 희생론·독재불가피론이 지배담론으로 존재하고 있었고, 이에 대립하여 반독재·전면적 민주주의 담론이 존재하고 있었다.

② 담론을 둘러싼 투쟁, 그 전개과정

그런데 이러한 총론적 담론 지형에도 불구하고, 구체적인 담론투쟁의 전개과정은 각 시기별로 상이하게 전개되었다. 군부권위주의정권 시대를 1961년 5.16군사쿠데타부터 1987년 민주항쟁에 의해 군부정권이 퇴진하게 된 시기까지로 본다면, 이 권위주의 시대는 크게 3개의 소시기로 나눌 수 있다. 개발독재, 즉 개발과 독재에 대한 제한된 범위에서의 '동의'가 존재하던 시기(1961~72년 10월 유신), 그 동의 기반 자체가 균열되어가던 시기(1970년대), 그리고 개발독재의 정치적 정당성이 거의 실종되고 물리적 억압만이 지배하던 1980년대 초반부터 87년까지의 시기로 나눌 수 있다.

 각각의 시기별로 구체적인 현실 정치사회투쟁과 함께 담론투쟁의 변화과정을 살펴보기로 하자. 1961년 5.16군사쿠데타 이후 군부독재세력은 4.19혁명 이후의 정치사회적 혼란을 명분으로 하여 안보의 철저화를 내걸고 무력으로 집권하게 된다. 초기에 혼란에 대립하는 안보를 명분으로 집권하였던 군부세력은 자신의 정치적 정당성의 취약성을 상쇄하기 위해 경제성장과 근대화로 자신의 정당성을 보완하려고 시도한다. 한편에서 1950년대의 반공주의적 지배담론을 계승하면서도, 다른 한편에서는 근대화라고 하는 새로운 성장 담론을 지배담론의 주요한 구성내용으로 가져간 것이다.

 군부정권이 추진하는 근대화정책은 수출지향적인 산업화를 추구하고 있었고, 이러한 수출지향적 산업화는 미국과 구 제국주의 지배국인 일본에의 경제적 · 산업적 의존성을 드러냈다. 물론 이러한 산업화를 추진하는 정권은 군부정권이며 이들은 쿠데타로 집권하여 집권의 정치적 정당성이 취약하였다.

 1960년대의 담론투쟁은 그 주요한 대립지점을 정치적 측면에 두고 있었다고 생각한다. 즉, 야당 및 학생운동은 군부정권의 정치적 정당성을 주로 자유민주주의의 파괴에서 찾은 반면에, 군부정권은 저항진영의 공세를 사대주의적이고 '민족적 이념을 망각한 가식의 자유민주주의'로 매도하면서 자신이야말로 '강력한 민족적 이념을 바탕으로 한 자유민주주의'로 옹호하였다. 이 시기에 경제성장 자체에 대해서는 이견이 거의 존재하지 않고 있었기 때문에 박정희 정권은 강력한 리더십 하에서 경제성장을 통해 자립경제를 구현하는 것이 '민족 주체적인 민주주의'를 구현하는 것이라고 주장하였다. 그것은 결국 이견이 존재하지 않는 경제성장을 달성하는 '민족적' 민주주의와 '순수한' 자유민주주의를 주장하는 저항블록의 대립으로 환치하고자 한 것을 의미한다. 여기서 흥미로운 것은 경제개발은 경제적 자립의 달성을 의미하고, 그것이 진정한 '민족주체성'의 구현이라고 하는 등식이다.

1960년대 초반 박정희 군부정권은 민정이양 후 1963년 대통령 선거에서 자신을 정당화하기 위하여 4.19혁명을 가능하게 했던(미국식의) 자유민주주의를 혼란과 방종으로 규정하였다. 이와 함께 "민족적 이념을 망각한 가식적 민주주의 사상과 강력한 민족적 이념을 바탕으로 한 자유민주주의 사상 간의 대결"로 규정하면서, 이른바 '한국적 민주주의'를 주장하였다. 이는 반민주적 집권과정을 자유민주주의의 이름으로 공격하는 윤보선 후보 등 당시의 야당후보에 맞서서 강력한 리더십에 기초한 정국안정을 배경으로 추진하는 자립경제를 민주주의의 한국적 특수성으로 표현하고자 하였던 것이다.

이러한 박정희 군부정권에 대립하여 1960년대 저항운동의 핵심이었던 학생운동은 1964년 5월 20일 한일회담 반대투쟁의 과정에서 '민족적 민주주의 장례식'을 치르는 방식으로 그 허구성을 공격하였다.

이 시기에 특징적인 것은 박정희가 자신의 민족적 민주주의의 목표로서 경제적 자립을 강조하고 자신이 추진하는 경제개발이 바로 경제적 자립을 달성하는 것이며, 이는 '민주주의가 기착 영생할 안주지'를 마련하는 것이자 '민족주체성이 세워질 기반'을 만드는 것이라고 역설하고 있다는 점이다. 이것은 1960년대의 정치사회적 투쟁에 있어서 박정희 정부의 독재적 성격이 쟁점화되었을 뿐, 박정희가 추진하는 경제성장의 구조적 성격이 충분히 쟁점화되지 않았다는 것을 의미한다. 박정희가 자신의 독재적 성격을 '민족적' 민주주의로 정당화하면서, 자신이 추진하는 경제성장전략은 경제적 자립을 통하여 궁극적인 민주주의의 기반을 확충하게 된다는 식으로 규정하고 있다.

이처럼 박정희 정부가 자신의 '민족주체성' 구현으로 강변하고 있는 경제성장 자체에 대해서 1960년대 저항진영은 경제개발이 동반하는 경제적 불평등, 경제개발 자금의 조달과정에서의 박정희 정부의 대일 종속성 및 대미 종속성을 현상적 수준에서 문제 제기하였다.

첫 번째 시기에서 두 번째 시기로 이행하면서 이러한 담론투쟁의 지형은 변화하게 된다. 한편에서 1970년대의 시기는 1960년대와 달리 박정희 정권이 추진하는 경제개발이 가시적인 성과를 냄과 동시에 그 구조적 문제점들이 전면화하는 시기이며, 다른 한편에서 독재의 장기화에 따라 민주주의를 지향하는 저항진영의 전면적인 투쟁이 전개되는 시기라고 할 수 있다.

자신의 독재적 성격에도 불구하고 경제개발을 통해 경제적 자립을 성취하는 것이 진정한 민족적 민주주의의 실현이라고 강변하였던 박정희 정권은 1970년대에 들어서면서 이중적인 저항담론의 도전을 받게 된다. 첫째는 경제개발을 통해 경제적 자립을 성취한다고 하는 경제적 전제 자체가 경제적 종속의 심화, 외채 위기, 경제적 파탄가능성, 내적인 경제적 양극화와 불평등의 심화, 기층민중들의 경제적 수탈 등 경제개발의 경제적 모순이 전면화하게 되면서 의문시되게 되었다는 것이다. 둘째는 1969년 3선 개헌과 1972년 10월 유신에서 드러난 것처럼 박정희의 종신집권 시도는 경제개발의 달성을 통해 궁극적으로 민주주의로 회귀할 것이라는 박정희 식 전제의 허구성을 폭로하면서, 박정희 정권의 반민주주의적 성격에 대한 강력한 저항을 촉발하게 되었다는 것이다.

이런 각도에서 1970년대의 저항담론에서는 군부정권이 추진하는 근대화는 '신식민지적'인 경제종속과 외채파탄을 낳는 반민족적인 경제성장 전략으로 규정되었다. 물론 지배담론에서는 지속적으로 이러한 근대화가 후진국의 불가피한 선택이며 고속성장을 지속하게 하는 전략이라고 규정하였다. 그리하여 한편에는 '위로부터의 자본주의화'의 정당성을 지향하는 지배담론과, '위로부터의 자본주의화'의 모순을 부각시키는 저항담론이 첨예하게 대립하게 된다.

1960년대에는 지배담론과 저항담론의 관계가 '선(先)성장 후(後)분배' 이냐 '선분배 후성장' 이냐의 구도로 규정되고 인식되었다. 그러나 1970년대에 오면 철저하고 지속적으로 불평등한 분배를 구조적 특성으로 가지고 있는 경제개발전략 자체에 대한 비판이 제기된다. 1960년대에 저항담론이 박정희 식 경제개발전략의 종속가능성과 종속잠재력을 문제삼았다고 한다면, 1970년대에는 박현채 식의 '자립적 민족경제론' 혹은 '민족경제론' 이 명확하게 대안으로 제시되고 그러한 관점에서 정부의 경제개발전략을 비판하게 된다. 그리고 이러한 경제개발전략의 구조적 희생자로서의 노동자와 농민 등을 '민중' 으로 개념화하는 민중론이 대두하게 된다. 이것은 정치적 성격에 집중하던 민주주의 저항담론이 경제적인 의미에서의 불평등 극복, 종속 극복, 분배 요구 등 경제적 담론을 내포화해가는 것을 의미하였다.

또한 1970년대 후반 저항블록의 일부에서 '선통일 후민주' 냐 '선민주 후통일' 이냐라는 담론적 대립구도가 운위되었던 것은, 민주주의 담론이 민족주의적 담론으로 확장되는 것을 의미하였다. 돌이켜 볼 때 민주 회복과 통일을 선후의 문제로 논의했던 구도 자체가 비현실적인 것이라고 평가할 수 있지만, 그것은 민주 회복과 통일의 연관성을 사고하게 되는 것, 즉 분단상황과 반공주의적 왜곡이 민주 회복을 억압하고 있다는 현실에 대한 인식이 나타나게 되는 것을 의미하였다. 이는 1980년대 반미주의적 민족주의 담론이 출현하게 되는 맹아적 단계였다고도 평가할 수 있다. 이미 1970년대 말에는 지배담론과 저항담론의 대립이 순수히 독재냐 민주주의냐 하는 차원으로만 환원될 수 없는 포괄적인 체제 담론 수준의 논의로 확장되고 있었다고 보아야 할 것이다.

그 과정에서 정치적 측면에서는 지배담론이 부각시키고자 하였던 '민족적 민주주의 대 사이비 자유민주주의' 의 대립구도는 주변화되고 본래적인 의미에서의 '독재 대 반독재', '반민주주의 대 민주주의' 의 대립구도가 선명하게 부각된다. 이는 경제개발의 성과를 통해서 그나마 정치적 독재를 부분적으로 상쇄할 수 있었던 상황이 종결된 것을 의미한다[17].

1970년대를 넘어서면서 박정희가 부각시켰던 '민족적 민주주의' 담론과 근대화 담론은 더 이상 국민들을 통합하는 담론으로서의 역할을 할 수 없게 된다. 이제 좀더 보편적인 의미에서의 민주주의에 대한 요구는 더욱 강화되기에 이른다. 김지하의 시에서 보여지는 '타는 목마름으로 민주주의여 만세'라는 정서는 이제 저항진영을 넘어서, 국민적인 호소력을 갖는 상태로 점차 발전해가게 된다. 지배담론의 저항블록에 대한 통합력이 급속히 약화된 속에서, 유신체제는 더욱 더 폭력에 의존하는 '적나라한 독재'로 전락하여 가게 된다.

세 번째 시기라고 할 수 있는 1980년대의 시기는 군부세력을 정점으로 하는 지배블록의 정치적 정당성이 극도로 취약해지고 적나라한 폭력으로 유지되는 시기라고 할 수 있다. 박정희의 암살 이후 박정희를 계승하는 신군부세력의 재집권과정에서 일어난 광주학살은 지배블록의 도덕적 정당성을 완벽하게 무화시키게 했으며, 이로써 저항블록은 국민적 지지와 도덕적 정당성을 가진 채로 국민적인 반독재투쟁을 전개하게 된다.

이것은 지배담론의 통합효과를 결정적으로 약화시키게 되며, 저항담론이 헤게모니적인 담론이 되게 만들었다. 이제 박정희 정권이 내걸었던 근대화 담론 및 개발담론, 독재 불가피론은 몇 가지 점에서 그 효용성을 상실하게 된다.

첫째는 박정희 식의 경제개발 담론 자체를 가능하게 했던 경제적·정치적 조건이 소멸하고 변화하게 되었다는 것이다. 개발을 통한 자립이라고 하는 담론 자체가 명백히 허구적인 것으로 인식되었으며, 개발담론을

---

17) 한국적 민주주의에 대한 대중들의 반응은 초기에는 '민주주의가 밥 먹여주냐'는 식으로 한국적 민주주의의 핵심적인 내용을 받아들이는 식이었으나, 이제 민주주의 담론이 확산되면서 대중들은 '밥만 먹고 사냐'는 식으로 변화하게 된다.

담지하는 정치적 주체의 정치적 · 도덕적 정당성이 소멸함으로써 더 이상 경제개발 담론 자체의 효과가 없어지게 되었다는 것이다. 특별히 경제적 측면에서 이전의 개발담론의 현실적 조건들이 변화하게 되면서 담론 자체도 변화하게 된다. 즉, 박정희 식 경제개발 담론은 내수시장을 보호하면서 외부의 수출시장을 개척하는 일종의 '보호주의적 개발주의'(protectionist developmentalism)를 특징으로 하고 있었고, 다른 한편에서 개발자금의 유치를 포함하여 성장에 있어서 국가주도적인 모델을 따르고 있었다. 그러나 개발 자체가 과거의 개발담론이 전제하였던 것을 근본적으로 변화시키고 있었다. 또한 독재 불가피론이 전제하고 있었던 '경제성장을 위한 과도기적인 민주주의 희생'의 논리는, 독재가 장기화되고 독재를 지속하기 위한 각종 폭력적 탄압과 반민주적 억압조치들이 반복되면서 이제 설득력을 갖지 못하게 된다.

둘째, 이러한 정치적 · 경제적 조건의 변화는 초기 산업화 단계의 담론이었던 경제개발 담론 및 민주주의 희생 논리의 호소력과 국민적 통합력을 결정적으로 약화시키게 된다.

셋째, 개발이 모든 것을 해결할 것이라고 하는 지배담론의 효과가 약화되면서 저항담론이 국민적 호소력을 가지면서 확산된다. 즉, 경제개발을 통한 자립경제의 확립 및 빈곤의 극복이라는 지배담론의 내용보다는 경제개발이 내장하고 있는 모순적 성격 및 불평등적 성격에 주목하는 저항담론의 호소력이 더욱 확대된다. 1980년대에 들어서면서 이미 민주주의 쟁취라는 것이 하나의 '시대정신'이 되고(신영복 · 조희연 2001), 이는 지배담론을 압도하는 '헤게모니'적인 담론이 되기에 이른다.

1960, 70년대에 저항담론이었던 민주주의 담론이 점차 국민적인 담론이 되면서, 지배담론은 새로운 변형를 시도하게 되고 저항담론은 더욱 급진화되어가는 양상을 보인다. 이것은 1980년대에 이르면서 반독재세력과 독재세력 간의 대립에서 전자가 확실한 우위를 점하는 단계로 이행

하고, 동시에 민주주의 담론은 소수자 담론에서 다수자 담론으로 되어가는 것에 대응함을 말한다. 이는 지배담론과 저항담론의 상호작용에서 특징적인 현상이라고 할 수 있다. 지배담론의 위기 및 저항담론의 대중화 상황 속에서 지배담론과 저항담론이 변화하는 하나의 특징을 말해주는 것이다. 즉, 지배담론은 자신의 위기를 저항담론의 흡수 속에서 극복하려 하고, 저항담론의 경우는 자신의 정당성이 국민적으로 공감되고 있기 때문에 저항담론을 좀더 철저하고 급진적으로 관철시키기 위한 방향으로 나아가게 된다는 것이다. 여기서 지배담론의 변형과 저항담론의 급진화가 나타나게 된다.

한편 여기서 1980년대 신군부세력을 정점으로 하는 지배블록은 지배담론의 부분적인 변형을 시도하게 된다. 그것은 과거의 보호주의적 개발주의, 국가주도적인 개발주의에서 개발주의적 담론을 지속하면서도 동시에 시장자율성을 확대하는 개방주의적 개발주의로 부분적 변형을 하게 된다. 이것은 개발담론의 구조는 유지하면서 그 하위성격을 변화시키는 것이라고 할 수 있다. 이것은 한국 경제의 변화에 대응하는 것이기도 하였다. 즉, 한편에서 경제성장에 따른 미국 등 선진국들의 경제개방 압력이 강화됨으로써 '개방주의'적인 방향으로 나아가지 않을 수 없었고, 다른 한편으로는 과거의 국가주도적인 모델이 과중한 국가부담을 전제하는 것이자 모든 책임을 국가가 지는 형태였기 때문에 이제 일정한 축적 기반을 확보한 민간경제 부문의 주도성을 확대하는 방향으로 나아가지 않을 수 없었다. 그 결과 개방화와 민영화로 상징되는 경제정책의 중요한 변화가 1980년대 이후 촉진되기에 이른다. 나아가 지배담론의 정치적 성격과 관련하여 이제 효용성이 상실된 독재 불가피론이나 민주주의 희생론을 우회하여 '정의와 복지' 담론을 제기하게 된다. 쿠데타로 집권한 전두환 신군부세력이 5공화국의 핵심적인 담론으로 정의와 복지를 내걸게 된 것은, 저항담론이 이전의 정치적인 성격의 민주주의 담론에서 이제는 경제적 평등담론, 민중담론 등을 내포하게 된 데 대한 하나의 대응이자 저항담론의 선택적 포섭이라고 할 수 있었다.

이에 저항담론의 내용 구성은 더욱 심화된다. 1970년대까지 저항담론이라는 것이 지배담론 및 지배블록의 폭력적 통치 속에서 '방어적인' 성격을 띠고 있었다고 한다면, 1980년대에 들어서면서 지배담론의 허구성이 국민적으로 공감되고 저항담론의 문제 제기가 국민적으로 공감되어가면서 이제 좀더 공세적인 방향으로 심화되어간다. 1970년대까지의 '독재 불가피론', '독재 감수를 통한 경제개발을 통해 자립경제의 실현'이라고 하는 논리는 이제 더 이상 적극적 반대를 하지 않아도 대중적 호소력을 갖지 않는 단계가 되었다는 것이다. 독재정권의 퇴진 및 민주주의의 회복, 독재정권이 추진하는 성장전략의 방향 전환이 하나의 '시대정신'이 되면서 저항담론은 저항블록의 급진화에 대응하여 좀더 급진적인 방향으로 심화되어간다.

먼저, 독재 반대와 민주주의 회복이라는 저항담론은 이제 혁명적 민주주의 담론으로 변화해간다(조희연 2001a). 독재정권은 독점자본의 경제적 이해 실현을 위한 정치적 주체인 '파시즘'으로 재정의되며, 경제개발은 노동자와 농민의 희생을 강요하는 불평등한 체제일 뿐만 아니라 계급적 지배질서로서 재정의된다. 나아가 독재정권의 배후에는 미국이라고 하는 실질적인 '식민지적' 지배 주체가 존재하는 것으로 재정의된다. 이제 외세인 미국과 국내의 사회적 지배계급에 대항하는 혁명이 필요하게 된다. 1980년대의 정치적 저항담론은 이처럼 한편에서는 좀더 국민적인 민주주의 담론으로 확산되어가며, 다른 한편에서는 급진적인 혁명담론으로 심화되어간다. 물론 이 양자 사이에는 긴장과 갈등, 지배블록의 탄압 등이 존재한다.

다음으로, 경제적 측면에서 저항담론은 이제 경제개발이 내장하는 불평등성과 종속성, 재벌중심성 등의 문제점을 지적하는 단계에서 경제체제 자체의 근본적 전환을 요구하는 담론으로 변화해간다. 기존의 경제체제는 노동자와 농민 등 민중들의 희생을 전제로 재생산되는 체제인 만큼 이러한 경제체제의 근본적 전환을 요구하는 목소리가 확대된다. 이것은 1980년대의 다양한 민중투쟁으로 물질화되어 표출된다. 이러한 상황에서 경제적 저항담론은 반자본주의적 담론으로까지 급진화되어 표출되기에 이른다. 경제체제의 현상적 문제점을 지적하는 차원을 뛰어넘어 체제적 전환을 요구하는 담론으로 변화하게 된 것이다. 즉, 정치적 저항담론과 같이 한편에서는 국민적인 경제체제 전환담론으로 확산되어가고, 다른 한편에서는 급진적인 반자본주의 담론으로 심화되어가는 것이다.

지배블록의 경제개발 담론에 대응하여 자립적 민족경제론 혹은 민족적 자립경제론을 제기하였던 박현채가, 자본주의적 발전 자체의 현실화에 대응하여 반자본주의적 담론으로서 국가독점자본주의론이라는 새로운 담론을 제기하게 되는 것도 이러한 맥락에 있으며, 학생운동진영 내부에서 '사회구성체 논쟁'이라는 이름으로 이른바 NL 대 CA, NL 대 PD 논쟁이 제기되는 것도 이러한 저항담론의 변화를 상징하는 것이라고 할 수 있다.

혁명적 민주주의 담론은 지배체제의 기본성격을 보는 관점에 따라서 민족모순을 주요모순으로 보고 미국에 의한 '(신)식민지적' 지배를 중시하는 민족해방론(NL)적 진영과, 남한 내부의 계급모순을 주요모순으로 보는 민중민주주의론(PD)적 진영으로 나뉘어지게 된다. 이것은 민주주의 저항담론이 국민적인 것이 되면서 급진화되고 혁명화되는 것을 상징한다. NL적 담론 및 PD적 담론은 모두 정치적으로는 혁명적 민주주의 담론, 경제적으로는 반자본주의적 담론으로서의 성격을 띠었다고 규정할 수 있다.

이러한 급진화는 이전 시기의 '금단의 정치'가 강제하였던 저항담론의 제한성이 개발독재, 즉 '배제의 정치'에 대한 투쟁 속에서 점차 극복되는 것을 의미한다. 이처럼 반독재 민주화투쟁이 '금단'을 극복하게 되면서 금단의 영역에 놓여 있던 맑스주의나 주체사상 등 급진적인 사상적 자원들이 저항담론의 자원으로 새롭게 동원될 수 있었으며, 국민들의 비판의식에 채워진 의식적 족쇄도 약화된다. 특정한 정치적 실천 및 이념, 체제에 대한 '금단'이 국민들의 일정한—강요된 것이건 자발성에 의하건— '의사 동의' 위에서 작동하였다고 한다면[18], 이제 그것이 극복되면서 저항담론의 구성을 위한 자원이 확대되는 것이다.

1980년대의 이러한 혁명적 민주주의 담론은 민주주의 담론이 국민적 담론이 되면서 근본주의화의 경향을 보이게 된다. 이제 반독재가 지배적인 담론이 되면서 중간지대의 모든 입장은 개량(주의)적인 것으로 규정되어 매도된다. 반동진영과 혁명진영의 대립 속에서, 중간지대에 존재하는 모든 개인이나 입장은 '개량(주의)적인' 것이 되며, '주요한 타격방향'이 된다. 반독재진영의 선진적인 그룹이 혁명화되어가고, 그러한 혁명화의 입장에 동의하지 않는 모든 입장들은 공격의 대상이 된다. 이러한 저항담론의 근본주의적 경향은 독재의 균열이 확대되고 민주주의가 '불가피한' 시대적 흐름이 되면서 더욱 강화된다.

③ 담론들 간의 상호관계

이러한 담론지형의 변화 속에서, 민족주의, 개발주의, 반공주의가 어떻게 상호 교착하면서 변화하는지를 살펴보기로 하자.

먼저 근대화 담론과 민주주의 담론의 대립을 축으로 하는 담론투쟁의 전선에서 반공주의는 지속적으로 중요한 지배담론의 강화요인으로 작

---

18) 1970년대 학생운동이나 노동운동이 이데올로기적 순수성을 드러내기 위하여 기독교적 정체성을 활용하였던 것도 이러한 예에 속한다고 하겠다. 1965년부터 시작된 인도네시아의 수하르토 체제하에서 공산주의에 대한 탄압은 저항운동으로 하여금 보수적인 이슬람적 정체성을 방어막으로 사용하게 만들었던 것도 비슷한 예에 속한다고 하겠다.

용하였다. 박정희 정권은 반공주의에 발전주의라는 새로운 정당성을 결합시켜 지배담론을 재구축하고자 하였지만, 발전주의에 대한 도전 및 독재에 대한 도전에 대한 자기정당화와 탄압의 명분은 언제나 반공주의였다. 박정희 정권 하에서 1950년대의 반공주의는 '대결적 남북관계'에 기초한 적대적 반공주의로 강화되었으며, 정권적 차원에서 이러한 적대적 반공주의를 정권유지에 이용하고자 하는 노력을 행하였다. 나아가 교육을 통해서 좀더 체계화된 방식으로 적대적 반공주의를 국민들에게 내면화하고자 하였다.

북한 및 남북관계에 대한 이러한 '적대적 반공주의'적 인식은 민족주의를 우익적 방향으로 왜곡화시켜 근대화 담론을 강화하는 근거로 작용하게 된다. '민족의 자주성과 정체성을 확립하고 민족통일을 추구하려는 정치적 이념과 운동'으로서의 민족주의는 제국주의의 지배를 받은 제3세계에서는 기본적으로 반외세주의적 집단 정체성 의식에 기반하고 있는데, 이는 다양한 성격을 가지며 다양한 계기에 의하여 다양한 동력으로 표출된다. 근대 시기 일본제국주의 지배에 대항하면서 독립된 단일민족국가를 성취하려는 집단운동이자 집단의식인 한국의 민족주의는 해방공간 및 한국전쟁 이후 다음과 같은 다양한 성격을 갖게 된다. ① 구제국주의의 부활에 반대하는 반제국주의운동의 연장으로서의 민족주의적 정서(예컨대 반일), ② 새로운 '외세'에 대항하는 반외세적 정서(예컨대 반미), ③ 분단 이후 통일된 민족국가를 형성하려는 통일지향적 정서, ④ 외부민족과의 관계에서 존재하는 집단적 경쟁의식, ⑤ 기타 민족적 자주성과 민족의 독립성을 손상시킨다고 간주되는 외적 요인에 대한 집단주의적 의식과 정서 등으로 나누어 볼 수 있다.

1950년대 이후 민족주의적 정서 자체는 불온시되거나 주변화된 상태로 있었다. '내전'을 겪은 직후이기 때문에 구제국주의나 새로운 외세에 대한 집단적 저항의식, 통일된 민족국가를 건설하려는 집단의식은 그 자체로 불온시되거나 억압되었다.

1960년대 이후의 시기의 지배담론에 있어서도 이러한 민족주의의 여러 측면은 억압되었으며, 오히려 왜곡된 민족주의적 정서를 개발주의와 결합시키려는 시도가 나타나게 되었다. 박정희 정권은 반외세적 집단적 정체성 의식으로서의 민족주의가 '의사' 민족주의적인 형태로 변형시켜 대북 적대적 정서로 표출되도록 하는 전략을 구사하였다. 사실 반공주의 하에서 민족주의는 불구화되면서, 한국의 민족주의가 갖는 저항적 성격은 '출구'를 갖지 못하고 잠재된 채로 존재하였으며[19], 이에 따라 민족주의의 '배외적' 성격은 잠재화되었다고 표현할 수 있다[20]. 민족주의는 '외세의 지원을 등에 업은' 북한 공산주의에 대한 적대적 집단의식—앞서 언급한 ④의 왜곡형태—으로 변형된다. 이러한 의사 민족주의적 정서를 대북 경쟁의식으로 활용하면서 개발주의와 결합된다.

1963년 대선에서 윤보선 후보가 박정희에 대하여 자유민주주의를 파괴하며 사상적으로도 좌익적 배경을 갖는 사상적으로 의심스러운 후보

---

19) 물론 지배담론 역시 민족주의를 발전주의와 결합시키려는 시도를 하였음을 부인할 수 없다. 일종의 민족주의적 발전주의가 작동하고 있었다고 할 수 있다. 이것은 민족주의의 '배외적' 성격을 '경제적 민족주의'의 원동력으로 변형시켜 동원하는 것을 의미한다. 결국 지배담론이 민족주의적 동력을 발전주의의 동력으로 전화시키려 하였다면, 저항담론은 근대화의 종속적 성격을 통하여 민족주의적 동력을 발전주의 비판의 동력으로 활용하려 하였다고 할 수 있다.

20) 진중권이 '엽기적인 우익'이라고 표현한 것도 이런 맥락일 것이다. "제대로 된 우익이라면 자국의 영토 내에 외국군이 주둔하는 것을 국가주권의 침해로 느끼고 거기에 반대하여야 한다. 그러나 자유시민연대라는 우익단체가 용산 미군기지 앞에서 미군의 주둔을 요구하는 시위를 벌이고 있다.……『월간조선』이 부시대통령의 후보시절 연설문을 부록으로 만들어 테이프로 만들어 배포하고 있다. 부시가 우리나라 대통령인가. 미국의 국익이 한국의 국익이라는 얘기다." 이와 함께 북한에 대해서는 퍼주기를 말하면서 미국에 대해서는 아낌없이 퍼주자고 이야기하고 있음을 지적하면서, "조선일보의 김대중 주필은 미국 공화당 우익이다"라고 표현한 것은 의미심장하다(진중권 2002 참조).

라고 하는 비판에 대하여, 박정희는 윤보선을 비주체적인 사대주의적 자유민주주의자로 비난하면서 자신이 오히려 민족주체적인 민주주의를 구현하려는 것이라고 대응하였던 데에서 나타나듯이, 초기 박정희 정권에서는 민족주의적 정서를 지배담론의 일부로 차용하고자 하는 시도가 있었다. 앞서 서술한 바와 같이, 박정희는 민주주의에 반하는 자신의 행위를 정당화하기 위하여 '민족적' 민주주의를 차용하고자 했는데, 이는 한편에서는 민족주의의 진보적 측면은 억압하고, 다른 한편에서는 이를 의사 민족주의적 정서로 전환시키면서 그것을 반공주의와 결합시켜 경제개발의 에너지로 활용하고자 하는 시도로 나타났다. 그러나 이는 앞서 서술한대로 장기집권화와 경제개발의 종속성이 드러나면서 그 허구성이 드러나게 되었다. 박정희 정권은 남한과 북한의 하나의 독립적인 민족단위로 의제화하여 반공주의적인 경쟁을 통하여—이 경쟁은 이제 경제적 경쟁으로 나타난다—이를 분출시키고 동시에 민족주의의 급진적인 측면이라고 할 수 있는 통일지향성을 억압하고자 하였다. 박정희 시대에 북한과의 경제적 경쟁, 경제적 승공 관념은 의제적 민족주의와 반공주의를 결합시키고자 하였던 왜곡된 담론지형을 보여주는 것이라고 할 수 있었다.

이처럼 진정한 민족주의의 억압과 그것의 왜곡된 표출을 지향하였던 박정희 식 민족주의는 저항블록 내부에서, 나아가 국민적 수준에서 점차 극복되어간다. 진정한 민족주의 지향의 경우 1960년대 중반 한일회담 및 한일협정 반대투쟁에서는 반일민족주의 형태로 표출되었다. 그러나 이 시기의 민족주의는 구 제국주의적 지배자에 대한 정서로 표출되었을 뿐 반미주의나 민족공동체 회복의 지향으로 표출되지는 못하였다. 민족주의의 급진적 측면—반미주의나 통일지향성—은 반독재 민주화운동이 심화되어 가면서 오히려 저항담론의 구성적 일부로 재구성된다. 1970년대의 '선민주 후통일'이나 '선통일 후민주'의 논의에서 보는 바와 같이, 저항담론에서 민족주의적 요구가 점차 전면화하기 시작하였다고 볼 수 있다. 그렇기 때문에 민족주의는 통일지향적인 진보적 민족주의로서 저항담론과 결합되는 방향으로 나아갔다고 보여진다. 1980년대 이후 반독재 민주화운동, 특별히 학생운동 진영이 제기한 반미주의는 이전 시기에 억압된 민족주의가 저항담론의 핵심적인 내용으로 위치함을 보여준 것이었다[21]. 1980년대 NL적 저항담론은 바로 급진화된 민족주의 담론의 부활을 의미하는 것이라고 할 수 있다. 이 급진화된 민족주의 담론은 앞서 지적한 바, 새로운 '외세'에 대항하는 반외세적 정서—예컨대 반미—와 분단 이후 통일된 민족국가를 형성하려는 통일지향적 정서가 결합되는 것을 의미하였다. 미국을 외세로 규정하고 이러한 외세가 독재정권을 지원하면서 분단체제를 유지 · 재생산하고 있으므로 반미주의적 투쟁을 통하여 통일을 추구하여야 한다는 내용을 담고 있다고 할 수 있다. 1960 · 70년대 박정희 체제가 민족주의를 의사 민족주의적 의식으로 전환시켜 대북 적대의식과 대북 경제경쟁 의식으로 전환시켰다고 한다면, 1980년대 급진적 민족주의 담론은 반미주의와 대북 통일의식을 민주주의 담론과 결합하고자 하는 것이라고 할 수 있다. 1960 · 70년대 지배담론이 민족주의를 우익적 방향으로 동원화하였다고 한다면, 1980년대 저항담론은 민족주의의 급진적 측면을 좌익적 방향으로 동원화하였다고 할 수 있다.

여기서 우리가 확인하게 되는 것은 1950년대의 반공주의가 적대적 남북관계를 전제하고 그것을 강화하는 성격을 가지고 있었고, 통일지향적인 민족주의와 잠재적으로 긴장관계에 있었다는 사실이다. 그러나 적대적 반공주의가 지배적인 상황 속에서 이러한 민족주의의 통일지향적 성

---

21) 반공주의 속에서 민족주의가 불구화되면서, 남북한 인식에서 의사 독립사회로 인식하는 경향이 나타나게 된다. 백낙청은 남북한 사이에 'sub-ethnic entities'로 인식하는 경향이 존재함을 지적한 바 있다(Paik Nak-chung 1993). 지배담론에서 민족주의가 억압되면서, 민족주의는 점차 저항담론의 일부가 되어갔다. 초기에는 감상적 통일론 수준에 머물렀으나, 1980년대 반미주의로 부활하였다고 보여진다. 그리하여 저항적 민족주의가 갖는 '배외적' 성격이 비로소 부각되게 되었다고 생각된다.

격은 억압되고 의사 민족주의적 경쟁의식으로 전도되어 있었는데, 통일 지향적인 저항적 민족주의를 자기화한 반독재 민주화운동이 국민적 차원의 운동으로 발전하고 그것이 반미주의 운동 및 급진적 통일운동으로 발전하면서 바로 이러한 적대적 반공주의가 균열될 수 있는 가능성이 커졌다는 것이다. 반공담론과 근대화 담론의 결합으로 이루어진 1960년대 이후의 지배담론이 민족주의를 우익적 방향으로 동원화하였다고 한다면, 이제 저항담론이 민족주의를 급진적 방향으로 동원화함으로써 근대화 담론의 균열뿐만 아니라 반공담론의 균열도 나타나게 되었다고 할 수 있다.

요약하면 1960년대 이후 근대화론으로 상징되는 지배담론은 다음과 같은 여러 측면에서 위기를 맞게 되면서 새로운 지배담론으로 변화하게 된다. 먼저, 지배담론의 정치적·경제적 맥락의 변화를 들 수 있다. 근대화라는 지배담론은 바로 그 근대화의 '달성'에 의해 위기에 직면하게 된다. 그리고 그러한 근대화의 모순은 새로운 정치적 저항을 탄생시키게 되고, 이것이 기존의 지배 자체의 위기적 상황을 낳게 된다. 다음으로, 지배담론의 통합효과─지배블록 내의 통합효과와 민중블록의 통합효과 ─자체가 약화되는 상황을 맞게 된다. 이와 함께 저항담론의 확산과 헤게모니화를 들 수 있다. 저항담론으로서의 민주화는 이제는 '시대정신'으로 까지 부상하게 되며, 광주항쟁을 거치면서 반독재투쟁은 일종의 '성전(聖戰)'으로까지 인식되기에 이른다. 이제 어떤 형태로든 지배의 형식이 변화되지 않으면 안 되는 상황, 이와 함께 저항담론의 선택적 수용을 통한 지배담론의 변형을 수행하지 않으면 안 되는 상황으로 나아가게 된다.

④ 정치사회적 세력관계의 재구성에 대한 담론의 효과

그렇다면 지배담론과 저항담론의 변화 속에서 정치사회적 세력관계가 어떻게 변화하는가를 살펴보기로 하자. 1960년대 이후 지배담론이 1950

년대의 반공주의 담론을 계승하면서 근대화 담론으로 전환하였음은 이미 서술한 바와 같다. 이러한 지배담론을 담지하는 주체들은 1950년대의 민간권위주의세력에서 군부권위주의세력으로 전환된다. 이것은 1950년대의 극우보수주의가 1960년대에는 군부권위주의와 결합된 극우보수주의로 전환되는 것을 의미한다. 4.19혁명과 5.16군사쿠데타를 둘러싼 정치변동은 한국의 보수주의 지배세력의 내적 구성이 변화되는 과정이 된다. 군사쿠데타를 통한 재정립은 보수주의세력의 핵심이 시민사회의 보수세력에서 군부세력으로 변화한다는 것을 의미한다. 이런 점에서 1960년대의 보수주의세력은 1950년대의 극우반공주의적 보수주의 성격을 견지하면서, 동시에 군부권위주의적 보수주의의 성격을 함께 가진다고 할 수 있다. 1960년대 이후의 지배블록은 군부 분파를 헤게모니 분파로 하는 극우보수주의적인 성격을 띤다고 할 수 있다.

이와 함께 제도야당인 한민당은 1950년대의 민주당을 거쳐 60년대의 신민당으로 재편되는데, 이 과정에서 야권에는 50년대적 보수주의세력들과 어용적 자유주의세력, 새로운 (잠재적인) 자유주의적인 정치세력들, 조봉암 등 일부 진보주의 정치세력이 존재하였다. 1950년대의 반공주의 담론은 야당세력 내부에서의 자유주의적 정치세력이나 진보주의적 정치세력이 부패나 장기집권과 같은 '체제 내적' 이슈들을 제외하고서는 분단이나 통일문제에 대해서 침묵하는 조건을 부여하게 된다. 4.19혁명은 바로 이처럼 반공주의적 담론 속에서 통합되어 있던 세력들—특별히 야당세력들—이 저항세력으로 분화되는 사건이었다고 볼 수 있다. 1960년대 이후의 근대화 담론은 4.19혁명을 통하여 분열되었던 지배블록 내의 제분파를 성장이라고 하는 새로운 국가목표를 중심으로 재통합하는 효과를 가지고 있었다. 어떤 점에서 반공주의 담론에 의해 정당화되면서 통합되어 존재하던 지배블록이 4.19혁명에 의해 균열되었다가—물론 개인적 이동과 지배블록 내의 헤게모니의 이동이 존재하였다—

근대화 담론에 의해 정당화되면서 지배블록의 새로운 재구성이 일어났다고 할 수 있다.

1960년대 초중반의 국면에서 근대화 담론에 대항하는 민주주의 담론은 일정한 영향을 미쳤지만, 그럼에도 근대화 담론에 의해 주변화된 상태에 있었다. 그러나 군부정권의 장기집권에 따른 정치적 정당성 약화, 근대화 자체의 새로운 현실 모순에 의해 촉진되면서 민주주의 담론이 점차 광범위하게 수용되어간다. 이는 야당 내부에서 보수주의적 세력들의 주변화와 저항적 자유주의 정치세력의 분화 및 중심화를 촉진하게 된다. 이러한 과정은 대체로 야당 내부에서 양김 씨가 양대 헤게모니 분파로 강화되는 것과 그 궤를 같이 한다. 이러한 과정에서 1950년대까지 어용적 성격으로만 존재하여 왔던 자유주의세력들의 분화가 촉진된다. 즉, 자유주의적 세력이 친독재(어용) 자유주의와 반독재 자유주의로 분화되어 가는 것이다. 여기서 반독재 자유주의세력들은 진보주의적인 반독재 세력과 연합하게 된다. 이런 의미에서 1960년대 이후의 독재 대 반독재의 구도 하에서 반독재 내에는 (정치적) 자유주의적 지향 및 세력과 진보주의적 지향 및 세력이 공존하고 있었다고 할 수 있다. 즉, 독재가 더욱더 극우보수주의적 지향에 군부권위주의적 성격을 가진 채 경화되어가면서 자유주의적 세력이 친독재(어용)자유주의와 반독재 자유주의(비제도권화 및 비합법화)로 분화되어가고, 후자는 전투적 반독재 진보주의세력과 운동정치 속에서 연합하게 된 것이다. 이런 점에서 반독재 재야운동은 반독재 정치적 자유주의세력과 반독재 진보주의세력 간의 연합세력이라고 규정될 수 있다. 이는 민주주의 저항담론의 부상과 궤를 같이 하며, 민주주의 담론에 의해 기존에 지배블록에 포섭되어 있던 일부 세력이 저항블록으로 위치 이동하게 되는 것을 의미한다. 이러한 정치사회적 세력 재구성에 민주주의 담론의 효과가 중요하게 작용하였음은 두말할 나위가 없다.

구체적으로 박정희 체제하에서 상대적으로 형식적 민주주의가 존재하였던 1960년대에 비해, 1970년대 유신체제로 진입하면서 더욱 권위주의적 성격을 강화하게 되고 이는 자유주의적 제도정치세력들을 제도정치영역으로 배제하는 방향으로 나타나게 된다. 10월 유신 이후에는, 합법의 공간이 축소되면서 반독재적 지향을 갖는 자유주의세력들이 합법적으로 존재할 수 없게 되고, 이들은 전투적 진보주의세력의 헤게모니 하에서 반독재 범연합세력을 구성하게 된다.

개발독재 하에서 자유주의의 경제적 기반이 부재하였다는 점, 개발독재의 경직화과정에서 자유주의마저도 합법의 영역에 존재하기가 더욱 어렵게 되었다는 점—김대중의 망명과 납치사건, 김영삼의 국회 제명 등을 상기하라—을 고려할 때, 한국의 자유주의는 자립할 수 없었다고 볼 수 있다. 1950년대는 극우반공주의에 기댄 백색 테러리즘 하에서 자유주의의 독립적 존재가 불가능하였고, 1960년대 이후에는 개발주의와 결합된 군부권위주의 하에서 자유주의의 독립적 존재가 억압당했다고 할 수 있다. 당시 자유주의는 독재에 대한 종속적 사상으로서의 위치를 수용할 때 비로소 합법적으로 존재할 수 있었는데, 이는 자유주의 그 자체의 부정이 된다는 점에서 자유주의의 존재의 딜레마가 있었다고 할 수 있다[22]. 이런 점에서 이 시기의 자유주의는 '진정한 자유주의'일 수 없었다고 할 수 있다. 오히려 '진정한' 자유주의는 반독재적 실천과 담론 속에 존재하면서, 이후 민주주의 이행과정에서 독립화된다고 보는 것이 적절할 것으로 생각된다.

---

22) 이 시기의 이른바 자유주의자들은 '파쇼적'(즉, 반자유주의적) 성격을 띠는 보수주의자들에 종속적인 존재로서만, 다른 한편에서는 전투적 진보주의자들과 연합한(서구의 맥락보다는 더욱 급진적이고 전투적인)모습으로서만 존재할 수 있었다고 생각한다. 서구 유학을 한 많은 '자유주의자'들이 자신들이 자유주의를 연구하고 때로는 신념화했으면서도 '파쇼적인' 정권에 결합하는 방식으로 존재했던 것은 이 시기의 자유주의의 모순성을 잘 보여준다고 생각한다.

자유주의세력 혹은 자유주의 담론에 관한 한, 1970년대 말~80년대 초반은 변화의 시기가 된다. 먼저 산업화의 진전에 따라 경제적 차원에서 자유주의세력의 물적 토대도 나타나게 된다. 시장 및 자본의 성장에 따라 국가주의적 구도 속에서 하위파트너로 성장하여 왔던 자본 및 재벌 지향이 가시화된다. 이들은 국가주도적인 성장방식에 대응하여, 경제적 자유주의적 지향을 공개화하게 된다. 이런 점에서 보면 반독재의 경제적 지향은 경제적 자유주의 지향과 반경제적 자유주의 지향이 혼합되어 있었다고 할 수 있다. 초기 산업화과정에서 '불가피하다'고 인식되었던 국가주도의 지시형(dirigiste) 경제운용방식에 대항하여 '기업자율', '시장자율'을 지향하는 시장자유주의적 지향과 세력이 한편에서 존재하고, 다른 한편에서는 반시장적인 계획경제, 사회주의를 지향하는 진보주의적 지향이 공존하고 있었다. 정치적 자유주의의 요구를 담고 있는 반독재운동은 동시에 경제적 자유주의와 반시장자유주의적인 요소를 동시에 내장하고 있었다.

　자유주의의 경제적 기초는 한국 자본주의의 전개에 따른 물적 기초의 확충으로 확보되게 되는데, 1980년대 이후 지배블록 내에서 자유주의적, 시장자율주의적 담론─전두환 정권 시의 김재익 등 관료들의 입장─이 나타나게 되는 것을 이렇게 해석할 수 있다. 물론 이러한 입장과 담론은 독재와의 타협 속에서만 존재할 수 있었음은 주지의 사실이다.

　이처럼 자유주의의 물적 토대가 확대되어가고 경제적 자유주의세력이 형성되어가는 것과 함께, 정치적 자유주의세력이 반독재 민주화운동의 확대 속에서 형성·확대되었다고 보여진다. 양김 씨로 대표되는 정치적 자유주의세력들은 군부권위주의정권의 배제와 탄압에 저항하면서 전투적 진보주의세력과 함께 반독재 민주화운동을 국민적 운동으로 전개해 간다. 이렇게 보면, 산업화가 진전되고 반독재 민주화운동이 전개되고 그에 따라 자유주의의 경제적·정치적 기초가 확충되면서, 자유주의적 실천과 담론이 현실로 존재할 수 있게 된다고 분석할 수 있다.

1970년대 말~80년대 초반의 시기에 자유주의세력은 배제된 자유주의적 제도정치세력 및 반독재 사회운동의 온건파로 존재하고 있었다고 할 수 있다. 이 시기에 자유주의는 어용적 자유주의와 반독재 민주화운동에 —자의건 타의건—합류한 저항적 자유주의자로 분화되게 되는데, 전자는 도덕성을 확보할 수 없었던 반면 후자가 '진정한' 자유주의로서 국민적 정당성과 도덕성을 가질 수 있게 된다고 보여진다. 또한 이 시기의 정치적 자유주의세력은 진보주의적인 세력과 연합하는 속에서 진보적 성격과 사회적 성격을 일정하게 담지할 수 있는 여지도 형성된다.

또한 이 시기의 진보주의는 맑스주의, 레닌주의, 주체사상 등 다양한 급진적 사상들을 흡수하면서 더욱 급진화·혁명화하여 가며, 현실적 존재양태의 측면에서는 5공화국의 폭력적 탄압에 맞서서 전투적인 성격을 강화해간다. 이 시기 진보주의세력은 반자본주의적 지향으로 중심을 삼아가고 나아가 반미주의적 지향을 강화해간다. 진보주의적 반독재세력 내부에는 맑스주의자와 비맑스주의적 급진주의, 무정부주의, 주체사상 신봉자, 레닌주의자, 모택동주의자 등 다양한 이념적 경향들이 존재하고 있었다고 보여진다.

이러한 진보주의의 반자본주의적·반미주의적 급진화는 반독재 민주화운동에서 연대세력이 되는 정치적 자유주의세력에도 영향을 미치게 된다. 이 시기 혁명적 민주주의 담론은 자유주의세력에게도 일정한 급진성과 진보성을 강제하는 결과를 낳게 된다. 그것은 정치적 자유주의세력이 반독재투쟁에 있어 전투적 진보주의세력의 전투적 동력에 크게 의존하고 있었기 때문이며, 민주주의 담론의 국민화 속에서 그 급진화가 관용될 수 있었기 때문이다.

1987년 6월 민주항쟁은 바로 정치적 자유주의세력과 급진적·전투적 진보주의세력이 연합하고, 여기에 국민적 투쟁이 결합된 사건이었다고 할 수 있다.

(3) 민주화(democratization)/세계화(globalization) 하에서의 담론 변화

① 1987년 이후 '위로부터의 보수적 민주화'와 담론의 성격 변화

해방 이후 한국현대사는 1950년대의 반공주의 지배화/이식된 민주주의 시기, 1960년대 이후 근대화/부정된 민주주의(독재)의 시기, 1987년 이후 민주화(민주주의 복원)/세계화의 시기로 나눌 수 있다.

1987년 6월 민주항쟁은 반독재 민주화운동의 정점이자, 87년 이전의 국가주의적 발전동원체제의 민주적 전환을 위한 전환점이었다. 반독재 민주화운동이 87년 6월 민주항쟁에서 정점에 이르고 이를 계기로 군부독재정권이 퇴진하게 되었다는 것은 이미 민주주의가 시대정신이 되었다는 것을 의미한다. 그 결과 87년 이후 본격적인 민주화의 도정에 오르면서 지배블록과 저항블록의 관계, 지배담론과 저항담론의 관계에도 변화가 나타나게 된다.

잘 알다시피 1987년 이후 민주화의 과정은 '아래부터의 급진적 민주화'의 경로가 아니라 '위로부터의 보수적 민주화'의 경로를 따라서 진행된다. 위로부터의 보수적 민주화의 핵심적인 의미는, 구체제의 지배블록이 단절적으로 교체되지 않고 구 지배블록의 이니셔티브가 유지되는 속에서 지배체제의 변형이 나타나게 된다는 것이다. 그람시적 표현으로 하면 '수동혁명'의 방식으로 민주화가 진행된다. 이러한 수동혁명의 과정에서 지배체제의 변형이 나타나고, 이러한 지배체제의 변형과정은 동시에 지배담론의 변형과정이 된다. 87년 6월 민주항쟁을 통하여 저항블록은 지배블록에게 민주주의를 강제하였고, 이러한 지배블록의 변화는 역으로 저항블록의 변화를 규정하게 된다.

이러한 현실정치적 관계의 변화는 동시에 지배담론과 저항담론의 관계도 변화시킨다. 이전 국가주의적 발전동원체제의 시기에는 한편에서는 근대화 담론을 통해서 민중블록을 통합하고, 다른 한편에서는 국가폭력을 통해서 개발독재에 대한 저항을 억압하였다. 이에 대항하여 반독재 민주화운동 진영에서는 근대화의 종속성과 불평등성·독점성을 지적하고, 동시에 반독재담론으로서의 민주주의 담론을 부각시키면서 저항을 확대해간다.

1987년 이후의 변동과정에서 지배담론의 변화과정에서 노태우 정권은 일종의 과도기적 성격을 갖는 시기라고 할 수 있다. 지배담론의 변화는 지배블록의 헤게모니 분파 자체가 변화함으로써 가속화된다. 지배블록의 헤게모니 분파가 변화하지 않으면 이전의 지배담론의 변화 자체가 미시적인 수준에서만 변화하게 되며, 단절되어 변화하지 않게 된다. 노태우 정권의 성립은 신군부 세력이 '직선제'라고 하는 '민주주의적 형식'을 통해서 합헌적으로 재집권한 경우라고 할 수 있다. 그렇기 때문에 구국가기구와 국가요원, 지배블록의 중심 분파로서의 군부의 지위는 기본적으로 지속된다. 여기서 노태우 정권 시기는 한편에서 실체적으로 전혀 변화하지 않은 지배블록과, 다른 한편에서는 이에 맞서서 새로운 민주주의적 제도 속에서 구체제의 민주주의적 개혁을 요구하는 아래로부터의 저항블록이 격돌하였던 시기라고 할 수 있다. 1989년 공안정국에서 보여지는 노태우 정권의 반민주적 태도, 1991년 5월 투쟁에서 보여지는 아래로부터의 '분신'을 동반한 처절한 투쟁 등은 바로 이러한 격돌을 말해주는 것이라고 할 수 있다.

1990년 3당 합당은 군부세력을 정점으로 하는 기존의 지배블록에 반독재 야당세력이 참여하고 포섭된 경우라고 할 수 있다. 3당 합당 이후 1990년부터 92년까지의 투쟁을 경과하면서 문민정부가 성립한다. 여기서 반독재 야당분파가 헤게모니적 분파가 됨으로써 지배블록의 변형과 지배담론의 변형이 좀더 가속화된다. 문민정부는 한편으로 상대적으로 초기단계에서 진보적인 민주개혁을 하면서, 다른 한편으로 세계화 담론을 새롭게 지배담론의 핵심적인 측면으로 부각시키면서 지배담론의 변화를 촉진하게 된다.

1987년 이후의 지배블록의 변화와 지배담론 변화의 전형적인 측면을 필자는 문민정부에서 찾을 수 있다고 생각한다. 과거의 저항담론의 핵심적인 측면으로서의 민주주의 담론을 위로부터의 개혁을 통해서 선택적으로 포섭하고, 동시에 1987년 이전의 지배담론을 '급진적'으로 재구성하는 것이 바로 그것이다. 문민정부 초기의 하나회 숙청, 금융실명제의 실시, 역사 바로 세우기, 남북한 정상회담 시도 등(조희연 1998b, 3장 참조)은 1987년 이전 저항담론의 핵심적인 내용들이 위로부터의 개혁을 통해 포섭해내는 시도라고 할 수 있다. 한 단계 높은 민주개혁의 시도 속에서 세계화에 부응하는 신자유주의적 개혁의 가속화가, 바로 후술하는 바와 같은 정치적 자유주의화와 경제적 자유주의화의 이중적 진행이라고 할 수 있다. 민주화를 진행하면서 동시에 세계화에 부응하는 신자유주의적 개혁이 가속화되는 것은 노태우 정부라고 하는 과도기를 거쳐 지배블록의 헤게모니 분파가 변화된 문민정부 하에서였고, IMF위기라는 거시적 조건 속에서 선거를 통한 최초의 평화적 정권교체인 국민의 정부에서 이러한 경향은 더욱 가속화된다고 할 수 있다.

1987년 이후 지배담론의 변화의 구체적인 내용은 한편으로는 이전의 근대화 담론의 변형과, 다른 한편으로는 저항담론의 선택적 포섭이라고 하는 방향으로 나타나게 된다. 전자와 관련하여서는 1960년대 이후의 근대화 담론이 세계화 담론으로 전환된다는 점을 지적할 수 있다. 1960년대 이후의 근대화 담론이 초기산업화단계의 지배담론이었다고 하면, 이제 '중진국'적 수준에 이른 단계에서의 지배담론이 글로벌라이제이션에 매개되면서 세계화 담론으로 전환된다고 할 수 있다[23]. 이러한 세계화 담론은 일종의 신근대화론, 신성장주의 담론이라고 할 수 있다.

---

23) 이처럼 지배담론이 근대화 담론에서 세계화 담론으로 전환되는 데 있어서 노태우 정권은 일종의 '과도기'적 성격을 띠고 있다고 보여진다.

'위로부터의 보수적 민주화'는 구 지배블록의 이니셔티브를 박탈하는 것이 아니기 때문에 과거의 근대화 담론을 변형적으로 재구성하게 된다. 지배담론—특별히 경제적 담론 수준에서—의 변화에서 중요한 것은 근대화 담론이 전제하고 있었던 발전주의가 극복되지 않고, 그 성격을 변화하는 형태로 자신을 변형시키게 된다는 것이다[24]. 즉, 앞서 지적한 바와 같이 1980년대 이후 지배담론은 이미 과거와 같은 보호주의적 발전주의 담론에서 개방주의적 개발주의로 전환하기 시작하였다. 이미 한국경제에 대한 미국 등의 개방화의 압력, 한국경제 자체가 이전과 같은 국가주도적인 성장전략—국가차관 의존적인 방식 등—을 유지할 수 없게 된 내적 조건 등이 작용하면서, 개방화와 민영화의 정책적 변화를 시도하고 있었다. 그러나 이러한 변화는 근대화 담론이라고 하는 지배적 담론을 전제로 한 하위수준의 정책적 변화였다. 이제 이전의 근대화 담론은 세계화 담론으로 좀더 전환되어간다[25].

이처럼 세계화 담론으로의 변화과정에서 과거의 근대화 담론을 주도하였던 박정희 식 국가주의적 발전동원체제와 같은 '위로부터의 동원' 방식과 배제적 방식 대신에, 문민정부와 국민정부는 아래로부터의 저항 담론이 요구하였던 내용들을 수용하는 선택적 포섭정책을 동시에 구사하였다. 즉, 문민정부의 경우에는 독재 유산의 청산 등 정치적 개혁의 과제를 반대급부로, 국민정부의 경우에는 '국민기초생활보장법'을 포함한 '생산적 복지'라고 하는—제한되지만—사회정책을 반대급부로 하면서 시행된다는 점에서 차이가 있다.

---

24) 이전 점에서 구발전주의 체제의 신발전주의 체제(neo-developmental regime)로의 전환이라고 평가할 수 있다(Cho, Hee-Yeon 2000).

25) 세계화 담론은 기본적으로는 근대화 담론의 계승이라는 점에서 '제2 근대화 담론'이라는 해석도 가능하다. 세계화와 관련된 각종 정책의 실현과정은 완결된 정책의 적용이라는 게 아니라, 그 자체가 계급적·사회적 투쟁에 의해 매개되는 과정이라고 할 수 있다(이종보 2002).

과거의 근대화 담론의 세계화 담론으로의 변화과정에서 나타나는 중요한 변화 중의 하나는, 과거 근대화 담론이 반공주의를 기초로 북한과의 '의사 민족주의'적 경쟁의식을 활용하였다고 한다면, 세계화 담론은 국제경쟁력 강화와 같은 형태로 외부민족과의 경쟁에서 승리해야 한다고 하는 '경제적 민족주의'적 의식을 활용하고 있다는 점이다. 이것은 지배담론의 변화과정에서 민족주의 정서가 동원되는 방식에 변화가 나타나고 있다는 것을 의미한다. 개발독재 하에서 민족주의는 반공주의적 조건에 부응하는 반북적인 의사 민족주의적 경쟁의식으로 표출되었고, 반대로 그에 저항하는 반독재 민주화운동에 의해서는 통일지향적인 진보적 민족주의의식으로 동원화되었다고 한다면, 1987년 이후 민주화/세계화의 맥락에서는 한편에서 통일지향적 민족주의의 요구는 지배담론에 의해서 선택적으로 포섭되면서 다른 한편에서 민족주의는 탈정치적이며 대외지향적인 경제적 민족주의의 성격으로 동원화되고 있다고 생각된다[26]. 세계화 담론은, 한민족이 세계화의 악조건 속에서 놓여 있고,

---

26) 2002년 월드컵에서 '상품으로서의 한국'을 외국인들에게 잘 보이도록 하기 위해, 평상시와 달리 질서 있는 모습을 보이기 위해 자발적으로 협력하고 행사가 끝난 후 주위를 깨끗이 청소하는 붉은 악마의 노력은—그 자체가 긍정적인 행위임에도 불구하고—일종의 경제적 민족주의 의식이 시민들에게 내재화되어 있음을 보여준다고 생각된다. '붉은 악마' 현상은 레드 콤플렉스의 극복을 보여준 현상에서부터 국가주의적 민족주의의 일그러진 모습이라는 평가에 이르기까지 다양한 평가가 주어지고 있다. 필자는 외부민족 혹은 외부 국가와의 경쟁의식을 기본으로 하는 민족주의적 · 국가주의적 의식이 붉은 악마 현상의 기저에 있다고 판단한다. 그리고 2002년 월드컵을 기점으로 하는 중요한 변화는, 과거의 민족주의가 자학적(自虐的) 민족주의의 성격을 띠고 있었다고 한다면 붉은 악마현상 속에서는 자애(自愛)적 혹은 자긍(自矜)적 민족주의의 성격이 나타났다는 사실이다. 월드컵 4강으로의 진출 속에서 자기민족에 대한 새로운 자긍적 재발견이 있고, 바로 이것이 붉은 악마적 열광이 가능하게 한 요인이라고 생각된다. 문제는 이러한 자애적 혹은 자긍적 민족주의는 일면적이기보다는 복합적이며, 다양한 방향으로 동원될 수 있는 다면적 성격을 지니고 있다고 생각된다. 2002년 월드컵의 맥락에서는 일차적으로 '메이드 인 코리아'를 가일층 세일즈하기 위한 자본주의의

민족적 생존을 위해서는 국제경쟁력을 강화하여야 하고, 이의 최전선에 기업과 자본이 위치하고 있으며, 이를 위해 국가적 차원에서의 지원과 협력이 필요하다는 잠재적 논리를 깔고 있다. 이러한 논리는 민족주의적 정서가 탈정치적인 경제적 민족주의로 활용되고 동원된다는 것을 의미한다.

다른 한편에서 반독재 민주화운동이 1987년 6월 민주항쟁에서 정점에 이르고 이를 계기로 군부독재정권이 퇴진하게 되었다는 것은 이미 민주주의가 시대정신이 되었다는 것을 의미하고, 그 결과 87년 이후 본격적인 민주화의 도정에 오르면서 지배담론은 바로 이러한 반독재 민주화운동의 저항담론들을 선택적으로 포섭하여 재구성되기에 이른다. 잘 알다시피 1987년 6월 민주항쟁의 요구를 전두환 정권이 6.29 선언을 통해 수용하고 직선제 선거가 실시되면서, 한국 사회는 본격적인 민주주의 이행과정에 들어서게 된다. 1987년 이전 지배블록과 저항블록의 관계가 독재체제의 유지 대 민주주의 회복의 대치전선이었다고 한다면, 87년 이후에는 구 체제의 개혁을 둘러싼 대치전선으로 이행하게 된다. 이제 민주화는 민주개혁이라는 주제로 변화되기에 이른다. 즉, 87년 6월 민주항쟁을 통해서 독재체제의 퇴진과 구체제의 민주적 개혁을 지배블록도 수용하게 되면서, 이제 구체제의 개혁방법 및 질적 성격, 속도를 둘러싼 투쟁으로 전환된다는 것이다[27]. 여기서 구체제의 민주적 개혁에는 국가 및 정치의 민주화뿐만 아니라 재벌체제의 개혁 등 시장 민주화, 생활세계의

___

장으로 활용하려는 국가주의적 의도 속에서 전개되었다는 점에서, 월드컵을 경제적 민족주의로 동원화하고자 하는 자본과 국가의 플랜이 일차적으로 관철되고 있다고 규정할 수 있다. 그랬을 때 그것은 지배담론으로서의 세계화 담론에 가장 부응하는 사회적 현상으로서의 성격을 가지고 있고, 또 그런 방향으로 발전할 가능성도 크다고 할 수 있다. 그런 점에서 붉은 악마 현상 속에 내재해 있는 복합성을 진보적으로 정향(定向)시키려는 노력이 실천적으로 중요하다고 하겠다.

27) 1987년 6월 민주항쟁 이후의 시대적인 과제는 구질서에 대한 민주적 개혁이고, 이를 둘러싼 정치사회적 투쟁이 전개된다. 여기서 구질서의 민주개혁의 이념적 지향이 어

민주화도 포함된다.

이런 점에서 1987년 이후 민주화와 관련한 지배담론의 구체적 내용은 민주화의 불가피성을 수용하면서, 때로는 '제한된 민주화' 혹은 '과잉 민주화론'(민주화가 과잉이어서 혼란이 초래된다는 논리), 시장이나 시민사회에 대한 공적 규제의 철회와 완전한 자율화론 등으로 표출된다. 반면에 민주화와 관련된 저항담론은 '철저한 민주화' 혹은 '과소 민주화론', '민주주의의 생활세계로의 급진적 확장'—양심적 병역거부, 동성애, 장애인에 대한 억압적 문화의 개혁 등—등으로 표출된다.

1987년 이후 담론 수준에서 전개되는 선택적 포섭은 다양한 방식으로 진행된다. 저항운동이 이전에 주장했던 사안 혹은 현재적으로 저항운동이 주장하는 내용 중의 일부를 지배블록이 수용하여 정책화하거나, 그러한 요구를 지배담론의 일부로 포섭하는 식이다. 예컨대 저항운동이 제기하는 통일지향적인 민족적 요구를 수렴하는 정책을 수용하거나, 지배담론 자체를 개방화하는 것을 의미한다.

이에 대응하는 저항담론 역시 변형과정을 겪게 된다. 저항블록이 이제 시대정신이 된 민주주의의 관점에서 구체제의 '민주개혁'을 추동하고, 새로운 체제의 모순을 쟁점화하는 하는 과정에서 저항담론의 변형이 나타나게 된다. 1987년 이후 저항담론의 핵심적 성격은 '민주(주의)개혁'이라고 할 수 있었다. 1987년 이후 민주화의 과정은 수동혁명의 방식으로 전개되는데, 구 지배블록의 주도권 하에서 진행되는 민주개혁의 과정에서 저항블록은 구체제—국가와 시장—의 개혁을 위한 아래로부터의 압력운동을 전개하며, 그러한 민주화를 생활세계의 영역으로까지 확

떻게 될 것인가가 문제로 된다. 1987년 이후의 민주주의 이행이 '아래로부터의 급진적 민주화'의 길이 아니게 됨으로써, 반독재운동에 내장되어 있던 진보주의적 지향은 부차화하게 된다. 이러한 경향은 1980년대 말~90년대 초 사회주의국가들의 붕괴와 글로벌 시장주의의 지배화 속에서 더욱 강화된다.

장하려는 노력을 행하게 된다. 이러한 저항블록의 현실 정치사회적 투쟁은 담론에 반영되어, 저항담론의 변형과 확장을 위한 시도가 나타나게 된다.

저항담론은 지배담론의 변형에 규정되면서 다음과 같은 몇 가지 측면을 갖는 것으로 나타나게 된다. 첫째는 민주주의의 회복에서 과거의 반민주적 체제의 '민주(주의)적 개혁'이 변화하게 된다. 이는 정치적 민주주의의 심화라고 표현할 수 있다. 둘째, 이러한 민주적 개혁은 정치적 차원에서 사회경제적 차원으로, 형식적 차원에서 실질적 차원으로, 국가민주화의 차원에서 생활세계 민주화의 차원으로, 외적 대항운동에서 주체적 결사운동으로 다차원적으로 확장되어간다. 이는 민주주의의 경제적·사회적 차원으로의 심화라고 표현할 수 있다. 셋째, 민주개혁이 가져오는 새로운 모순에 대항하는 투쟁으로 저항이 변화되어 가면서, 민주화된 체제의 새로운 모순에 대항하는 내용을 저항담론으로 포함하게 된다. 과거의 권위주의체제가 개방화·민주화된 체제로 재편되어 가는 과정에서 이러한 신체제의 모순에 대항하는 저항담론으로 변화해가게 된다. 그 일부로서 근대화에서 세계화로 지배담론이 변화되어 가는 것에 대항하여, 반세계화 담론이 저항담론으로 내재화되어간다. 즉, 개방화되고 세계화되어 가는 체제가 동반하는 새로운 모순들, 예컨대 민영화, 시장개방화, 구조조정 등으로 인한 모순들에 대항하는 투쟁과 담론을 저항담론이 내재화해가는 것이다.

1987년 이후의 현실 정치사회투쟁을 보게 되면, 저항블록은 한편에서는 반독재 민주화운동 과정에서 요구하였던 민주개혁의 과제를 아래로부터 추동하는 방식으로 운동을 전개하게 되며, 다른 한편에서는 국가민주화에 집중되어 있던 개혁운동을 생활세계의 영역으로 확장하게 된다. 한편 개혁의 이중성으로 인하여 개혁이 동반하는 새로운 모순 자체에 대항해간다. 즉, 저항담론의 핵심적인 내용으로서 정치적·경제적 민주개혁의 확대, 민주개혁의 사회적 차원으로의 확장('사회적' 민주주의), 신자유주의적 개혁에 대응하는 공공성 확보 등이 그것이라고 할 수 있다.

먼저, 민주주의 이행의 길로 들어서면서 구체제하에서 왜곡된 국가의 개혁을 위한 투쟁이 전개되며, 이러한 왜곡된 국가와 구조적으로 결합되어 있는 왜곡된 시장의 개혁을 위한 투쟁이 전개된다. 저항담론의 핵심적인 내용은 바로 철저한 민주개혁의 과제가 된다. 왜곡된 국가의 개혁에는 권위주의체제 하에서의 정당개혁, 각종 권위주의적인 악법 및 제도의 개폐, 극우반공주의적 통제질서의 개혁 등이 포함된다[28]. 왜곡된 시장의 개혁에는 국가주의적 발전동원체제 하에서 왜곡된 시장 및 기업, 재벌체제, 축적방식의 왜곡성의 개혁 등이 포함된다[29]. 위로부터의 보수적 민주화의 방식으로 전개되는 민주개혁은 구체제의 기득권세력, 구 국가기구 요원들의 전면적 개편이 전제되지 않기 때문에 불철저하며 느린 속도로 전개된다. 여기서 저항블록은 이러한 개혁의 철저화와 '고속화'를 위한 아래로부터의 개혁운동을 전개하게 된다. 이러한 저항블록의 대응은 자연스럽게 구체제의 '민주개혁'이라는 저항담론을 부각시키게 된다.

다음으로, 저항블록의 투쟁은 국가민주화(및 그와 연관된 시장민주화)의 차원을 넘어서서, 구 권위주의체제 하에서 왜곡된 시민사회 및 생활세계의 민주적 개혁, 그러한 생활세계의 왜곡성을 보장하는 국가제도들의 개혁을 쟁취하기 위한 방향으로 전개되며, 이러한 과정에서 저항담론은 생활세계 개혁을 위한 다양한 담론들을 포괄해가게 된다. 이것은 생활세계 개혁담론으로의 확장을 의미한다. 성불평등, 장애인 및 동성애

---

28) 국가인권위원회의 신설, 의문사진상규명위원회의 설치, 공무원 노조 합법화 시도 등은 바로 이러한 국가민주화가 15년 동안 상당한 정도로 진행되어 왔음을 보여주고 있다.
29) 국민정부 하에서 재벌개혁, 주5일 근무제의 도입, 노사정위원회의 설치 등은 왜곡된 시장에 대한 개혁의 사례들이라고 보여진다.

자, 외국인 이주 노동자 등 소수자 인권 문제 등 이전에는 쟁점화되지 않았던 많은 이슈들이 저항담론의 영역으로 포괄된다. '미시 파시즘', '양성평등', '환경친화적 소비' 등의 문제들도 이러한 예에 속한다고 볼 수 있다. 이와 동시에 환경운동, 평화운동 등 국가민주화와 계급적 투쟁으로 환원되지 않는 다양한 운동들이 제기되고, 이것 역시 저항담론의 다양한 하위 구성요소로 포괄된다. 이러한 확장 속에서 기존의 국가주의적 관념, 민족주의적 관념, 성장주의적 관념 자체를 문제삼는 것도 포함한다고 할 수 있다.

첫 번째 차원과 두 번째 차원의 저항담론의 변화와 관련해, 저항담론이 가지고 있었던 '반체제적' 성격에 변화가 나타나게 된다는 것을 지적할 필요가 있다. 즉, 1987년 이후 민주주의의 회복이라는 담론에서 민주개혁의 철저화로 저항담론이 변화하게 되는데, 이는 저항담론의 요구가 체제 극복을 통해서가 아니라 체제의 합리화와 체제 내에서의 제도개혁을 통해서 실현된다는 것을 의미한다. 대항 자체와 저항담론의 제도화라는 '의도하지 않은' 결과가 나타나게 된다는 것이다. 문민정부와 국민정부를 거치면서 위로부터의 민주개혁의 결과로 국가민주화가 진전되면서, 저항운동의 요구가 제도적인 틀 내에서 수용되거나 논의될 수 있는 가능성이 제고된다. 특별히 국민정부를 거치면서 저항블록의 요구 중의 일부가 제도화되면서 이러한 가능성은 커지게 된다. 예컨대 여성부의 신설, 국가인권위원회의 설치, 부패방지위원회의 설치 등은 저항운동의 요구가 정권 전복을 통해서가 아니라 '국가개혁'을 통해서 실현되는 딜레마를 저항운동에 부여하게 된다.

또한 두 번째 차원에서 저항담론의 생활세계 차원으로의 확장이 나타나게 되고 이와 관련된 다양한 실천이 나타나게 되는데, 이러한 생활세계 차원의 운동은 이슈의 성격상 '자본주의 체제 내에서의 동등한 시민적 권리 쟁취 혹은 차별 철폐'로 귀결된다는 점에서 '체제 내 제도화된

운동으로서의 자기 한계'를 갖는다고 할 수 있다. 예컨대 국민정부 하에서의 국가인권위원회의 설치 같은 경우는 소수자운동의 요구 혹은 인권운동의 요구가 국가기구에 의해서 수행된다는 것을 의미한다. 물론 국가인권위원회의 활동은 국가민주화의 수준, 시민사회 활성화의 수준에 의해 명백히 한계지워지는 것이기는 하지만, 국가와 저항운동의 관계가 '적대적' 관계로 설정되는 것이 아니라 '협의적' 관계로 설정된다는 점에서, 제도화의 딜레마를 안고 있다고 생각된다.

이처럼 생활세계의 이슈를 향한 진보담론 혹은 개혁담론의 확장은 단순히 국가민주화 혹은 시장민주화의 차원을 넘어서서, 생활세계 개혁담론, 사회적 개혁담론으로 확장된다는 점에서 긍정적인 변화라고 할 수 있다. 그러나 동시에 이것은 진보담론의 새로운 딜레마를 부여하게 되는 것이라고 할 수 있다. 이러한 제도화의 딜레마는 '정체성의 정치' 혹은 '생활세계의 정치'가 갖는 기본적인 딜레마라고 할 수 있다. 이런 점에서 어떻게 이러한 제도화의 딜레마를 넘어서서 저항담론의 급진화를 달성할 것인가 하는 것이 중요한 과제로 제기된다고 할 것이다.

세 번째의 측면은 세계화라고 하는 거시적인 조건 속에서 민주화 자체가 실현되어 감으로써 나타나게 되는 새로운 모순이, 어떻게 저항담론의 내용으로 내재화되어 가는가 하는 문제가 된다. 이 문제에 대한 이해를 위해서는 민주화의 이중적 성격에 대한 이해가 우선적으로 필요하다. 민주화는 기본적으로 정치적 자유주의와 경제적 자유주의화를 동반한다. 즉, 정치적으로는 과거의 독재적 억압정책을 자유와 자율을 신장하는 방향으로 변화하고, 경제적으로는 국가에 의한 시장통제와 기업통제를 완화하는 '경제적 자유주의' 지향으로 나타나게 된다는 것이다. 이러한 정치적·경제적 자유주의는 과거 독재국가에 의한 시민사회와 시장의 자율화를 의미한다고 할 수 있다. 다시 말해서 그것은 한편으로는 구체제의 비민주적 성격, 국가주도성에 대한 개혁을 수반하게 되지만, 다른 한편으로는 경제적인 시장자유주의의 확대로 나타난다. 이런 점에서 경제적 자유주의는 이중적 성격을 갖는다. 즉 국가에 의한 왜곡된 시장통제와 그 왜곡성을 극복하는 계기를 제공하지만, 다른 한편에서는 시장 및 자본 지배를 강화하게 되는 결과를 갖는다는 것이다.

민주주의 이행과정에서 관철되는 경제적 자유주의는 글로벌 신자유주의와 결합되면서 신자유주의적 버전의 경제적 자유주의가 나타나게 만든다. 문민정부와 국민정부는 '국제경쟁력 강화', 'IMF 위기 극복' 이라는 이름으로 그 경제적 자유주의정책을 관철하게 된다. 이런 점에서 지배담론은 과거의 보호주의적 개발주의에서 개방주의적 개발주의로 변화되어 관철된다.

한국의 경우, 문민정부 및 국민정부 하에서 구체제의 '정치적 자유주의' 적 개혁―군부정권의 개혁 등―과 동시에, '국제경쟁력' 강화를 명분으로 하는 경제적 자유주의의 가속적 실현이 나타난다는 것은 무척 흥미롭다. 국민정부마저도 한편에서는 구체제의 '정치적 자유주의' 적 개혁을 수행하지만, 다른 한편에서는 IMF위기 극복을 명분으로 '경제적 자유주의' 적 정책의 실현하게 된다. 이 점은 글로벌 신자유주의가 민주화의 사회경제적 내용을 제약하게 된다는 것을 의미한다. 그것은 사회경제적 내용이 복지국가로 가기보다는, 정치적 자유화를 담보로 역설적으로 경제적 신자유주의를 관철시키는 계기로 작동하게 된다는 것을 의미한다[30].

---

30) 역설적으로 민주화, 민주주의 이행은 (독재적) 정치와 (관치주의적) 경제의 분리를 통하여, '신' 자유주의적 경제정책의 전면적 실시를 가능하게 한다. 그러나 이전 시기의 독재의 '약점' 은 정치적 '조절' 을 불가피하게 하였다. 정치적 정당성을 갖는 민간정부는 이러한 정치적 조절의 필요성이 상대적으로 적다―물론 김영삼 정부는 과거의 '타협적 자유주의' 분파의 성격을 가지고 있고, 김대중 정부는 '비타협적 자유주의' 분파의 성격을 지니고 있다는 점이 있으나, 거시역사적 성격은 동일하다고 할 수 있다. 한국의 경우, 개발독재 시대의 종결이 사회적 자본주의, 복지국가로의 이행이 과정이 될 수도 있었다. 그러나 글로벌 신자유주의의 압력 속에서, 비사회적, 극단적인

정치적 자유주의, 경제적 자유주의가 갖는 진보성, 즉 이전의 국가주의적 발전동원체제의 왜곡성을 극복한다는 점에서 그것은 진보성을 띠게 된다. 그러나 그것은 경제적 자유주의의 실현과정[31]이라는 점에서 거시적 한계를 갖는다고 할 수 있다[32].

신자유주의적 자본주의로 경도되기에 이른다. 그런 점에서 아시아 및 한국의 민주화는 '정치적 자유화를 담보로 한 경제적 자유주의'를 둘러싼 민중투쟁의 과정이 된다.

31) 여기서 우리는 민주화의 이중적 성격을 볼 수 있다. 1987년 이후 우리 사회는 민주화 혹은 민주주의 개혁의 과정에 있다고 한다. 그렇다면 민주화가 무엇인가. 민주화의 핵심적인 내용은 자유화와 자율화이다. 구체제는 권위주의적 국가에 의한 경제적·정치적·사회적 사회통제 시스템이었다. 따라서 민주화란 구 국가에 의한 경제통제와 정치통제, 사회통제, 그러한 조건하에서 고착된 왜곡성을 극복하는 과정이라고 할 수 있다. 즉, 이러한 개혁의 과정은 권위주의적 국가에 의한 시장통제와 사회통제, 그러한 권위주의적 국가의 일부로서의 정치체제의 개혁을 내포한다. 그런데 여기서 주목하여야 할 점은, 민주화로 인한 자유화·자율화는 분명 '국가에 의한 시민사회 통제'의 약화를 의미한다는 사실이다. 이러한 시민사회에 대한 통제의 약화는 한편으로는 아래로부터의 시민적, 민중적 힘의 분출을 가능하게 하지만, 다른 한편으로는 시민사회에서의 사적인 힘, 시장권력의 힘, 자본의 힘, 시민사회 내의 유산자의 힘이 제약없이 표출되게 만든다. 따라서 민주화의 과정에서 후자의 힘이 지배적으로 되는 경우, 자유화·자율화는 증진되면서도 그 결과는 자본에 의한 '자유'로운 민중들의 지배, 혹은 자본의 '자율'적인 지배가 나타날 수 있다. 이것을 담론분석의 수준에서 보면, 정치적 자유주의와 경제적 자유주의의 동시적 진행의 문제로 파악할 수 있다. 즉, 한편에서는 정치적 자유화가 진행되지만, 다른 한편에서는 '사회성이 대단히 탈각된', '신자유주의적인' 자유주의가 관철되는 것이다.

32) 먼저 정치적 자유화(정치적 자유주의의 실현과정)와 관련해 그 편차는 정치적 자유화, 즉 구체제의 자유주의적 개혁이 타협적(연속적)으로 이루어지는가, 아니면 단절적(급진적)으로 이루어지느냐 하는 문제가 있다. 다음으로 정치적 자유화의 이면에서 전개되는 경제적 자유화의 성격을 둘러싸고는 다층적인 현실투쟁이 존재하고, 이것은 담론투쟁에도 그대로 반영된다. 경제적 자유화에는 다음과 같은 3가지 차원의 현실투쟁과 담론투쟁이 다층적으로 존재한다고 생각된다. ① 개발주의의 성격, 즉 보호주의적 개발주의냐 개방주의적 개발주의냐의 편차, ② 국가의 역할, 즉 경제에 있어서의 국가의 개입의 범위와 역할을 둘러싼 편차, ③ 사회성이나 공공성의 실현을 둘러싼 편차 등이 그것이다. 경제적 자유화의 과정은 바로 이러한 3가지 측면에서의 차이를 둘러싸고, 국가, 자본, 시민사회(노동)가 복합적으로 각축하는 과정이라고 할 수 있으며, 이

여기서 경제적 자유주의화에 따른 새로운 모순이 표출된다. 더구나 글로벌 신자유주의의 흐름의 영향하에서 더욱 더 시장주의적 방향으로 경

러한 현실적 각축의 과정은 담론영역에서도 그대로 표현된다—민선민간정부 하에서의 담론지형, 특별히 경제정책을 둘러싼 담론지형은 기득권 집단, 신고전파 개혁론을 앞세우는 중도우파, 재벌개혁론을 주장하는 중도좌파, 순수 좌파로 나눌 수도 있고(정태인 1998), 혹은 '신자유주의' 적인 자유주의, 케인즈주의적 자유주의, 사회적 자유주의, 진보주의 등으로도 나눌 수도 있다. 다음으로 1987년 이후 국가·자본·시민사회의 경쟁구도는 다음과 같은 방향으로 나타나고 있다고 할 수 있다. 즉, 과거의 국가주의적 통제를 유지하려는 '국가주의' 적 지향, 자본과 시장의 성장을 배경으로 작은 정부·자율·탈규제를 지향하는 '시장주의' 적 지향, 국가와 자본에 대하여 공공성과 사회성을 강제하고자 하는 시민사회 강화(empowerment)적 지향이 그것이다. 국가·자본·시민사회의 경쟁구도에서 사회주의 붕괴 이후 국가와 자본에 대립하는 급진적 시민사회는 대안 부재의 운동이 되고 있고, 이것은 대안체제의 실현이라고 하는 적극적인 노력보다는 '급진적' 경제적 자유주의(신자유주의)의 횡포에 대항하여 공공성 및 사회성을 보존·유지하려고 하는 소극적인 노력으로 나타나고 있다. 여기서 국가는 자율화와 탈규제를 요구하는 자본의 요구와 공공성·사회성의 유지를 요구하는 시민사회(노동)의 요구를 동시에 받고 있다고 할 수 있다. 한국의 경우 1987년 이후 구 개발독재체제의 민주적 개혁이라는 또 하나의 차원이 혼재되어 있다고 할 수 있다. 1987년 이후 자본, 특별히 대자본은 구 개발독재체제 하에서의 '왜곡된 시장' 및 '왜곡된 기업' 의 '왜곡성' 을 정정하지 않고 자율화의 길로 가고자 하였으며, 87년 6월 항쟁으로 표현된 '시민사회의 반란' 을 경험한 국가는 그 왜곡성을 정정하면서 시장자율로 가되 국가의 통제력과 조절력을 유지하고자 하는 '국가주의' 적 경향을 가지고 있다. 국가와 자본의 공통점은 개발주의를 공유하고 있다는 사실이다. 국가와 자본은 이러한 개발주의적 지향을 공유하면서도, 그 내부에서 다음과 같은 긴장을 내포하고 있다. 즉, 국가는 ① 왜곡된 시장과 기업의 왜곡성을 정정하고자 하는 민주개혁의 지향을 가지고 있으며(물론 이것은 1987년 이전의 민주화투쟁에 의해서 국가에 강제된 것이고 현존 시민사회가 강제하고 있는 것이다), ② 동시에 자본과 국가의 관계에 있어서 국가의 조절력과 통제력을 일정하게 보존하려는 지향을 가지고 있는 데서 발생하는 긴장이 바로 그것이다.
이러한 현실적 긴장과 투쟁은 담론에도 투영되고 있다고 생각된다. 지식세계의 담론은 과거 독재체제 하에서처럼 독재와 반독재라는 식으로 담론경쟁구도가 단선화되어 있는 것이 아니라, 개발주의를 둘러싼 차이, 국가의 역할을 둘러싼 차이, 시민사회의 요구 반영(공공성 및 사회성)을 둘러싼 차이 등을 둘러싸고 복선화되어 있다고 할 수 있다. 다층적 차이가 담론에도 표현되고 있는 것이다.

제적 자유주의화가 진행되기에 이른다. 구체적으로 신자유주의적 영향 하에서 경제적 자유주의화의 정책들은 시장주의적 구조조정, 민영화, 개방화, 노동시장의 유연화, 자율화 등으로 표출된다. 이러한 경제적 자유주의는 권위주의의 민주주의로의 이행에도 불구하고, 이전보다는 더욱 공적 부문의 축소, 고용의 불완전화, 비정규화, 소득불평등의 확대 등으로 나타나게 된다. 이것은 '정치적 자유주의화의 축복'과 '경제적 자유주의화의 재앙'이라고 할 수 있다(조희연 2002).

이러한 국민정부의 개혁은 IMF위기 속에서 주어진 국가주의적 경향에 의해서 더욱 정당화되고, 상대적으로 적은 저항을 받으면서 추진되었다. 과거 개발독재 하에서 국가(독재 등)와 자본의 왜곡성(재벌 등)이 반자본주의적 운동과 담론, 반국가적 운동과 담론을 출현시켰음에도 불구하고, IMF위기와 국민정부의 출현은 이러한 국가의 왜곡성에 대한 저항을 주변화시키면서 자본의 왜곡성에 대한 저항을 중심화시키고 나아가 경제위기 극복의 주체로서의 강화된 국가의 역할을 요구하는 방향으로 변화하게 된다. 이는 어떤 점에서 변형된 형태로 국가주의의 부활을 의미한다고 할 수 있다[33].

이처럼 민주화와 세계화의 동시적 진행 속에서 전개되는 지배의 변화 속에서 저항담론 역시 변화하게 된다. 1990년대 이후 지배담론의 핵심적 측면인 세계화에 대해서는, 그 세계화의 신자유주의적 성격에 저항하는 반신자유주의가 저항담론의 핵심적인 측면으로 부상하게 된다. 또한 과거 저항담론의 핵심적인 측면이었던 민주화가 지배담론으로 수용되면서, 민주화의 불철저성과 민주화의 새로운 모순을 쟁점화하는 방향으로 저항담론의 성격도 변화하게 된다.

신자유주의적 개혁에 대한 저항은 처음에는 반신자유주의적인 입장을

---

33) 민주화/세계화의 과정 속에서 국가주의가 충분한 성찰의 대상이 되지 못하는 이유도 여기에 있다.

견지하는 민중적 사회운동에 협애화되었으나, 점차 신자유주의적 구조
조정의 파괴적인 사회적 결과에 대항하는 민중적 운동과 다양한 (비판
적) 시민적 운동—지식인운동, 종교운동 등—의 연대가 형성된다[34]. 신
자유주의 시대의 일반민주주의 투쟁은 구자유주의 시대의 일반민주주
의 투쟁과 다른 성격을 지니게 된다고 할 수 있다. 어떤 점에서 일반민주
주의 투쟁의 사회적 기반은 넓을 수 있다. 20세기의 노동자투쟁을 통해
서 획득된 '사회성 박탈'을 동반하는 신자유주의에 대한 반대투쟁의 기
반은 이전에 비해 확대되어 있다고 할 수 있다[35]. 이런 점에서 신자유주
의 시대 저항담론의 중요한 내용은 '공공성', '사회성'의 유지에 있다
고 할 수 있다. 이런 측면에서 신자유주의적 성격을 갖는 세계화 담론에
대항하여 공공성 확보가 저항담론의 핵심적인 측면으로 포함된다.
1987년 이후의 흐름 속에서 반세계화, 세계화의 핵심적인 부정적 측면
으로서의 공공성 유지와 확대가 저항담론 변화의 핵심적인 측면이 되기
에 이른다.
　이러한 새로운 저항담론으로서의 공공성 담론은 경제적 저항담론의

---

34) 시민운동의 경우는 정치적 자유주의화의 진보적 측면을 적극 긍정하는 속에서, 역설
　　적으로 경제적 자유주의화의 파괴적 결과에 적극적으로 저항하지 못한 점이 있었다.
35) 저항의 사회적 기반과 관련하여, 먼저 자유주의적 집권세력이 추진하는 신자유주의적
　　'경제적 자유주의' 개혁은 보수적 저항과 진보적 저항을 동시에 수반하게 된다는 점
　　을 지적할 수 있다. 보수적 저항은 자유주의적 집권세력의 관료화 및 권력화를 명분으
　　로 하여 저항을 하게 되고, 동시에 보수적인 세력들은 경제적 자유주의화가 강제하는
　　최소한의 '합리화' 자체도 거부하면서(재벌개혁 정책 등) 저항을 하게 된다. 반면에
　　진보적 저항은 개혁의 불철저성과 개혁의 신자유주의적 합리화의 성격을 비판하면서
　　존재하게 된다.
　　'신자유주의적' 자유주의적 경제개혁은 아시아 및 한국에서의 구 보수주의와 구별되
　　는 자유주의정치세력의 사회적 기반을 창출하지 못하게 된다. 서구의 경우 사회적 자
　　유주의로 자유주의의 기반을 확장함으로써 자유주의의 사회적 기반을 확보하게 되나,
　　글로벌 신자유주의의 제약성은 제3세계에서 민주주의적 세력의 자유주의적 정책의
　　사회적 기반을 협소하게 하고, 그 결과 구조적인 불안정을 지속시키게 된다.

성격 변화를 보여준다. 1980년대 반독재 민주화운동이 혁명적 민주주의 운동으로 변화하고 이와 함께 혁명적인 반자본주의적 담론으로 고양되어 갔다고 한다면, 1987년 이후 민주화와 세계화의 동시적 진전 속에서는 사회주의 붕괴의 영향으로 인하여 반자본주의 담론은 주변화되어 갔다고 할 수 있다. 대안체제로 상정되는 공산주의체제의 붕괴는 '대안이 없다'(TINA: There is no alternative) 증후군을 확산시키면서 반자본주의적 담론의 약화를 가져왔다고 할 수 있다. 이런 점에서 공공성 담론은 '적극적' 담론의 성격보다는 '방어적'인 성격을 띠고 있다고 할 수 있다. 동시에 공공성 담론은 자본주의 체제 자체를 부정하지 않고 있다는 점에서, 자유주의적·진보주의적 복합 담론의 성격을 띠고 있다고 할 수 있다. 즉, 진보적 담론으로서의 성격과 동시에 사회적 자유주의 담론의 성격을 띠고 있다는 것이다.

새로운 지배담론으로서의 세계화 담론이 과거의 담론과 다른 점이 있다고 한다면, 그것은 국민국가적 경계를 뛰어넘는 자본운동을 배경으로 하고 있다는 것이다. 과거의 근대화 담론이 기본적으로 국민국가적 축적 기반을 갖고 있는 초기산업화 단계의 자본을 기반으로 하고 있다고 한다면, 이제 자본은 범지구적 경쟁에 노출되어 있으며 범지구적 축적을 수행하는 성격을 지니고 있다고 할 수 있다. 자본운동의 세계화를 배경으로 하는 세계화 담론의 부상은 저항담론이 세계화의 모순에 대항할 뿐만 아니라, 스스로를 어떻게 초국민국가적·국제주의적 저항담론으로 재구축할 것인가 하는 과제를 부여하고 있다(조희연 2001d). 이른바 '신자유주의적 세계화'가 전지구적인 현상이 되면서, 국민국가의 경계를 넘는 초국민국가적 연대성의 실현이 저항세력에게 주요 과제로 된다. 즉, 실제 세계화가 지배담론의 주요한 측면이 되면서, 저항담론이 어떻게 민족국가적 한계를 뛰어넘는 새로운 지형을 자기화할 것인가 하는 점이 과제로 된다는 것이다. 그것은 일종의 '해방적 국제주의'의 전망에서 저항담론을 구체화하는 과제를 제기하는 것이다[36].

마지막으로, '민주주의, 시장경제, 생산적 복지'로 정식화된 국민정부의 국정지표는 지배담론이 어떻게 저항담론을 포섭하면서 새롭게 자기변화를 하는가를 잘 보여주고 있다. 지배담론과 저항담론의 패러다임 변화를 보게 되면, 1960년대~70년대에는 산업화 담론 혹은 근대화 담론이 지배적이었다. 개발독재국가는 근대화 담론을 통해 발전을 향한 국가동원체제를 작동시켜 왔다. 이 근대화 담론은 기본적으로 시장을 육성하려는 목표를 가지고 있었고, 이러한 국가목표의 달성을 위해 전사회적 희생이 강요당해왔다고 할 수 있다. 반면에 1980년대~90년대에는 근대화 담론은 퇴조하고 민주화 혹은 민주주의 담론이 저항담론으로 부각되었다. 1980년대 중반 이후에는 이 저항담론이 지배담론의 지위를 위협하는 수준에까지 이르게 되었다. 문민정부나 국민정부는 어떤 점에서는 과거 민주화운동을 주도하였던 야당세력들이 집권세력으로 존재하는 시기라고 할 수 있다. 통상 산업화세력과 민주화세력의 대립적 논의는 바로 이러한 변화를 반영하는 것이라고 할 수 있다. 이러한 민선민간정부—김영삼 정부 및 김대중 정부—는 한편에서는 보수적 세력의 저항을 받기도 하지만, 다른 한편에서는 과거의 저항담론의 핵심적 내용을 선택적으로

---

36) 이런 점에서 반세계화 담론의 부상과 함께 지역담론(regional discourse)으로서의 동아시아담론 혹은 아시아담론의 부상은 민족국가적 담론과 지구촌 담론의 거리를 메우려는 시도로 보인다. 따라서 "새로운 아시아 상상(想像)과 아시아 구상은 자유주의 세계질서에 대한 정치, 경제, 문화적 민주운동의 동맹이다"라고 지적하면서, 동아시아의 문화적 다원성을 인정하는 바탕에서의 새로운 아시아의 민주동맹을 구상하려는 왕후이(汪暉)의 시도는 의미가 있다고 하겠다. 아울러 그는 "아시아의 문화적 잠재력에 대한 발굴이 서구 중심주의에 대한 비판이라고 말한다면, 아시아 관념의 재건 역시 아시아를 분할하는 식민지세력, 간섭세력, 지배세력에 대한 항거이다. 아시아 상상이 내포하고 있는 공동체의식은 부분적으로 식민주의, 냉전시대 그리고 전세계적 질서 속에서의 공통적인 종속지위에서 생겨났으며, 아시아 사회의 민족자결운동, 사회주의운동, 식민지해방운동에서도 생겨났다"고 말하고 있기도 하다(汪暉 2002 참조).

수용하면서 지배담론의 재정식화를 진행하는 것이라고 할 수 있다. 세계화 담론은 문민정부에 의한 보수주의의 새로운 지배담론이며, 동시에 국민정부에 의한 자유주의의 새로운 지배담론의 성격을 지닌다고 할 수 있다. 지배담론의 담지 주체가 보수주의세력 및 자유주의세력이 된다는 것은 '세계화의 맥락에서 전개되는 한국 민주화'의 새로운 특징을 보여주는 것이다. 이런 측면에서 변화하는 담지 주체에 의한 지배담론의 변화에 대항하여, 저항담론의 재정식화라는 과제를 안고 있다고 하겠다. 이러한 저항담론의 재정식화는 국민정부의 성립 이후 국민정부가 내건 '민주주의와 시장경제'—확대하면 '민주주의와 시장경제, 생산적 복지담론'—의 '도전'에 응전하면서 새로운 자기 변화를 시도하는 것이라고 할 수 있겠다.

② 1987년 이후 지배담론과 반공주의의 변화

앞서 한국 사회의 지배담론은 반공주의 담론을 기본으로 하면서 1960년대 이후 근대화 담론으로 변형되었으며, 이것이 세계화 담론으로 변형되고 있음을 지적하였다. 그렇다면 1987년 이후 민주주의 이행과정에서 세계화 담론으로의 변형과 동시에 지배담론의 기본을 이루는 반공주의 담론이 어떻게 변화하는가를 보기로 하자.

앞서 지적한 대로 반독재 민주화운동이 통일지향적인 민족주의적 요구를 자기화하면서 일면적으로 적대적 반공주의에 의존하여 왔던 지배담론의 균열이 나타나게 된다. 1987년 민주주의 이행 이후 정치적 공간이 확장되면서 저항블록의 운동은 이제 1980년대의 반미주의, 1980년대 후반 이후 학생운동권에서의 북한바로알기 운동 등 좀더 적극적인 반'적대적 반공주의' 운동으로 발전해간다. 사회운동 진영 내부에 주체사상파의 출현 등—기존의 반북(反北)적 지배담론과 정면으로 충돌하는—연북(連北)적 운동들도 출현하게 된다. 이러한 저항운동의 도전에 대해서 과거와 같이 일방적인 억압을 할 수 없는 '민주주의'적 상황에서, 지배담론에 의한 선택적 포섭이 나타난다. 진보적 민족주의와 결합된 반미주의적 운동의 고양 등의 현상은 지배블록의 위기의식을 증폭시키게 되고, 여기서 대북유화적인 정책의 시도와 진보적 민족주의의 요구를 선택적으로 흡수함으로써 지배담론에 적극적으로 결합시키려는 노력이 나타난다. 예컨대 노태우 정권 시기의 남북기본합의서 체결, 김영삼 정부 시기의 남북정상회담 시도, 김대중 정부 시기의 6.15 공동선언 등은 저항담론과 저항운동이 자기화하였던 진보적 민족주의의 요구가 지배블록의 새로운 정책 및 지배담론의 일부로 포섭되는 것을 의미한다. 과거 '대결적 남북관계'를 전제로 하는 적대적 반공주의만이 아니라, 남북화해와 평화공존의 담론이 지배담론에 포함되기에 이른 것이다. 물론 이러한 정부정책 상의 변화는 한편으로는 아래로부터의 운동에 의해 강제된 것이기는 하지만, 다른 한편으로는 지배블록에 의한 '선택적 포섭'의 능동적 시도의 성격도 지닌다고 할 수 있다. 이런 점에서 그것은 '수동혁명'적 성격을 띤다고 할 수 있다.

아래로부터의 통일지향적 진보적 민족주의 운동의 지배블록에 의한 정책적·담론적 수용은 기존의 반북적인 적대적 반공주의와 긴장을 형성하면서 변화를 촉발한다. 예컨대 정부 차원에서의 대북 교섭 및 남북관계의 전환은 기존의 적대적 반공주의가 '지시'하는 북한 인식과 양립하기 어렵게 만든다. 이렇게 보면 남북관계 및 반공주의를 둘러싸고 과거에는 일원적인 태도와 인식만이 존재하였던 상황에서, 이제 과거와 같은 적대적 반공주의와 비 '적대적 반공주의' 혹은 평화공존형 태도와 인식이 공존하는 상황으로 이행하게 된다. 이것은 지배블록 내에 적대적 반공주의에 의존하는 보수파와, 평화공존형 남북관계를 지향하는 자유주의파가 긴장을 가지면서 공존하게 된다는 것을 의미한다. 즉, 과거의 지배블록이 반북적인 적대적 반공주의에 일원적으로 의존하고 그것에 기초한 지배담론을 가지고 있었다고 한다면, 이제 현 단계 지배블록은 과거와 같은 일원적인 상태에 존재할 수 없게 된다는 것이다. 국민정부의 경우 햇볕정책 및 6.15 남북정상회담을 통해 과거와 같은 적대적 반공주의와는 다른 정책라인을 실천한 것이며, 이것은 담론 상에서도 평화공존형 담론이 부상하게 되는 계기를 만들게 된다. 이것은 지배블록 내에 남북관계 및 반공주의에 대한 새로운 정책적 지향 및 담론이 형성되는 것을 의미한다. 이런 점에서 이제 반공주의에 관한 한 지배담론을 단일한 것으로 특징지울 수 없으며, 상이한 태도를 갖는 세력 및 집단들이 다원적으로 존재하는 것을 의미한다. 이렇게 본다면 국민정부 이전까지 지배담론의 핵심적인 구성요소로서 반공주의가 존재하였다고 한다면, 이제는 이러한 상황이 변화하였다고 할 수 있다. 〈표 1-3〉에서 보는 바와 같이, 오히려 세계화 담론이 지배담론의 핵심적인 요소로 부상하고 있다고 할 수 있다. 즉, 반공주의에 관한 한 지배블록 내에 다원적인 태도가 존재하게 된다고 할 수 있으나, 세계화에 관한 한—정책적 차이가 존재하고 있지—그것은 구 집권세력, 문민정부, 국민정부 모두가 공유하는 담론이라고 할 수 있다. 이런 점에서 1960년대~80년대의 근대화 담론이 반공주의 담론을 계승하고 그것을 적극적으로 활용하면서 재생산되는 담론이라고 한다면, 현재의 세계화 담론은 과거의 적대적 반공주의와 비 '적대적 반공주의'의 공존 속에서 재생산되는 담론이라고 할 수 있다. 이제 지배블록을 통합하는 지배담론으로서 세계화 담론이 갖는 중요성이 이전에 비해 커졌다고 할 수 있다. 세계화 담론은 보수주의에 의한 새로운 지배담론의 성격을 띠며, 동시에 야당정부인 국민정부의 자유주의적 지배담론의 성격도 띤다고 말할 수 있다.

〈표 1-3〉 지배블록과 세계화 담론

지배블록	보수파	적대적 반공주의	세계화 담론
	자유주의파	평화공존형 남북관계	

③ 정치사회적 세력관계 변화와 담론효과

이러한 담론적 변화과정을 앞서 제시한 정치사회적 세력관계의 변화과정과 연관시켜 파악해 보도록 하자. 앞서 지배담론의 핵심적인 측면이 근대화 담론에서 세계화 담론으로 변화한다는 점을 서술하였다. 이러한 세계화 담론은 반독재 민주화운동 과정에서 저항블록의 핵심적 구성부분으로 이동한 '저항적 자유주의세력'의 재통합 효과를 갖는다. 새롭게 부상한 세계화 담론은 저항적 자유주의세력이 정치사회적 이슈를 둘러싸고 개혁적 성격을 표출하더라도, 경제적 이슈를 둘러싸고는 세계화를 촉진하는 개혁으로 나아가도록 하는 효과를 낳는다. 앞서 서술한 바와 같이 민주정부를 자처하는 정부들이 오히려 세계화를 촉진하는 경제적 자유화를 개혁의 이름으로 강력하게 추진하는 것도 바로 이러한 예가 될 것이다. 이는 새로운 지배담론으로서의 세계화 담론이 정치사회적 세력관계의 구성에 효과를 미치는 것을 의미한다. 즉, 민주주의를 둘러싸고 대결적 태도를 갖는 보수주의세력과 자유주의세력이 세계화 담론(여기에는 정보화, 개방화, 성장 등의 다양한 함의가 포함된다)을 놓고는—일정한 편차에도 불구하고—공통적 정책 태도를 드러내게 된다는 것이다. 새로운 세계화 담론—그것이 객관적 환경에 의해 촉진되고 특정 개인이나 집단의 의도된 담론이 아니라고 하더라도—은 반독재 민주화운동 속에서 저항화되어 갔던 자유주의세력이 친지배블록적 인식과 정책지향을 공유해가게 되는 것을 의미한다.

물론 이러한 변화는 보수주의, 자유주의, 진보주의세력의 성격 및 상호관계가 변화되는 속에서 이루어진다. 먼저 1987년 이후의 민주주의 이행의 과정은 보수주의의 합리화, 자유주의의 진보주의로부터의 독자화, 진보주의의 내적 분화로 나타나게 된다고 표현할 수 있다. 앞서 서술한 대로 국가(관료), 제도정치(정당), 시민사회(사회운동) 수준에서 보수주의적 세력, 자유주의적 세력, 진보주의적 세력이 존재하고, 이러한 세력들이 담론효과에 의해 규정되면서 변화하게 된다.

먼저 보수주의의 '합리화'를 본다면, 국가주의적 발전동원체제 하에서 보수주의는 극우적 성격을 띤 채로 존재하였으며, 동시에 파쇼적이고 극우반공주의적 성격을 띤 채로 존재하였다. 이러한 보수주의는 1980년대 이후 민주화 속에서 저항세력의 요구를 흡수하면서, 동시에 저항에 의해서 변화를 강제당하면서 변형되기에 이른다. 그리하여 상대적으로 합리적이고 온건한 보수주의 혹은 '시장친화적 보수주의'[37]로의 변화가 나타나게 된다. 이러한 변화는 엄밀하게 말하면 보수주의 내부에서의 헤게모니 분파의 변화로 이야기할 수 있다. 여전히 지배블록 내에 극우반공주의적 보수파가 존재하고 있으나 민주주의 이행과정에서 이러한 분파들은 주변화된다[38]. 이런 점에서 1990년 3당 합당은 전후의 극우반공주의적·군부권위주의적 성격을 띠고 있던 한국의 보수주의가 반독재 자유주의세력을 흡수함으로써, 보수주의의 '진보화'가 나타나게 되는 계기라고 할 수 있다. 또한 3당 합당은 지배블록 내에 극우반공주의로 일색화되어 있던 분파들이 극우보수주의에서부터 온건자유주의에 이르기까지 '다원화'되는 출발점이 된다고 할 수 있다. 이와 함께 문민정부에서 온건자유주의 분파가 지배블록 내부의 헤게모니를 갖게 되면서 한국 보수주의의 합리화를 촉진하는 개혁을 시도하게 된다. 문민정부는 바로 반독재 자유주의정치세력을 전면에 내세운 '변화된' 보수세력의 재집권기라고 할 수 있다.

이러한 과정은 1987년까지의 한국 보수주의세력이 87년 이후 민주주

---

37) 1960년대 이후의 보수주의가 개발독재국가 혹은 이른바 '발전국가'의 이니셔티브를 적극적으로 인정하고 주장하는 '국가주도 선호적인' 보수주의의 성격을 띠었다면, 이제 그것은 시장자율성을 주장한다거나 '작은 정부'로 상징되는 국가부문의 축소를 주장하는, 즉 시장주도성을 강조하는 '시장친화적 보수주의'의 성격을 띤다는 것이다.

38) 한나라당 내부에서 김용갑 등 '안보와 국방을 생각하는 의원모임'에 속한 의원들의 위상 변화를 상기할 수 있다.

의 이행과정에서 새롭게 재정립된다는 것을 의미한다. 반독재 자유주의 야당세력의 포섭을 통하여 새로운 인물의 영입을 통하여 스스로를 '신보수'로 재정립해 가는 것이다. 국민정부는 문민정부와 달리 반독재 자유주의정치세력이 헤게모니 분파로서 보수주의적 정치세력의 일부와 연합하여 집권한 정부라고 할 수 있다. 이 국민정부 하에서 보수주의적 제도정치세력은 야당이 되면서 이전 시기의 정당성을 상쇄하면서 일정 부분 '합리적 보수주의' 혹은 온건보수주의로 변형되어간다[39].

다음으로 중요한 변화는—반독재 민주화운동 과정에서 진보주의와 결합되어 있었던—자유주의의 독자화라고 할 수 있다. 민주주의 이행이 가져오는 중요한 변화는 바로 자유주의가 진보주의로부터의 분리와 함께, 극우적 보수주의에 종속적으로 포섭되어 있던 상황으로부터도 분리된다는 것이다. 1960년대 이후 개발독재의 과정은 앞서 지적한 대로 자유주의(세력 혹은 담론)가 어용화된 형태로밖에 존재할 수 없는 상황을 만들었으며, 따라서 진정한 독립적 자유주의로서 저항적 자유주의는 반독재 진보주의와의 투쟁적 연대 속에서 비로소 존재할 수 있게 된다고 할 수 있다. 이전 시기에 한국의 자유주의는 없었고[40], 반독재 저항 속에서

39) 이러한 온건보수주의와 자유주의적 제도정치세력들은 앞서 서술한 정치적 자유화 및 경제적 자유화의 제차원에서 입장의 차이를 드러내게 된다—물론 분단, 글로벌 신자유주의, '위로부터의 보수적 민주화' 등의 제요인은 온건보수주의와 자유주의적 제도 정치세력의 정치적 자유화 및 경제적 자유화를 둘러싼 태도를 우익적·보수적 방향으로 굴절시키게 된다.

40) 김동춘이 지적한대로, "한국에서 자유민주의란 곧 냉전자유주의(cold-war liberalism)의 전형이자, 그 극단의 퇴행적인 모습을 지닌 것이었다. 이것은 분명히 자유주의가 아니라고 할 수는 없지만, 자유주의의 스펙트럼에서 보자면 자유주의 원칙과는 가장 거리가 먼 사고방식이었다. 어쩌면 이것은 '사상'이라기보다 공산주의에 반대하는, 남한자본주의 체제를 옹호하는 기득이익 옹호논리였다고 보는 것이 정확할 것이다"(김동춘 2000, 256). 어떤 점에서 개발독재 시기에 한국 사회는 자유주의의 과잉이 아니라 '자유주의의 과소'로 고통받고 있었다고 말할 수 있다.

비로소 정치적으로 가능하게 되었다고 할 수 있다[41].

1970 · 80년대 반독재 민주화운동의 구성은 자유주의적인 제도정치세력과 자유주의적인 시민사회세력, 진보주의적인 시민사회세력으로 구성되어 있었다고 할 수 있다. 반독재 민주화운동 속에서 진보주의와 연합함으로써 한국의 정치적 자유주의세력은 부분적으로—개인적이건 집단적이건—진보적인 성격 및 사회적 성격을 가질 수 있는 계기를 갖게 된다. 이들은 1980년대 민주화투쟁을 통하여 합법적인 제도정치영역으로 복귀하게 되고, 이후 집권세력으로까지 변화하게 된다[42]. 여기서 진보주의와 자유주의적 제도정치세력의 분리가 나타나게 된다. 제도정치영역에 복귀한 자유주의적 제도정치세력들은 역으로 반독재 진보주의세력들을 '수혈' 함으로써 '합리화되는' 보수주의 정당과의 경쟁 속에서 자신의 정당성을 강화하게 된다[43]. 이러한 자유주의의 독자화에 세계화 담론의 효과는 가장 중요한 요인으로 작용한다. 이러한 경쟁과정에서 한국의 '취약한' 자유주의세력이 '강력한' 보수주의세력과의 경쟁 속에서

---

41) 많은 '자유주의' 적 지향의 개인이나 집단이 '혁명적' 으로 투쟁하였다. 1980년대 CNP 논쟁을 상기해보자.

42) 1987년 이후 노태우 정권이라는 과도기를 거쳐 문민정부 및 국민정부라고 하는 정치적 자유주의세력의 집권기로 이행하게 된다. 문민정부와 국민정부는 반독재 자유주의적 정치세력이—비록 연합이기는 하지만—집권세력의 중심 분파가 된 것을 의미한다. 그러나 양자는 차이를 갖는다. 즉, 전자가 반독재 (온건)자유주의세력이 과거의 보수주의세력에 포섭되는 방식으로 집권한 경우라면, 후자는 (중도)자유주의세력이 중심이 되어 과거의 '주변적' 자유주의세력과 연합하는 방식으로 집권한 경우라고 할 수 있다. 그렇기 때문에 전자는 '합리화된' 보수주의의 재집권의 성격을 띠게 되는 것이며, 이에 반해 후자는 독자적인 자유주의적 집권을 의미한다.

43) 필자는 1987년 이후 정치변동의 과정이 다분히 유동적이라고 생각한다. '강력한 보수주의, 취약한 자유주의, 배제된 진보주의' 의 구도로 존재하고 있는 정치지형에서—비록 지역주의적 왜곡태 속에서 전개되고 있지만—자유주의 정치세력이 독자적인 자기기반을 가지고 사회적 기반까지 갖는 방향으로 변화할 것인지, 아니면 진보주의의 제도정치 진입과 함께 '샌드위치' 적인 위치를 갖게 될지는 미지수이다.

독자적인 기반을 확보하게 될 것인지는 향후의 과제로 남게 된다[44].

나아가 시민사회 내부에서 진보주의와 자유주의 사회세력 간의 분화도 나타나게 된다. 시민사회 내부의 분화를 본다면, 1987년 이후 민주화는 자율적인 정치적·사회적 운동 공간을 확장하게 하였고, 시민사회 내의 '자유주의'적 사회운동세력은 '시민운동'이라는 이름으로 과거의 자

---

44) 2002년 말의 권력교체 국면의 변화를 기존의 논의 속에서 조명해 보면 다음과 같다. 국민정부는 반독재 자유주의 제도정치세력이 소수파로서 집권한 경우이다. 그러나 이 국민정부가 개혁주체세력들의 부패, 개혁전략의 문제점, 개혁의 구조적 한계 등으로 인하여 정치적 '파탄'을 경험하게 되면서, '변화된' 보수주의 정치세력의 강력한 도전을 받고 있는 실정이다. 문민정부와 국민정부를 거치면서 정치세력 내부에서의 헤게모니의 이동이 있었다. 문민정부의 개혁 실패는 YS를 정점으로 하는 반독재 온건 자유주의 정치세력의 주도권 약화로, 국민정부의 개혁 실패는 DJ를 정점으로 하는 '구' 반독재 자유주의 제도정치세력의 집권 자체를 균열시키게 되며, DJ 분파의 헤게모니를 약화시키게 된다. 여기서 비YS적 분파를 정점으로 하는—물론 연합적 구성— 보수주의세력의 재집권과, 노무현으로 상징되는 비DJ적 자유주의 정치세력의 재집권을 둘러싼 갈등이 전개되었다고 생각된다. 보수주의 제도정치세력 내부의 헤게모니의 재정리는 한나라당의 야당 기간을 통해서 일정하게 완료된 반면, 자유주의 제도정치세력 내부의 헤게모니 재정리는 현재 진행형이라고 하겠다. 그 결과 비YS적 분파로 헤게모니가 이동되고 내부의 헤게모니 재정리가 완료된 '합리화된' 보수주의 정치세력과, 개혁 실패로 도전을 받고 있는 자유주의 정치세력 간의 재집권을 둘러싼 투쟁기가 되는 것이다. 이것이 변화된 보수주의 세력의 집권으로 가면서 신보수화 국면으로 가게 될지, 자유주의세력의 재집권으로 가게 될지는 향후의 정치사회적 변수들에 달려 있다고 하겠다. 현재의 국면은 바로 반독재 자유주의세력이 주도한 민주개혁에 대한 보수주의세력의 저항이 상당한 수준에 이르렀다는 점, 민주개혁과 동시에 추진된 세계화 정책의 효과로 진보주의세력의 저항이 상당한 수준에 이르렀다는 점, 반독재 자유주의세력의 집권과정에서 과거의 보수주의세력의 집권과정과 유사한 부패사건들로 인하여 반독재 자유주의 세력의 도덕성의 우위를 드러낼 수 없었다는 점 등에서 자유주의 정치세력이 강력한 도전을 받고 있는 국면이라고 할 수 있다. 이러한 보수주의세력과 자유주의세력 간의 '지역주의적' 대결의 과정 속에서, 2002년 6.13 지자체 선거는 8.13%의 득표를 한 민주노동당이 진보주의정당으로 제도권화할 가능성을 보여주었다. 이처럼 '진입의 문턱을 넘어가고 있는' 민주노동당이 제도권화하게 되면, 새로운 '다원적' 경쟁구도가 형성될 가능성도 있겠다.

유주의 · 진보주의 연합운동(민중운동)으로부터 분립하여 독자화하게
된다. 1980년대 후반 경실련 등으로 상징되는 시민운동의 부상은 정치사
회적 실천에 있어서의 자유주의적 지향이 현실화되는 것을 의미하였다.
1990년대 이후 시민운동의 이념적 분화와 다양화(조희연 2001b)가 진전
되고 있기는 하지만, 거시구조적인 측면에서 보면 시민운동은 자유주의
적 사회운동이라고 규정할 수 있다. 이러한 자유주의적 시민운동세력들
은 정치적 자유화에 있어서는 '위로부터의 보수적 민주화'로 인한 점진
적 개혁성 또는 불철저한 개혁성에 대립하여, 철저한 개혁을 촉구하는
세력으로 존재하게 된다.

　과거 개발독재 하에서 보수주의적 관변단체가 있었고 반대편에는 진
보주의적 민중운동이 존재하였다. 양자의 중간에 이른바 시민운동은
'탈정치화된 시민운동'으로 존재하였다(조희연 2001c). 그러나 이것이
1987년 이후에는 '자유주의'적인 '정치적' 시민운동으로 독자화하게 된
다고 말할 수 있다. 어떤 점에서 자유주의적 제도정치세력에 의해 추진
되는, 1987년 이후의 민주주의 개혁은 자유주의적 사회운동의 국민적 기
반을 대단히 넓게 만든다. 한국에서의 시민운동의 성장 배경은 시민운동
의 내적인 요인에서도 찾을 수 있겠지만, 민주화개혁의 구조적 성격에서
도 찾아져야 한다[45].

　지식세계에서도 진보주의와 구별되는 자유주의적 지향의 지식인이 기

---

45) 민선민간정부 시기에 있어, 자유주의적 사회운동(시민운동)은 민선민간정부의 정치
　적 자유주의에 대한 지지 속에서, 경제적 자유주의에 대한 지지로 경도되어 왔다고 표
　현할 수 있다. 구체제의 관치주의적 성격, 국가주의적 성격에 대한 개혁―예컨대 공공
　부문의 개혁―이라는 점에서 자유주의적 사회운동은 민선민간정부의 개혁을 지지하
　는 입장을 취하게 되는데, 여기서 더 나아가 경제적 자유주의 정책 전반에 대한 지지
　로 나아가게 된다. 노동운동에서 시민운동의 친(親)신자유주의적 성격을 지적하는 것
　은 바로 이 지점이다. 결국 정치적 자유주의 및 경제적 자유주의에 대한 입장에 따라,
　사회운동은 중층적으로 분화되게 된다고 할 수 있다.

존의 기득권체제를 비판하면서—반드시 1980년대 식의 혁명주의나 맑스주의를 전제하지 않으면서—활동하게 된다. 학벌철폐운동이나 서울대 폐지운동, 언론개혁운동 등에 참여하는 지식인, 아웃사이더적 지식게릴라 등을 그 예로 들 수 있다. 이들은 1987년 이후 민주개혁 국면에서 어떤 측면에서는 '급진적'인 개혁을 주장하는 자유주의적 개혁주의자로 활동하게 된다[46]. 1987년 이전에 독재에 대한 급진적 저항이 혁명적 진보주의자들에 의해 수행되었던 것을 생각한다면, 87년 이후에는 자유주의적 입장에 서면서 기성 체제에 대해서 '급진적' 비판을 하는 자유주의자들이 존재하게 되는 것이다. 이는 1987년 이전 반독재 속에서 미분화되었던 진보주의와 자유주의의 분화를 의미한다.

---

46) 한국상황에서 자유주의의 형성 경로는 보수주의로부터의 분리—독재 체제 해체의 진보적 결과—와, 동시에 진보주의로부터의 분리—민주화의 보수적 결과—를 통해서 비로소 가능하게 된다. 그러나 과거 보수주의와 결합된 자유주의는 도덕성을 갖지 못함으로써, 도덕성을 갖는 자유주의는 어떤 의미에서는 독재 시기에 진보주의와 동맹하였던, 그러나 민주화와 함께 진보주의로부터 분리된 그룹으로부터 비로소 가능하게 된다고 보여진다. 필자는 복거일 류의 자유주의가 사이비 자유주의—실제는 보수주의—가 되고, 유시민이나 강준만의 자유주의가 '진정한' 자유주의가 되는 이유도 여기에 있다고 생각한다(윤건차 2000). 즉, 필자는 극우보수주의에 종속화되었던 어용적 자유주의가 진정한 자유주의가 아니라, 진보주의와 결합되었다가 분화된 저항적 자유주의가 이 땅의 진정한 자유주의라고 생각한다—최장집도 이 범주에 포함될 수 있다고 본다. 자유를 위해서 한번도 싸워보지 않고 자유의 억압에 편에 서 있다가 1987년 이후 자유가 보편화되니까 시장의 자유를 이야기하고 사상적 자유를 이야기하고 때로는 안티조선 같은 운동에 의해 지식세계가 양극화된다고 우려하는 식의 자유주의는 허구적이라고 생각한다. 이는 사실상 '현실에 뿌리지 않는' 관념적인 자유주의의 비자유주의적 성격을 드러내는 것이라고 생각한다. 자유주의의 대표적인 이론가인 라스키(Harold J. Laski)를 공부하거나 심지어 종속이론을 연구했던 학자들이 한국의 맥락에서 독재정권의 '이데올로그'가 되는 것은 '종속적' 지식인에 보편적인 '이론과 현실의 괴리'를 반영하는 것일 뿐만 아니라, 독재하에서 자유주의자가 독립적으로 존재할 수 없는 남한의 반공주의적 독재체제의 역설적 현실을 말해주는 것이라고 생각된다.

1987년 이후의 민주주의 이행과정이 지배의 혁신으로 귀결되는 '수동혁명'이 되는 것을 바로 이러한 분석을 통해서도 찾을 수 있다. 과거의 지배블록은 극우보수주의로 일색화되어 있었던 반면에, 이제 반독재 자유주의적 정치세력은 보수주의로부터 분리되어 독자적인 집권세력—비록 보수파와의 연합(예컨대 자민련)에 의한 것이지만—이 됨으로써 지배블록 내의 구성이 다원화된다. 1987년 이후의 민주주의 이행국면에서는 지배블록의 내적 구성이 보수주의세력뿐만 아니라—반독재적인—저항적 자유주의세력 등으로 복합화된다고 표현할 수 있고, 이렇게 복합화되는 지배블록의 통합효과가 바로 세계화 담론에 의해 핵심적으로 주어지게 된다.

지배블록이 단순히 정권담당엘리트뿐만 아니라 야당정치집단도 포함하는 포괄적인 구성을 갖고 있다고 할 때, 이제 지배블록 내에는 극우보수주의 분파, 상대적으로 온건합리주의적 보수적 분파, 중도자유주의적인 분파 등이 다양하게 존재하게 된다. 1987년 민주주의 이행 이전에는 극우보수주의적인 분파들이 정권담당엘리트 지위를 독점하였으나, 이제 중도자유주의적인 분파가 정권담당엘리트의 지위를 차지하게 된다. 더구나 6.15 남북정상회담 이후 평화공존형 남북관계가 추구되고 있다고 할 때, 지배블록 내에는 대결적 남북관계를 추구하는 보수주의적 분파와 평화공존형 남북관계를 추구하는 자유주의적 분파가 공존하는 셈이다. 사실 민주주의라는 것이 자유민주주의적 정치와 다원적 사회로의 이행을 의미한다고 할 때, 정확히 이러한 변화가 일어나고 있는 셈이다[47]. 한국의 경우 아래로부터 민중적 투쟁이 지배에 대해서 강제한 '수동혁명'이 바로 이런 식으로 표출되고 있다고 하겠다.

1950년대에는 지배블록과 저항블록의 관계에서 자유주의정치세력이

---

47) 이러한 분화는, 사실 한국의 민주화가 결국 지배의 철폐가 아니라 '지배의 혁신'이자 '저강도 민주주의'로 귀결되는 것(조희연 1998b, 2장)을 말한다.

극우보수주의적 지배블록에 종속적 존재로 존재하다가, 1960년대 이후 개발독재 하에서 일부 자유주의적 정치세력이 보수주의와 분리되고 나아가 진보주의와 연합하여 저항블록에 속하였던 데 반하여, 이제 자유주의 정치세력은 진보주의로부터도 독자화하여 지배블록의 새로운 집권세력으로까지 변화하고 있는 것이다.

이러한 지배블록의 변화는 근대화 담론의 세계화 담론으로의 변화에 대응하는 것이기도 하다. 즉, 세계화 담론의 효과에 크게 의존하고 있다는 것이다. 과거 근대화 담론이 극우보수주의적인 군부권위주의세력에 의해 담지되었다고 한다면, 이제 세계화 담론의 담지 주체가—극우보수주의와 연합한—온건자유주의적인 반독재정치세력(문민정부)과 중도자유주의적인 반독재정치세력으로 확장되고 있는 것이다[48].

세계화 담론의 핵심적인 구성 내용이 되는 개방화와 민영화, 포괄하여 개방주의적·시장주의적 발전주의는 이미 전두환 정권 시대부터 시작되었다. 그러나 이러한 정책적 전환은 독재정권의 '정치적' 한계에 의해 굴절되면서 실시될 수밖에 없었으며, 포괄적인 지배담론으로 정식화되지 못하였다. 이러한 포괄적인 지배담론으로의 재정식화는 보수주의 지배블록의 헤게모니 분파의 전환이 나타나는 1987년 이후, 특별히 문민정부에서였다. 어떤 점에서 지배담론의 세계화 담론으로의 전환은 그 담지 주체가 자유주의적인 정치세력으로 전환되면서 비로소 완성을 보게 되었다고 이야기할 수 있다. 문민정부에 의해 정식화된 세계화 담론은 IMF 위기를 겪으면서 국민정부에서도 계승된다. 이것은 세계화 담론의 담지

---

48) 지배담론이 자유주의적 정치세력에 의해 담지되는 것은 시민사회 내에서의 자유주의적 사회운동의 독립적 존재와 부상에도 기반하게 된다. 시민사회의 자유주의적 사회운동은 지배담론으로서의 세계화정책이 구체제의 개혁이라는 점에서의 긍정성—예컨대 기업의 투명성 제고 등—을 갖고 있다는 점에서, 그리고 그것을 가속화시키는 방향으로 활동한다는 점에서 세계화 담론의 시민사회적 기반을 부분적으로 구성한다고 할 수 있다.

주체가 구 보수주의세력에서 보수주의세력과 유착한 반독재 자유주의 세력(예컨대 김영삼 계) 및 반독재 자유주의세력(김대중 계)으로 확장되는 것을 의미한다. 물론 세계화 담론이 새로운 세력에 의해서 주도된다고 할 때, 그것은 과거의 보수주의세력이 주도하는 방식과는 차별성을 가지면서 전개된다. 이는 과거의 보수주의적 세력에 비해서 저항담론의 요구사항들을 적극적으로 선택적 포섭하는 방향에서 지배담론을 보완하게 된다는 것이다. 저항담론이 요구하는 구체제의 민주적 개혁의 요구들을 일정하게 선택적으로 수용하면서, 자본과 시장이 요구하는 세계화 정책들을 구사하게 된다는 것이다. 문민정부는 금융실명제, 역사바로세우기, 하나회 숙청 등 많은 민주개혁의 요구들을 수용하면서, 동시에 세계화 담론을 적극적으로 지배담론으로 재정식화하였다. 국민정부는 '민주주의와 시장경제의 병행 발전'이라는 모토 하에서 시장경제의 민주적 개혁의 과제를 '강도 높게' 시행하면서, 시장경제의 세계화에 부응하는 개혁—과거의 독재정권 및 문민정부가 수행하지 못하였던 개혁—을 '강도 높게' 수행하게 된다[49].

이처럼 구 권위주의체제의 민주개혁이라는 과제를 반대급부로 하여 새로운 지배담론은 반독재 자유주의 정치세력에 조응하는 것으로 정착되어간다. 이는 우연적 사건들을 매개로 한 것이지만, 지배담론의 변화와 지배담론 담지 주체의 변화가 동시에 진행되는 필연적 과정이다. 다른 표현을 쓴다면, 지배블록의 재구성 및 지배블록과 저항블록의 경계 재획정이 새로운 지배담론으로서의 세계화 담론 효과에 의해 규정되면서 이루어지게 된다는 것이다.

이상의 분석을 통해, 1987년까지의 독재에 저항하면서 민중적 · 시민

---

49) 과거의 근대화 담론에 이은 세계화 담론을 주도한 것이 '상당한 수준의' 민주적 개혁을 동반한 반독재 자유주의세력이 주도하는 정부였다는 것은 역설적이라고 할 수 있다.

적 투쟁이 우리 사회의 지배블록에 대하여 강제한 '수동혁명' 이 담론 변화의 수준에 어떻게 반영되고 있는가를 확인할 수 있었다. 이러한 지배담론의 변화에 저항담론이 어떻게 응전할 것인가 하는 것은 사회운동진영에 주어진 새로운 과제라고 하겠다.

마지막으로, 지배담론과 저항담론의 종속성 문제를 언급하는 것으로 이 글을 마치고자 한다. 지배담론의 핵심적인 성격을 반공주의로 특징지은 바 있다. 반공주의는 남북 간의 분단과 남한 체제의 후견국가로서의 미국의 존재를 전제하고 있다. 한국에서 반공주의는 그 이면으로서 친미주의와 동전의 양면처럼 존재하여 왔다. 1950년대에 형성된 반공규율사회적 조건 속에서 친미적 세계관은 반공이 일종의 '의사 합의' 가 되었던 것과 마찬가지로 남한 사회의 '의사 합의' 로 존재하였다. 이러한 현상은 반미주의가 부각되는 1980년대까지 전혀 도전받지 않은 채로 존재하였다. 이처럼 반공주의와 친미주의의 조건은 담론에도 영향을 미쳐 종속성을 담론의 기본성격으로 강력하게 존재하도록 했다. 이러한 현실의 종속성에 대응하는 담론의 종속성은 지배담론뿐만 아니라 저항담론에도 적용된다고 할 수 있다. 1960년대 이후의 근대화 담론은 기본적으로 남한 사회의 발전모델로서의 서구형 사회, 좁게는 미국 사회를 전제하고 있는 담론이었다. 이러한 근대화 담론이 지배담론으로서의 이데올로기적 효과를 강력하게 가질 수 있었던 것은 바로 반공주의와 그에 결합된 친미주의적 인식이었다고 할 수 있었다. 일종의 과잉서구화 혹은 과잉미국화의 성격이 존재하고 있다고 할 수 있다.

한편 돌이켜 보면 1960년대 이후의 저항담론으로서의 민주주의 담론역시 사실 '이식된 민주주의' 혹은 서구적 모델의 민주주의를 전제하는 것이었다. 어떤 점에서 한국에서 기독교가 반독재 민주화운동의 중요한 동력으로 작용했던 것도 지배담론과 저항담론에 공통으로 존재하는 종속적 인식에 힘입은 바가 있었다. 아시아의 많은 사회 가운데, 기독교가 반독재 민주주의운동에서 가장 큰 대중적 영향력을 가진 사회는 바로 남한 사회였다. 심지어 1980년대의 혁명적 민주주의 담론의 일부를 이루었던 CA담론 역시 거의 '원형적인' 레닌(Lenin)적 논의를 한국에 적용하려는 시도였던 것도 이러한 예라고 할 수 있겠다.

1990년대에 지배적으로 부각된 세계화 담론 역시 서구적 모델을 모방대상으로 하는 종속적인 인식을 전제하고 있다고 할 수 있다. 국제경쟁력 강화를 위한 각종 국가적 드라이브의 모델은 다름 아닌 미국식 시장자본주의이다. 유럽적 모델을 하나의 가능한 모델로 상정하지 않는 한국의 친미주의적 지형과 지향 속에서 지배와 저항의 각축도 전개되고 있다고 할 수 있다. 이런 점에서 지배담론과 저항담론 모두 친미주의적 조건 위에서 종속적 성격을 내장하면서 전개되고 있다고 평가할 수 있다. 향후 이러한 담론의 종속성을 극복하는 과제가 미완의 과제로 남아있다는 점이 중시되어야 할 것이다.

3. 요약 및 맺음말

간단히 핵심적인 내용을 요약하는 것으로 이 글을 맺고자 한다. 한국에서의 지배담론은 분단체제, 이 글에서 이야기하는 '반공규율사회'의 형성을 계기로 하여 '반공주의적 지배담론'의 성격을 갖게 된다. 이 시기에 저항세력은 극도로 취약한 상태에 있었기 때문에 적극적인 저항담론은 부재한 상태에 있었다고 할 수 있다. 5.16쿠데타 이후 개발독재체제, 이 글에서 이야기하는 '국가주의적 발전동원체제'가 성립하면서 지배담론은 근대화 담론, 즉 '개발주의적 지배담론'으로 변화하게 된다. 이는 개발이라는 적극적인 국가목표를 지배담론에 포섭함으로써 지배담론을 재정당화하고 혁신하는 성격을 갖는다. 이에 대항하는 저항담론은 '민주주의 담론'으로서의 성격을 갖는다. 1960·70년대까지 이 민주주의 담론은 주변적 담론의 성격을 지니고 있었으나, 1970년대 말 이후 80년대를 거치면서 민주주의 담론은 국민적 담론이 되면서 '반공주의-개발주의적 지배담론'을 압도하게 된다. 여기서 민주화는 '피할 수 없는' 목표가 되며, 이것의 현실적 표출이 1987년 6월 민주항쟁이라고 할 수 있다. 1987년 6월 민주항쟁은 민주주의 담론이 이제 단순히 저항담론일 뿐만 아니라, 지배담론으로서도 그것을 수용하지 않으면 안 되는 상황에 이르렀음을 의미한다.

이런 점에서 1987년 이후 현재까지의 과정은 '민주화(democratization)/세계화(globalization) 하에서의 담론 변화'의 시기라고 할 수 있다. 더 정확하게 이야기하면 한편에서 지배담론과 저항담론이 공히 민주화와 민주주의를 수용하면서 이것의 실현을 둘러싸고 각축하고(이는 민주주의가 지배블록과 저항블록의 핵심적인 대치 지점이 아니라는 것을 의미한다), 다른 한편에서는 지배담론의 새로운 내용으로서의 '세계화'를 수용하면서 이제 '세계화 지향적 지배담론'으로 변화해 가는 시기라고 할 수 있다. 1960년대에 과거의 반공주의 지배담론이 새롭게 근대화 담론으로 재정식화되면서 자신을 혁신하였듯이, 1987년 이후에는 근대화 담론이 새로운 지배담론으로서의 세계화 담론—여기서 지배담론으로서의 세계화 담론이라고 했을 때, 그것은 특정 세력에 의해 의도적으로 조작된 담론을 의미하는 것이 아니다. 그것은 세계화라고 하는 객관적 현실에 대응하여 지배의 행위 혹은 지배를 재생산하는 각종 정부정책들을 정당화하고 나아가 민중들을 통합하는 '해석적 프레임' 일반을 의미한다—으로 재정식화된다.

민주화와 관련한 지배담론의 구체적 내용은 민주화의 불가피성을 수용하면서 때로는 '제한된 민주화' 또는 '과잉민주화론'으로, 때로는 시장이나 시민사회에 대한 공적 규제의 철회와 완전한 자율화론 등으로 표출된다. 반면에 민주화와 관련된 저항담론은 '철저한 민주화' 혹은 '과 소 민주화론', '민주주의의 생활세계로의 급진적 확장'—양심적 병역거 부, 동성애, 장애인에 대한 억압적 문화의 개혁 등—등으로 표출된다. 세 계화 지배담론과 관련하여서 중요한 점은, 그것이 노태우 정권의 과도기 를 거쳐 문민정부와 국민정부 하에서 오히려 더욱 강력하게 부각된다는 점이다. 문민정부에서 세계화가 국정지표로 설정된다거나 국민정부 하 에서—사회복지적 정책이 배합되면서—민영화와 개방화—이전의 개방 화를 뛰어넘어 전면적인 자본시장 및 외환시장 개방화를 포함하여—가 가속화되고 국제경쟁력 강화가 대표적인 목표가 되는 것 등에서 이를 확 인할 수 있다. 노태우 정권과 같이 독재정권의 흔적을 가지고 있는 정부 보다는, '민선민간정부' 혹은 '민주' 정부로서의 정치적 정당성을 갖고 있는 정부에서 새로운 지배담론으로서의 세계화가 부각되는 것은 역설 적이다. 과거 보수주의세력과 대결하였던 (저항적) 자유주의세력은 이 제 새로운 지배담론으로서의 세계화 담론의 핵심적인 담지 주체가 된다.

지배담론의 주요한 내용이 세계화로 전환된다고 하더라도, 이것이 과 거의 반공주의와 개발주의의 폐기를 의미하는 것은 아니다. 그것은 과거 의 반공주의-개발주의 지배담론이 지속되면서 변형된다는 것을 의미한 다. 서해교전 사태 시 과거와 같은 '대결주의'적 해석과 새로운 평화공 존형 해석이 동시에 제기되는 것을 그 예로 들 수 있다. 반공주의와 개발 주의의 해석에 있어서의 다원성이 드러난다는 점에서 차이가 있지, 전면 적인 폐기는 아니다. 세계화가 신근대화론이자 새로운 개발주의일 수 있 는 것이다. 이처럼 세계화가 지배적인 담론이 되면서, 반세계화 혹은 반 '신자유주의적 세계화'가 저항담론의 중요한 내용으로 부상하게 된다. 저항담론이 지배담론에 의해 규정되면서 자신을 정식화하는 것을 감안 할 때, 세계화라고 하는 지배담론에 의해 새롭게 시장주의적 흐름이 강 화되고 이전의 개발주의가 변형된 형태로 강화되면서 공공성을 옹호하고 시장의 사회성을 강화하려는 저항담론이 부각된다.

　한편 지배담론과 저항담론이 정치사회적 세력관계의 구성에 미치는 효과와 관련하여, 이 글에서는 정치사회적 세력을 보수주의와 자유주의와 진보주의로 유형화하고 있는데, 1950년대의 반공주의 담론은 극우반공주의 담론이라고 할 수 있다. 이 시기에 자유주의는 어용화되고 그 자유주의적 성격을 상실한 채로 존재하였으며, 진보주의는 소멸하거나 일부 비합법화하였다고 할 수 있다. 극우반공주의적 담론이 지배적이었던 1950년대의 극우적 지형은 자유주의세력의 극우화와 진보주의세력의 주변화로 특징지울 수 있다. 1960년대 이후 근대화 담론은—초기의 민족적 성격에도 불구하고—1950년대의 극우보수주의의 성격을 공유하였는데, 1960년대 말 이후 독재체제로서의 성격이 강화되면서 군사주의와 극우보수주의가 결합되는 양상을 보인다고 할 수 있다. 근대화 담론은 4.19혁명을 통하여 균열된 지배블록을 재통합하는 효과를 갖는다. 그러나 1960년대를 거치면서 근대화 담론 자체도 균열되고 민주주의 담론이 확대 수용된다. 이러한 민주주의 담론에 의해 정당화되면서, 어용화되었던 자유주의세력들의 저항성이 회복된다. 자유주의의 ‘진정한’ 성격이 회복되면서 저항적 자유주의가 출현하게 된다는 것이다. ‘어용적’ 친독재적 자유주의는 1950년대와 같이 극우보수주의에 포섭된 형태로 존재하나, 이제 자유주의의 일정 분파가 저항적 성격을 드러내면서 반독재 민주화운동에 합류하게 된다는 것이다(1970년대 교회 및 반독재 지식인들의 대부분은 자유주의적 지향을 가지고 있었다). 이런 점에서 1970, 80년대 반독재 민주화운동은 저항적 자유주의(정치세력 및 사회세력)와—새롭게 출현한—진보주의의 결합이라고 할 수 있다. 앞서 서술한 민주주의 담론은 저항적 자유주의와 저항적 진보주의의 연합을 정당화하였다고 할 수 있다—혁명적 민주주의에서부터 장기집권을 반대하는 종교적 양심운동에 이르기까지. 필자는 독재체제에 대한 저항 속에서, 이 땅의

자유주의가 '진정한' 자유주의로서의 성격을 회복하게 된다고 생각한
다. 독재와 인권탄압에 저항하지 않는 자유주의자는 사실상 허구이다.
1980년대에는 저항적 자유주의도 좀더 '전투적인' 저항을 하게 되며, 저
항적 진보주의는 급진화되고 일부는 혁명화된다고 할 수 있다. 여기에
보수주의의 분화도 볼 수 있다. 독재에 결합된 보수주의 집단의 일부도
반독재화한다. 이러한 저항적 자유주의의 '전투화'와 저항적 진보주의
의 '급진화'는 반독재 민주화운동이 국민적 운동이 되는 것—또는 민주
주의 담론이 지배담론을 압도하게 되는 것—과 궤를 같이 한다.

 1987년 이후 민주화와 세계화는 이러한 지배담론과 저항담론의 이념
적 배치도와 지배블록과 저항블록의 상호관계의 구성에 영향을 미치게
된다. 노태우 정권이라는 과도적 시기를 거친 뒤, 문민정부 이후의 시기
에 지배담론은 과거의 극우보수주의에서 온건보수주의로, 혹은 과거의
국가친화적 보수주의에서 '시장친화적 보수주의'로 변화하게 된다. 일
종의 보수주의의 합리화과정이 진행되는 것이다. 이는 1990년 3당 합당
과 같은 정치적 사건으로, 문민정부 이후의 각종 구 기득권 개혁으로 나
타난다. 이와 함께 반독재 민주화운동 과정에서 결합하였던 자유주의가
진보주의로부터 독자화하여 분립하게 되고, 진보주의 내부에서도 '제도
정치화'(정치세력화 등)나 사회개혁을 둘러싸고 분화하는 양상을 보이
게 된다. 자유주의의 진보주의로부터의 분립은 사회적 차원에서는 '자
유주의'적 지향을 갖는 시민운동의 출현으로도 나타나고, 또 전투적 재
야세력에 포함되었던 양김 씨를 포함한 제도정치세력들이 제도정치권
에 복귀하여 권력집단에 이르게 되는 것도 포함한다—현재의 정당들의
이념적 성격과 관련하여 한나라당이 보수주의 정당의 성격이 강하고 민
주당이 자유주의적 성격이 강한 것을 상기해보자. 앞서 살펴본 것처럼,
지식세계에서도 진보주의와 구별되는 자유주의적 지향의 지식인이 기
존의 기득권체제를 비판하는 다양한 활동을 전개한다.

현재 진보주의 내부에서는 민주주의의 확장에 따르는 자율적인 정치적·사회적 공간에 어떻게 대응할 것인가, 문민정부와 국민정부 특히 노무현 참여정부를 어떻게 볼 것인가, 노동자계급의 정치세력화에 어떤 태도를 가질 것인가, 신자유주의적 성격을 갖는 세계화가 새로운 지배담론이 되는 상황에 어떻게 대응할 것인가, 1980년대 진보주의의 혁명화 과정에서 재발견한 맑스주의를 사회주의 체제 붕괴 이후에 어떻게 혁신할 것인가 등을 둘러싸고 '진보주의의 분화'를 경험하고 있다고 생각된다.

이상에서 필자는 한국 현대사를 지배담론과 저항담론의 역동적 상호작용이라는 프리즘으로 살펴보았다. 그런데 이 글에서는 담론 변화의 거시적 구조를 밝히는 데 초점을 두었을 뿐, 담론의 구체적인 작동과정, 담론효과의 미시적인 과정, 담론을 구성하는 다양한 내용에 대한 사실적 분석 등에 대해서 충분히 분석하지 못하였다. 이는 이 글의 큰 한계임을 밝혀두고 싶다.

| 참고문헌 |

김동춘. 2000. 『근대의 그늘: 한국의 근대성과 민족주의』. 당대.

배규환. 1979. "국민학교 교과서 내용분석에 의한 정치사회학의 일고찰". 『한국 사회학연구』. 3집.

신영복·조희연. 2001. "개발독재체제 하의 국가폭력과 저항". 5·18기념재단 외. 『제2회 국제심포지움 자료집』.

이종보. 2002. "한국 사회의 '세계화'를 둘러싼 정치적·사회적 각축과정 연구 —노동시장 유연화와 공공부문 민영화를 중심으로". 성공회대 교육대 학원 석사학위 논문.

임지현 외. 2000. 『우리 안의 파시즘』. 삼인.

정태인. 1998. "한국경제위기와 개혁과제". 『동향과 전망』. 38호.

조희연. 1998a. 『한국의 국가·민주주의·정치변동』. 당대.

_____. 1998b. 『한국민주주의와 사회운동』. 당대.

_____. 2001a. "5·18과 80년대 사회운동". 광주광역시 5·18사료편찬위원회. 『5·18민중항쟁사』. 고령.

_____. 2001b. "'종합적 시민운동'의 구조적 성격과 변화전망에 관한 연구". 김호기 편. 『시민사회와 시민운동의 새로운 지평』. 한울.

_____. 2001c. "한국의 민주주의와 사회운동의 전개: 민중운동과 시민운동의 관계를 중심으로". 조희연 편. 『NGO가이드』. 한겨레신문사.

_____. 2001d. "신자유주의, 세계화, 대안행동". 조희연 편. 『NGO가이드』. 한 겨레신문사.

조희연·조현연. 2002. "국가 폭력·민주주의 투쟁·희생에 대한 총론적 이해". 『국가폭력, 민주주의 투쟁, 그리고 희생』. 나눔의집.

진중권. 2002. "마마 통촉하여 주시옵소서". 〈한겨레신문〉. 1월 10일자.

최장집. 1993. 『한국민주주의의 이론』. 한길사.

사라 밀즈. 2001. 『담론』. 김부용 역. 인간사랑.

윤건차. 2000. 『현대한국의 사상흐름』. 장화경 역. 당대.

汪 暉. 2002. "새로운 아시아 상상의 역사적 조건". 동아시아 문화공동체포럼 제1차 국제회의 자료집. 『신자유주의 하 동아시아의 소통과 상생』. 2월 1일~2월 3일.

Cho, Hee-Yeon. 2000. "The Structure of the South Korean Developmental Regime and Its Transformation". *Inter-Asia Cultural Studies*. Vol. 1. No.3.

Paik, Nak-chung. 1993. "South Korea: Unification and the Democratic Challenge". *New Left Review*. 197.

정치사회적 지배담론의 담론사적 분석

제 2 장
지배담론으로서의 반공주의와 그 변화
— '반공규율사회'의 변화를 중심으로

김정훈 · 조희연

1. 문제 제기

이 글은 반공주의라는 중요한 분석 프리즘을 사용하여 한국 사회의 사회구성적 특성을 해명하고자 하는 시도이다. 한국전쟁 이후 한국 사회의 성격과 한국 사회의 통제와 규율의 특성을 개념화하기 위하여 필자들은 '반공규율사회'라는 개념을 사용하였는데, 이를 좀더 확장 · 심화시키고자 하는 시도의 의미를 갖는다[1].

한국에서 반공주의는 분명히 모든 이념을 압도하는 최고의 가치이며 국시(國是)였음에도 불구하고, 공산주의에 대한 반대라는 주장 이외에는

---

1) 한국전쟁 이후 극우반공주의적인 한국 사회의 독특한 사회구성적 특징과 반공주의에 의한 규율의 특성은 처음 김진균 · 조희연(1985)에서 본격적으로 조명하고자 했다. 그후 조희연(1998)에서 '반공규율사회'라는 개념을 본격적으로 정식화된 이후, 김정훈 (2000)에서는 반공규율사회적 특성을 좀더 확장하고자 했다. 이 글은 필자들의 후속적인 노력이라고 할 수 있다.

고정된 내용을 갖지 않는 사상이었다[2]. 이는 반공주의가 다른 다양한 이념들과 접합하여 존재하는 담론구성체였기 때문에 강력했다는 것을 의미한다. 즉, 반공주의는 그 내용의 경직성보다는 그 무내용성으로 인해 무소불위의 위력을 떨칠 수 있었다.

반공주의는 시대에 따라 변했으며, 새롭게 형성되었다. 더 중요한 사실은 시대에 따라 반공주의는 다양한 이데올로기와 접합되었을 뿐 아니라, 새로운 이데올로기를 형성하는 핵심적인 조건이었다는 점이다. 1차 의미로서의 반공주의는 시대와 상황에 따라 2차 의미를 갖게 되고, 이 새로운 기호는 반공주의와 무관하게 보이는 다른 기호와 접합하여 새로운 이데올로기적 효과를 가졌다. 따라서 반공주의에 관한 연구는 단순히 반공주의만이 아니라 반공주의와 접합된 다양한 담론들에 대한 연구이며, 다양한 담론들의 새로운 접합과 새로운 의미 형성에 관한 연구이어야 한다[3].

반공주의가 변화하고 새롭게 형성된다는 사실은 그것이 누군가에 의해 생산된다는 것을 의미한다. 다시 말해 반공주의는 분단세력에 의해 다양한 방식으로 만들어졌다. 그러나 반공주의는 생산될 뿐 아니라 수용된다. 반공주의가 대중의 삶과 행동에 영향을 미치고 있다는 사실은 그것이 아래

---

2) 한국에서 반공주의는 독자적이고 체계적인 이념이나 사상을 가진 것으로 보기 힘들기 때문이다(임대식 2001). 반공주의의 형성사를 볼 때, 해방공간에서 반공주의 형성의 주요 세력이었던 친일파들에게 반공주의는 단지 천황제 이데올로기로부터 파생된 당연한 귀결에 지나지 않았으며, 또한 그들은 맑스주의 이념에 내재한 자유주의 이념에 무지했기 때문에 반공주의의 무내용성은 필연적이라 할 수 있다(모리 요시노부 1989, 176).

3) 이 점에서 반공주의는 일종의 회로판을 형성했다고 할 수 있다. 반공주의는 북한 공산주의에 대한 적대적 태도를 끊임없이 공론화함으로써 사회 전반의 일상적 사고의 영역에 깊숙이 침투해 사상적 획일성과 명확성, 군사동원주의적 심리, 배타적 감시자적 태도, 반정치적 일원주의적 질서, 도덕주의 같은 의식을 형성시킨다. 이는 반공주의적 세계관의 일상적 내면화를 통해 사회구성원의 정신 속에 특정한 정치사회적 사고와 행위를 자발적, 자동적으로 유발하는 일종의 회로판을 형성한 것이다(권혁범 2000, 159-160).

로부터 수용되었다는 것을 의미한다. 따라서 반공주의를 이해하기 위해서는 위로부터의 접근과 아래로부터의 접근이 동시에 이루어져야 한다.

한국에서 반공주의는 지배집단의 차원에서나 피지배집단의 차원에서 모두 '생존의 논리'였다. 해방 이후 지배집단은 사회적 기반을 갖지 못하였기 때문에 자신들의 정치적 생존을 위해 반공주의를 지속적으로 재생산할 수밖에 없었으며, 피지배집단은 육체적, 사회적 생존을 위해 반공주의를 수용할 수밖에 없었다. 즉, 반공주의는 생존을 위해 위로부터 강요된 것이기도 하면서 동시에 아래로부터 수용된 것이다[4].

먼저, 반공주의는 지배집단이 정치적 생존을 위해 지속적으로 생산하는 이데올로기이기 때문에 단일 이데올로기이기보다는 지배이데올로기 전반의 성격을 갖고 있다. 반공주의는 상황에 따라 지배의 재생산을 위해 다양한 이데올로기를 접합하여 때로는 억압의 수단으로 때로는 동원의 수단으로 활용되었다. 반공주의는 민족주의, 권위주의, 발전주의 등과 시기적으로 접합되었다. 예를 들어 해방기의 반공주의는 '북한 괴뢰' 집단이라는 언술에서 잘 나타나듯이 소련제국주의에 대항하는 민족주의적 성격을 갖고 있었다. 이에 비해 오늘날의 반공은 호전적이고 독재적인 북한에 대항하는 반북이데올로기이자, 후진적이고 비이성적인 북한에 대한 오리엔탈리즘의 성격을 갖고 있다(김명섭 2000).

다음으로, 반공주의는 위로부터 주어진 이데올로기일 뿐 아니라 아래로부터 수용된 이데올로기라는 점에 주목해야 한다. 해방과 한국전쟁을

---

4) 해방 이후 친일경력 때문에 지지기반 없이 지배를 유지해야 했던 남한의 지배세력들에게 미국이 표방하는 반공주의는 자신의 기득이권을 유지할 수 있는 유일한 구원이었다 (김동춘 1997, 45-49). 역으로 대중들에게 반공주의는 한국전쟁을 통해 수용되는데, 북한의 점령정책, 전쟁과 학살에서의 실존적 요구, 포로로서의 경험 등의 피해자의 체험은 개인을 실존적 상황에 내몰고 이러한 상황에서 대중들은 생존을 위해 반공주의를 수용하게 된다(김동춘 1997, 58-60; 한지수 1989, 111-112).

거치면서 전쟁과 학살의 매 고비마다 반공주의는 대중들에게 '생존 본능'의 표현물이었다. 대중들은 살기 위해 반공주의를 내면화할 필요가 있었으며, 이를 통해 다양한 다른 이데올로기를 내면화하였다. 따라서 반공주의는 생존을 위해 구조와의 긴장관계를 통해 형성한 '아비투스'(Bourdieu 1995)로 이해할 수 있다. 그것은 위로부터의 강압과 아래로부터의 생존 욕구의 결합의 결과임과 동시에, 그러한 결합을 통해 지속적으로 만들어지는 새로운 구조이며 행위 논리이다[5].

이런 점에서 한국의 반공주의는 모순적 구성물이다. 그것은 민족의 이름으로 정당화되면서도 친미주의, 반통일주의와 접합되어 있고, 자유민주주의의 이름으로 정당화되면서도 국가주의, 권위주의와 접합되어 있다. 또한 그것은 단순히 대중을 억압하는 것이 아니라 발전주의, 민족주의와 접합하여 대중을 생산에 동원하는 이데올로기적 역할도 하였다.

이렇게 반공주의가 복합적 구성물임에도 불구하고, 반공주의가 지배세력의 생존이데올로기였다는 사실은 한국적 반공주의의 특징을 규정한다. 즉, 한국에서의 반공주의는 무엇보다 반북주의를 핵심으로 한다. 해방 초기에 이승만이 공산주의에 대해 반대하지 않는다는 언술에서 알 수 있듯이, 사실상 반공주의는 적대세력에 대한 대항이념의 성격, 즉 반북주의를 핵심으로 하는 것이고 이 성격은 한국전쟁을 통해 명확해진다. 다음으로, 반공주의는 친미주의의 특징으로 한다. 반공주의 형성사에서 반북주의가 대항이념이라면, 친미주의는 생존을 위한 수용이론이다. 미

---

5) 전쟁의 경험은 삶과 죽음을 넘나드는 공포와 위기 속에서 경험된 것이기 때문에 강렬하고 절대적이다. 또한 그러한 경험은 승리한 측의 지배이데올로기와 부합하는 한에서만 공식적으로 재현될 수 있다. 이를 통해 전쟁의 다른 체험들을 배제, 억압되고, 지배를 위한 기억만이 과장, 신화화된다. 이러한 삶의 압제가 곧 '권력'이고 '물질'이다(김동춘 2000, 32). 반공주의는 무엇보다 이러한 위로부터의 삶의 압제와 국가보안법, 연좌제 등의 제도적 억압이 결합됨으로써 재생산된다. 대중들은 이러한 억압적인 재생산구조 하에서 생존하기 위해 반공주의를 수용할 수밖에 없다.

군정에 의해 보호 육성되었던 지배세력에게 있어 친미주의적 반공주의는 그들의 재생산을 위해 수용할 수밖에 없는 이념이라 할 수 있다. 따라서 반공주의는 미국적 냉전체제의 인식을 그대로 수용하는 인식을 포함한다. 마지막으로, 지배이데올로기로서의 반공주의는 억압이데올로기로서의 특징을 갖는다. 반공주의의 제도적 토대인 국가보안법이 사실상 정치적 반대파를 억압하기 위해 제정되었다는 사실(서중석 1995)은, 반공주의가 억압이데올로기임을 명확히 보여준다. 또한 반북주의라는 특성과 긴밀히 결합되어 있는 억압이데올로기로서의 성격은, 반공주의가 다양한 이데올로기와 접합될 수 있는 핵심적인 요소이다.

반공주의가 지배층의 생존이데올로기였다는 사실이 반공주의의 핵심적 특징을 규정한다면, 그것이 피지배층의 생존의 논리였다는 사실은 반공주의의 기능을 설명한다. 즉, 반공주의는 억압의 기능과 함께 동원의 기능을 동시에 가졌다. 북진통일론, 체제경쟁 담론 등에서 나타나는 반공주의의 동원적 성격은, 반공주의가 때로는 대중을 동원하는 적극적 기능을 하였음을 보여준다.

반공주의라는 담론구성체를 이해하기 위해서는 분단체제의 각 수준의 변화에 따라 그것이 특정 시기에 누구에 의해 어떻게 형성되고, 그 내용이 무엇이며, 그것은 어떻게 분단체제를 재생산하는지, 다시 말해 대중들은 그것을 어떻게 재해석했는지를 분석할 필요가 있다. 즉, 분단의식의 형성의 주체 및 내용뿐만 아니라 그것의 사회적 효과를 분석할 필요가 있다.

2. 분단체제와 반공규율사회

'대한민국'이라는 나라에서 벌어지는 역사적 현상을 이해하기 위해서는 무엇보다 한반도적 관점이 필요하다. 즉, 대한민국이라는 분석 대상을 이해하기 위해서는, 그것을 독자적인 체제가 아니라 '분단체제' 내의 하위체제로 이해하는 관점이 필요하다.

해방에 이은 미·소의 한반도 분할점령과 한국전쟁은 분단의 고착화와 함께 체제경쟁의 가속화를 낳았다. 먼저, 한국전쟁을 통해 세계적 차원의 냉전은 한반도 내로 내화됨과 동시에 세계화된다(박명림 1996, 1장; 2001). 이를 통해 한반도의 분단체제는 세계 냉전체제의 하위체제로서의 성격을 명확히 하게 된다. 다음으로, 휴전체제라는 항상적 전시체제하에서의 남과 북은 내적 갈등을 억압하면서 본격적인 체제경쟁에 돌입하게 된다. 항상적 전시체제는 남북 간의 적대성을 강화하는 반면, 그 적대성은 남북 내부의 지배안정성을 강화하게 된다. '적대적 의존관계' (이종석 1998, 2장)가 형성되는 것이다.

이러한 조건하에서 남북의 내적 동학은 국제적 수준의 변동에 영향을 받으면서 대쌍관계동학(최장집 1996, 2장; 박명림 1996, 1장)이라는 성격을 띠게 된다. 즉, 국제적 관계가 남북한에 영향을 미침과 동시에 남북은 상호영향을 미치면서 분단체제뿐 아니라 각 체제를 재생산하게 된다. 남북의 이러한 발전동학은 분단체제론으로 개념화될 수 있다.

분단체제론(백낙청, 1994; 1998)은 남북한을 서로 독립적인 체제가 아니라 상호연관을 가진 복합체로 인식함으로써, 남북한 관계 및 남북한 사회를 인식하려는 다양한 시도 중의 하나이다. 분단체제론은 분단구조의 내적 역동성과 그것을 재생산하는 주체인 분단세력, 그리고 분단체제가 만들어내는 남북한 사회의 독특성에 주목한다는 점에서, 남북한 관계 연구와 남한 및 북한 연구에 새로운 시야를 제공했다. 분단상황은 단순히 외적 조건에 의해 규정되는 것이 아니라 남북한 내부의 분단세력에 의해 재생산되고 있으며 이러한 재생산과정을 통해 남북한에 특수한 사회를 형성시켰다는 점에서, 분단체제는 남한 사회를 분석하는 데 있어 핵심적인 관점이라 할 수 있다. 이런 관점에서 분단체제는 '냉전체제가 한반도에 내화되어 형성된 내적 역동성을 가진 하위체계로 분단세력에 의해 재생산되는 체제'로 정의될 수 있다(김정훈 1999, 21-27).

한반도에서 분단체제의 형성은 냉전체제의 형성과 동시에 진행되었다. 전후 세계적인 냉전체제하에서 한반도에는 외적인 냉전을 내화한 '내재적 냉전형 사회'가 형성되었다(조희연 1998, 93). 전후의 냉전적 세계체제 내에 소속되어 있으면서도 냉전의 논리가 외재적으로 강요되었을 뿐 내재화되지 못한 '외재적 냉전형 사회'(베트남 등)와, 그것이 더 이상 외재적이지 않고 내재적인 논리로 전화된 '내재적 냉전형 사회'를 구분할 수 있다면, 대만과 남한의 경우는 냉전에의 자발적인 통합사회의 전형적인 예이다. 이것이 베트남의 경우와 대만, 한국을 구별짓는 중요한 요인이다. 베트남의 경우 프랑스의 지배가 끝나고 미국의 지배하에 들어가게 되면서 과거의 민족해방투쟁의 연속성이 보장되고 새로운 '지배자'로서의 미국에 베트남 사회가 헤게모니적으로 통합되지 못했다. 이에 반해 대만과 한국은 냉전논리가 내재화된 '반공적 폐쇄참호'(anticommunist enclaves)가 되었다는 점에서 결정적인 차이를 가지고 있다[6].

한국에서 형성된 내재적 냉전형 사회는 '반공규율사회'(anti-communist regimented society)로 개념화할 수 있다. 반공규율사회란 "'내전'의 독특한 역사적 경험으로 반공이데올로기가 일종의 가상적인 국민적 의사합의(pseudo-consensus)로 내재화된 동질적인 '극우공동체'"를 지칭한다(조희연 1998, 8)[7]. 반공규율사회는 한국전쟁 이후 남한 사회 전체를

---

6) 남한이 다른 분단사회와는 달리 냉전을 내화했다면, 미국의 헤게모니가 관철될 수 있도록 그것을 내화한 주체가 존재할 것이다. 이 연구가 주목하는 것은 지배세력들이 어떻게 지속적으로 분단의식을 재생산함으로서 냉전을 내화하였는가 하는 점이다.

7) 반공규율사회야말로 발전국가 형성의 핵심적인 사회적 조건이다. 김동춘은 안보국가와 가족주의를 발전국가가 가능할 수 있는 조건으로 제시한다(김동춘 1997, 85-122). 분단체제론적 관점에서 볼 때, 남한에서의 반공규율사회의 형성은 북한에서의 '반미규율사회'의 형성과 동시에 일어난다. 분단체제의 형성에 의한 남한의 '반공규율사

규정하는 개념인데, 이 개념은 좀더 구체화될 필요가 있다. 각 정권의 성격에 따라, 각 정권이 처한 사회경제적 조건에 따라 분단체제를 재생산하는 구조와 이념은 새롭게 구성되기 때문이다. 이 글에서는 반공규율사회를 한국전쟁 이후 전 시기를 관통하는 개념으로 사용하면서, 각 시기의 특수한 형태들을 포착하기 위해 반공규율사회를 이승만 시기, 박정희에서 전두환 시기, 1987년 이후로 시기를 구분하고 각 시기 반공규율사회의 변화를 살핀다.

이승만 시기가 한국전쟁이라는 전시적 상황 속에서 반공규율사회가 형성된 시기라면, 박정희 시기는 반공규율사회의 군사주의적 논리가 가장 강화된 형태라 볼 수 있다. 이 글에서는 반공규율사회가 한국전쟁을 통해 형성된 것을 강조하기 위해 이승만 시기를 '반공전시사회', 박정희 시기를 '반공병영사회'로 규정한다. 반공병영사회는 '반공규율사회의 기초 위에서 월등한 물리적 강제력과 통제력을 가진 정권이 시민사회를 군사화·병영화한 사회'를 의미한다. 이승만 시기가 한국전쟁을 통해 군대, 경찰과 같은 국가의 물리적 억압기구들을 급속히 확대하면서 사회를 전시동원체제제화 하였지만 국가의 감시체제 및 국가의 시민사회에 대한 통제력이 상대적으로 약했던 반면, 박정희 정권은 정치, 경제, 사회, 문화의 전 영역에 걸쳐 확고한 통제력을 확보하였을 뿐 아니라 그것을 병영적으로 통제했다. 즉, 박정희 정권은 정치의 영역을 행정화했을 뿐 아니라 시민사회를 군대식으로 재편하고, 군사문화를 강요하였다[8].

1987년 민주화 이후 반공병영사회는 해체되지만, 반공규율사회는 지

회'와 북한의 '반미규율사회'의 형성에 관해서는 조혜정·김수행(1998), 김정훈 (1999)참조.

8) 박정희 시기에 이르러 주민통제는 행정체제의 말단인 통·반에 이르게 된다. 박정희는 국가재건국민운동, 기반행정조직의 강화, 주민등록제도, 향토예비군, 민방위대 등을 통해 주민통제체제를 완성한다(서주석 2000). 이러한 제도는 중앙정보부, 보안사 같은 사찰기구, 경찰 등의 통상적 억압기구와 결합하여 반공병영사회를 구성한다.

속적으로 유지된다. 냉전의 해체와 민주화의 상황에서 반공규율사회를 지속적으로 유지하기 위해 지배층은 새로운 담론전략을 개발하기보다는 박정희 식 담론전략, 즉 반공발전주의를 지속적으로 유지했다. 단지 과거에는 반공이 핵심이데올로기였다면, 이 시기에 이르면 발전 혹은 성장이 가장 중요한 이데올로기로 자리잡게 된다. 이러한 담론의 특징은 '문민정부'라고 하는 김영삼 정권의 담론에서 잘 드러난다.

김영삼 정권의 반공발전주의 담론은 박정희 식 반공발전주의와 세 가지 점에서 차이를 띠고 있다. 먼저, 박정희 식의 반공발전주의가 변화를 위한 이데올로기였다면, 민주화 이후의 그것은 안정을 위한 이데올로기라는 점이다. 피땀 흘려 이룩한 발전을 지키기 위해 반공은 유지되어야 하는 것이다. 다음으로, 박정희의 그것이 수세적이라면, 민주화 이후는 공세적이라는 점이다. 사회주의의 해체와 압도적인 경제적 우위로 인해 반공발전주의는 북한을 흡수통일의 대상이며, 오리엔탈리즘의 대상으로 인식하고 있다. 셋째, 이 시기에 이르면 반공주의는 동원의 이데올로기로서의 성격을 완전히 멈추게 된다. 반공주의는 국가보안법을 통해 체제내의 반대세력을 억압하는 이데올로기로서의 역할만을 하게 되는 것이다. 이는 반공주의가 더 이상의 적극적 성격을 갖지 못한다는 것을 의미함과 동시에, 그것이 어느 정도 해체기에 들어섰음을 의미하는 것이기도 하다.

김영삼 정권 이후 반공주의는 더 이상 남한 사회의 핵심적 담론이 아니라 할 수 있다. 특히 김대중 정권의 집권과 햇볕정책, 그리고 남북정상회담과 연이은 남북교류는 반공주의가 더 이상 지배담론의 핵심 이데올로기가 될 수 없음을 보여주고 있다. 이런 점에서 반공주의는 두 가지 가능성을 갖고 있다. 김영삼 정권시기까지는 결합되었던 반공발전주의에서 반공주의와 발전주의가 완전히 분리되고 발전주의가 전면화되어, 반공규율사회가 종말을 고하고 경제규율사회로 전환될 것인가? 아니면 반공주의는 발전주의를 떠받치는 억압의 이데올로기로 여전히 유지될 것

<표 2-1> 반공규율사회의 역사적 변천과 반공주의의 변화

시기 구분	· 반공규율사회의 형성기, 반공전시사회 (1945~1960)	· 반공규율사회의 강압적 강화기 · 반공병영사회 (1961~1987)	· 반공규율사회의 이완·변형기 (1987~현재)
핵심담론	· 반공주의와 반소, 반일 민족주의의 접합	· 반공주의를 중심으로 발전주의, 민족주의의 접합	· 발전주의를 중심으로 반공주의와 민족주의 접합
반공주의의 기능	· 억압과 동원 (민족주의적 동원)	· 억압과 동원 (발전에의 동원)	· 억압 혹은 해체?
사회적 효과	· 시민사회의 전시화 · 금단의 정치의 형성 · 사회의 탈분화의 구조적 형성 · 부정적 전통의 재형성 (권위주의, 집단주의, 연고주의)	· 시민사회의 병영화 · 사회의 탈분화의 억압적 재생산 · 부정적 전통의 재창조 (동도서기론)	· 시민사회의 민주화로 인한 사회적 분화(기존 담론의 영향력 약화) · 발전민주주의를 통한 경제적 동원 · 금단의 정치의 해체

인가? 현재의 상황은 전자의 길이 좀더 가능성이 있음을 보여주고 있다.
위의 〈표 2-1〉은 반공주의의 변천을 정리한 것이다. 여기서 반공전시사
회의 시기는 반공규율사회의 초기 형성기이고, 반공병영사회의 시기는
반공규율사회의 변형·강화·균열기에 해당한다. 1987년 이후는 반공규
율사회가 이완·재편·해체적 변형을 경험하는 시기라고 할 수 있다[9].

3. 반공규율사회의 형성과 반공민족주의

해방 시기는 근대 민족주의의 세 가지 과제, 즉 민족국가 수립, 산업화,
민주화라는 과제를 어떤 방식으로 이룰 것인가를 두고 시민사회가 폭발

---

9) 윤지훈(2002)은 반공규율사회의 시기 구분를 반공규율사회의 형성·안정기(50년대),
　변형·균열기(87년 이전), 이완·재편기(87년 이후)로 나누고 각 시기의 통일담론과 통
　일운동을 고찰하고 있다.

한 시기였다. 해방정국에서 각 주체들은 일제 식민시기의 민족해방민족주의와의 연속성 하에서 세 과제를 접합하는 헤게모니 프로젝트를 추진했다. 그러나 이러한 폭발은 냉전의 심화, 분단, 한국전쟁을 거치면서 반공민족주의로 고착된다. 즉, 민족해방민족주의는 반공민족주의로 제한되면서, 대중을 규율하고 동원하는 이데올로기로 전환된다[10]. 또한 산업화와 민주화라는 요구는 반공민족주의 아래 잠재되면서 등한시되거나 억압된다. 이러한 담론적 전환을 통해 남한에서 반공규율사회가 형성되었던 것이다[11].

이승만 시기의 반공규율사회, 즉 반공전시사회가 형성되는 데 핵심적인 사건은 한국전쟁이었다. 한국전쟁은 죽음에의 공포와 전쟁의 광기로 인해 남한에 독특한 '극우공동체'를 형성하였고, 반공주의를 의사헤게모니로 만들었다(김동춘 2000)[12]. 이승만은 '찬탁=반민족주의/반탁=민

---

10) 민족해방민족주의의 이러한 축소, 즉 반공주의와 민족주의의 접합이 가능한 데는 한국의 초기 민족주의가 민족해방민족주의, 다시 말해서 '저항민족주의'라는 성격을 갖고 있기 때문이다. 모리 요시노부(1989)에 따르면, 조선민족주의는 조선민족의 통합과 외세에 대한 독립이라는 두 가지 요소가 결합되어 있는데, 이승만 정권은 조선민족주의의 한 요소인 반외세를 반공반소와 접합하여 반공민족주의를 형성하였다. 물론 그는 또 하나의 요소인 통합이 한국 민주화의 원인임을 부정하지 않는다. 이러한 설명에서 알 수 있듯이, 민족주의는 두 얼굴을 가진 담론구성체이다. 민족주의 이론에 관한 정리는 김정훈(1999) 참조.

11) 이승만 정권의 시민사회 규율은 담론전략뿐 아니라 제도적으로 이루어졌다. 이승만 정권은 국가권력을 강화하기 위하여 사회조직에 파고드는 '위로부터의 동원'과, 모든 자발적인 활동에의 참여를 금지하는 정치적 편향성이라는 전략을 추진했다(김윤태 1999, 154)

12) 그러나 반공주의의 의사헤게모니화는 한국전쟁 이전부터 미국과 분단세력에 의해 형성되었음을 간과해서는 안 된다. 반공주의의 역사적 연원은 일제시기로 거슬러 올라간다. 일제는 식민지 지배에 대한 조선인의 투쟁을 부차화시키고 조선인 내부의 계급 갈등을 부각시켜 민족해방운동을 무력화시키기 위해 3.1운동 이후부터 반공반소이데올로기를 유포했다. 미군정은 모스크바 3상회의를 전후하여 반공반소이데올로기를 체계적으로 확산시켰다(정영태 1992). 1955년 4월 4일 김일성의 다음의 말은 해방 전

족주의’ 의 이항대립을 확장하여 ‘공산주의=식민=반민족주의/반공=독립=민족주의’ 라는 이항대립을 활용하는 헤게모니 전략을 구사함으로써, 한국전쟁 이후 반공주의가 내면화하는 데 기여하였다(김정훈 2000)[13]. 이러한 이승만의 담론전략은 그것이 적나라한 폭력과 학살에 기초하고 있었다 하더라도 냉전을 내면화하는 핵심적인 담론이라 할 수 있다. 이승만은 한국전쟁 이후에도 반공주의와 민족주의를 접합한 담론전략을 지속적으로 추진하였다[14]. 정치적 위기 시마다 북진통일시위와 반일시위를 번갈아 동원하였다는 사실은 이를 잘 보여준다(손호철 1995; 서중석 1995; 김정훈 1999, 3장; 김정훈 2000).

이러한 사실은 반공주의가 체계적이고 단일한 이데올로기가 아니라 다른 이데올로기와 접합된 담론구성체라는 점을 잘 보여준다. 또한 이는 반공주의의 내용이 무엇인지를 잘 보여준다. 이 시기 반공주의는 민족주의의 다양한 내용 중 반외세와 결합하여 반공민족주의로 나타났다. 형성기의 반공주의는 공산주의이론 및 체제에 대한 반대가 아니라 소련에 대한 반대, 즉 민족주의를 통해 반공=반소=반북을 접합하고 있는 것이다.

반공규율사회, 즉 극우공동체의 형성에 있어 한국전쟁이 중요한 변수

후의 상황을 잘 보여준다. “우리가 해방직후에 조선에서 사회주의를 건설한다고 떠들었다면 누가 그것을 인정하겠습니까?……왜냐하면 일본제국주의자들이 사회주의란 것은 한 이부자리를 쓰고 살며 한 가마 밥을 먹고사는 것이라고까지 악선전을 하였기 때문입니다”(김일성 1981a, 228에서 재인용).

13) 신탁통치정국은 ‘우리 현대사 최초의 대규모 여론조작’(김동춘 1997, 51)이 일어난 시기로, 이를 통해 우파는 민족주의를 자신의 것으로 만들면서 ‘대역전’(최장집 1996, 54)을 이룰 수 있었다. 또한 이 시기의 좌파들이 프롤레타리아 국제주의에 입각해 민족문제를 소홀히 여긴 점도, 이승만의 담론전략이 성공할 수 있는 요인이라 할 수 있다(김정 2000).

14) 이 논리는 지금까지 한국 극우세력의 핵심적인 자기정당화 논리이다. “대한민국의 뿌리는 광복→반탁→반공이다”라는 이철승의 글(1993)은 아직까지 이어지는 이러한 논리의 핵심을 잘 보여준다.

라는 점은 한국 반공주의의 형성에 있어 중요한 의미를 갖는다. 한국전쟁은 남과 북의 주민들에게 있어서는 이데올로기 이전에 생존의 문제였다[15]. 어느 이념을 택하느냐가 선택의 문제가 아니라 생존의 문제로 다가서게 되면서, 남한 사람들은 생존을 위해 반공주의를 택하게 된다. 이런 의미에서 반공주의의 내면화, 즉 극우공동체의 형성은 반공이라는 이념의 내면화라기보다는 학살과 전쟁의 위협에 대한 생존의 욕구이고, 이는 한국 반공주의가 근대적 개인의 확립에 기초한 자유민주주의와는 사실 관계가 없음을 의미한다.

아래로부터의 관점에서 볼 때, 전쟁을 통한 반공주의의 확립이 중요한 것은 그것이 전통사회의 집단주의, 권위주의, 연고주의를 재생산한다는 것이다. 한국전쟁 이후 한국 사회에서는 반공 이외의 그 어떠한 사상도 허락되지 않았다. 또한 반공주의를 핵으로 한 지배이데올로기에 반대하거나 회의를 품는 자에게는 감시와 처벌이 행해졌다. 이러한 감시와 처벌은 전쟁위기의 지속적인 담론적 재생산을 통해 강화되었다. 이러한 전시적 감시와 처벌이 일상화된 상황, 즉 반공전시사회에서 지배이데올로기와 어긋나는 사고와 행동을 한다는 것은 생명을 내놓지 않고는 불가능한 일이었다. 따라서 반공전시사회의 주민이 택할 수 있는 생존의 논리는 집단에의 동일시이며 동시에 기존의 사회관계를 이용하는 것이다[16].

집단에의 동일시를 통해 전통적인 마을 공동체의 '우리'는 근대사회에서 동등한 권리와 의무를 지닌 시민으로서의 '우리'로 재생되는 것이 아니라, 반공이라는 상징 안에 통합된 개인 없는 '우리'로 나타나게 된

---

15) 반공주의는 전쟁 중 특히 동일한 영토 내에서 섬겨야 할 국가가 계속 바뀌고 적진에 있었다는 이유만으로 처벌이 되는 상황에서, 한국이라는 나라에 있었던 사람들에게는 생존을 위해 취할 수밖에 없는 것이라 할 수 있다. 이에 관해서는 김동춘(2000) 참조.

16) 이는 '분단의식의 과잉사회화'(oversocialization, 김진균·조희연 1985, 420)의 효과로 이해될 수 있다.

다. '빨갱이'에 대한 비인권적, 무차별적 사냥이 낳은 이러한 본능적 내면화는, 스스로의 존재 이유에 대한 어떠한 반성도 허용하지 않으면서 집단에 대한 지속적인 자기 몰입을 통해 스스로의 안전을 확보하는 개인적 전략을 구조화하게 된다. 전통사회의 개인 없는 집단주의가 반공주의에 의해 다시 한번 재생산되는 것이다[17].

국가보안법이라는 법적 재생산 기제에 의해 확고히 보장되는 반공전시사회의 규율화는 집단주의만이 아니라 권위주의 및 국가주의의 형성에 크게 기여했다. 반공이 뚜렷한 내적 체제를 갖추진 못한 지배집단의 생존이데올로기였기 때문에 반공의 내용은 상황에 따라 위로부터 자의적으로 규정되었고, 국가보안법을 통해 지배세력의 판단이 처벌로 나타남으로써 권위주의적 사유는 재생산된다. 모든 판단의 근거가 반공이고 그것의 최종심판관이 기득권집단이라면, 사회적 삶은 위로부터의 명령과 지시에 종속될 수밖에 없고, 권위주의적 체제와 인성은 지속적으로 재생산될 수밖에 없는 것이다[18].

집단주의적, 권위주의적 체제와 의식의 보편화와 함께, 연고주의는 대중들의 삶의 논리로 구조화된다. 합리적인 시스템에 의해 사회가 이루어지는 것이 아니라 전시적 동원시스템에 의해 사회가 움직이고, 전근대적 집단주의와 권위주의가 횡행하게 되면 대중들은 자신들의 안전을 위해

---

17) 어떠한 토론도 허락하지 않고 복종만을 허용하는, 이제는 거의 속담화 되어버린 '말 많으면 공산당'이라는 말은 이것을 잘 보여준다.

18) 국가보안법은 단순히 개인의 인성에 영향을 미친 것이 아니라 정치, 경제, 사회, 문화 등 모든 영역에서 구조화된 질서로서 재생산되고 있다는 점에서 '국가보안법체제'로 개념화될 수 있다(장상환 2000, 138). 국가보안법 체제가 개인의 인성 형성에 미치는 가장 중요한 요소는, 그것이 스스로 생각하는 것을 불가능하게 한다는 점이다. 개인들은 끊임없이 자기검열에 시달려야 하고 그런 의미에서 개인들은 자기 준거를 잃어버리게 된다. 이런 상황에서 권력만이 유일한 준거로 작동하게 되면, 권위주의적 인성은 내면화될 수밖에 없다.

혈연, 지연, 학연을 근거로 삶을 재생산하게 된다. 특히 사회보장정책이 전무한 상태에서 이데올로기적일 뿐 아니라 경제적 안정을 위해서도 가족은 개인이 선택할 수 있는 가장 안전한 재생산의 근거로 작동할 수밖에 없게 된다.

한국전쟁을 거치면서 반공주의는 우리 사회의 핵심적인 요소로 자리잡게 된다. 그것이 민족주의와 접합되고 한국전쟁을 통해 완전히 내면화되게 되었지만, 더 중요한 것은 이것이 우리 사회의 또 하나의 논리인 집단주의, 권위주의, 연고주의 등을 재생산하는 결과를 낳았다는 점이다. 분단은 단순히 반공의식만을 낳는 것이 아니라 새로운 분단의식을 새롭게 형성한 것이다.

4. 반공병영사회와 반공발전주의

1) 반공전시사회의 위기

민족해방민족주의는 국가형성 초기에 국민형성전략으로서는 탁월한 선택일수 있지만, 일단 국민 형성이 어느 정도 완결되었을 때는 새로운 전략이 필요해진다. 다시 말해서 국가는 새로운 선택적 근대화전략을 채택해야 한다. 냉전과 한국전쟁이라는 조건 하에서 이승만은 민족해방민족주의를 이용한 국민형성전략을 채택함으로써 해방이 가져다준 다양한 요구들을 일시적으로 잠재울 수는 있었다. 특히 한국전쟁은 민족주의와 반공주의의 접합을 생존의 요구로 전환시키는 데 핵심적인 요인으로 작용했고, 이를 통해 독재정권의 재생산에 적합한 이데올로기들이 창출될 수 있었다.

그러나 민족독립국가의 수립이 어느 정도 이루어지고 나면, 다시 말해 한국전쟁이 낳은 전시사회적 현상이 어느 정도 사라지게 되면 독립/식민의 이항대립은 중심적인 이데올로기로서의 작동을 멈추게 되고, 반공은 구체적인 물적 토대를 확보해야 한다. 다시 말해서 민주주의 및 산업화의 문제가 해결되어야 하는 것이다.

4.19는 반공규율사회의 1차 위기였다. 즉, 4.19는 반공전시사회가 더 이상 가능하지 않음을 보여줌과 동시에 반공전시사회의 이데올로기가 더 이상 구체적인 현실과 접합되지 못함을 보여주는 사건이었다[19]. "못 살겠다. 갈아보자"로 요약되는 4.19의 요구는 경제적 빈곤과 정치적 폭압이라는 당시의 사회경제적 조건에 기인하는 것이지만, 또한 이승만의 지배담론이 기반하고 있는 민족주의의 내적 모순에도 기인하는 것이라 할 수 있다. 앞에서도 언급했듯이 이승만은 근대국가의 수립, 민주주의, 경제발전이라는 근대 민족주의 항목 중 완전독립국가 수립이라는 항목을 특권화함으로써 그의 정권을 유지할 수 있었다. 그러나 민족주의는 좀더 많은 것을 포함하고 있고, 국가수립과 다른 근대화 요구 사이에는 균열이 존재하고 있었다. 따라서 적어도 담론적으로 볼 때, 4.19는 이승만의 쌍생아라 할 수 있다[20]. 즉, 동일한 뿌리인 근대민족주의의 요구에서 출발하였지만, 민족의 과제를 독립/식민의 이항대립에서 민주/반민주의 이항대립으로 대체하는 데 성공한 담론이며 혁명이었기 때문이다.

민주/반민주의 이항대립의 전면화는 분단의식의 재생산에 있어 중요한 전기가 된다. 다시 말해 이승만식 반공민족주의, 즉 반공=민족주의라는 등식이 해체되면서 민족주의, 민주주의, 경제발전이라는 담론을 새롭

---

19) 김동춘(1997)에 따르면, 이승만 정권의 붕괴는 자본축적이 없는 '반공의 일상화'가 갖는 한계를 보여주는 것이다.

20) 이는 이승만이 규범적 의미에서 민족주의자였음을 의미하는 것이 아니다. 분석적 수준에서 민족주의는 긍정적/부정적의 야누스의 얼굴을 갖고 있다. 이승만의 반공민족주의는 억압적, 부정적 민족주의라 할 수 있다.

게 접합하려는 시도들이 나타나게 된다. 이런 의미에서 4.19 이후의 한국 사회는 해방정국 이후 다시 한번 다양한 근대화전략의 투쟁의 장이 된다.

반공규율사회라는 관점에서 볼 때, 4.19 이후의 담론전략은 두 가지 방식으로 나타날 수 있다. 먼저, 반공전시사회의 해체를 통해 반공규율사회를 해체하는 방식이 가능하고, 둘째, 반공규율사회라는 기본틀은 유지하면서 반공전시사회를 해체하는 방법이 가능하다. 4.19를 추동했던 아래로부터의 세력들은 전자의 방향을 선택한 반면, 제도야당을 비롯한 기득권집단들은 후자의 방향을 선호했다.

민주당과 구자유당계는 반공규율사회의 연장선 하에서 아래로부터의 요구를 받아들여 민주주의와 산업화를 접합하려고 시도하였다. 장면정권은 친미반공이라는 의미에서는 이승만과 동일한 노선을 걸었지만, 4.19의 핵심적인 요구인 민주주의와 산업화에 있어서 긍정적인 진전을 이루려고 했다. 이런 의미에서 장면정권은 '반공=민주주의=경제발전'의 접합을 이루려고 시도했다. 반공민족주의는 반공민주주의 혹은 반공산업주의로 새로운 변화를 시도했던 것이다.

이에 비해 운동세력들은 '통일민족주의=민주주의=산업화'의 접합을 선호했다. 이는 이들이 식민지 민족해방운동의 연장선상에 직접적으로 연결되어 있음을 의미하는 것이다. 다시 말해 민족주의의 왜곡이 아니라 규범적 민족주의의 현실화를 요구했던 것이다. 이들의 담론전략은 사실상 반공규율사회의 해체를 의미하는 것이었다. 반공이 아니라 민족통일이 핵심적인 과제로 등장하게 되면 분단세력의 의사—헤게모니는 해체되고, 그에 기반한 반공규율사회 역시 해체되기 때문이다.

이들의 담론전략은 구체적인 수준에서 통일민족주의와 사회민주주의로 나타났다(정태영 1995, 5부). 통일민족주의의 수준에서, 이들은 민자통(민족자주통일중앙협의회)을 통해 통일과 민족주의를 접합하려고 하였다. 이는 후에 6.3사태를 통해 다시 한번 확인된다. 다음으로 민주주의란 측면에서 이들은 절차적 민주주의의 완전한 보장을 주장함과 동시에 실질적 수준에서의 민주주의를 주장했다. 위로부터의 민주주의가 형식적 민주주의로 제한되었다면, 혁신세력들은 민주주의를 실질적 수준으로 확장하려 하였다. 사회민주주의로 요약될 수 있는 이들의 주장은 아래로부터의 경제발전을 의미하는 것으로, 위로부터의 경제발전전략과는 다른 의미를 갖는 것이었다.

반공민족주의 안에 봉쇄되어 있었던 다양한 담론들이 민주/반민주의 대립틀을 중심으로 새롭게 재접합할 수 있었던 공간, 즉 해방정국에서처럼 다양한 주체들이 새로운 헤게모니 전략을 추진할 수 있는 공간인 4.19공간은 7.29선거를 통한 장면 정권의 성립을 통해 반공규율사회의 유지로 귀결되었다. 그러나 이승만 시기의 강력한 반공민족주의는 분명히 해체되고 있었고, 이렇게 열려진 공간을 통해 다양한 사회적 세력들은 분출하고 있었다. 이는 분명히 반공규율사회가 위기에 봉착했음을 의미하는 것이며, 이런 의미에서 미국을 비롯한 지배세력들은 반공규율사회를 유지해야될 필요성을 느끼고 있었다.

2) 반공병영사회의 형성과 담론적 위기

5.16군사쿠데타는 그 혁명적 방법에 비해 혁명적 내용을 갖추지는 못했다. 이는 5.16쿠데타가 4.19공간에서의 위로부터의 변화노선과 그 궤를 같이 하고 있음을 의미한다. 비록 그 방법에 있어 결정적 차이를 갖기는 하지만, 쿠데타 세력의 노선은 장면 정권의 노선과 대동소이하다. 이는 쿠데타 세력의 '혁명공약'이 사실상 장면 정부의 노선을 답습한 것에 지나지 않음에서 확인된다. 그러나 쿠데타 세력의 이러한 정책적 성격은 이 시기의 정치지형이 팽팽한 균형상태에 있으며, 이러한 세력관계를 바

탕으로 기존 지배세력의 담론과 4.19를 통해 나타난 아래로부터의 요구가 타협의 균형을 이루고 있음을 보여준다.

5.16쿠데타에서 6.3에 이르는 기간동안 쿠데타 세력은 아직 세력관계에서 명확한 우위를 확보하지 못하고 있었고, 또한 스스로를 규정하는 새로운 담론전략도 구성하지 못하고 있었다. 이는 쿠데타 세력이 이중적인 모습, 즉 반공규율사회를 극복하고 새로운 비전을 제시할 수 있는 세력으로 비춰짐과 동시에 구체적인 내용을 갖지 못한 추상적 구호에 그친 세력으로 비춰지는 근본적인 원인이었다[21].

이런 의미에서 쿠데타 세력이 정권을 장악하는 과정은 또한 모호한 자기 정체성을 획득해 나가는 과정으로 파악할 수 있다. 초기 혁명공약에서 나타나던 추상성이 실천을 통해 하나하나 구체적인 정책으로 나타나고, 시행착오를 통해 군사정권은 장면 정권보다도 훨씬 억압적인 반공규율사회, 즉 반공병영사회의 형성이라는 자기의 색깔을 갖게 된 것이다.

군사정권기의 박정희의 정책은 사실상 장면 정권 및 보수세력이 주장한 정책과 차이가 나지 않는다(홍석률 1999, 219). 이는 혁명공약을 살펴보면 명확하게 알 수 있다. 혁명공약은 다음의 6항으로 구성된다.

1. 반공을 국시의 제일의로 삼고 지금까지 형식적으로 구호에만 그친 반공태세를 재정비 강화한다.
2. 유엔헌장을 준수하고 국제협약을 충실히 이행할 것이며 미국을 위시한 자유우방과의 유대를 더욱 공고히 한다.
3. 이 나라 사회의 모든 부패와 구악을 일소하고 퇴폐한 국민도의와 민

---

21) 5.16쿠데타에 대한 지식인들의 반응은 양가적이었다. 『사상계』를 중심으로 한 지식인들은 군부세력의 민족주의적 성격과 소위 '구악'의 일소에 긍정적인 시각(장준하 1961)을 보내는 한편, 그것의 구체적인 성격이 무엇인지에 관해 불안해했다. 이는 혁신계에서도 동일하게 나타난다(송남헌·정태영 1995).

족정기를 다시 바로 잡기 위하여 청신한 기풍을 진작시킨다.

4. 절망과 기아선상에서 허덕이는 민생고를 시급히 해결하고 국가 자주경제 재건에 총력을 기울인다.

5. 민족적 숙원인 국토통일을 위하여 공산주의와 대결할 수 있는 실력 배양에 전력을 집중한다.

6. (군인) 이와 같은 우리의 과업이 성취되면 참신하고도 양심적인 정치인들에게 언제든지 정권을 이양하고 우리의 본연의 임무에 복귀할 준비를 갖춘다.

(민간) 이와 같은 우리의 과업을 조속히 성취하고 새로운 민주공화국의 토대를 이룩하기 위하여 우리는 몸과 마음을 바쳐 최선의 노력을 경주한다.

이상의 혁명공약은 군사쿠데타 세력의 이념이 장면 정권의 이념과 별다른 차이를 보이지 않음을 알 수 있다[22]. 1, 2항은 장면 정권의 친미반공주의와 4항은 경제제일주의와 5항은 선건설, 후통일론과 차이를 보이지 않는다. 이렇게 쿠데타 세력은 방법의 혁명성에 비하여 주장의 참신성을 갖고 있지 못했다. 다시 말해서 쿠데타 세력은 처음부터 반공규율사회의 해체가 아니라 그것의 유지를 공약하고 나섰던 것이다.

혁명공약 제1, 2항이 친미반공이라는 점에서 알 수 있듯이, 박정희는 반공규율사회를 지속적으로 유지하려는 의도를 보인다. 그는 말 그대로 형식적이던 반공을 실질적으로 보장하기 위해 1961년 반공법을 제정하

---

22) 흥미로운 점은 민주주의에 관한 조항이 보이지 않는다는 점이다. 5항까지가 구체적인 공약이고 6항이 향후 계획임을 비추어 볼 때, 혁명공약에서는 민주주의의 실현에 관한 어떠한 공약도 나타나고 있지 않다. 4.19 이후의 민주주 공간에서 민주주의의 실현에 관한 구호가 없었다는 사실은 박정희 정권과 장면 정권과의 차별성을 상징적으로 보여준다.

고, 저항세력을 철저히 억압하기 위해 교원노조 관련자들, 노조지도자들, 보도연맹 관련자들, 혁신정당 관련자들 등 약 4,000명을 영장 없이 체포했다. 또한 반공을 국민이념으로 생활화하기 위해 반공교육을 강화하기 시작하여, 1961년 문교부는 '반공교육 강화를 위한 교육용 지침서'를 발간, 배포하였고, 국민학교 도덕 교과서를 반공을 강화하는 내용으로 개편하여 1962년 신학기부터 사용하였다. 또한 1963년부터는 교육과정을 개편하여 중학교에 『승공통일의 길』이라는 국정교과서를 보급하는 등 반공도덕 교육을 강화하는 조치를 취하였다(한만길 1997, 355-6; 강일국 2001).

그러나 쿠데타 세력의 이러한 강력한 반공드라이브는 쿠데타 자체의 동기라기보다는 쿠데타의 정당화와 관계가 깊다(류길재 2000, 11). 쿠데타 세력은 미국으로부터 지지를 끌어내기 위해 일종의 신앙고백으로 반공정책을 강력히 실시했던 것이다[23]. 이는 한국적 반공주의는 친미주의가 강력히 접합되어 있으며, 이것이 반공규율사회의 핵심임을 보여준다.

이 시기의 반공주의는 이승만식 반공주의, 즉 민족주의=반공주의를 넘어서지 못한다는 점에서 한계를 지닌다[24]. 앞에서 언급했듯이 해방과

---

23) 이외에도 사회 혼란을 부추기는 세력으로서 제2공화국 하의 급진세력의 출현, 북한의 평화통일 공세와 박정희에 대한 포섭공작 등을 들 수 있다(류길재 2000, 11). 결국 박정희는 '반공주의'를 통해 신속하게 보수적인 사회질서를 강화하고 미국의 지지를 얻어내면서 강력한 '안보연합'을 형성하였다(김윤태 1999, 158). 이 시기 미국의 역할에 관해서는 백창제 · 김태현(2000) 참조.

24) 다음은 이것을 잘 보여준다. "우리는 8.15 해방되던 날부터 자주독립과 민족통일을 위하여 최선을 다해왔건만, 불행하게도 공산주의가 북한을 점거하여, 한국민의 자주적 통일독립을 방해하여 왔기 때문에 남북 민심이 다 같이 순수하게 원하고 있는 조국의 통일을 이룩하지 못하고 있는 것입니다. 공산주의의 침략이 없었던들 우리 민족은 벌써 통일되어, 한결같은 번영을 누릴 수 있었을 터인데, 현시에 보는 바와 같이 북한 땅은 소련과 중공의 이중식민지로 전락되어 우리와 혈육을 나눈 동포인 여러분을 억울하게도 붉은 노예로 만들고 있는 것입니다.(북한동포에게 고함, 1961. 8. 8., 1, 21-22). 이하 쪽수 앞의 번호는 박정희 대통령 연설문집의 권수를 나타낸다.

한국전쟁을 거치면서 반공주의는 식민/독립의 이항대립을 통해 민족주의와 접합하였다. 이것은 반공주의가 적나라한 폭력에 의해 지지되는 측면과 함께 대중을 적절히 동원하는 이념일 수 있음을 의미한다. 그러나 4.19 이후 반공주의에서 억압의 성격만이 남고 민족주의적 의미가 상실되게 되면서, 반공주의는 위기에 봉착하게 된다. 즉, 한국전쟁을 통해 형성된 반북이데올로기는 여전히 강력한 영향을 미쳤지만, 이것은 '억압의 논리'이기는 하지만 '동원의 논리'로서는 한계를 가진 것이었다. 이런 의미에서 박정희가 이승만식 논리를 답습한다는 것은 한계를 가질 수밖에 없는 것이었다.

반공주의가 의사-합의체계적 성격을 잃어 가는 데는 아래로부터의 민족주의 세력이 표면에 부상하고 있다는 점에도 기인한다. 이들은 민족주의=반공주의의 접합을 해체하려 하였고, 이는 상당한 수준에서 대중에게 영향을 미쳤다. 이를 극적으로 보여주는 사건이 1963년 5대 대통령 선거라 할 수 있다. 박정희와 윤보선이 맞붙은 이 선거에서 윤보선은 박정희의 남로당 전력, 황태성 사건을 시비 삼아 이념논쟁을 일으키지만, 흥미롭게도 바로 이 사상논쟁에 힘입어 박정희는 가까스로 대통령에 당선된다(손호철 1995, 3장). 강력한 반공드라이브를 통해 미국으로부터 정당성을 획득했던 박정희에게 이것은 상당히 아이러니한 상황이 아닐 수 없다. 그러나 분명한 것은 이 시기에 반공주의에 억압되었던 세력들이 스스로의 욕망을 표현하고 있다는 점이며, 이는 반공주의가 더 이상 동원의 논리로서 영향력을 잃어가고 있다는 것을 의미한다.

분단체제하에서 반공이 억압의 논리이기만 하다면, 다시 말해서 '의사-합의'를 이루는 것이 불가능하다면 반공규율사회는 해체될 수밖에 없다. 따라서 박정희는 그의 말대로 '형식적 구호에만 그친 반공정신을 재정비 강화'할 필요성에 봉착하게 된다. 이런 의미에서 박정희의 당선은 사실상 반공규율사회의 위기를 반영하는 것이라 할 수 있다.

혁명공약에서 3항과 4항은 국민도의 및 민족정기 확립과 경제재건으로 나타난다. 이는 장면 정권에 대한 부정을 통해 새롭게 자신을 부각시키면서 민심을 수습하여, 경제발전을 새로운 동원의 논리로 세우려는 의도를 반영한다.

박정희 시기의 지배이데올로기를 구성함에 있어 3항의 국민도의와 민족정기의 확립이 강조된 점, 그리고 이것과 경제발전의 결합은 중요한 의미를 지닌다. 먼저, 3항에서 국민도의와 민족정기가 동시에 취급되고 있다는 사실은 박정희에게 민족주의가 처음부터 대중동원의 이데올로기임을 알 수 있다. 쿠데타의 정당화와 관련하여 3항은 두 가지 의도를 갖는 것이었다. 한편으로 장면 정권의 구악을 공격함으로써 쿠데타의 정당성을 확보하려는 것이었고, 다른 한편으로 국민도의와 민족정기를 결합함으로써 새로운 민족주의적 정당화를 이루려는 의도를 갖는 것이었다. 그러나 이 시기에 있어 국민도의와 민족주의는 분리되어 있었을 뿐 아니라 실질적인 내용을 갖추고 있지 못했다. 따라서 초기에는 무능과 부정부패로 얼룩진 기성정치인에 대한 비판과 대중들에게 뿌리깊이 박혀있었던 저항민족주의의 유산이라는 이중적 의미에서 지지를 받았지만, 부정부패사건이 나타나면서 국민도의의 확립은 실질적으로 의미없는 것으로 된다.

박정희는 이것을 민족주의적 담론의 전면화를 통해 돌파하려고 했다. 처음부터 조국재건, 민족중흥 등의 언술을 지속적으로 활용했던 박정희는 5대 대통령 선거시기를 통해 민족주의를 전면화하였다[25].

---

25) 이러한 담론은 그 이전부터 나타난다. 예를 들어 박정희는 전국 시읍 재건국민운동촉진회 부책임자회 연설에서 "이러한 국민운동을 통해서만 우리들은 우리 사회의 근대화를 촉진함을 물론, 지난날의 왜곡된 민주주의를 지양하여 우리에게 알맞은 민주주의를 재확립할 수 있다고 확신" 한다고 주장했다. 이러한 우리식 민주주의가 서구적 민주주의에 대한 비판인지는 확실하지 않다. 이완범(1999, 59)은 이 시기에 이미 서구적 민주주의에 대한 비판이 시작되었다고 주장한다. 이 문제와 관련하여 두 가지 추론

남들이 그렇게도 좋다는 민주주의, 또 우리가 가져보려고 그렇게도 애쓰던 자유민주주의가 왜 이 나라에서는 꽃피지 않는 것인지 아십니까? 그 이유는 간단합니다. 자주와 민주를 지향한 민족적 이념이 없는 곳에서는 결코 진정한 자유 민주주의는 꽃피지 않는 법입니다. 민족의식이 없는 사람들에게 자유민주주의는 항상 잘못 해석되고 또 잘 소화되지 않는 법입니다(중앙방송을 통한 정견발표, 1963. 9. 23, 1, 519).

위 글에서 알 수 있듯이 박정희는 자주, 자립에 입각한 건전한 민족주의 세력으로 자신을 부각시키면서, 윤보선과의 대결을 민족적 이념을 망각한 가식의 자유민주주의 사상과 강력한 민족적 이념을 바탕으로 한 자유민주주의 사상 간의 대결로 규정함을 통해 민족주의자로서의 자신을 부각시킨다. 그러나 이러한 민족주의는 사실상 아무런 내용을 갖지 못한 구호로서의 민족주의였을 뿐이었다.

3항의 국민도의 및 민족정기의 확립이 장면정권에 대한 부정이라는 의미만이 아니라 박정희 정권의 새로운 의미, 즉 긍정적 비전이 되기 위해서는 그것은 새로운 내용을 가져야 한다. 박정희는 모든 군사정권이 그러하듯이 수행적 정당성, 즉 경제발전을 통해 정당성을 확보하려고 했다[26].

이 가능하다. 먼저, 그의 초기 저작에서 나오는 행정적 민주주의라는 관점에서 볼 때, 민족적 민주주의는 서구적 민주주의에 대한 비판이라기보다는 효율적 민주주의라는 의미를 갖고 있다고 생각할 수 있다. 좀더 본질적으로 그가 민주주의적 관념을 갖고 있는지에 대해 의심해 볼 수 있다. 일본 군국주의 교육을 받고 계속 군대생활만 해온 그에게, 사실상 민주주의는 수사에 불과하다고 생각할 수 있다. 이런 점에서 유기체적 민족주의와 권위주의를 결합한 한국적 민주주의는 민족적 민주주의의 연장선상에 있으며, 이는 그의 집권 경험을 통해 정리되었다고 할 수 있다.

26) 박정희의 경제개발계획 역시 미국에 의해 준비되고, 장면정권에서 미리 구상된 것이었다는 점에서 새롭다고 할 수 없다(김대환 1997; 이완범 1999; 백창재 · 김태현 2000). 나아가 이승만은 3대 대통령 취임사에서 이미 경제개발 5개년 계획의 원형을 이야기하고 있다. 다만 박정희의 경제개발계획의 내용이 독자적이었는지에 관해서는 논쟁

이를 위해 경제개발 5개년 계획을 1962년에 시작하고, 1963년 제5대 대통령에 취임사를 통해 이를 '조국 근대화'로 정식화한다. "잘살아보세"로 특징지어질 수 있는 경제발전에의 시도는 급속한 산업화를 이루면서 소위 '산업화 민족주의'라는 열정을 만들어냈다고 평가된다. 그러나 이 시기까지 그의 산업화 정책은 명확하게 정리되지 못했다. 1차 경제개발 5개년 계획이 실행되었지만 뚜렷한 성과를 거두지는 못했으며, 미국의 압력으로 일정한 수정을 해야 할 만큼 계획은 흔들리고 있었다. 미국에 의한 경제개발계획의 수정 이후 수출이 급속히 늘어나고 산업화=수출제일주의라는 도식이 성립되면서, 박정희 식 발전모델은 확실한 모습을 보이기 시작한다. 그러나 이것이 정당성을 확보하고 산업화의 열정적 집합의지가 되기 위해서는 민족주의와 같은 새로운 동원이데올로기가 필요하다. 이 시점까지 박정희는 국민도의, 민족주의, 발전주의를 강조하기는 했지만 하나의 통일된 담론으로 구성하고 있지는 못하고 있었다.

이상에서 살펴보았듯이 군정기와 3공화국까지 박정희 정권의 담론은 장면 정권의 담론과 별다른 차이점을 보이지 않을 뿐 아니라 체계적으로 구성되어 있지도 않았다. 이것은 무엇보다 4.19부터 5.16 이후에 이르기까지 정치지형이 지배세력과 피지배세력 간의 팽팽한 균형이 이루어져 있었기 때문이다(이광일 2001). 이러한 균형상태 하에서 박정희는 위로부터의 근대화를 지속하려고 했고, 이런 의미에서 장면 정권과 박정희 정권의 차별성은 사실상 나타나지 않았다. 따라서 장면 정권과 박정희 정권의 차별성은 그 억압성의 정도와 관계 있고, 이는 박정희 정권과 이승만 정권의 유사성을 보여준다.

박정희 정권의 초기 담론전략은 결국 6.3사태에 이르러 한계에 부딪치게 된다. 4대 의혹 사건, 삼분폭리 등의 사건을 통해 2공화국과의 차별성

───────────

의 여지가 있다(이병천 1999).

이 희석되었고 6.3사태를 통해 민족적 민주주의의 허구성이 드러나면서, 박정희 정권은 아래로부터의 다양한 요구들을 물리력을 통해 해결할 수밖에 없었던 것이다[27].

이 시기에 군사정권은 중앙정보부의 창설, 군의 정치적 동원[28], 반공교육의 강화 등 국가능력의 확대를 통해 반공병영사회의 물리적 토대를 확립할 수는 있었지만, 대중을 동원할 수 있는 담론전략은 아직 형성하지 못했다고 할 수 있다. 다시 말해 친미반공주의, 민족주의, 발전이데올로기는 서로 분리되어 존재할 뿐 대중을 동원할 수 있는 의사—합의체계로서의 성격을 갖고 있지 못했다.

3) 반공병영사회의 담론적 형성, 반공주의, 발전주의, 민족주의의 접합

반공규율사회의 담론적 형성이라는 관점에서 볼 때, 6대 대통령 선거가 이루어지는 1967년은 전환점이라 할 수 있다. 1967년 선거에서 박정희는 통합야당 후보인 윤보선을 1백만 표 이상 차이로 물리침으로써[29] 재집권의 안정적 기반을 마련하게 된다. 이 승리는 박정희로 하여금 자신의 정당성의 근거가 무엇인지를 명확히 해주었다고 할 수 있다. 따라서 그는 기존의 정당성을 확고히 하면서 지배를 재생산할 수 있는 새로

---

27) 박정희의 반공과 자립, 그리고 그것을 위한 강권력 발동이라는 논리가 확립된 시점은 1964년 6월 한일회담 반대와 박정권 타도 시위 때 비상계엄령을 선포함으로써 빚어진 6.3사태라고 말할 수 있다(류길재 2000, 23).

28) 군의 정치적 활용은 단순히 군대의 동원만을 의미하지는 않는다. 박정희는 정치, 경제, 사회 분야에 군인사를 대거 투입하면서, 군사논리를 다른 영역에 확대하려고 하였다(양병기 1999).

29) 5대 대통령 선거에서 박정희는 유효투표수의 1.5%에 해당하는 16만표 차의 승리를 거두었던 데 비해 6대 선거에서의 승리는 상대적으로 대승이라 할 수 있다.

운 담론전략을 구사한다. 이는 반공주의, 발전주의, 민족주의의 새로운 접합으로 나타나는데 이를 통해 반공주의는 새로운 의미, 즉 억압의 논리에서 생산의 논리로 전환된다. 이러한 반공주의의 새로운 의미형성을 통해 흔들리던 반공규율사회는 반공병영사회로 전환된다. 집권 초기부터 준비되었던 반공병영사회는 그것을 정당화하는 담론전략을 완성하면서 물리적, 담론적으로 완성된 형태를 갖게 되는 것이다.

(1)반공주의와 발전주의의 접합

　주지하듯이 반공과 발전은 박정희 체제를 특징짓는 지배담론이다. 하지만 두 담론은 1967년 이전까지는 분리된 담론으로 존재하고 있었고, 박정희 정권 초기에는 발전이 좀더 전면에 등장했다. 박정희가 『민족의 저력』에서 "1967년 대통령 선거에서 4년 전보다 훨씬 많은 표차로 승리를 거두었을 때, 나는 집권 이래 오직 경제발전이라는 실적을 통해서만 국민들로부터 인정을 받고 집권의 정당성을 얻으려던 나의 결의가 6년 만에 이룩된 것을 보아 감개무량하였다" (박정희 1971, 169)고 회고하듯이, 발전은 집권 초기 정권을 정당화하는 담론이었다. 그런데 박정희는 1968년을 넘어서면서 분리되었던 발전과 반공담론을 접합하여 새로운 지배담론을 생산한다[30].

　박정희는 1967년까지는 '일하는 해'라는 구호 아래 증산, 수출, 건설을 강조하면서 발전 일변도의 정책을 펼치지만, 1968년에 들어서면서 국방력 강화가 기존의 경제건설과 동일한 정책목표의 위치를 차지하게 된다. 그리고 이러한 국방과 경제를 병존시키는 정책은 1969년에 들어서는 본

---

30) 발전담론과 반공담론의 접합은 뒤에서 다루어질 '동도서기론'의 도입과 시기적으로 일치한다. 이는 발전담론만으로는 시민사회에 대한 통제가 어렵다는 인식에 기반한 것이라 할 수 있다.

격적으로 '일면 국방, 일면 건설' 이라는 구호로 나타나게 된다[31].

반공주의와 발전주의의 접합은 외적 조건과 내적 조건의 산물이라 할 수 있다. 반공주의와 발전주의는 1965년 베트남 파병을 통해 일차적으로 결합한다. 다시 말해 반공이라는 담론은 베트남 파병의 경제적 이득과 실질적으로 결합됨으로써 발전과 접합될 수 있는 물적 토대를 확보한다. 이러한 기반 위에서 1968년 1월 청와대 기습사건과 미 푸에블로호 나포사건은 한반도의 위기상황을 조장하게 된다. 이러한 국제정세 속에서 박정희는 반공과 발전을 접합하는 새로운 이데올로기를 창출한다. "싸우면서 건설하자" 로 요약되는 새로운 반공-발전담론이 형성되면서, 반공이 억압을 위한 동원의 논리가 아니라 생산을 위한 동원의 논리로 전환되는 것이다.

반공-발전담론은 선건설, 후통일론에서 알 수 있듯이 '안보이데올로기' 와 접합된다. 이승만에게 반공이 '억압을 위한 동원' 인 것은, 그것이 북진통일론, 즉 통일담론과 결합되어 있었기 때문이다. 하지만 박정희의 반공주의는 통일이데올로기가 아니라 안보이데올로기이다.

　　일사분란한 반공국민의 기백은 〈내 나라는 내가 지키며 내가 세운다〉는
　　일면 국방, 일면 건설에의 의욕을 더 한층 굳게 다짐했읍니다. 마을마다 고
　　장마다 괭이를 들었던 손에 총칼을 들고 일어선 향토예비군은 물샐 틈 없는
　　우리의 반공태세를 과시하고 나섰읍니다(해외동포에 보내는 메시지, 1969.
　　1 . 1., 3, 412)[32].

---

31) 박정희는 한일협정을 체결했던 1965년경부터 '자립경제' 를 경제성장 및 경제근대화
　　와 결부시켜 사용했고, 1968년경부터는 이것을 '자주국방' 과 결합하여 사용했다(류
　　길재 2000, 20). 그런데 양자의 결합은 당시의 객관적인 위기상황과도 관련이 있다. 한
　　반도의 전쟁 위기는 1968년, 1976년, 1994년에 있었는데, 1968년은 한국전쟁 이후 가
　　장 전쟁가능성이 높았던 시기로 365일 중 186일간 쌍방교전 혹은 유사한 사건이 발생
　　한 시기였다(김연철 1998, 71).
32) 다음의 인용문은 남북한 분단의식의 유사성을 명확하게 보여준다. "우리는 당의 방침

반공전사들이 북한을 해방하기 위해서가 아니라 자기의 마을을 지키기 위해 총을 들어야 한다는 이 주장은, 반공주의가 통일이 아니라 안보의 의미를 갖고 있음을 명확히 보여준다. 그리고 이 안보이데올로기는 생산이데올로기와 직접적으로 접합되어 있다.

　남북한에서 동시에 나타나는 발전담론과 분단의식의 접합의식은 그 강조점에 있어서 큰 차이를 보인다. 이 시기 북한의 국방과 경제의 병진전략이 국방력을 급속히 강화하려는 목적을 가진 것이라면, 남한의 병진전략은 무엇보다도 대중들을 발전에로 동원하려는 목적을 가진 것이기 때문이다. "우리가 추진하고 있는 경제건설이라는 것은 곧 국방력의 강화라고 생각해야 하겠읍니다. 국방 〈이퀄〉 경제 건설, 경제 건설 〈이퀄〉 국방이다. 즉, 국방과 건설은 동의어"(연두기자회견, 1970. 1. 1., 3, 670)라는 박정희의 주장에서 명확히 나타나듯이 일면국방, 일면건설정책은 '경제력이 국방력이다' 라는 주장 하에 대중들을 경제건설에 몰입시키려는 전략이었다. 반공을 통한 대중동원이라는 반공규율사회의 전형적인 규율방식이, 억압을 위한 동원이 아니라 생산을 위한 동원으로 전환되는 것이다. 이러한 생산으로의 동원, 즉 체제경쟁 이데올로기를 통해 박정희는 경제발전에 대중을 동원할 수 있었고, 이런 의미에서 반공주의는 남한 경제발전의 중요한 이데올로기로 작용할 수 있었다(장상환 2000).

　반공주의와 발전주의의 접합, 즉 반공발전주의는 '일면 국방, 일면 건설' 이라는 담론을 통해 확고히 정착되었다. 그러나 이러한 반공발전주의는 그것이 안보이데올로기와 접합되어 있다는 점에서, 단순히 생산에의 동원만이 아니라 억압의 이데올로기라는 성격을 동시에 갖고 있다.

대로 앞으로도 계속 한 손에는 낫과 마치를 들고 다른 한 손에는 총을 들고 경제건설과 국방건설을 병진시켜야 하며 있을 수 있는 적들의 전쟁도발에 대처하기 위하여 물질적으로 잘 준비하고 정치사상적으로 철저히 준비하여야 합니다"(김일성 1981b, 443에서 재인용).

앞의 인용문이 잘 보여주듯이 반공발전주의는 시민사회를 위로부터 조직하여 사회를 철저히 감시하면서, 그들을 생산으로 동원하자는 것이다. 북한이 국방과 경제의 병진정책을 통해 '반미병영사회'를 만들어내듯이 남한도 일면 국방, 일면 건설 담론을 통해 향토예비군, 민방위대, 고등학교 교련교육, 그리고 전국민 감시체제인 주민등록증의 시행[33] 같은 감시 동원체제를 완성함으로써 반공병영사회를 건설했다. 발전=반공담론을 통해 남한은 이승만식의 반공전시사회보다 강화된 '반공병영사회'로 변화한 것이다.

이러한 반공주의와 발전주의의 접합 담론인 '일면 국방, 일면 건설'은 1970년대를 넘어서면서 좀더 명확한 정책으로 정리된다. 그것이 바로 자주국방과 자립경제이다[34]. 유신체제 이후 자립경제, 자주국방은 국민총화와 함께 해마다 국정지표로 제시되는, 유신체제 전체를 관통하는 핵심 논리이다. 일면 국방과 일면 건설의 담론은 1960년대 후반 경제발전의 진행과 함께 시민사회에서 분출하는 대중의 민주주의적 요구를 억제하면서, 북으로부터의 위기담론을 재생산해 반공을 생산으로 전화시키기 위해 구성된 '반공병영사회판 반공주의'라 할 수 있다.

박정희 시기에 형성된 반공발전주의는 두 가지 의미에서 냉전이 해체된 지금까지도 영향을 미친다. 먼저, 반공발전주의는 일차적으로 체제경쟁이데올로기였고, 그런 의미에서 이것은 남한식 민주기지론의 구축이라 할 수 있다(김정훈 1999; 류길재 2000). 박정희의 선건설, 후통일론은

---

33) 주민등록제도는 국가재건최고회의가 1962년 5월 10일 주민등록법을 만들면서 도입되었으나, 주민등록증은 1968년 5월 29일 주민등록법 제1차 개정 때, "간첩이나 불순분자를 용이하게 식별, 색출하여 반공태세를 강화하기 위하여" 만들어졌다(김기중 2000).

34) "우리도 자립경제와 자주국방을 양대 지주로 삼고, 우리 국민이 한데 뭉쳐서 국민총화의 바탕 위에서 사회 각 분야의 발전과 그리고 유리한 국제 환경의 조성을 위한 외교적인 노력을 앞으로 계속해 나간다면, 어느 단계에 가서는 반드시 통일의 길이 열리리라고 우리는 확신합니다"(연두기자회견, 1971. 1. 11., 3, 923).

논리적으로 북한의 일관된 통일정책인 민주기지론과 동일하다. 민주기지론이 북한에 먼저 민주기지를 건설하고 이를 바탕으로 통일을 이루자는 전략이라면, 박정희의 선건설 후통일론은 남한에 먼저 통일역량을 구축하고 이를 바탕으로 북한을 통일하자는 전략이다[35]. 이는 남북이 상대방체제의 인정을 통한 대응한 통일보다는 흡수통일을 일관되게 지향했다는 것을 의미한다. 박정희의 반공발전주의는 이러한 흡수통일의 담론적 표현이고, 압도적인 경제적 격차에 의해 현실적 가능성이 확보되는 김영삼 시기에 이르러 흡수통일론은 현실화되게 되는 것이다.

다음으로 박정희의 반공발전주의가 성공한 것은 그것이 급속한 경제발전이라는 경제적 조건에 기반했기 때문이다. 다시 말해서 반공은 단순히 구호가 아니라 생활의 향상이라는 물적 토대를 갖게 되었다. 이를 통해 반공은 안정이라는 새로운 의미를 접합하게 된다. 반공=안정이라는 의미연쇄의 성립은 반공이 단순한 구호에서 실제적 삶과 연관되었음을 보여주는 것으로, 반공의 현재적 의미가 무엇인가를 보여준다. 체제경쟁이 사라진 지금 반공은 더 이상 체제경쟁의 이데올로기도 생산으로의 동원이데올로기도 아니다. 그것은 안정이데올로기, 즉 현재의 안락한 삶을 포기할 수 없다는 이데올로기와 긴밀히 연관되어 있다.

---

35) 남북 정권의 통일전략은 자신의 '기지'를 중심으로 통일을 이루겠다는 점에서 논리적으로 동일한 전략을 보인다. 이에 관해서는 김정훈(1999) 참조. 박정희의 이러한 논리는 다음과 같은 예에서 확인할 수 있다. "국토통일의 민족적 기지를 공고히 하여 승공한국의 역사적 사명을 다해야 하겠습니다"(피압박민족해방운동 주간 제8주년 담화문, 1967. 7. 16., 3, 12), "여러분의 조국이 바야흐로 자유와 민주와 평화 그리고 공산주의를 물리칠 힘의 기지로 다져지는 이 때"(북한 및 공산지역 동포에게 보내는 메시지, 1968. 1. 1., 3, 21), "제3차 경제개발 5개년 계획은 민주발전의 자양소요, 민주사회의 성장은 통일기지의 확보"(제7대 대통령 취임사, 1971. 7.1., 4, 25).

(2) 발전주의와 민족주의의 접합

박정희는 그가 정권을 잡는 순간부터 자신이 민족주의적 지향이 있음을 선언하였다. 하지만 그의 민족주의는 1960년대 말에 이르기까지 구체적인 내용을 가진 것은 아니었다. 그러나 근대화에 따른 시민사회의 동요와 정권재창출의 위기에 부딪쳤을 때, 그는 민족주의를 새롭게 구성하여 정권의 정당성을 확립하려 한다.

발전주의와 민족주의의 접합은 6대 대통령 선거유세에서 명확하게 나타난다.

민족적 민주주의의 제 1차적 목표는 〈자립〉에 있습니다. 〈자립〉이야말로 민족주체성이 세워질 기반이며, 민주주의가 기착 영생할 안주지인 것입니다. 〈민족자립〉이 없이 거기에 〈자주〉나 무슨 〈주의〉나가 있을 수 없는 것이며 자립에 기반을 두지 않는 민족주체성이니 민주주의니 하는 것은 한갓 가식에 불과하다는 것이 나의 변함없는 신조입니다(자립에의 의지 방송연설, 1967. 4. 14., 2, 1005).

5대 대통령선거에서의 민족적 민주주의 개념과 비교해 볼 때, 위의 인용문에서는 민족적 민주주의에서 민주주의가 탈락되고 경제발전이 특화됨을 알 수 있다. 즉, 민족주의=경제발전이라는 등식이 성립되고 있는 것이다(전재호 1998, 79).

민족주의의 새로운 의미화는 민족적 열정을 동원하여 대중을 발전에 동원한다는 면에서, 제3세계에서 나타나는 발전주의 담론과 차별성이 없을 수도 있다. 그러나 이 담론은 한국적 발전모델의 특수성과 결합하면서 독특한 효과를 내게 된다.

박정희는 경제발전안인 1차 경제개발 5개년 계획이 미국의 견제와 실적부진으로 인해 위기에 봉착하면서, 1965년부터 본격적인 수출드라이브 정책을 취하게 된다. 이는 미국의 의도라는 요인도 있었지만, 무엇보다 수출이 상대적으로 높은 성장률을 기록했다는 점에도 기인한다(이완범 1999). 박정희는 이러한 성과를 바탕으로 1964년 12월 5일을 수출의 날[36]로 제정하고, 1965년 이후 본격적인 수출주도형 개발정책을 수행하게 된다.

수출주도 발전과 총량적 발전전략이 성공을 거두면서 수출성장률, GNP성장률의 제시는 박정희 정권의 정당성을 선전하는 데 매우 중요한 역할을 한다[37]. 특히 경제성장이 '내포적 공업화 전략'이 아니라 '수출주도형 성장'이었다는 점은 산업화의 열정을 동원하는 데 있어 중요한 의미를 갖는다. 수출주도형 발전이라는 토대가 형성되면 GNP의 성장은 수출에 기반하게 되고 수출은 국제경쟁력에 의해 좌우된다. 따라서 수출주도형 성장에서는 갈등의 축이 내부의 계급갈등보다는 우리/타자의 이항대립으로 전화될 수 있다. 매월, 매년 집계, 발표되고, 수상되는 수출실적은 국가와 개인을 일치시키고, 대중은 개인적 삶의 발전만이 아니라 민족의 발전을 위해 자발적으로 헌신하게 될 수 있는 이데올로기적 효과를 갖는 것이다. '수출만이 살길'이라는 구호에서 잘 나타나듯이, 수출주도적 발전과 그것의 담론적 활용은 민족주의적 열정을 가능하게 하는 물적 토대였다[38].

---

36) 수출의 날은 발전민족주의 담론이 매년 재생산되는 의례(ritual)이다. 기업의 실적이 국가의 실적과 동일시되고 국가에 의해 표창됨으로써, 기업에게는 민족자본의 의미를 부여하고, 기업에 종사하는 노동자에게는 산업역군의 의미를 부여하는 수출의 날 행사를 통해 국민들은 경제발전과 민족발전을 동일시하는 의식을 형성하는 것이다.

37) 경제성장이 정당성을 대체하기 위해서는 좀더 집합적이고 원초적인 감정에 호소할 필요가 있다. 박정희는 이를 위해 민족주의를 활용하였고, 민족주의적 열정을 모으는 상징은 숫자였다. 두 자리 숫자의 수출성장률과 GNP 성장률은 곧 남한이 일본을 따라잡고, 북한을 넘어서는 성적표로서의 의미를 갖는다(Woo 1991, 98).

38) 수출주도 발전이라는 발전양식은 민족주의를 통해 노동자를 동원하면서 억압하는 담

박정희의 이러한 수출드라이브 정책과 발전담론은 경제발전=수출=조국근대화라는 새로운 등식을 만들어냄으로써, 국민들을 '한국주식회사'의 사원으로 만드는 효과를 갖게 하였다. 이러한 발전전략은 수출이 성장을 이끌고, 성장이 실질적인 생활수준의 향상으로 나타나면서 대중적 헤게모니를 획득한다. 다시 말해서 민족주의와 발전주의의 접합은 물질적 토대에 의해 보장된 의사 - 합의체계를 형성한 것이다.

주지하다시피, 박정희가 경제발전을 중요시한 것은 정당성을 확보하기 위한 것이다. 그러나 이러한 정당화를 위한 경제발전이 한국 사회의 근대화에 있어 중요한 점은, 경제논리가 정치논리에 종속됨으로써 정치의 경제화가 이루어진다는 점이다. 따라서 근대 경제논리의 핵심인 계산의 정신이 지속성보다는 일과성, 사회경제적 합리성이나 공정경쟁보다는 지대추구(rent-seeking)로 발현되는 문제를 낳게 되었고, 경제발전에도 '불구하고'가 아니라 경제발전 '때문에' 근대화의 정치적 사회적 조건이 오히려 훼손되는 결과는 낳았다(김대환 1997).

이러한 경제발전 우선주의는 경제의 정치화만을 낳은 것이 아니라 시민사회의 경제화를 낳는 것이기도 했다. 경제성장 우선주의는 시민사회를 한국주식회사의 발전을 위한 경제적 동원체제로 만드는 것이었고, 이는 의사소통적 합리성의 미성숙을 통한 천민자본주의의 발전과 시민사

론의 물적 토대이기도 했다. 예를 들어 "이제 우리는 〈사명의 시대〉인 70년대에 들어섰습니다. 이 연대를 우리가 어떻게 보내느냐에 따라 오늘의 우리 세대가 먼 훗날 우리의 후손들로부터 유산을 물려준 자랑스런 선조가 되느냐, 그렇지 못한 부끄러운 선조가 되느냐를 판가름하게 될 것입니다.…… 좀더 중요한 것은 적절한 임금을 유지하는 일인 것입니다. 왜냐하면, 수출을 많이 하기 위해서는 다른 나라 상품에 비하여 품질 좋고 값싼 물건을 생산해 내야하는데 이것은 노임이 비싸면 절대로 불가능한 일이기 때문입니다. 노임이 비싸서 상품가격이 올라 수출이 적어지면 어떤 결과가 일어나겠습니까?"(노총보 1970. 3. 1; 송호근 2000, 16에서 재인용). 이러한 담론은 세계화 및 고통분담론의 원형이라 할 수 있다.

회 내부의 내적 갈등의 억압을 의미하는 것이었다.

그러나 시민사회의 경제화는 산업화의 발달과 정치적 억압으로 인해 강력한 저항에 부딪치게 된다. 박정희는 이를 이제까지 접합되지 못했던 민족주의와 발전주의의 새로운 접합을 통해 돌파하려고 했다. 이는 혁명공약 3항의 과제인 민족정기와 국민도의 확립을 접합하여 시민사회의 경제화의 담론적 기반을 구축하려는 것이었다. 이를 위해 그는 서구적 근대성을 부정함으로써 민족주의와 발전주의를 접합하는 담론전략을 구사한다.

박정희는 1960년대 후반에 이르러 이러한 인식을 명확히 한 담론을 생산한다. 1967년부터 나타난 박정희의 '제2경제론'이 그것이다. 그는 경제발전=서구적 근대화라는 등식을 통해 경제발전과 함께 나타나는 근대적 요구들, 즉 민주주의에 대한 요구를 제어하려고 한다. 박정희에 따르면, 사회는 경제/비경제로 구분되는데, 이 비경제가 제2경제이다. 따라서 사회는 경제/제2경제로 구분되고, 시민사회=경제라는 등식이 성립하는 것이다. 이를 통해 시민사회는 자율적 삶의 영역이 아니라 오직 경제를 위한 공간, 즉 시민사회의 경제화가 이루어지는 것이다. '근대화=경제발전=정신적인 바탕'(연두기자회견, 1968. 1. 15., 3, 134)이라는 등식을 통해 시민사회의 모든 의식, 그리고 근대화는 경제에만 집중된다. 즉, 오로지 발전만으로 이루어진 근대화를 가능하게 하는 담론을 구성하기 위해, 통념적인 경제를 '제일경제'로, 정신적인 면을 '제2경제'로 정의했던 것이다. 서구적 근대화에 대한 비판을 통해 이루어진 이러한 시민사회의 경제화는, 시민사회를 철저히 경제화 함과 동시에 시민사회내의 저항을 무력화하려는 의도를 가진 담론이었다.

산업화의 전개는 사회 내부의 분화를 낳고, 이는 다양한 이익갈등을 낳는다. 따라서 조국근대화 담론을 통한 민족주의적 동원은 산업화의 진전에 따라 한계에 봉착할 수밖에 없었다. 그러나 위에서 언급했듯이 한국주식회사로 상징되는 수출주도적 발전이라는 물적 토대와 민족주의적 동원은 이러한 저항을 지연시키는 데 상당한 효과를 발휘할 수 있었다. 또한 불균형 분배일지언정 지속적으로 이루어지는 생활수준의 향상은 절대적 빈곤으로부터 일정 정도의 탈출로 인해 저항을 지연시키는 실질적인 물질적 조건이 된다.

발전주의와 민족주의의 접합은 박정희가 사라진 지금에도 박정희를 불러내는 핵심적인 요소이다. 세계화, 고통분담, 금 모으기 등의 담론들은 사실상 박정희 식 발전민족주의를 지속적으로 재생산하는 담론이다. 소위 민주화시대의 정권인 김영삼, 김대중 정권이 재생산한 발전민족주의 담론은 '민족의 발전이 나의 발전의 근본'(국민교육헌장)임을 지속적으로 상기시킴으로써 박정희 식 담론전략을 재생산하고 있다. 이것이 바로 박정희가 경제의 위기 시마다 재생산되는 핵심적인 근거이다. 박정희 식 담론전략이 현재에도 지속되고 있는 것이다.

(3) 반공주의와 민족주의 접합

앞에서 살펴보았듯이 반공주의는 집단주의, 권위주의, 연고주의를 재생산하는 물질적 토대이면서 동시에 1차 의미였다. 다시 말해 반공주의라는 1차 의미에 기반하여 집단주의, 권위주의, 연고주의 같은 2차 의미가 형성되었다. 그러나 이러한 반공주의 회로판은 박정희 시기까지는 생존의 논리로서 정립된 것이지, 구체적인 담론전략에 의해 이루어진 것은 아니었다. 박정희는 반공주의에 의해 형성된 지배이데올로기를 정당화하려했고, 이를 위해 반공민족주의에 새로운 내용을 부여하였다. 박정희는 전근대적 가치에 새로운 의미를 부여하는 새로운 전통의 창조(Hobsbawm 1995)[39]를 이루었던 것이다.

---

39) 박정희의 본격적인 민족주의의 활용은 1968년 공보부와 문교부의 문화재관리국과 국

이것이 바로 박정희의 '동도서기론' [40]이다. 동도서기론은 위의 제이 경제론의 연장선상에 있다. 다시 말해 이 역시 지배이데올로기의 의미확대 과정에서 형성된 것이라 할 수 있다. 논리적으로 볼 때, 근대화의 두 가지 합리성이라고 할 수 있는 도구적 합리성과 소통적 합리성 중 제이 경제론이 전자를 근대적 이성으로 본질화한 것이라면, 동도서기론은 소통적 합리성을 새로운 정신으로 대치하려는 시도이다. 그는 서구적 합리성을 특정한 형태로 본질화할 뿐 아니라, 동양적 전통의 다양한 부분 중 특정 부분을 본질화함으로써 소통적 합리성을 대체하려 한다.

박정희의 동도서기론은 동/서의 이분법에 입각해 동양=정신, 서양=물질로 정의하면서, 동양의 정신에 입각하여 서구의 물질문명을 받아들여 서구를 따라잡자는 주장이다[41]. 박정희는 다양한 동양의 정신 중 권위주의적, 집단주의적, 연고주의적 사유라는 부정적인 정신을 동양적 정신으로 규정한다. 이는 지배의 재생산을 위해 의도된 것이지만,[42] 좀더 중요

립박물관을 합쳐 문화공보부를 만들면서부터 이루어진다. 박정희 시대의 전통문화 활용에 관해서는 전재호(1998) 참조.

40) "일찌기 우리 선조들은 '동도서기'라는 말을 하였습니다. 이것은 우리 선조들이 근대화의 예지를 훌륭하게 터득하였음을 한마디로 표현한 말입니다. 이 말은 서구의 과학문물은 받아들이되, 그것은 어디까지나 우리의 문화적 토양에 알맞게 받아들여야 한다는 것입니다. 외국의 사상과 문화를 받아들이되, 우리의 실정에 맞게 받아들여야 한다는 조상들의 이 같은 태도야말로, 오늘에 사는 우리들에게는 다시없는 귀중한 교훈이라 하지 않을 수 없습니다"(제28회 서울대학교 졸업식 치사, 1974. 2. 26., 5, 256).

41) 이러한 동도서기론은 두 가지 의미에서 전형적인 제3세계의 민족주의 담론이다. 먼저 물질적으로 압도적인 서구와의 대립 속에서 서구를 따라잡기 위해 자신의 정체성의 장소를 서구와는 다른 곳, 즉 전통 속에서 찾는다는 점에서 제3세계 민족주의 담론이다. 다음으로 동/서의 이분법에서 동양인을 오리엔탈리즘에서 나타나듯이 수동적으로 보는 것이 아니라 능동적인 주체로 간주한다는 점에서 제3세계 민족주의 담론이라 할 수 있다. 하지만 박정희의 동도서기론은 동양=정신, 서양=물질이라는 오리엔탈리즘의 인식을 받아들인다는 점에서 서구적 시각을 완전히 극복했다고 할 수 없다. 또한 이는 소위 '아시아적 가치'를 형성한 핵심적인 담론이라 할 수 있다.

42) 박정희 식 민족주의 담론인 동도서기론은 유신체제, 즉 한국적 민주주의를 정당화하

하게는 부정적 전통을 재생산함으로써 소통적 합리성만 아니라 도구적 합리성조차 전체 사회에 뿌리내리지 못하게 하는 결과를 낳았다.

동도서기론이라는 민족주의 담론은 유기체적 민족주의 담론과 결합함으로써 완결성을 갖게 된다[43]. 그의 유기체적 민족주의의 핵심은 국가 - 시민사회를 하나로 묶음으로써, 북한에서 수령 - 당 - 대중이 하나의 사회 정치적 생명체이듯이, 지도자 - 국가 - 대중을 하나의 공동운명체로 만드는 것이었다. 구체적으로 그는 1970년 연두기자회견에서 개인과 국가의 관계를 새롭게 정립할 필요가 있음을 주장하면서, 국가와 개인 간에는 공동운명의식, 연대책임의식이 필요하다고 역설한다(3, 686). 그는 여기서 국가=민족=대아라는 등식을 통해 국가와 개인을 통합시킨다. 개인이 소아라면 국가는 개인을 확장한 대아이기 때문이다. 이렇게 국가와 개인이 일치되면서 국가=민족=개인의 등식이 성립되고, 집단주의는 민족주의로 창조되는 것이다.

이러한 유기체적 민족주의의 확립은 반공주의에 의해 파생되고 동도서기론에 의해 정당화된 분단의식, 즉 권위주의, 연고주의의 확립에 강력한 영향을 미친다. 국가=개인이라는 논리에 따르면, 근대사회의 원리 중의 하나인 공/사의 이분법은 두 가지 의미를 갖는다. 먼저, 공/사의 분

는 것으로 이어지고 1970년대 후반에 이르면 충효사상의 강조로 이어진다.

43) 이것은 오랜 우리의 저항적 민족주의의 역사와도 관계가 있다. 오랜 식민생활은 개인의 운명과 국가의 운명을 직접적으로 연결시키는 논리를 가능하게 한 역사적 토대였다. 하지만 이것은 지적인 맥락을 갖고 있는데, 이승만을 비롯한 개화파들이 받아들인 사회진화론은 박정희의 유기체적 민족주의를 성립시킨 이론적 기반이라 할 수 있다. 특히 사회진화론을 국가 간 경쟁에 적용한 후쿠자와 유기치(福澤諭吉)식의 일본식 사회진화론이 우리에게 큰 영향을 미쳤다. 일민주의의 이데올로그인 양우정이 민족의 이익은 개인의 이익에 앞선다고 하면서 일본의 천황제를 합리화하는 '가족 유기체론'을 주장(서중석 1998, 47-53)한 것은 일본의 영향을 잘 보여준다. 이런 점에서 일본식 교육을 받고 일본군 장교였던 박정희가 유기체적 민족주의를 주장한 것은 자연스러운 귀결이라 할 수 있다.

리가 없어지고 공적인 것=사적인 것이라는 등식이 성립된다. 다음으로, 이러한 공=사라는 등식은 남한형의 공/사 이분법을 낳는다. 사적인 것=부정적인 것, 공적인 것=긍정적인 것이라는 등식이 성립하는 것이다. 이를 통해 국가는 보편이익의 담지자로 영원히 진리를 독점하게 되고, 사적이익이 난무하는 시민사회의 구성원들은 국가에 대한 무한책임을 지게 된다. 권위주의가 담론적으로 그 정당성을 확보하게 되는 것이다.

다음으로 개인과 국가를 등치시키는 논리는 개인윤리의 부재를 가져온다. 개인윤리가 부재한 상태에서 공적인 것과 사적인 것이 등치되면, 공적인 것과 사적의 것의 통합현상이 나타난다. 즉, 개인윤리의 부재는 사적인 이익이 공적인 행위에 무한히 침입하는 무책임의 정치를 낳는다(마루야마 마사오 丸山眞男 1964, 3장). 공과 사의 경계가 없고 개인윤리가 부재하다면, 사적인 일이 공적인 것으로 정당화될 수 있기 때문이다. 이러한 공사의 통합현상을 통해 연고주의와 부정부패가 지속적으로 재생산되는 것이다[44].

반공주의에 의해 파생된 논리인 전근대적 가치들은 박정희에 의해 민족주의로 재생되면서, 이제는 반공주의와 무관한 의식으로 독자화하였다. 우리 안의 부정부패, '우리 안의 파시즘' (임지현 외 2000)은 그러한 의식이 사회전반에 만연해 있음을 잘 보여준다. 그러나 이러한 의식은 대중에 의해 수용된 것이지만, 또한 그것은 분단세력에 의해 생산된 분단의식의 한 형태인 것이다.

---

44) 이런 의미에서 소위 '아시아적 가치'는 전통의 지속이라기보다는 창조된 전통으로 이해될 수 있다.

5. 반공병영사회의 해체와 반공규율사회의 이완 및 변형

1987년 6월 민주항쟁과 1989년 동구 사회주의의 몰락으로 인해 반공주의는 중요한 변화를 맞이하게 된다. 한국 사회의 민주화는 적어도 논리적으로는 반공주의가 더 이상 억압의 이데올로기로 작용할 수 없다는 것을 의미하며, 동구 사회주의의 몰락은 반공주의가 체제경쟁 이데올로기로서 작동할 수 없다는 것을 의미한다. 따라서 1987년 이후 반공주의는 논리적으로 동원과 억압의 기능 모두를 상실하게 된다.

1987년 이후 한국의 지배세력들은 이러한 변화에 의해 선택의 기로에 놓이게 된다. 즉, 반공주의를 완전히 해체할 것인가, 아니면 그것을 새롭게 재구성할 것인가의 기로에 처하게 된 것이다. 그리고 완전한 해체에 대한 기대는 김영삼 정권에 대한 기대로 나타난다. 노태우 정권이 군부정권의 연장선에 있다면, 김영삼 정권은 사실상 최초의 민주정부라고 할 수 있기 때문이다.

그러나 김영삼은 기존의 반공주의 담론을 유지하는 방향을 택한다. 즉 반공주의의 동원적 측면은 포기하지만, 그것의 억압적 측면은 지속적으로 유지하는 방향을 택한 것이다. 이는 담론적으로는 발전주의를 동원의 이데올로기로 전면에 배치하면서 반공주의를 억압의 이데올로기로 접합시키는 방식으로 나타난다. 반공주의는 해방 이후 최초로 지배담론에서 핵심적 위치를 상실하지만, 여전히 부차화된 방식으로 유지되는 것이다. 그는 또한 반공주의의 핵심인 반북주의에 있어서도 내용상 변화를 꾀한다. 북한을 적대적 세력이 아니라 민족의 일원으로 포섭하는 것이 그것이다. 그러나 이 역시 오리엔탈리즘을 통해 반북의식을 지속적으로 재생산하는 방식을 택한다. 김영삼 시기에 반공주의는 부차화되지만, 그 핵심인 반북주의와 억압의 기능은 지속적으로 유지되는 것이다.

1) 발전주의의 전면화

남한의 정권은 해방 초기부터 민주주의와 시장경제를 항상 최우선의 가치로 주장했다. 사회주의 북한과의 대립 하에서 민주주의와 시장경제는 남한의 정체성을 규정하는 가치였기 때문에, 남한정권은 이것을 정당성의 근거로 삼았다. 그러나 남한의 정권은 제대로 된 민주주의를 시행하지 않았으며, 또한 민주주의와 시장경제의 공존을 가능하게 하는 담론을 구성하지도 않았다. 이승만에게 민주주의는 항상 반공민주주의였고, 경제는 원조경제에 의해 유지되었다. 박정희는 발전민족주의를 통해 남한을 자본주의국가로 만들었지만, 그에게 민주주의는 한국적 민주주의였고, 시장은 정치화되었다. 이렇게 남한에서 민주주의와 시장경제는 항상 접두사가 붙는 민주주의와 시장경제였다. 하지만 김영삼은 달랐다.

김영삼 정권이 맞이한 위기는 두 수준에서 찾아왔다. 대내적으로는 대중들의 민주화 요구가 분출되었고, 대외적으로는 세계화 물결이 가속화되었다. '문민대통령'으로서 김영삼은 민주주의를 정착시키면서 세계화의 흐름에 적응하기 위해 민주화와 경제발전을 병행 발전시킬 것을 주장했다. 그러나 민주화의 요구와 발전의 요구가 균열을 일으킬 때, 김영삼은 둘 중 하나를 택해야만 했다. 이러한 선택의 기로에서 김영삼은 발전을 선택했다[45]. 다시 말해서 기존의 이데올로기적 권력관계의 핵심적 가치인 발전주의를 민족의 위기담론과 결합하여 재생산했다. 이런 의미에서 김영삼은 박정희의 노선을 충실히 따랐다. 다만 그는 변화된 상황에 맞게 새로운 경제담론으로 신자유주의를 선택했고, 이것은 사회를 경

---

45) 강명구 · 박상훈(1997)에 따르면, 대자본을 필두로 한 지배블럭 내의 보수적 분파들로 구성된 '반개혁연합세력'들은 개혁이 민주주의와 접합되는 것에 지속적으로 저항하였다. 1933년 11월 김영삼이 APEC정상회담에 참가하여 국정 목표를 '국제화 추진'으로 선언하면서, 개혁은 국제경쟁력과 접합되고 민주주의와 발전은 분리되었다.

제규율사회로 재편하는 것이었다.

(1) 개혁과 신자유주의

김영삼 정권의 최대의 정당성의 근거는 그가 민주화투쟁을 했다는 사실이다. 그는 이에 기반해 새로운 정부를 '문민정부'로 규정했다. 이는 과거의 군사정권과의 차별성을 통해 정권의 정당성을 확보하려는 담론적 전략이었지만, 남한의 근대사에서 민주화의 과제가 어느 정도 해결되었음을 반영하는 것이기도 했다. 그는 취임사의 첫머리에서 "오늘 우리는 그렇게도 애타게 바라던 문민 민주주의의 시대를 열기 위하여 이 자리에 모였읍니다.……마침내 국민에 의한, 국민의 정부를 이 땅에 세웠읍니다"(우리 다함께 신한국으로, 14대 대통령 취임사. 1993. 2. 25., 1, 55)라고 주장하면서 자신의 정당성의 근거를 명확히 밝힌다. 그는 분단 후 남한사회의 핵심적인 균열구조 중의 하나였던 민주/반민주의 구도가 해소되었음을, 다시 말해서 민주주의가 완성되었음을 선언하고 있는 것이다.

투쟁이 정당시되던 시대는 지나갔습니다. 문민정부 하에서 불법 폭력시위는 어떠한 명분으로도 정당화될 수 없습니다. 사회 전반의 질서 이완도 용납될 수 없읍니다(법질서 확립의 확고한 파수꾼, 경찰대학 10기 졸업식 연설, 1994. 3. 14., 2, 128).

위 인용문에서 그는 문민=민주라고 주장한다. 즉, 군부=반민주, 문민=민주라는 등식에 입각하고 있다. 이것은 그가 이전의 남한 사회의 대립구도를 민주/반민주의 대립구도로 이해하기보다는, 군부독재/문민민주주의 대립으로 인식하고 있음을 보여준다. 따라서 문민=민주주의가 성립되었으므로 투쟁은 정당화될 수 없고, 시위는 허락될 수 없는 것이 된다. 그는 민주주의 사회에 있어 핵심적 요소인 이익 갈등을 통한 보편적 이익의 형성을 부정하고, 주어진 보편선이 질서를 통해 유지되어야 한다고 주장하는 것이다. 그가 제시한 개혁 목표[46]는 그가 민주주의보다는 시민사회를 규율하는 데 관심이 있음을 보여준다.

김영삼은 시민사회를 규율하려고 할 때, 민주화 전통을 내세우기보다는 산업화 전통을 부각시킨다. 그는 "대통령으로서 이 나라 경제를 다시 일으켜 세우는 일이 역사적 사명"(신경제로 새로운 도약을, 신경제 관련 특별담화문, 1993. 3. 19., 1, 100)이라고 주장하면서, 박정희처럼 경제를 통해 정권의 정당성을 확보하려고 한다. 다시 말해서 그는 발전민족주의를 통해 시민사회를 규율하려는 것이다. 따라서 그에게 민주화의 심화 내지는 확대라는 사고는 나타나지 않는다[47]. 이것은 그가 왜 집권 2년째인 1994년에 민주주의를 포기하고 국정지표로 국제경쟁력을 내세우는지를 해명한다. 정권 초기부터 민주주의와 국가경쟁력은 긴장관계에 있었다고 할 수 있다[48]. 그런데 문민=민주주의라는 등식에 입각한다면, 민주주

---

46) 김영삼은 취임사에서 첫째, 부정부패의 척결, 둘째, 경제 살리기, 셋째, 국가기강 확립을 세 가지 당면 개혁목표로 제시했다(우리 다함께 신한국으로, 14대 대통령 취임사, 1993. 2. 25., 1, 57). 이 목표는 현실적으로 표적 사정, 재벌구조의 심화, 노동자에 대한 탄압으로 나타났다. 이는 문민=민주의 인식틀에서 볼 때 당연한 일이라 할 수 있다.

47) 김영삼은 최대의 개혁 업적이라고 평가받는 금융실명제를 실시한 이유를 "실명제를 실시하지 않고는 체제유지가 안 된다고 판단했습니다. 정치인들이 정치자금을 만들어 쓰는 것은 온 국민이 알고 있지 않습니까. 그러니 도덕적으로 인정을 안해요. 이러다가 자본주의 시장경제 체제가 붕괴된 것이 아니냐는 생각이 들었습니다"(큰정치는 국가와 민족을 위한 정치, 중앙일보 창간 28주년 특별회견, 1993. 9. 22., 1, 322)라고 설명한다. 이것은 실명제의 목표가 경제 민주화보다는 자본주의체제의 합리화였음을 잘 보여준다. 이런 의미에서 김영삼이 집권 1년간 행한 개혁정책은 지배블럭의 내적 합리성을 제고하려는 정책으로 파악될 수 있다(손호철 1995, 275-277).

48) 김영삼은 집권한 다음 달에 우리 경제의 제2도약을 이룩한 대통령으로 역사적 평가를 받고 싶다면서 '신경제'를 통해 우리 경제의 제2의 기적을 만들자고 호소했다(눈물과

의는 완성되었음으로 이제 필요한 것은 경제발전일 뿐이다[49]. 이렇게 개혁이 국제경쟁력과 접합될 때 발전민족주의적 동원이 나타나게 된다.

국제경쟁력을 중심으로 한 국제화, 세계화전략이 추진되면서 김영삼의 민족주의는 국가주의적 성격을 명확히 한다. 하지만 김영삼의 국가주의는 박정희 식의 국가주의와는 다른 것이다[50]. 박정희의 국가주의가 반공과 발전을 결합한 것이라면, 김영삼의 국가주의는 반공보다 경제를 핵심으로 한다. 특히 그는 중심의 논리, 즉 세계화시대의 새로운 조류인 신자유주의를 통해 시민사회를 규율한다.

김영삼 정권이 강조하는 신자유주의적 가치는 작고 강력한 정부, 법과 질서의 강조, 그리고 가족의 강조이다[51]. 김영삼은 민주화가 되면서 나

땀으로 신경제 건설, 신경제 100일 계획 보고회의 말씀, 1993. 3. 22., 1, 109). 민주화 투사라고 자부했던 김영삼이 명시적으로 자신이 박정희의 추종자임을 선언한 것이다. 따라서 김영삼은 당연히 박정희의 경제중심적 발전전략, 좀더 구체적으로는 수출주도적 경제전략을 추진하게 된다. 이것으로 알 수 있듯이 김영삼의 지배담론에는 초기부터 민주주의와 국제경쟁력 사이의 긴장이 존재했다.

49) 이것은 독재정권에서 민주주의정권으로의 전환에도 불구하고, 한국에서 발전주의가 근본적으로 전환되지 않았음을 의미한다(조희연 2003). 돌이켜 보면, 개방화와 민영화로 상징되는 경제적 자유화정책—이른바 신자유주의적 정책을 의미한다—이 출현한 것은 1980년 전두환 정권의 등장 이후의 일이다. 그런데 독재정권에 의한 경제적 자유화정책의 추진은 정치적 고려에 의해—독재의 정치적 약점—전면적으로 추진될 수 없었다. 그러나 정치적 정당성을 갖는 민주정부가 수립된 이후 경제적 자유화정책이 좀더 전면적으로 추진되는 것은 역설적이다. 문민정부에서는 국제경쟁력 강화가, 또한 국민정부에서는 IMF 경제위기 극복을 명분으로 하는 경제개방가 국가적 담론이 되는 것이 바로 그것이다. 이런 점에서 1987년 이후 민주화는 한편에서는 '정치적 자유화' 혹은 민주화의 '축복'을 가져오지만, 다른 한편에서는 경제적 자유화의 '재앙'을 동반하게 된다고 말할 수 있다(조희연 2002).

50) 물론 양자의 결정적인 차이는 박정희가 강제를 기반으로 한다면, 김영삼은 동의를 기반으로 한다는 것이다. 따라서 경제적 규율은 김영삼의 유일한 선택지일 것이다.

51) 김영삼의 담론을 신자유주의로 볼 수 있는가는 논쟁거리이다. 복지국가를 비판하면서 나타난 서구의 신자유주의는 세계화의 압력 속에서 발생했다. 신자유주의자들은

타난 다양한 시민사회의 요구들을 '기대의 과잉'으로 인한 국가효율성의 약화요인으로 보고 기대의 축소를 통해 한국병을 해결하려고 한다. 이러한 위기 인식과 해법에 기반해 그는 정권 초기부터 과거와는 달리 작고 강력한 정부를 만들겠다고 주장한다. "국민에게 약속한대로 나는 작지만 강력한 정부를 이끌고 이른바 '한국병'을 치유하고 '신한국'을 창조하기 위해 전력투구할 생각입니다"(작고 강력한 정부 실현, 매경 창간 27주년 특별회견, 1993. 3. 24., 1, 117)라는 그의 주장은 이것을 잘 보여준다. 또한 취임사의 3대 목표에서도 나타나듯이 그는 국가기강을 확립하기 위한 법과 질서의 확립을 강력하게 주장한다. 그에게 법과 질서의 준수, 즉 국가기강의 확립은 정부의 가장 중요한 사명이다(국민 대화합을 위한 사면·복권, 대통령 취임 경축 특사 관련 국무회의 발언, 1993. 3. 6., 1, 88). 국가기강의 확립은 사회 전반의 기대를 축소함으로써 정부의 효율화와 경제의 효율화를 이루려는 것이다. 그의 인식에 따르면, 정부의 정책에 대항하는 집단을 단호하게 다스림으로써만 공적인 이익이 확보될 수 있는 것이다.

과부하국가론에 근거해 '민주주의로 인한 요구의 과잉'이 위기를 만들었다고 진단하면서, 그것을 해결하기 위해 작고 강력한 정부, 시장의 강조, 문화적 복고주의를 주장했다. 그러나 신자유주의자들의 담론과 신자유주의자들의 실천 사이에는 괴리가 존재한다(김정훈 1994). 신자유주의를 이렇게 규정한다면, 김영삼의 담론을 신자유주의로 규정하는 데는 무리가 따른다. 남한의 위기는 복지국가의 위기가 아니기 때문이다. 그러나 그 발생 배경이 다름에도 불구하고, 김영삼이 세계화의 압력을 강조하고 '민주화로 인한 요구의 과잉'으로 위기를 진단한다는 점에서, 그리고 요구를 축소하기 위해 작고 강력한 정부에 입각해 법과 질서를 강조하고, 시장의 자율성과 가족의 회복을 주장한다는 점에서 김영삼의 담론을 신자유주의로 규정할 수 있다. 특히 대처의 '영국병'이라는 언술을 연상시키는 '한국병'이라는 규정은, 그가 신자유주의를 담론구성의 모델로 삼고 있음을 보여준다. 그럼에도 불구하고 김영삼의 신자유주의적 담론과 신자유주의적 실천 사이에는 괴리가 존재하기 때문에, 그의 구체적인 실천이 신자유주의적이었는가에 대해서는 좀더 구체적인 논의가 필요하다.

김영삼은 전형적인 신자유주의 담론인 가정의 회복을 주장한다. 그는 "사회적 병리현상은 분명 급속한 산업화와 권위주의 문화가 남긴 산물"이라고 주장하면서도, 만약 "우리의 가정이 사랑과 안식의 보금자리이자, 교육과 윤리의 중심으로서 제 역할을 조금만 더 하였더라면 우리 사회는 훨씬 밝아져 있을 것"(세계화시대의 여성, 이화여자대학교 졸업식, 1995. 2. 27., 3, 81)이라고 주장한다. 그러나 가정이 회복하는 데 있어 핵심적인 문제는, 가정의 회복이 그의 바람처럼 이루어질 수 없다는 데 있다. 산업화라는 사회구조적인 변화가 일어난 상태에서 과거와 같은 가족공동체의 회복은 불가능하기 때문이다. 따라서 가족의 윤리가 중요하다면 시대에 알맞는 새로운 가정윤리를 제시하고 확립하는 것이 오히려 중요한 문제일 수 있다. 그럼에도 불구하고 그는 '가정의 회복'을 주장한다[52].

작고 강력한 국가, 법과 질서의 강조, 그리고 가족의 강조 같은 신자유주의적 전략을 통해 그가 의도하는 것은 결국 시민사회의 규율이다. 그것도 경제발전에 적합한 시민사회의 규율이다. 그는 이러한 규율을 위하여 "법과 질서가 지켜지는 건강한 사회의 건설은 정부의 힘만으로는 어

---

[52] 다음은 그가 가정의 회복을 통해 무엇을 하려고 하는지를 명확히 보여준다. "노인 문제에 있어서도 복지 시책만으로 문제가 해결될 수 없습니다. 우리의 전통적인 경노효친 사상에 뿌리를 둔 의식개혁 운동이 병행되어야 합니다. 우리 사회에 하루빨리 공동체 의식이 정착되어야 합니다. 사회복지 의식은 공동체 구성원으로서 가져야 할 책임이자 의무입니다. 이것이야말로 모든 국민의 참여와 창의를 유발하고자 하는 '신경제'의 핵심과제입니다"(사회복지 증진은 신경제의 핵심과제, 제13회 신경제 추진회의 발언, 1994. 9. 27., 2, 355). 사회복지와 경노효친은 다른 문제이다. 더구나 사회의 분화가 지속되는 상황에서 경노효친 사상만으로 노인복지가 제대로 이루어질 수는 없다. 그럼에도 불구하고 그는 경노효친이라는 전통적인 가족윤리를 통해 사회복지를 재구성하려 한다. 김영삼은 열악한 남한의 복지수준에도 불구하고 복지수준을 향상시키려 하기는커녕, 가족윤리라는 전통윤리의 회복을 통해 노인복지를 사적으로 전가하려고 하는 것이다.

렵습니다. 모든 국민의 동참과 호응이 뒷받침되어야 합니다. 따라서 정부는 '건강한 가정 건강한 사회 만들기' 를 정부와 국민이 다 함께 참여하는 범국민운동으로 강력히 추진해 나가고자 합니다"(1995년은 새로운 도약의 해, 1995년도 예산안 제출에 즈음한 시정연설, 1994. 10. 18., 2, 417)라고 주장하면서 다시 한번 위로부터의 국민운동을 주장한다. 결국 문민=민주주의라는 도식에 입각하면 시민사회적 문제의식이란 것은 애초에 존재할 수 없기 때문에, 그는 전통적인 박정희 식 방식을 다시 한번 택하고 있는 것이다[53]. 따라서 민주화가 되었음에도 불구하고 시민사회는 자율적 발전을 하기보다는 다시 한번 위로부터 규율된다.

(2) 위기의 재생산과 고통분담론

김영삼은 민주주의를 주장함에도 불구하고 남한 지배담론의 역사에서 전형적인 담론을 또 한번 생산한다. 그것은 위기 - 동원담론이다. 그러나 위기담론으로서의 전쟁담론과 동원담론으로서의 세계화 담론은 박정희의 논리와 기본적으로 동일함에도 불구하고 그 내용상에는 차이가 있다. 전쟁담론은 북한이 적으로 등장하는 것이 아니라 타민족들이 적으로 등장하는 경제전쟁 담론으로 바뀌고, 동원담론은 조국 근대화에서 세계화로 변화한다.

그는 취임사에서 "냉전시대의 종식과 함께 세계는 실리에 따라 적과 동지가 뒤바뀌고 있습니다. 바야흐로 경제전쟁, 기술전쟁의 시대로 접어

---

53) 앞에서 살펴보았듯이 박정희의 국가—사회담론은 사회의 분화를 국가 중심으로 탈분화하는 것이었다. 이것은 새마을 운동이 보여주듯이 국가가 통제하는 시민운동을 시민사회에 뿌리박게 했다. 이런 점에서 남한 시민사회의 운동은 크게 위로부터 조직된 '국민운동' 과 아래로부터 조직된 '시민운동' 으로 나눌 수 있다. 김영삼은 시민사회를 다시 한번 박정희 식으로 규율하려 하는 것이다. 이것은 또한 문민시대에 있어서도 사회의 분화를 국가를 중심으로 탈분화하려는 시도가 지속됨을 보여준다.

들고" 있다고 주장하면서, "변화하는 세계에 제대로 적응하지 못한다면, 우리는 선진국의 문턱에서 주저앉고 말 것입니다. 도약하지 않으면 낙오할 것입니다. 그것은 엄숙한 민족생존의 문제"(우리 다함께 신한국으로, 14대 대통령 취임사, 1993. 2. 25., 1, 56)라고 주장한다. 그와 동시에 그는 불행하게도 한국병 때문에 우리는 그러한 전쟁에 능동적으로 참여하지 못하고 있고 주장한다(같은 글, 56-57). 그는 여기서 한국인의 자랑스러운 특성으로 근면성과 창의성을 들고, 한국병의 원인으로 패배주의를 들고 있다. 김영삼은 박정희가 주장했던 가치를 동일하게 재생산하고 있는 것이다. 따라서 그가 한국병을 치료하기 위해 내놓는 대책 역시 박정희식 파이론의 변형인 고통분담론이다. "고통분담의 결과로 우리 경제의 '떡'이 커지게 되면 그 혜택은 모든 사람에게 돌아가게 될 것입니다"(고통분담정책은 불가피한 선택, 한국일보 창간 39주년 특별회견, 1993. 6. 9., 1, 261)라는 주장에서 잘 알 수 있듯이, 김영삼의 새로운 정책인 고통분담론은 사실상 박정희의 파이론을 답습하고 있다. 이러한 고통분담론이 가능하기 위해서는 우리는 모두 하나라는 담론이 가능해야 한다. 여기서 김영삼은 이전의 모든 정권담당자들처럼 민족을 불러낸다.

우리는 지금 총력 경쟁시대에 살고 있습니다.

우리는 치열한 국제 경쟁에서 반드시 승리해야 하며, 또 그렇게 할 수 있다고 굳게 믿습니다.

우리는 5천년 문화민족으로서의 저력이 있습니다. 세계와 인류 앞에 자신있게 내세울 수 있는 문화적 독창성을 우리는 발휘해 왔습니다. 한글을 창제하고 금속활자와 거북선을 만들었으며 반도체 분야에서도 세계 제일을 눈앞에 두고 있습니다(용기와 희망을 주는 다짐의 한마당, 1994. 10. 27., 2, 429).

위 인용문에서 알 수 있듯이 고통분담론은 민주화 시대의 국민총화론이다. 총력경쟁 시대의 총화단결을 위해서 다시 민족이 호명된다. 그 민족은 5천년의 문화민족이고 문화적 독창성을 갖고 있는 훌륭한 민족이다. 민족은 여기에 그치는 것이 아니다. 민족의 자긍심만이 아니라 민족의 내용이 규정되어야 한다. 김영삼은 민족을 동등한 권리를 가진 개인의 집합체라기보다는 운명공동체로 정의한다[54].

1987년 6월 민주항쟁은 시민사회의 분화를 낳았다. 그것은 국가가 모든 것을 장악하는 데서 벗어나서, 근대화의 진전에 따른 현실의 분화과정에 알맞는 국가와 시민사회의 분리, 시민사회 내의 분화를 의미했다. 하지만 김영삼은 이러한 분리와 분화를 재접합했다. 그의 재접합의 논리는 다름 아닌 공동운명체로서의 민족의 논리였다. 같은 배를 타고 있는 이러한 공동운명체에서 나와 너는 없고 우리만 있을 수 있다는 논리는 박정희 논리의 연장선상에 있다. 따라서 민주화를 통해 어느 정도 확립되었던 국가/시민사회의 분리가 위기상황에 근거한 공동운명체에 의해 다시 통합된다. 국가/시민사회의 분리틀이 민족/세계라는 이분법에 입각해 해체되는 것이다[55].

국가/시민사회의 분리의 해체와 함께 나타나는 것은 공/사의 정의이다. 여기서 김영삼은 박정희 식의 공/사 분리법, 즉 공=정당한 것, 사=부

---

54) " '신한국 창조' 에는 나와 너가 있을 수 없습니다. 정부의 목표가 따로 있고 언론의 목표가 따로 있는 것이 아닙니다. 경제전쟁 기술전쟁의 세계 속에서 우리는 신한국으로 가는 같은 배를 타고 있습니다. 주변으로부터 밀려오는 파도를 이겨야 합니다. 우리 민족의 생존이 여기에 달려 있습니다"(정치와 언론은 같은 배를 탄 동지, 37회 신문의 날 기념리셉션 연설, 1993. 4. 6., 1, 135).

55) "지금 우리가 나아가고 있는 개혁의 방향은 어느 한 집단의 욕구를 충족시키기 위한 것이 아닙니다. 전체를 살리기 위한 것입니다. 남과 상대를 무시한 집단 이기주의와 집단행동은 개혁의 걸림돌이 되고 국가발전과 사회의 안전을 저해하게 됩니다. 사익보다는 공익과 국익이 우선한다는 것을 모두가 받아 들여야 됩니다"(사회간접자본은 국력의 척도, 중앙경제신문 창간 5주년 특별회견, 1993. 8. 9., 1, 350).

정적인 것의 등식을 재현한다. 따라서 공적인 것은 사적인 것과 분리되고, 공적인 것은 전체를 대변하는 국가에 의해서 규정된다. 그리고 사적인 것은 국가발전과 사회의 안전을 저해하는 집단이기주의로 매도된다. 공/사의 분리를 통한 사적인 것의 매도는 국가주의적 민족주의를 보여주는 것으로, 사적이익의 각축을 통해 공적이익이 정의되는 서구적 민주주의와 다른 민주주의를 만들어 낸다[56]. 그에게 선진사회는 시민사회의 자율성이 만개하는 사회가 아니라, "동반자 의식과 공동체 의식, 그리고 국제화 의식을 가짐으로써"(신경제 건설에는 의식개혁이 필수적, 제8회 신경제 추진회의 발언, 1994. 3. 15., 2, 132) 이루어지는 사회이다. 이러한 민주화 시대의 박정희 식 민족주의의 부활은 박정희 식 근대화론을 재생한다.

한 재벌그룹의 회장을 만났더니 생산현장 노동자들의 태도나 의식이 완전히 달라졌다고 하더군요. 그야말로 의식혁명이 일어나고 있는 것입니다. 국민들은 분명히 이제까지 해오던 대로 살아서는 안 된다는 사실을 깊이 느끼고 있다고 믿습니다(개혁은 역사의 필연, 경기신문 창간 47주년 특별회견, 1993. 10. 6., 1, 449).

김영삼은 박정희 식 근대화의 핵심인 정신의 근대화, 즉 의식혁명을 반복하여 언급하고 있다. 그리고 그 의식혁명의 내용 역시 "생활개혁은

---

56) 따라서 김영삼의 민주주의는 서구적 의미의 대의민주주의이기보다는 3세계의 역사적 경험의 독특한 형태인 위임민주주의이다. 오도넬(O' Donnell 1994)에 따르면, 서구의 대의민주주의는 서구의 역사적 경험의 산물이다. 따라서 서구와 다른 경험을 가진 나라들은 민주화를 통해 대의제 민주주의가 아니라 다른 민주주의를 형성할 수 있다. 정당정치가 아니라 최고통치자에 의한 포고령정치, 즉 위임민주주의는 서구와 다른 제3세계의 민주화를 겪는 나라들에서 나타나는 민주주의 형태이다. 이런 의미에서 남한의 위임민주주의는 김영삼의 책임이기보다는 그 이전 정권의 책임이다.

국민 모두가 일상생활에 만족감을 느끼면서, 사회의 능률과 생산성을 극대화하는 '선진국형 공동체'를 만들자는 것입니다"(국민과 정부가 함께하는 개혁, 생활개혁추진보고회의말씀, 1994. 1. 7., 1, 664-665)라는 주장에서 잘 나타나듯이, 박정희를 반복하고 있다. 선진국형 공동체의 핵심이 사회의 능률과 생산성이라는 주장은 효율성만을 중시하는 박정희 식의 발전민족주의를 부활시키고 있는 것이다. 따라서 이러한 근대화는 노동자에 대한 억압으로 나타난다.

우리는 지금 선진국의 대열에 들어갈 수 있느냐 없느냐의 기로에 서 있습니다.

……요즈음 제가 경제인과 자주 만나고 있습니다만, 제일 중요한 것은 노사분규가 없어야 합니다. 노사분규가 없으면 우리 경제는 훨씬 살아날 수 있습니다.

오늘날 자기 몫만 주장하는 사람들이 있습니다. 자기 이익만 추구하는 사람들입니다.

우리는 공동운명체입니다. 집단이기주의와 자기 몫만을 주장하는 집단이나 개인은 용납하지 아니할 것입니다.

우리 문민정부는 정통성을 확립한 정부입니다. 대통령으로서 헌법에 보장한 권리를 제대로 행사할 것입니다. 적당하게 이 시대를 넘기지는 아니할 것입니다.

도덕적으로 당당하고 정직하게 혼신의 힘을 다해 조국을 구할 것입니다(국민과 조국에 봉사하는 공직자, 내무부 일선 기관장의 다과시 말씀, 1993. 9. 4., 1, 385).

위 인용문은 경제의 주체를 공동운명체인 민족으로 제시하면서 두 가지 이항대립에 입각해 노동자에 대한 억압을 정당화하고 있다. 먼저, 공/

사의 이항대립에 입각해 '공=긍정=경제발전=기업, 사=부정=집단이기주의=노동자'로 등가연쇄를 확대하고 있다. 이러한 등식에 입각하면, 노동자들의 이익과 민족의 이익은 불일치되고 집단이기주의로 매도된다. 다음으로 문민/독재라는 이항대립에 기반해 '국가=문민=민주주의, 노동자=집단이기주의=반민주주의'라는 접합이 이루어진다. 이를 통해 노동자에 대한 억압이 정당화된다. 김영삼은 이러한 논리에 기반해 조국을 구하기 위해 노동자를 억압하겠다고 주장하는 것이다.

국가/시민사회의 분리를 재통합하고, 공=긍정, 사=부정의 등식에 입각한 김영삼의 민족주의가 시민사회를 규율하는 것은 논리적으로 당연하다고 할 수 있다. 그리고 그것은 단순히 억압의 논리가 아니라 박정희처럼 시민사회를 발전을 위해 동원하는 논리가 된다. "그 동안 각계각층의 '자기몫 찾기' 때문에 우리 경제가 병들어 왔지만 이제는 '자기몫 다하기'로 분위기가 바뀌어 가고 있습니다"(경제를 살리기 위한 고통분담, 신경제 대토론회 말씀, 1993, 5. 1., 1, 170)라는 주장에서 알 수 있듯이, 이제 중요한 것은 '자기 몫 찾기'가 아니라 '자기 몫 다하기'가 된다. 그런데, 문제가 이렇게 규정되는 순간 대중의 권리는 없어지고 의무만이 남게 된다는 사실이다. 그리고 그러한 의무는 앞에서 정의했듯이 국가에 의해서 주어지는 것이다.

김영삼 시기에 이르러 사회는 이제 철저히 경쟁사회로 만들어진다(세계와 미래로 향한 개혁과 전진, 1994년 신년사, 1994. 1. 1, .1, 650). 박정희가 사회를 반공병영사회로 규율했던 것과는 달리, 김영삼은 대중을 철저히 경쟁에 내몬다. 하지만 그러한 경쟁은 단순히 사적인 경쟁이 아니다. 개인은 민족을 대변하는 국제경쟁의 주체가 된다[57]. 앞에서도 언급했듯이 국가/시민사회의 분리는 재결합되었고 공=사이기 때문에, 사적

---

57) '주부의 경쟁력이 나라의 경쟁력' 등 당시의 구호는 이것을 증명한다.

인 모든 것은 국가에 의해 정의될 수 있다. 국가는 모든 개인을 국가의 대표로 만들고, 그것을 통해 무한 국제경쟁에서 승리하고자 하는 것이다.

2) 반북주의의 재구성

냉전의 해체로 인한 노태우의 북방외교와 국내 통일운동의 활성화는 김영삼으로 하여금 더 이상 민족을 적으로만 규정할 수 없게 만들었다. 김영삼은 취임사에서 민족이 이념보다 중요하다고 주장함으로써 이러한 조건에 호응한다. 그러나 김영삼의 민족대단결론은 반북주의를 포기한 것이 아니었다. 오히려 그는 자본주의/사회주의의 대립이라는 기존의 이항대립에 이성/비이성의 이항대립을 추가한다. 따라서 남북한관계는 '선진적이고 보편적인 남한 민족 대 후진적이고 특수한 북한민족' 간의 관계로 규정되고, 통일은 보편가치를 회복하는 것으로 정의된다.

북한이 이 시기에 이르러 민족주의에 관한 관점을 변화시키듯이, 김영삼도 민족에 관한 관점을 변화시킨다. 그는 이 시기에 이르러 과거와는 달리, 그리고 김일성처럼 이념과 사상보다 민족이 우선한다고 선언한다. "어느 동맹국도 민족보다 나을 수 없습니다"(우리 다함께 신한국으로, 14대 대통령 취임사, 1993. 2. 25., 1, 59)라는 그의 취임연설은, 실로 분단 50년만에 남북한의 정상들에게서 민족대단결의 목소리가 나타나고 있음을 보여준다. 그러나 그는 이러한 전향적인 대북인식을 표명한 다음, "그러나 이 시점에서 우리에게 필요한 것은 감상적인 통일지상주의가 아닙니다. 통일에 대한 국민적 합의입니다"(같은 글, 59)라고 주장함으로써 과거의 논리를 반복한다.

이러한 김영삼의 주장은 두 개의 이항대립을 접합하고 있다. 먼저 그는 감상/이성이라는 이분법을 사용하여 민간=감상, 정부=이성이라는 등식에 입각해 민간부분의 통일논의를 봉쇄한다. 다음으로 공=긍정, 사=부정의 등식에 입각해 국민적 합의=국가의 등식을 성립시킨다. 따라서 '민간=감상적=부정적 통일론 대 정부=긍정=이성적 통일론' 이라는 등식이 성립한다. 그는 이러한 인식틀에 입각해 "더욱이 한반도는 '마지막 냉전지대' 의 이름을 여전히 벗어나지 못하고 있는 것입니다.……북한은 여전히 대남 적화전략을 포기하지 않고 있습니다"(문과 무는 한뿌리의 한 나무, 육사 49기 졸업식 연설, 1993. 3. 5., 1, 76)라고 냉전시대의 논리를 반복한다. 그런데 이러한 감상/이성의 이분법이 남한 내부의 문제에 국한되는 것이 아니다. 이것은 남북 간의 문제에 있어서도 동일하게 적용된다.

북한은 정상적으로 판단할 수 없는 집단인데도 우리 국민은 이 점을 너무 모르는 것 같습니다. 언제 무슨 일을 할지 모르는데 우리와 상대가 되지 않는다고만 생각하고 있습니다.

궁지에 몰려 있는 북한이 언제, 어떤 도발을 감행할지도 모른다는 사실을 국민 모두가 명심하고 이에 철저히 대비할 때, 우리는 북한의 오판을 막을 수 있을 것입니다(주어진 역할의 실천이 가장 확실한 개혁, 한국일보 창간 40주년 특별회견, 1994. 6. 9., 2, 281).

북한은 언제 무슨 짓을 할지 모르는 비정상적이고 비이성적인 집단이다. 따라서 북한=비정상, 남한=정상이라는 등식이 성립한다. 이것을 앞의 의미 연관과 결합하면, 민간=감성=비정상=북한이라는 등식이 성립한다. 김영삼은 민간의 통일논의와 북한의 통일논의를 같은 것으로 보고 있는 것이다. 이는 김영삼이 통일을 독점함으로써 남한내 통일세력들을 억압하고, 북한과의 대화를 거부하는 것을 정당화하는 논리이다.

정부는 이성적인 사고를 하는 보편적인 집단이기 때문에, 이 시기에 이르면 남한의 대북담론은 인류의 보편적인 가치에 입각하게 된다.

오늘날 세계는 더 이상 이념과 체제문제로 다투지 않습니다. 냉전체제와 공산주의는 지난 시대의 유물이 되었습니다.

화해와 협력의 새로운 질서 속에서 인간의 존엄성, 다원적 민주주의, 그리고 시장경제체제가 인류의 보편적 가치로 확고히 자리잡기 시작했습니다 (공산주의는 지난 시대의 유물, 헬무트 콜 독일총리를 위한 만찬사, 1993. 3. 2., 1, 71).

김영삼에게 한민족은 보편적 가치를 지닌 보편적 민족이다. 이러한 남한의 보편성은 북한과의 관계를 정립하는 데도 나타난다. 북한이 갖고 있는 체제는 더 이상 보편적인 원리에 맞지 않는 구시대적인 유물에 다름 아니기 때문이다. 인간의 존엄성, 다원적 민주주의, 시장경제체제라는 인류의 보편적인 가치를 인정하지 않는 북한은 따라서 비이성적인 집단일 수밖에 없다. 이러한 인식틀에 기반한다면 이제 통일은 북한체제가 보편적인 인간의 권리를 받아들이는 것이 된다. "나는 북한이 국제사회의 책임있는 일원으로서 개혁과 개방이라는 세계사적 조류에 동참하기를 기대"(동북아의 평화와 번영에 공동노력, 북경 내외신 기자회견 서두 말씀, 1994. 3. 29., 2, 175)한다는 주장에서 잘 나타나듯이, 김영삼은 북한이 세계적인 보편성을 받아들이기를 요구한다. 이러한 인식틀에 입각하면 남북 간의 대립은 과거의 진영에 입각한 대립이 아니라 세계적인 보편 대 구시대적인 북한의 대립이 된다.

그리고 이러한 인식틀에 입각하면, 남북문제에 있어 가장 핵심적인 남북한의 직접 대화는 사라진다. 북한은 인류의 보편적인 가치를 제대로 지키지 못하는 집단이기 때문에, 그들이 국제사회의 보편적인 가치를 지키지 않을 때 그들과는 대화를 할 수 없다는 논리가 자연스럽게 도출되기 때문이다. 하지만 여기서 중요한 것은 인류보편의 가치가 우리의 가치가 아니라 미국의 가치라는 점이다. 김영삼은 한반도에서 전쟁을 가져올 수도 있는 북미 간의 핵사찰 문제[58]를 인류보편의 가치에 입각해 처리함으로써, 미국이 한반도 문제에 개입하는 것을 정당화한다. 그러므로 그가 취임사에서 주장했던 민족이 모든 것에 우선한다는 주장은 사라진다. 그는 취임사에서 주장했던 민족 우선의 원칙보다는 인류보편의 요구(윗물맑기 운동의 핵심은 돈안드는 정치, 조선일보 창간 73주년 특별회견, 1993. 3. 15., 1, 86)와 미국이 주도하는 국제규범(신경제라는 양국의 새로운 엔진, 제임스 볼저 뉴질랜드 총리 내외를 위한 만찬사, 1993. 5. 10., 1, 179)을 앞세우고 있는 것이다.

김영삼에게 박정희 식 체제경쟁 논리가 없어진 것은 아니다.

통일은 우리 국민의 오랜 소망입니다. 그러나 통일을 실현하기 위해 우리가 먼저 해야 할 일이 있습니다.

남북의 겨레가 합치기 앞서 먼저 우리 스스로가 하나가 되어야 합니다. 경제가 되살아나 북의 형제들을 돌볼 수 있는 튼튼한 경제력을 길러야 합니다(정의가 강물처럼 흐르는 사회, 민주평화통일 자문위원들에게 보내는 서한, 1993. 4., 1, 160).

위 인용문은 두 가지로 해석될 수 있다. 먼저, 김영삼의 민족대단결론이 사실상 반북주의에 입각해 있음을 잘 보여준다. 통일을 이루기 위해서는 남한이 먼저 단결해야 한다는 주장은 전형적인 반북주의적 표현이다. 다음으로, 북의 형제들을 돌볼 수 있는 튼튼한 경제력을 길러야 한다는 주장은 김영삼이 경제력을 바탕으로 북을 흡수통일하겠다는 것을 보여준다. 체제우월감이 흡수통일론으로 나타나는 것이다.

김영삼이 흡수통일론을 주장한다고 해서 북한에 대한 경계를 늦추는

---

58) 1994년은 1968년, 1976년에 이어 한국전쟁 이후 전쟁 위험이 고조된 시점이다.

것은 아니다. 김영삼은 "아직까지 북한이 도발할 것이라는 군사적 징후
는 포착된 바 없지만 분명한 사실은 북한이 대남적화 통일전략을 포기하
지 않고 있으며……따라서 남·북한 상호신뢰에 의한 평화가 정착되지
않는 한 어떠한 돌발적 요인에 의한 북한의 모험적인 대남 도발 가능성
을 배제할 수 없는 일"(개혁과 국가경쟁력 강화는 동전의 앞뒤, 경남일보
창간 48주년 특별회견, 1994. 3. 1., 2, 93)이라고 주장하면서, 우리는 항상
돌발적인 요인에 대비해야 한다고 주장한다. 그리고 이러한 주장은 마치
박정희가 남북관계를 위해 유신독재를 해야 한다는 주장처럼, 대중들을
정권에 대한 지지로 동원하기 위해 사용된다.

> 우리 국민은 남북관계가 매우 중요한 국면에 접어드는 시점에서 혼란을
> 원치 않을 것이며 반드시 집권여당에 과반수 의석을 보내줌으로써 정국의
> 안정을 택할 것으로 믿습니다(부정부패 척결 임기 중 계속 추진, 중앙일보
> 창간 30주년 특별회견, 1995. 9. 22., 3, 406).

김영삼은 위 인용문에서 적대적 의존관계를 명확히 서술하고 있다. 그
는 적대적 의존관계를 이용해 정권에 대한 지지를 호소하면서 안정이데
올로기를 유포시키고 있는 것이다. 이러한 안정이데올로기의 유포는 당
연히 안보에 대한 강조를 낳고, 이것은 시민사회를 지속적으로 규율하려
는 것에 다름 아니다.

김영삼은 변화된 상황에서 민족대단결이라는 새로운 담론을 구성함에
도 불구하고 이성/비이성의 이항대립을 통해 북한을 비이성과 접합시키
고, 북한의 비이성적 행위에 대한 가능성을 지속적으로 강조함으로써 시
민사회를 규율하고 있다. 그는 상대방의 인정에 기반한 민족화해보다는
상대방의 무시에 기반한 흡수통일을 노리고 있는 것이다.

6. 반공주의와 반공규율사회의 해체적 변형

반공병영사회 속에서 군사주의적으로 강화된 반공주의는 민족주의 및 발전주의와 결합되었다. 반공주의, 발전주의, 민족주의의 삼위일체적 결합은 1987년 민주주의 이행 이후 서서히 분리되어 갔다. 앞에서 살펴보았듯이 김영삼 정권은 민족주의와 발전주의의 접합을 핵심담론으로 활용하면서, 반공주의는 부차적 담론으로 활용하였다. 이는 반공주의가 더 이상 지배의 정당성을 유지하는 핵심적인 이데올로기로서 기능하는 데 한계가 있음을 보여준다. 그렇다면, 이러한 지배담론의 변화과정은 반공규율사회의 해체를 가져오는 것인가? 생존의 논리로 '반공주의'를 받아들였던 대중들은 냉전의 해체와 민주화 이후에도 지배담론이 강제하는 반공주의를 여전히 수용하고 있는가? 만약 대중들이 더 이상 반공이데올로기라는 의사 - 헤게모니를 수용하지 않는다면 반공규율사회는 해체되고 있는 것인가? 지배이데올로기 속에서 반공주의가 갖는 지위는 어떻게 변화할 것인가? 반공규율사회 이후에는 무엇이 오고 있는가?

이 문제에 대해 필자들은 반공주의가 해체적 변형의 과정에 있다고 판단한다. 나아가 반공주의를 기반으로 하는 보수세력의 헤게모니는 균열되고 있으며, 반공규율사회는 해체적 변형을 경험하고 있다는 것이 필자들의 판단이다.

2002년 대선의 결과도 이러한 필자들의 판단을 증명하는 하나의 실례가 될 수 있다. 노무현 후보의 승리로 끝난 2002년 대선에서도 예의 '북풍'은 어김없이 불었다. 제임스 켈리(미 국무부 동아시아 · 태평양 담당 차관보)의 북한 핵개발 의혹 발언에서 시작되어 해프닝으로 끝난 미국의 북한 미사일 선박 나포사건을 계기로 메가톤급 태풍으로 변한 북풍은 신문 1면을 장식했고, 일부에서는 미국이 한국 선거에 개입하는 것이 아니냐는 의혹이 회자되기도 했다. 그러나 2002년 대선에서의 북풍은 과거와는 달리 '태풍'이 아니었다. 우리 선거사에서 보기 힘든 정면돌파를 택한 노무현 후보의 '전쟁이냐, 평화냐'라는 호소는 북풍의 위력을 현저하게 감소시켰고, 노무현 후보는 도저히 이길 수 없다는 선거를 북풍에도 불구하고 승리했다[59]. 물론 2002년 대선의 결과는 여러 가지 요인에 의해 설명될 수 있겠지만, 반공주의의 해체적 변형의 징후로 해석될 수 있다고 본다.

이러한 새로운 변화가 나타나는 데는, 민주화과정에서 나타난 다음의 요인들이 작용했을 것으로 생각된다. 가장 중요한 요인은 '성찰성의 공간'의 확장과 그를 통한 합리적 주체의 탄생이다. 반공병영사회 속에서 특정한 형태의 기억과 의식을 강요당했던 대중들이 이를 재성찰할 수 있는 정치적 공간이 민주주의 이행에 따라 확장되었다. 민주주의 이행에 따라 반공주의를 물리적으로 보증하고 있던 국가폭력성의 통제가 약화되면서, 이러한 가능성이 구조적으로 주어지게 된 것이다. 이를 통해 반공주의의 재해석과 반공주의와 관련된 실체적 현실을 재해석할 수 있는 인식의 공간이 생겨나게 된다. 이러한 인식의 공간은 시민운동을 비롯한 사회운동의 실천의 공간을 확장시키고, 이는 역으로 인식의 공간을 확장시키는 호순환을 민주화 이후 한국의 시민사회는 경험하게 된 것이다. 또한 이를 통해 반공이데올로기에 비판적일 수 있는 합리적 주체가

---

59) 한국 정치사에서 선거 때면 여지없이 불어오던 북풍이 이번 선거에서는 예전과 같은 위력을 발휘하지 못했던 이유는 무엇인가? 선거 이후에도 한국의 여론이 과거와 달리 지속적으로 대화와 평화적 해결을 지지하는 이유는 무엇인가? 노무현 후보의 승리는 다양한 각도에서 분석될 수 있지만, 한가지 명백한 사실은 북핵문제의 평화적 해결을 주장한 노무현 후보가 승리했다는 것이다. 그리고 이것은 우리 역사상 초유의 사건이라는 사실이다. 이를 통해 확인할 수 있는 것은 이제 다수의 시민들이 제재나 봉쇄, 그리고 전쟁이 아닌 대화만이 평화를 가져다 줄 수 있다는 것을 인정하기 시작했다는 점이다. 다시 말해 한국의 시민사회는 과거의 반공이데올로기의 억압에서 벗어나 새로운 인식틀을 형성한 것이다. 반공규율사회가 해체적 변형의 방향으로 가고 있다는 것이다.

탄생되게 된 것이다.

'성찰성의 공간'의 확대에 결정적으로 기여한 것은 인터넷의 발전이다. 인터넷을 통한 대중적 토론의 성장은, 한국 사회에서 헤게모니를 획득하는 방식이 더 이상 폭력이나 국민계몽이 아닌 토론을 통한 설득임을 보여주었다. 인터넷에서 형성된 사이버 공론영역에서는 쌍방향성에 기반해 보편적인 참여가 가능했고, 합리적 - 비판적 토론이 이루어졌다. 이제 냉전적, 수구적, 권위주의적, 엘리트주의적 논의는 단순히 수용되는 것이 아니라 토론되어야 했다. 더욱 중요한 사실은 과거의 권위가 단순히 토론되는 것이 아니라 과거와는 양적으로, 질적으로 다른 정보에 기반해서 토론된다는 점이다. 반공규율사회에서 극히 제한된 정보를 가졌던 대중들은 인터넷이라는 바다를 서핑하면서 풍부한 새로운 정보를 습득할 수 있었고, 이를 통해 좀더 객관적인 사실에 기초해 토론함으로써 반공주의의 회로판에 균열을 낼 수 있는, 과거와는 다른 결론에 도달하게 된 것이다.

1987년 이후의 시민사회의 성장을 통해 형성된 세력들이 인터넷이라는 매체를 통해 훈련받았을 때, 다시 말해 시민사회 속에서 합리적 - 비판적 토론의 가능성과 중요성을 학습했던 세력들이 인터넷이라는 매체를 통해 그것을 현실화시켰을 때, 이 사이버 공론영역은 바로 합리적 주체들 간의 토론장임과 동시에 합리적 주체의 형성장으로 급속히 전화되었다. 이렇게 해서 냉전수구세력의 협박에도 불구하고 촛불시위와 노무현의 승리, 그리고 북핵문제에 대한 합리적 대처를 이끌어낸 합리적 세력이 시민사회의 주류로 등장하게 된 것이다.

둘째, 이의 원인이자 결과로서 억압당하고 있던 아래로부터의 민족주의 요구가 분출됨과 동시에 새로운 민족주의적 요구들이 형성되었다는 점이다. 이미 1970년대 이후 아래로부터의 민족주의는 반독재 민주화운동의 핵심적 동력이었고, 통일지향적 민족국가 형성의 요구는 저항세력의 중요한 목표였다. 앞서 서술한 바와 같이 반공병영사회 속에서 위로부터의 민족주의는 민족 간의 경제적, 군사적 경쟁의식을 통해 대중들을 동원하였지만, 반독재 민주화운동과 접합되어 있었던 통일지향적 민족주의는 반독재 민주화운동이 성장하던 1980년대에 이르러 반미주의로 급진화되기도 하면서, 민주화 이행 이후에는 시민사회에 진지를 구축하게 된다[60]. 또한 최근에는 저항적 민족주의와는 거리가 있지만, 지배세력의 민족주의에 저항하는 새로운 민족주의가 성장하게 된다. 2002년 월드컵, 촛불시위 등으로 표출된 이러한 새로운 민족주의는 세계화라는 국제적 조건과 경제성장이라는 내적 조건에 기인한 것으로, 민족적 자긍심을 바탕으로 한 세계시민으로서의 한국인이라는 개방적, 시민적 정체성을 표출하였다(김정훈 2002). 반독재 민주화 운동과 결합되어 있었던 아래로부터의 민족주의와 새로운 세대의 개방적, 시민적 민족주의의 결합은 반공주의의 핵심인 반북주의 및 친미주의의 극복, 나아가 반공규율사회를 극복하는 핵심적인 계기라 할 수 있다.

한국에서 반미가 본격적으로 이슈화되기 시작한 것은 1980년 광주민중항쟁 이후이다. 1980년대 민주화운동세력들은 광주학살의 배후에 미국이 있다는 의심을 갖기 시작했으며, 그것을 규명하고 미국의 본질을 폭로하기 위해 본격적인 반미투쟁을 시작했다. 부산 미문화원 방화사건, 서울 미문화원 점거사건 등은 이들의 이러한 인식을 잘 보여주는 것이다. 그러나 당시 이들이 온몸으로 행한 선전과 선동은 대중적 반미감정으로 발전하지 못했다. 그것은 무엇보다 당시까지 엄존하고 있던 냉전체제와 공고한 반공규율사회 때문이었다.

---

60) 1987년 이후 민주주의 이행과정에서 통일지향적 민족주의가 시민사회에 진지를 구축했다는 사실은, 저항적 민족주의의 통일지향적 요구를 지배세력이 정책적으로 흡수하면서 다양한 형태로 대북 화해정책들을 실행했다는 사실에서 확인된다. 노태우 정권의 7.7선언과 북방정책, 문민정부의 남북정상회담 시도 및 남북 기본합의서 채택, 국민정부의 6.15 공동선언은 지배세력에 의해 억압되어 왔던 통일지향적 민족주의의 요구가 정부 정책화되는 과정을 보여주고 있다.

한국의 합리적 세력이 최근 들어 스스로의 국제적 위치를 객관적으로 파악할 수 있게된 데는 냉전의 해체라는 세계사적 측면, 그리고 햇볕정책이라는 남북관계의 변동이 큰 영향을 미쳤다. 냉전의 해체는 한미 간의 혈맹의식을 약화시킴과 동시에, 과거에는 보지 못했던 세계 유일 초강대국으로서의 미국의 행태를 객관적으로 관찰할 수 있는 기회를 제공했다. 또한 햇볕정책은 남북교류를 확대함으로써[61] 북한, 특히 북한 주민을 악의 축의 일원이 아니라 같은 동포로 받아들이게 하였다. 특히 2002년의 8.15 민족통일대회와 아시안게임의 북한응원단 참가는 북한 열풍을 불러올 정도로 남북 주민들 간의 상호 이해에 결정적으로 기여했다.

국제정치적 구조변동과 남북관계의 변동이 촛불시위와 북핵에 관한 합리적 대응으로 나타나는 데 결정적으로 기여한 것은 인터넷과 '붉은 악마' 현상이었다. 앞에서 언급했듯이 인터넷을 통한 정보의 교류와 토론은 미국이 우리에게 무엇인가를 새롭게 인식시켰다. 예를 들어 인터넷을 통해 사람들은 제네바협정에는 경수로 제공과 핵동결만이 있는 것이 아니라 북미 간 정치경제적 관계정상화의 합의도 있었으며, 미국도 협정을 성실히 수행하지 않았음을 알게 되었다. 즉, 보수 언론이 주장하듯 제네바협정은 북한이 일방적으로 파기한 것이 아니라, 미국에도 상당한 책임이 있음을 알게 된 것이었다. 이러한 인식의 확대과정에서 사람들은 한국에서 전쟁은 북한에 의해서만 발발하는 것이 아니라 미국에 의해서

---

61) 2000년 6.15 남북공동선언은 이전의 대결형 남북관계를 평화공존형 관계로 전환하는 결정적인 계기였다. 특히 남북정상회담은 권력이 '권장'하는 북한에 대한 태도의 이원화를 가져오게 된다. 즉, 적대적 태도와 평화공존형 태도가 공존하게 되는 것이다. 남한과 북한의 체제는 모두 적대적 남북관계에 적응하면서 이를 정권 유지에 이용하는 방식으로 운영되어 왔다. 대결적 남북관계의 보수적 효과가 권력 유지의 중요한 사회심리적 기초가 되어왔던 것이다. 그러나 이원적 태도의 공존, 즉 평화공존형 태도의 형성은 이전의 적대적 반공주의가 이제 더 이상 '의사 합의'로 수용되지 않는 상황을 형성하는 원인이라 할 수 있다.

도 일어날 수 있음을 알게 되었다. 특히 1990년대 이후 한반도의 전쟁위기는 미국에 의해 주도될 수도 있음을 알게 되었다. 이렇게 시민들은 점점 반공규율사회가 제시했던 인식의 한계를 돌파하였던 것이다.

두 여학생의 죽음도 마찬가지 방식으로 토론의 확대가 이루어졌다. 어린 두 여학생이 미군에 의해 죽었는데 누구도 처벌받지 않았다는 사실에 분개한 사람들은, 이것이 불공정한 SOFA에 기인한다는 점을 발견했다. 그래서 그들은 SOFA의 개정이 중요하다는 것을 인식하게 되었고, 한국과 미국 사이의 불공정한 협정에 의해 우리가 오랫동안 피해를 받아왔다는 인식에 도달하게 되어 이제 더 이상 미국을 '은인의 나라'로 볼 수 없게 되었다. 여기에 부시 행정부의 밀어붙이기식 정책은 미국에 대한 인식을 더욱 나쁘게 하는 데 가속도를 붙였다. 아프카니스탄 전쟁을 비롯한 미국의 소위 대테러전쟁이 무고한 많은 사람들의 죽음을 가져왔다는 사실은, 미국을 중립적인 세계의 경찰로만 인식할 수 없게 만들었다. 미국에 대한 비판적 인식이 형성된 것이다.

이러한 인식의 전환이 촛불시위로 발전하는 데는 6월의 붉은 악마 현상이 결정적으로 기여하였다. 붉은 악마 현상은 그 원인이 무엇이든 간에 촛불시위와 관련하여 두 개의 결정적인 인식의 전환을 만들었다. 하나는 광장성이다. 1987년 이후 개인적 공간에 갇혔던 사람들은 광장이 주는 새로운 즐거움, 새로운 힘을 알게 되었다. 그들은 온라인을 벗어나 오프라인화하기 시작하였으며, 이것은 촛불시위라는 독특한 형태의 시위를 만들어내었다. 다음으로 붉은 악마현상이 준 중요한 인식의 전환은 민족적 자긍심이었다. 매향리의 참상, 노근리 학살, 동계올림픽 쇼트트랙 사건, F-15기 구입 등의 일련의 사건들이 준 충격이 6월이 가져다준 민족적 자긍심에 의해 재해석될 때, 새로운 인식과 행동이 분출하게 된 것이다. 이렇게 저항세력의 민족주의와 새로운 대중적 민족주의가 결합하면서 반북주의 및 친미주의는 해체되었던 것이다.

셋째, 이러한 일련의 사태 전개가 가능한 데는, 1980년대 후반과 1990년대를 거치면서 나타난 반공담론 자체의 변화도 기여했다. 첫째, 사회주의 체제의 붕괴와 북한의 체제 '열등성'이 선전되면서 나타나는 반공담론의 변화로 인해, 반공주의의 이데올로기적 효과가 수용자 측면에서 재구성되는 현상이 나타났다. 앞에서도 언급했듯이 김영삼 정권 이후 반공주의는 과거의 경쟁적 반공주의에서 체제우월적 반공주의로 전환되었다. 위협적 대상으로서의 공산주의 체제가 경멸의 대상으로 전락하게 되면서, 반공주의의 내용이 다시 한번 재구성된 것이다. 이제 남한에서 북한 인권문제를 적극적으로 제기하고자 하는 '운동권'이 생겨나게 되고, 북한을 인도적 차원에서 지원하고자 하는 호의적인 태도가 나타나게 된 것이다. 이는 과거 반공이데올로기가 효과적일 수 있는 가장 중요한 요소, 즉 생명에 대한 위협을 근저에서 해체하는 효과를 갖는 것이다.

다음으로는 모순적이게도, 1960~70년대 반공주의적 관념과 실체의 불일치가 드러남으로써 구 반공주의적 관념의 균열이 동시에 진행되었다는 점이다. 박정희 시대의 반공주의는 본질적으로 호전적이고 인민들은 절대적으로 초근목피의 상태에 있으며 정권은 절대적으로 민중억압적인 상태에 있다고 하는 관념과, 이와는 반대로 우리 정권에 대해서는 언제나 긍정적인 관념을 전제하고 있었다. 이러한 반공주의적 관념과 불일치되는 현실이 드러나게 되면서 구 반공주의적 관념이 균열된 것이다. 1980년대 말 '북한 바로 알기 운동', 각종 남북 충돌사건의 실상, 최근 서해교전 사태에서의 반공주의적 궐기 이후에 알려진 '실상', 남북 대결시대의 상호적대적 태도와 그 실상들을 대중들이 접하게 되면서 구 반공주의적 관념이 '구성된 것'이자 실체적 진실과는 무관하게 재생산된 관념 [62]이라는 것을 대중들이 인식하게 되었다.

---

62) 앞서 지적한 대로, 1950년대의 체험적 반공은 박정희 체제하에서 스테레오타이프한

넷째, 반공주의에 의해 성장했던 자본의 성장이 더 이상 반공주의를 요구하지 않는다는 점이다. 반공병영사회 속에서 자본 성장의 사회적 기반은 반공주의였다. 1960년대 이후 반공주의는 발전주의와 결합하고 의사 민족주의적 에너지를 동원함으로써 존립할 수 있었다. 즉, 한국에서의 발전주의는 반공주의라는 비옥한 토양 위에서 성장할 수 있었다. 그런데 이 과정을 통해 자본이 성장함에 따라, 반공주의는 발전주의의 종속담론이 되거나 분리되었다. 1980년대 등장한 신군부 정권은 이전의 보호주의, 국가주도형 발전주의를 개방주의, 시장자율형 발전주의로 전화하면서 지속하였고, 문민정부 하에서는 이러한 발전주의가 세계화 담론과 결합되면서 새로운 추동력을 얻게 되었으며, 과거의 근대화론을 대체하는 새로운 지배담론으로 부상하게 되었다. 50년만의 정권교체를 이루었던 국민정부 하에서도 IMF위기 극복, 국제경쟁력 강화를 위한 지식기반사회로의 이행 등의 명분 하에서 이러한 발전주의는 변형된 형태로 지속되었다. 이렇게 본다면 반공주의는 반공병영사회 속에서 발전주의와 유기적으로 결합되어 존재하였고, 역으로 반공주의의 정당성의 기반이 되었던 발전주의는 이제 전면화, 자립화되어 세계화 담론으로 지속되고 있다고 할 수 있다. 그런데 이러한 발전주의의 자립화는 반공주의가 독자적으로 정당성을 확보해야 한다는 것을 의미한다. 이런 점에서 현재 반공주의는 변형과 해체를 요구받고 있는 것이다. 이는 또한 발전주의 담론의 핵심주체인 자본이 더 이상 반공주의를 요구하지 않는다는 것을 의미한다. 자본의 관점에서 볼 때, 대결적 반공주의보다는 평화공존을 통한 시장의 확대가 좀더 중요하기 때문이다.

성찰성의 공간의 확대에 의한 합리적 주체의 형성, 새로운 민족주의의

'2차적으로 재구성된' 반공관념으로 고착되고, 그것이 체계적으로 교육을 통해 국민들에게 인입된 것이다. 이러한 반공주의에 있어서 실체와 관념은 분리되고 관념은 실체와 무관하게 재생산되며 실체적 사건들을 재해석하는 인식틀로 작동하게 된다.

도래, 반공주의의 내적 변동으로 인한 이데올로기적 효과의 상실, 그리고 성장한 자본의 새로운 요구라는 조건하에서 반공주의는 더 이상 효과적인 지배이데올로기로 활용되기 힘들 것으로 보인다. 다시 말해서 지배세력들 스스로 반공주의를 과거와 같은 형태로 재생산할 필요를 더 이상 느끼지 않을 것으로 생각된다. 이렇게 볼 때, 반공주의 및 반공규율사회는 이제 '해체적 변형'의 과정을 겪을 것으로 전망된다.

　해체적 변형이라고 할 때, 그것은 과거와 같은 형태의 대결적이고 공격적인 반공주의는 해체되고 있으며 위력을 발휘하지 못하는 방향으로 가고 있다는 것을 의미한다. 그동안 남한사회에서 분명 반공주의는 현존하는 정치적·사회적·이데올로기적 효과를 가지고 있었다. 그러나 이제 그것은 이전의 우리 사회의 극우보수세력이 동원하는 방식으로 존재하지는 않게 되었다. 2002년 6월말의 서해교전사태는 이러한 지형을 정확히 보여주고 있다고 생각된다. 이러한 남북대결적 사건들이 돌출하였을 때 남한 사회의 '일순간' 반공주의적 헤게모니가 관철되며 그에 반하는 자유주의적·진보주의적 비판은 주변화되거나 침묵하게 되었지만, 이 사건에서 보여지듯이 구 반공주의적 해석과 그것에 반대하는 해석이 공존하게 되고 그것이 '국론분열' 형태로 나타나게 되는 것은 바로 돌발사건을 계기로 한 남한사회의 승공 혹은 반공주의적 동원이 더 이상 일사분란하게 작동하지 않는다는 것을 의미한다. 이것이 해체적 재편의 현실적 모습이다[63].

　우리 사회 보수세력의 지배의 '자원'은 적대적 반공주의 속에서 주로

---

63) 이는 최소한 우리 사회의 보수세력의 반공주의에 편승한 이데올로기적 헤게모니는 균열되고 있으며 변화를 강요당하고 있다는 것을 의미한다고 할 수 있다. 구 반공주의와 친화적인 성격을 가져왔던 한나라당이 적대적 남북관계의 보수적 효과에 의존하기보다는, 국민정부의 부패에 의존하는 방식은 보수세력의 이데올로기적 기반 자체가 변화하고 있음을 보여주고 있는 것이다.

대결적 남북관계에 의존하는 것이었고, 보수적 지배의 중요한 정당성은 안보와 반공에서 찾아졌다. 그러나 이러한 적대적 반공주의는 반독재투쟁과 결합된 아래로부터의 민주화투쟁에 의해서, 또한 남북관계의 해빙 속에서 보수적 자원으로서의 역할이 축소되어왔다고 할 수 있다. 사실 적대적 남북관계와 그 보수적 효과에 의존하는 방식이 보수적 지배의 핵심을 구성하면서도, 개별 정책적 행위에 있어서는 비적대적 남북관계의 정치적 효과를 흡수하고자 하는 시도도 지속되어 왔다. 1972년 남북회담이나 노태우 정부 시기의 7.7선언이나 한민족공동체 통일방안 발표, 북방정책이나 문민정부에서의 남북정상회담 시도 등은 이러한 사례들이라고 할 수 있다. 이러한 시도의 정점에 6.15 남북정상회담이 존재한다. 6.15 남북정상회담과 국민정부가 추진한 햇볕정책은 평화공존형 남북관계의 새로운 정책라인을 출현시키게 된 것이고, 이것은 우리 사회의 지배가 전적으로 적대적 남북관계에만 의존하지 않게 되었다는 것을 역설적으로 보여주고 있다. 과거의 집권세력이 지배블럭 내의 보수적 분파이고 국민정부의 주체들을 지배블럭 내의 자유주의적 분파라고 한다면[64], 이제 보수적 분파가 지배블럭의 대표하던 상태에서 일종의 이원화 구조가 형성되고 그것이 남북관계의 상이한 정책라인으로 정립되는 것을 의미한다. 이것은 이미 한국 사회의 반공주의—그것을 담지하는 것이 지배블럭이라고 한다면—가 이전의 적대적 반공주의로부터의 변화를 강요당하고 있다는 것을 의미한다고 하겠다. 그리고 그만큼 적대적 반공주의에 기반하고 있었던 보수세력의 헤게모니는 약화되고 있다고 하겠다. 이것은 반대로 우리 사회 보수세력들의 지배담론이 적대적 반공주의에만 의존하지 않는 새로운 담론자원의 동원과 개발로 나아갈 수 있음을 시사한다. 과거에 보수세력의 지배담론이 거의 전적으로 적대적 반공주의에

---

(64) 이에 대해서는 이 책의 총론을 참조.

기반하고 있었다고 한다면, 이제는 세계화 담론을 포함하여 지배담론의 새로운 구성요소들이 포함되는 방향으로 변화해가고 있다고 생각된다. 이런 변화는 분명 이전의 반공주의적 지배담론 자체가 해체적 재편과정에 있음을 말해주고 있다.

물론 반북주의를 핵심적인 내용으로 하는[65] 반공주의가 소멸되는 것은 아니다. 한 사회에 계급적 불평등이 존재하고 그 결과 지배를 정당화하는 담론이 존재한다고 할 때, 또한 반공주의가 갖는 동원력이 존재한다고 할 때 지배담론에서 반공주의가 소멸하지는 않을 것이다. 단지 그 내용 및 지배담론과 반공주의의 관계가 달라지게 되는 것이다. 정확하게 말하면 저급한 수준의 반공주의가 '지배' 담론 내에서 지속되겠지만 그 내용은 합리화되고 '세련화' 될 것이며, 지배담론의 구성에서 반공주의가 차지하던 '막중한' 위치는 주변화되어 갈 것이다. 이러한 해체적 재편의 진통이 과거의 공격적이고 적대적 반공주의에서 평화공존형 '반공' 주의로 갈는지, 적대적 반공주의가 유지되면서 실용적으로 남북관계의 유화정책을 배합하는 방식으로 갈는지, 반공주의 자체의 균열로 가게 될는지, 아니면 반공주의가 주변화된 새로운 지배담론으로 가게 될는지의 여부는 향후의 역동적 변화에 의존하고 있다. 구 담론의 해체와 신 담론의 형성과정이 현실적인 계급적 · 사회적 투쟁과정이자 담론 자체의 구성적 내용을 둘러싼 투쟁과정이라고 할 때, 반공주의 담론의 변화는 현실 정치사회적 투쟁 및 그 일부로서의 담론투쟁에 달려 있다고

---

65) 반공주의에는 다음과 같은 여러 가지 차원이 복합적으로 내재되어 있다. 첫째는 반북주의로, 그것은 '내전'의 상대방으로서의 북한에 대한 적대적 의식이다. 그런 점에서 적대적 반공주의의 성격을 띠고 있다. 둘째, 공산주의 체제에 대한 반대의식이다. 북한뿐만 아니라 소련 및 중국 등 공산주의체제에 대한 적대의식과, 이것의 반면(反面) 의식으로서 미국을 포함한 자유주의 혹은 자본주의체제에 대한 우호적 의식이다. 셋째, 북한의 위협으로부터 남한을 수호하고 있는 미국에 대한 혈맹의식과 친미의식이다. 이러한 여러 가지 측면이 반공주의 속에 혼재되어 있다고 생각된다.

하겠다[66].

7. 반공주의를 넘어서

21세기의 벽두를 여는 지금 박정희는 더 이상 존재하지 않는다. 그러나 지배질서의 위기 시마다 나타나는 박정희의 부활은 박정희 식 논리가 한국 사회를 지배하고 있음을 여실히 보여준다. 이는 박정희 시기의 산업화가 현재의 경제적 형태를 결정지었다는 사실을 넘어 박정희 식 발전논리, 사회논리가 현재 우리 사회를 지배하고 있다는 것을 의미한다. 죽은 박정희가 살아있는 우리를 규율하고 있는 것이다.

이 글에서 필자들은 반공주의의 지배담론화 과정을 살펴보았다. 이를 통해 반공규율사회의 핵심에는 박정희 식 반공병영사회의 논리가 있으며, 박정희 식 발전논리, 사회논리는 분단체제에 의해 규정받으면서 또한 그것을 규정하는 반공주의와 긴밀한 관계가 있음을 알 수 있었다. 박정희는 흔들리는 반공규율사회의 물적 토대를 재확립했을 뿐 아니라 그

66) 2003년 3월 1일에는 기독교계가 중심이 된 친미시위적 성격의 '반핵 반김' 집회가 한편에서 열렸고, 다른 한편에서는 촛불시위를 계승하면서 한미관계의 수평적 변화를 주장하는 집회가 열렸다. 이것은 보기에 따라서는 촛불시위가 반미적 성격으로 확산되는 것에 대응하는 보수세력의 반발의 성격을 띠고 있지만, 그렇다고 해서 구 반공주의와 친미주의를 특징으로 하는 구 보수세력의 힘이 강화된 것을 의미하는 것이 아니다. 필자들의 생각에서는 오히려 구 보수세력의 약화를 반영하는 것이라고 생각된다. 구 반공주의적·친미주의적 보수세력이 스스로 헤게모니적 지위를 가지고 있다고 생각되는 상황에서는, 수평적인 대결적 친미시위를 하는 방식보다는 형식적으로나마 포용적 자세를 취하려고 했었을 것이다. 그러나 국민정부에 이어 참여정부가 출범하면서, 보수세력 스스로가 탈권력화되어 있다고 느끼면서 자기 권리와 의견을 관철하기 위해서는 수평적 경쟁이라도 무릅쓰지 않으면 안 된다고 하는 의식을 갖게 된 것이다. 결국 향후의 발전은 이처럼 수평적 경쟁의 지위로 위치지워지게 된 보수세력과 개혁진보세력의 경쟁 속에서 결정된다고 볼 수 있다.

것을 담론적으로 형성시켰다. 이 과정은 반공주의를 명확히 반북이데올로기와 결합시키면서 생산이데올로기, 즉 발전주의와 접합하는 과정이었다. 또한 반공을 '생산을 위한 동원'의 논리로 전환시키는 가운데 반공주의를 민족주의와 접합하였고, 이를 통해 대중을 '민족을 위한 노동'에 동원하였다. 또한 '동도서기론'과 유기체적 민족주의 담론을 통해 반공주의에 의해 파생된 집단주의, 권위주의, 연고주의를 담론적으로 정당화하였다.

반공규율사회와 권위주의정권이라는 조건하에서 한국 사회는 물질적, 담론적으로 분화와 탈분화가 동시에 일어나는 특수한 한국적 근대화의 논리를 갖게 되었다. 다시 말해 근대화로 인해 경제와 시민사회는 분화되지만, 역으로 국가에 의해 지속적으로 탈분화되었던 것이다. 경제의 정치화, 정치의 시민사회화, 정치의 경제화, 시민사회의 경제화, 정치의 시민사회화 등 전체 사회는 국가에 의해 재통합되면서 시민사회는 독자적인 논리를 확립하지 못했다. 또한 국가 및 경제는 근대적 합리성을 획득하지 못하고 전근대적 가치와 접합되었다. 다시 말해 '생활세계의 식민화'가 일어나는 동시에 '체계의 봉건화' 발생하였던 것이다. 이러한 현상은 반공, 발전, 민족이라는 박정희 식 삼위일체 논리에 의해 담론적으로 정당화되면서 무책임 자본주의, 풀뿌리 보수주의, 부정부패한 국가라는 총체적인 무책임 사회를 만들어냈다(김정훈 2000a).

IMF 사태는 이러한 박정희 식 사회논리, 박정희 식 발전논리의 모순이 총체적으로 폭발한 것이었다. 그런 의미에서 박정희의 최대의 라이벌이었던 김대중이 IMF 위기의 최대의 수혜자라는 사실은 흥미로운 일이다. 그러나 더욱 흥미로운 일은 김대중이 박정희가 만들어놓은 지역감정으로 인해 당선되었다는 점이며, 더 더욱 흥미로운 것은 IMF 위기의 극복 전략이 '국민총화'의 현대판인 '고통분담'과 '산업역군'의 현대판인 '금모으기'로 나타났다는 점이다. '죽은' 박정희가 '산' 김대중을 조종

했던 것이다.

이제 과거의 반공주의는 더 이상 존재하지 않는다. 위로부터의 반공민족주의, 반공발전주의는 냉전의 해체, 경제발전, 민주화에 의해 더 이상 가능하지 않게 되었다. 다시 말해 대중에 의해 수용되었던 독립과 생존으로서의 반공주의, 생산의 논리로서의 반공주의는 더 이상 존재하지 않게 되었다. 이제 우리에게 과거의 반공주의가 남아있다면, 그것은 과거의 경험이 과잉 증폭된 반북주의뿐이다. 이것은 최근의 반미감정의 확산에서도 확인된다. 과거 미국은 우리에게 생존을 보장하는 우방이었지만, 부시의 악의 축 발언 이후 대중들은 미국이 우리의 생존을 보장하는 것이 아니라 우리의 안정을 해칠 수 있는 존재임을 인식하게 되었다[67]. 친미반공주의가 위협받고 있는 상황은 반공주의가 해체적 변형의 도정에 놓여 있음을 잘 보여준다.

그러나 반공주의는 해체적 변형의 길로 가고 있지만, 반공주의에 의해 형성된 반공주의의 회로판은 해체되지 않고 있다. 발전주의는 IMF 사태 이후 신자유주의에 의해 더욱 강화되고 있으며, 민족주의는 발전주의와 접합해 부국강병적 민족주의(권혁범 2000, 75)로 나타나고 있다. 이러한 발전주의와 민족주의의 접합으로 인해 북한은 이제 오리엔탈리즘의 대상이거나 새로운 시장으로 인식되고 있다.

6.15 선언 이후 분단체제는 결정적인 전환점을 맞고 있다. 노무현 정권의 성립은 이러한 전환이 이제 돌이킬 수 없음을 보여주었다. 그러나 이러한 전환이 의미를 갖기 위해서는, 나아가 통일이 진정한 의미를 갖기

---

67) 앞에서 언급했듯이 최근의 반미감정은 매향리 사태부터 이어진 일련의 사건의 연장선에서 이해해야 한다. 그리고 이 사건들의 이어주는 끝은 미국이 더 이상 우리의 안정과 이익을 보장하지 않는다는 사실에 대한 인식이다. 특히 부시의 악의 축 발언에 이은 대북 강경정책은 한반도에서 미국에 의해 전쟁이 일어날 수 있다는 위기의식을 형성시키고, 이는 과거 대중적 반공주의의 핵심인 '생존에의 욕구'를 자극함으로써 역으로 반공주의를 해체시키는 효과를 갖는다.

위해서는 단순히 반공주의만이 아니라 그것의 2차 의미가 해체되어야
한다. 특히 반공주의의 토양에서 자라났지만 자립화된 발전지상주의가
해체되어야 한다. 만약 발전지상주의에 대한 적절한 문제 제기가 이루어
지지 않는다면, 한국 사회는 반공규율사회에서 발전규율사회 혹은 경제
규율사회로 전환될 것이다. 반공주의와 발전주의에 의해 구조화된 문화
적ㆍ이데올로기적 토양 자체를 급진적으로 전환하는 것, 즉 민주주의의
급진적 확장이 필요한 이유도 바로 여기에 있다.

| 참고문헌 |

강명구 · 박상훈. 1997. "상징의 정치와 담론정치: '신한국'에서 '세계화' 까지". 『한국사회학』. vol.31. No. 1.

강일국. 2001. "해방 이후 국민학교 반공교육의 형성". 역사문제연구소 심포지엄 자료집. 『분단의식, 그 재생산의 구조와 균열』.

권혁범. 2000.『민족주의와 발전의 환상』. 솔.

_____. 2000a. "내 몸 속의 반공주의 회로와 권력— '반공규율'을 넘어서기 위하여".『우리안의 파시즘』. 삼인.

김기중. 2000. "전체주의적 법질서의 토대. 주민등록제". 임지현 외.『우리 안의 파시즘』. 삼인.

김대환. 1997. "'근대화'와 경제개발의 재검토—박정희 시대의 종언을 위하여". 『경제발전연구』. 3권.

김명섭. 2000. "북한에 대한 오리엔탈리즘과 '햇볕' 정책".『열린지성』. 가을 · 겨울호.

김동춘. 1997.『분단과 한국 사회』. 역사비평사.

_____. 2000.『전쟁과 사회』. 돌베개.

김세중. 1996. "박정희의 통치이념과 민족주의". 유병용 외.『한국현대사와 민족주의』. 집문당.

김연철. 1998. "냉전기 통일론의 극복과 탈냉전시대의 패러다임".『역사비평』. 가을호. 44호.

김윤태. 1999. "발전국가의 기원과 성장—이승만과 박정희 체제에 관한 역사사회학적 연구".『사회와 역사』. 56집.

김일성. 1981a. "사회주의 혁명의 현단계에 있어서 당 및 국가 사업의 몇 가지 문제에 대하여"(1955. 4. 4.).『김일성저작집 9』. 조선로동당출판사.

_____. 1981b. "평안남도는 사회주의건설의 모든 전선에서 앞장에 서야 한다"(1969. 2. 15.).『김일성 저작집 23』. 조선로동당출판사.

김 정. 2000. "해방직후 반공이데올로기의 형성과정".『역사연구』. 7호.

김정훈. 1999. "남북한 지배담론의 민족주의 비교연구". 연세대학교 사회학과 박사학위 논문.

_____. 2000. "한국전쟁과 담론정치". 『경제와 사회』. 20호.

_____. 2000a. "시민사회의 두 얼굴. 무책임 사회와 진보적 공론영역". 학술단체협의회 편. 『전환시대의 한국 사회: 21세기 진보 · 지성 · 대안』. 세명서관.

_____. 2002. "붉은 악마는 사회변동의 동력일 수 있는가". 민주화운동기념사업회. 『기억과 전망』. 창간호.

김진균 · 조희연. 1985. "분단과 사회상황의 상관성에 관하여―분단의 정치사회학적 범주화를 위한 시론". 『분단과 한국 사회』. 까치.

대통령비서실 편. 1973. 『박정희대통령연설문집 1. 군정편』.

_____. 1973. 『박정희대통령연설문집 2. 제5대편』.

_____. 1973. 『박정희대통령연설문집 3. 제6대편』.

_____. 1973. 『박정희대통령연설문집 4. 제7대편』.

_____. 1976. 『박정희대통령연설문집 5(상). 제8대편』.

_____. 1979. 『박정희대통령연설문집 5(하). 제8대편』.

대통령비서실 편. 1994. 『김영삼대통령연설집 1』.

_____. 1995. 『김영삼대통령연설집 2』.

_____. 1996. 『김영삼대통령연설집 3』.

_____. 1997. 『김영삼대통령연설집 4』.

_____. 1998. 『김영삼대통령연설집 5』.

류길재. 2000. "북한과 박정희 정권의 형성. 남북한관계와 국내정치의 변증법". 한국정치학회. "한국정치사" 기획학술회의 자료집. 『박정희 시대의 한국: 국가 · 시민사회 · 동맹체제』.

모리 요시노부. 1989. "한국 반공주의이데올로기 형성과정에 관한 연구―그 국제정치사적 기원과 제특징". 『한국과 국제정치』. 5호.

박명림. 1996. 『한국전쟁의 발발과 기원 I. II』. 나남.

_____. 2001. "한국에서 민주주의와 통일문제의 성찰". 『smog』 창간호.

박정희. 1962. 『우리 민족의 나아갈 길. 사회재건의 이념』. 동아출판사.

_____. 1963. 『국가와 혁명과 나』. 향문사.

_____. 1971. 『민족의 저력』. 광명출판사.

_____. 1978. 『민족중흥의 길』. 광명출판사.

백낙청. 1994. 『분단체제 변혁의 공부길』. 창작과 비평사.

_____. 1998. 『흔들리는 분단체제』. 창작과 비평사.

백창재 · 김태현. 2000. "제3공화국의 성립과 미국의 역할". 한국정치학회. "한
국정치사" 기획학술회의 자료집. 『박정희 시대의 한국: 국가 · 시민사
회 · 동맹체제』.

송남헌 · 정태영. 1995. "대담: 고초로 점철된 혁신계 50년". 『역사비평』. 봄호.

송호근. 2000. "박정의 체제의 국가와 노동". 한국정치학회. "한국정치사" 기획
학술회의 자료집. 『박정희 시대의 한국: 국가 · 시민사회 · 동맹체제』.

서주석. 2000. "박정희 시대의 국민통제. 행정체제를 중심으로". 한국정치학회.
"한국정치사" 기획학술회의 자료집. 『박정희 시대의 한국: 국가 · 시민
사회 · 동맹체제』.

서중석. 1998. "이승만정권 초기 일민주의와 파시즘". 역사문제연구소 편.
『1950년대 남북한의 선택과 굴절』. 역사비평사.

_____. 1995. "정부수립후 반공체제 확립과정에 대한 연구". 『한국사 연구』. 90호.

손호철. 1995. 『해방 50년의 한국정치』. 새길.

양병기. 1999. "1960년대 국가통치기구의 재편—군사통치의 내용을 중심으로".
한국정신문화연구원 편. 『1960년대의 사회변동』. 백산서당.

윤지훈. 2002. "'반공규율사회' 변화에 따른 통일담론과 통일운동 고찰". 성공
회대학교 사회학과 석사학위 논문.

이광일. 1998. "박정희 정권에 관한 연구현황과 과제". 『역사와 현실』. 29호.

_____. 2001 "개발독재 시기의 국가—제도정치의 성격과 변화". 조희연 편.
『한국 민주주의와 사회운동의 동학』. 나눔의 집.

이병천. 1999. "박정희 정권과 발전국가 모형의 형성—1960년대 초중엽의 경제
정책의 전환을 중심으로". 『경제발전연구』. 5권 2호.

이우영. 1991. "박정희 통치이념의 지식사회학적 연구". 연세대학교 사회학과 박사학위 논문.

이완범. 1999. "경제개발5개년 계획의 입안과 미국의 역할". 한국정신문화연구원 편.『1960년대의 사회변동』. 백산서당.

이종석. 1998.『분단시대의 통일학』. 한울.

이철승. 1993. "대한민국의 뿌리는 광복—〉반탁—〉반공이다".『한국논단』. 8월호.

임대식. 2001. "한국지식인의 '반공컴플렉스와 지적계보". 역사문제연구소 심포지엄 자료집.『분단의식. 그 재생산의 구조와 균열』.

임지현 외. 2000.『우리안의 파시즘』. 삼인.

임현진 · 송호근. 1994. "박정희 체제의 이데올로기".『한국정치의 지배이데올로기와 대항이데올로기』. 역사비평사.

장상환. 2000. "한국전쟁과 한국자본주의". 경남대학교 사회과학연구소 엮음.『한국전쟁과 한국자본주의』. 한울.

장준하. 1961. "권두언: 5.16 혁명과 민족의 진로".『사상계』. 6월호.

전재호. 1998. "박정희 체제의 민족주의 연구—담론과 정책을 중심으로". 서강대학교 정치외교학과 박사학위 논문.

전효관. 1997. "남북한 정치담론 비교연구—의사소통 구조와 언어전략을 중심으로". 연세대학교 사회학과 박사학위 논문.

정태영. 1995.『한국 사회민주주의 정당사』. 세명서관.

조혜정 · 김수행. 1998. "반공 · 반제 규율사회의 문화 · 권력".『통일연구』. 2(2).

조희연. 1998.『한국의 국가 · 민주주의 · 정치변동』. 당대.

_____. 2002. "정치적 자유화의 '축복'과 경제적 자유화의 '재앙'".『시민과 세계』. 2호. 당대.

_____. 2003. "한국 '발전국가'의 변화와 사회운동". 김대환 · 조희연 편.『동아시아 경제발전과 국가의 역할 전환』. 한울아카데미.

최장집. 1996.『한국민주주의의 조건과 전망』. 나남.

한만길. 1997. "유신체제 반공교육의 실상과 영향". 『역사비평』. 봄호.

한지수. 1989. "반공이데올로기와 폭력". 『실천문학』. 가을호.

홍석률. 1999. "1960년대 지성계의 동향". 한국정신문화연구원 편. 『1960년대의 사회변화 연구』. 백산서당.

마루야마 마사오(丸山眞男). 1997. 『현대정치의 사상과 행동』. 김석근 역. 한길사.

부르디외(Bourdieu, P.). 1995. 『자본주의의 아비투스—알제리의 모순』. 최종철 역. 동문선.

홉스봄(Hobsbawm, E.). 1995. 『전통의 창조와 날조』. 최석영 역. 서경문화사.

Jessop, B. 1994. "The Transition to Post-Fordism and the Schumpeterian Workfare State". edited by R. Burrows and B Loader. *Towards A Post-Fordist Welfare State?*. London: Routledge.

Richmond, A. H. 1994. "Ethnic Nationalism and Post—Industrialism". edited by J. Hutchinson and Anthony D. Smith. *Nationalism*. Oxford: Oxford University Press.

Woo, Jung-en. 1991. *Race to the Swift*. New York: Columbia Univ. Press.

제 3 장
성장 · 발전주의 지배담론의 신화와 딜레마
— '발전주의 국가'에서 '신자유주의 경쟁국가'로

이광일

1. 들어가는 말

'새로운 것'은 필연적으로 좋고 바람직하다는 것이 근대성에 내재된 핵심 발상이라고 한다면, 성장 · 발전주의는 그것의 전형이다(I. Wallerstein 1992). 왜냐하면 성장 · 발전주의는 가치 판단 여부와 무관하게 새로움 그 자체와 연결되기 때문이다. 물론 이러한 발상은 이윤 추구를 목표로 하는 자본의 운동에 의해 증폭된다. 자본은 항상 새로운 것을 원한다. 이러한 맥락에서 성장 · 발전주의는 역사적 산물이며, 시공간에 따른 양상의 차이에도 불구하고 보편적이다. '국가사회주의'의 실패가 자본이 강제하는 성장 · 발전주의, '생산력주의'에 대한 대안을 제시하지 못하고 그 발상을 공유했기 때문이라는 지적은 이 담론의 보편성을 상징적으로 보여준다. 즉, 자본주의, '국가사회주의'를 불문하고 성장 · 발전주의는 근대사회가 공유하는 담론이라는 것이다. 그리고 이러한 담론이 지배해 온 역사는 사회관계의 분절화, 자연과 인간 사이의 관계를 파편화시킨 과정이었다는 비판이 그 뒤를 잇는다.

그런데 이 담론들은 일상의 미시적 사회관계들에 내재되어 작동하고 있기 때문에 초역사적인 것으로 인식되면서 자연스럽게 수용되고 있다. '직접적인 생산 활동'이 이루어지는 노동현장에서는 말할 것도 없고 지식활동, 각종 문화예술 활동도 이로부터 자유롭지 못하다. 경쟁, 생산성이라는 언술은 성장·발전주의와 매우 밀접한 친화력을 가지고 있다. 이미 지적한 바대로 자본주의의 대안이라고 하였던 국가사회주의에도 근대적 의미의 노동관과 성장주의가 깊게 각인되어 있으며(이진경 1997, 300-321; 차문석 2001 참조), 기존의 비대칭적 사회관계들을 문제시하는 시민사회운동에서조차도 이러한 담론은 너무도 쉽게 발견된다. 전후 복지국가의 중요한 사회정치적 행위주체였던 노동운동은 체제내화되어 생산력주의라는 '근대의 그늘'에서 벗어나지 못하고 있으며, 환경운동의 일부 조류에서도 그 영향력은 여전히 무시할 수 없다.

애초 자본에 의해 증폭된 성장·발전주의는 제국주의 시대를 경과하며 국제적 담론으로 확산되었다. 특히 2차 세계대전 이후 제국주의 지배와 식민지 경험을 지닌 탈식민지 사회에서 국가주의 혹은 민족주의와 맞물리면서, 그것은 강력한 지배력을 지니게 되었다. 하지만 국가주의 혹은 민족주의가 유포하고자 하는 '우리 안의 동질성'에도 불구하고 이 담론은 이데올로기성을 내장할 수밖에 없는데, 그 이유는 그것이 재생산되는 역사적 공간—그것이 일국적 수준이든, 자본주의 세계체제의 수준이든—이 애초 사회관계들의 균질성을 전제로 하고 있지 않기 때문이다. 오히려 이 담론을 규정하는 실체로서의 사회는 분열과 차이를 기본 특징으로 한다. 이 담론은 노동과 자본의 분열, 노동 내부의 분절, 그 밖의 다양한 사회관계들에 내장된 모순과 갈등, 그리고 불균등성을 전제로 작동하기 때문에 그 이데올로기성을 벗어버릴 수 없다. 이것은 곧 이 발상들이 사회적 동원과 배제, 정치적 세력 재편성 등을 위한 기제로 작동함을 의미한다. 물론 이 과정은 특정 사회를 구성하는 각 계급, 계층 간에 형성되는 긴장과 적대, 그리고 저항과 투쟁을 매개로 구체화된다. 이런 측면에서 담론의 이데올로기성은 영구적인 것으로 보이는데, 그렇다고 해서 이것이 담론의 초역사성을 승인하는 것은 물론 아니다.[1] 왜냐하면 문제가 되는 것은, 담론은 항상 역사적이고 현재적이라는 사실 때문이다. 자유와 평등, 민주주의가 특정의 주객관적 조건 속에서 단속적으로 문제시되는 것도 바로 이 때문이다.

이러한 맥락 위에서 이 글은 지배담론으로서의 성장·발전주의의 역사적 변화 과정을 살펴보고자 한다. 특히 개발, 성장이 발전과 동일시된 1960~70년대 '발전주의 국가' 시대에 주목하고자 하며, 내용적으로 이러한 지배담론이 특정한 사회정치세력들의 배제와 동원, 그리고 재편성을 위해 어떤 경계를 만들고, 어떻게 기능하며 재구성되는가에 논의의 초점이 맞추어질 것이다.

2. 탈식민지 사회와 성장·발전주의

일반적으로 탈식민지 국가에서 성장·발전주의가 본격적으로 도입된 것은 식민지권력을 통해서이다. 이것은 성장·발전주의가 자본주의의 형성과 밀접한 관계를 맺고 있다는 점에서, 그리고 그것이 일반화되는 계기가 식민지 지배라는 점에서 자연스러운 과정이라 할 수 있다. 제국

---

1) 담론의 이데올로기성은 그것이 인간을 그들의 존재조건 및 다른 사람들과 연결시켜 주는 기능을 하며 인간이 그들의 역할에 적응하고 응집력을 가질 수 있도록 하는 시멘트로서 작용한다는 '기능적 역할의 측면에 주목할 때, 특히 초역사적인 것으로 보인다. 이러한 입장에 대해서는 L. Altusser(1977, 233-235) 참조.

주의는 피식민지의 성장을 가로막고 있는 전근대적 제도와 관습들을 타파하고 선진화된 문물들을 도입하는 것만이 식민지의 발전을 담보할 수 있다는 논리를 폈다. 맑스주의자인 워렌(B. Warren)조차도 맑스와 엥겔스의 식민지(인도)에 대한 논의를 빌어 다음과 같은 주장을 하였다.

> 맑스와 엥겔스는 전자본주의 사회에서 자본주의의 역할을 진보적이라고 생각했기 때문에 자본주의가 비유럽 사회로 침투하는 것을 당연히 환영했다.……따라서 맑스와 엥겔스는 영국제국주의의 역할이 진보적이었다고 명백히 이야기했다.……맑스와 엥겔스가 제국주의가 세계시장의 창출을 가속화시키고 인류를 통일시킬 뿐만 아니라, 후진 사회에 서구문명의 물질적, 문화적 혜택을 가져다준다는 견해를 갖고 있었음을 의심할 여지없이 보여준다 (B. Warren 1980, 39-40, 84; 정성진 1985, 40-41에서 재인용).

식민지 조선의 경우, 이것을 대표하는 한 쌍의 지배 논리가 '봉건사회 부재론'을 핵심으로 하는 '정체성론'과 '타율성론'이었다.[2] 이러한 발상에 의하면 식민지의 발전을 가로막고 있는 것은 서구 문물을 적절히 수용하지 못한 정체된 내적 구조이며, 따라서 외부의 충격에 의해 그러한 장애를 제거할 때만이 발전이 이루어질 수 있다는 것이다. 이 때, 식민지 지배 권력의 입장에서 보면 개발과 성장은 진보, 발전과 동일시된다.

그렇지만 식민지 시기 제국주의가 내세운 성장·발전주의는 민족적 차별정책, 나아가 계급모순과 맞물린 민족모순 때문에 온전히 관철될 수 없었다. 식민지의 자립과 독립에 대한 열망은 '저항적 민족주의'를 강화

---

2) 송찬섭(1994) 참조. 조선에 대한 봉건사회 부재론은 역사에 대한 단계론적 발전을 전제하는데, 이것 또한 서구 중심의 근대적 역사관의 반영이라 할 수 있으며 일본 역사발전의 우월성을 내세우기 위한 근거로 제시되었다. 역사발전단계에 대한 문제 제기는 '아시아적 생산양식론'으로 표현되었다.

시키면서, 제국주의의 '성장 · 발전주의' 논리가 침투하는 것을 어렵게 하였다. 정치적 변형주의를 통해 식민지 구지배계급의 지지를 끌어낼 수는 있었지만, 대중의 자발적 지지와 동의를 끌어내는 것은 쉽지 않았다. 특히 제국주의 전쟁의 수행과정에서 심화된 식민지 민중에 대한 억압과 착취는 그 가능성을 협소하게 만들었다.

다른 한편 이와 같은 상황은 식민지시대 성장 · 발전주의가 지니는 모습을 객관적으로 그려낼 수 없게 하였다. 제국주의의 지배 또한 성장과 수탈을 양면으로 하여 전개될 수밖에 없는데, 어느 한 쪽에 과도히 주목함으로써 문제의 본질을 보지 못하게 한 것이다.[3] 즉, 자본이 지니는 속성으로서의 개발 · 성장과 수탈이라는 두 측면은 식민지들이 처한 조건에 따라 상이하게 표현되지만, 그 원리는 다르지 않다. 바로 이 점이 주목해야 할 대목인데, 제국주의의 성장 · 발전주의에 대응한 '진정한 의미의 성장'이라는 담론은 이후 식민지의 민족해방, 주권국가 건설 등의 열망과 맞물려 광범위한 지지를 얻게 되기 때문이다. 특히 이것은 탈식민지 이후 국가형성이 본격적으로 진행되면서 성장 · 발전주의가 강력한 지배담론으로 자리 잡게 되는 배경이기도 하다. 따라서 양자는 '제국주의를 통한 발전', '자립적 발전'이라는 점에서 긴장을 보이지만, 결국 거기에는 국민(민족)국가 단위에서의 개발 · 성장을 통한 발전이 가능하다는 공통된 인식이 흐르고 있다.

이러한 맥락에서 2차 세계대전 이후 성장 · 발전주의는 국민국가를 매개로 더욱 중요한 전환점을 맞게 된다. 그 발상은 미 · 소 냉전의 와중에서 확산된 '근대화론'을 통해 세련되었다. 사실 근대화론은 식민지 시기 제국주의 지배담론의 연속선상에 있다. 다만 이 담론이 제국주의의 식민

---

3) 한국에서 역사학계를 중심으로 진행된 이른바 '식민지 근대화 논쟁' 또한 이러한 한계로부터 자유스롭지 못하다. 이에 대해서는 조석곤(1997); 정태헌(1997); 안병직(1997) 등을 참조.

지 지배 시기의 그것과 차별성을 보이는 것은, 전후 미국 패권 하에 민주주의의 확산이라는 명분을 매개로 관철되었다는 점, 탈식민지 국가의 경우 '국가 없는 민족주의'가 '국가 있는 민족주의'로 전환되면서 '저들의 목표'였던 성장·발전주의가 '우리들의 목표'로 인식되었다는 점이다. 이러한 변화는 대중의 동원, 참여 가능성을 제고시켰는데, 특히 '발전주의 국가'는 인적, 물적 자원들을 조직적으로 동원, 배치하여 이러한 발상을 현실 속에서 구체화시키고자 하였다.

막대한 군비를 쏟아부으며 진행된 체제 대결은 양쪽 모두에서 성장주의를 극대화시켰고, 세계적 범위에서 전개된 이 대결을 물질적으로 떠받칠 수 없었던 구소련 등 동구체제는 몰락의 길을 걷게 되었다. 성장·발전주의는 냉전질서가 해체되고 자본주의 질서가 유일한 존재가 되면서 더욱 압도적인 힘을 갖게 되었다. 신자유주의 글로벌 자본주의 시대가 도래한 것이다. 이 시기 성장·발전주의에서 발견되는 특징은 효율성, 합리성을 매개로 이른바 '탈국가화된 지구적 기준(global standard)'을 발전의 목표로 제시한다는 점이다.

그렇지만 이것이 그 이전의 일국 중심의 발상과 단절되어 있음을 의미하지는 않는다. 논쟁의 여지에도 불구하고 성장·발전주의는 여전히 '국민국가'의 틀 내에서 사고되고 있다. 왜냐하면 국제 기준의 모범은 '선진 사회'인데, 바로 그 기준이 위계화된 세계체제의 정상에 선 국가들의 법, 제도, 관례라는 점에서, 이것이 과거 논리로부터 벗어나는 것은 아니기 때문이다. 오히려 성장주의는 냉전체제의 붕괴 이후 구(舊)사회주의권을 겨냥한 '신근대화론' ─이 논의는 '사회주의 시민사회론'과 맞물려 있었다 ─이 유포되면서 지배영역을 더욱 확장시켰다.

이미 지적한 것처럼 전후 성장·발전주의는 근대화론─탈냉전 이후 신근대화론─을 통해 일반화되었다. 근대화론은 세계 및 국가를 근대화된 지역과 전근대적인 지역으로 이원화하여 대별하고, 그 위에 확산주의, 단선주의, 진화론을 결합시키고 있다. 여기에서 특정 국가 내의 전근대적, 봉건적인 제도들, 그리고 문화들은 근대적 발전을 저해하는 가장 중요한 요소로 지목된다. 따라서 그것은 해체, 극복되어야 할 대상이 된다. 이런 맥락에서 보면, 성장은 근대화된 서구에서 탈식민화된 사회로, 도시에서 농촌으로 확산되어 가는 것을 의미한다. 이러한 경로는 시간적, 공간적 차이에도 불구하고 회피할 수 없는 단선적인 과정으로 파악된다. 그리고 이 과정은 후퇴 없는 진화의 과정이다. 따라서 국민국가를 분석단위로 고정시키고 있는 이 시각은 이른바 발전된 선진사회로부터 제도, 문물을 도입하는 것이 성장과 발전의 필수 원동력이라고 본다. 즉, 저발전의 원인은 특정국가에 산재되어 있는 전근대적 요인들이기 때문에 외부로부터의 문명 도입은 필수적이다. 따라서 서구로부터의 기술과 자본의 도입은 개발·성장의 원동력이며, 그 자체가 발전을 의미한다. 특히 탈식민지 사회에서 성장주의는 '따라잡기 전략'(catch up strategy)을 통한 '압축적 산업화'의 구현이라는 목표에 규정되어, 그 방식과 관계없이 광범위하게 수용되었다(A. Gerschenkron 1965 참조).

그런데 근대화론과 같은 발상은, 그 분석 단위가 국가가 아닌 자본주의 세계체제로 확장되면서 본격적으로 비판되기 시작하였다. 자본은 태어날 때부터 국제적이다. 따라서 자본의 논리에 추동되는 '근대사회'로의 발전은 이른바 '저발전의 사회'를 다른 한 면으로 하는 운동의 과정이다. 종속이론이 제기한 '저발전의 발전'(development of undevelopment)은 그 전형이다(A. G. Frank 1969a 참조). 이로부터 발전은 근대화된 서구 중심 세계와 단절될 때 이루어질 수 있다는 가설이 제출된다. 물론 초기 종속이론은 종속이 외부에 존재하는 것이 아니라 내재화된다는 점에 주목하지 않은 약점을 지니고 있다. 따라서 그 이후 종속의 내재화 문제는 '종속적 발전'이라는 범주에서, 혹은 좌파에서 논의되어진 '중진 자본주의'와 '종속적 국가독점자본주의' 논쟁에 의해 포착되지만, 이들

종속국가나 주변부 사회의 지위 상승 사례는 희소하다.[4]

따라서 초기 종속이론 논의와 전략은 한국 등과 같은 '동아시아 발전 국가' 등에서는 의미 있는 반향을 불러일으키지 못했다. 그것은 한국 혹은 동아시아에 유입된 국제자본의 존재 형태, 이들 국가의 급속한 개발과 성장으로 인한 자본주의 세계체제에서의 위상 변화, 중간층들의 증대와 같은 사회구성의 구조적 재편성 등을 반영하고 있다. 무엇보다 중요한 요인은 '네 마리 용'으로 상징되는 이들 국가의 경제적 성공, 이른바 지위 상승 때문이다. 따라서 이들 국가에서는 '저발전의 발전'이 아닌 근대화론이, 나아가 '비판사회과학' 속에서도 '종속적 발전론'이 주목을 받게 되었다.

그런데 여기에서 주목해야 할 것은 '종속적 발전'이라는 발상이 한편으로 '자립경제론,' '민족경제론' 등과 긴장을 유발하면서도, 다른 한편으로 그것을 자신의 미래로 설정하고 있다는 사실이다. 종속이론과 같은 논의들이 지니는 역설적 긴장이 바로 여기에 있다. 그것은 세계체제라는 범주를 통해 저발전의 원인을 밝혀내려 하지만, 결국 그 대안은 그것과 단절해야 한다고 가정함으로써 오히려 일국 중심주의를 강화시키는 방향으로 나아간다. 즉, 국민국가 단위의 '자립적 발전론'으로 회귀하는 것이다. 자본주의가 민족국가를 넘어서는 유일한 세계체제로 정의됨에도 불구하고, 여전히 민족국가 수준에서 세계체제로부터 이탈하는 것이 가능하다는 발상이 흐르고 있다(A. G. Frank 1969b, 25). 이 점은 중요한데, 라틴아메리카를 주요 대상으로 구성된 종속이론은 물론, 한국에서의 '자립적 발전론,' '민족경제론' 등도 개발, 성장을 통한 '균등 발전'을 자신의 목표로 공유한다는 점에서 그렇다.[5]

---

4) 종속적 발전에 관해서는 F.H. Cardoso & E. Faletto(1979); 좌파 진영의 중진 자본주의 및 종속적 국가독점자본주의에 관해서는 김석민 편(1989) 참조.

5) 민족경제론의 대표 논자인 박현채 또한 이러한 발상에 근거하고 있다. 그는 "자립경

그렇지만 이러한 발상의 가장 큰 한계는, 자본에 의해 주도되는 개발, 성장이 본질적으로 불균등 발전을 전제로 한다는 점을 간과하는 것이다.[6] 이것은 일국 내에서의 계급, 계층 간 지위 변화는 물론, 세계체제 내에서 지위 상승이 그 구성 주체 모두에게 동시에 주어지는 것이 아님을 의미한다. 중심의 부는 세계 인구 대다수의 빈곤이 지속적으로 재생산되는 것을 전제하는 착취 및 배제의 관계적인 과정에 근거하고 있기 때문에 일반화될 수 없다(조반니 아리기 1998, 98-104 참조). 한국이나 대만이 '반주변'으로 상승할 수 있었던 것은 역사적으로 특수한 경우이다. 그것은 냉전과 맞물린 '초대에 의한 상승'의 측면, 상징적 쇼케이스의 측면이 강하다. 이런 맥락에서 만일 중국이 아니라 인도가 사회주의 혁명을 했다면, 대만이 아니라 스리랑카가 '경제적 기적'을 이루었을 것이라는 지적은 매우 함축적이다. 바로 이러한 쇼케이스를 통해 발전주의 담론은 대중에게 거부할 수 없는 그 무엇으로 스며들게 되었다.

발전주의적 환상은 대만 및 한국과 같은 쇼케이스 국가들과 (마이애미) 쿠바인들과 같은 상징적 집단들이 우선적으로 근면한 국민들, 엘리트들의 올바른 공공정책들, 그리고/또는 그들 발전주의 국가들의 빈틈없는 운영 덕분에 발전했다고 생각하게 한다.……이 국가중심적 접근들은 '자유시장' 정책들 때문에 대만과 남한의 성공이 있었다는 국제통화기금과 세계부흥개발은

_____

제는 민족경제에의 당위적인 완성된 형태이며……민족경제의 최종적인 귀착점, 그 이상형은 자립경제이다. 그것은 종국적인 민족경제의 실현이 자기 영토 안에서 자력에 의한 상대적 자급자족체계의 실현으로 된다는 것을 의미한다"라고 규정하고 있다(박현채 1989, 73-74 참조). 물론 최근 한 연구가 밝히고 있는 사실, 즉 박현채의 발상이 근본적 변혁을 염두에 둔 것이라는 점을 수용한다 해도 마찬가지이다(류동민 2002 참조).

6) 사회변혁에서 '불균등 발전론'이 차지하는 실천적 의미는 레닌(Lenin)에 의해 전면에 부각된다. 레닌(1988) 참조.

행의 신화적 이해를 탈신비화하는 데 엄청난 일을 했다. 그러나 그것들은 민족국가에, 즉 적절하거나 올바른 정책을 추진하는 자율적인 발전주의적 국가의 존재에, 이들 국가들의 성공 이유를 둠으로써 발전주의적 함정에 빠졌다(라몬 그로스포구엘 1998, 197).

따라서 자본의 가치실현 방식에 대해 발본적으로 문제시하지 않는다면, 이미 세계체제 내에서의 균등 발전을 전제로 한 이 논의들은 또 하나의 이데올로기라고 할 수 있다.

그럼에도 불구하고 이러한 비판 담론들을 간과할 수 없는 것은, 그것들이 역사적으로 개발, 성장 그 자체를 발전과 동일시하였던 완고한 형태의 근대화론에 동의하지 않는다는 점이다. 즉 양적 성장이 삶의 질, 인간관계의 발전을 의미하지 않는다는 것이다. 근대화론이 발전의 준거로 제시하는 경제적 지표들, 즉 국민총생산, 1인당 GNP, 문맹률, TV 및 라디오 보급률 등의 증가가 발전과 동일시될 수 없다는 것이다.[7] 즉, '경제 영역'을 포함한 여타 분야에서 질적인 성장의 문제 또한 고려의 대상이 되어야 한다는 것이다.[8] 또한 이 논의들이 중요한 것은 여전히 국가에 의한 시장의 합리적 계획 및 관리, 정치의 조정능력 등을 폐기하지 않는다는 데 있다.

이와 같은 비판적 문제 제기는 냉전의 붕괴 이후 제시된 신근대화론, 신자유주의가 지배하는 현 시기에 더욱 확연히 부각된다. 이른바 '20 대 80 사회'가 그것인데, 이 사회의 특징은 총량에서의 양적인 성장에도 불구하고 오히려 삶의 질은 더욱 비대칭적으로 양극화되고 있다는 점이다(한스 피터마르틴 · 하랄드 슈만 1997; 미셸 초스도프스키 1998 참조). 한편에서는 주체할 수 없는 생산력과 부를 경험하는가 하면, 다른 한편에서는 빈곤과 기아에 시달리고 있다. 이것은 개발과 성장이 발전과 동일

---

7) SWIGES 지표가 대표적인데, 이에 대해서는 김경동(1979, 177-179) 참조.
8) 경제발전론의 대체적인 흐름에 대해서는 전철환(1995) 참조.

시될 수 없음을 명확히 보여준다. 모든 사회, 정치관계를 자본의 압도적 우위로 재편하는 것에 목표를 두고 있는 신자유주의는 유동하는 자본의 일국적 고정화와 '생산성' 제고를 유일한 생존원리로 제시한다는 점에서, 성장·발전주의의 화신이라고 할 수 있다.

> 민족국가들 사이의 경쟁적 투쟁은 민족자본들 사이의 투쟁이 아니라 세계 자본의 일부를(따라서 지구적 잉여가치의 일부를) 끌어들이려는, 혹은 보유하려는 국가들 사이의 투쟁이다. 이 목적을 달성하기 위해, 민족국가는 자신의 경계들 내부에(하부구조의 제공, 법과 질서의 유지, 노동력의 교육과 조절 등등을 통해) 자본의 재생산을 위한 호조건을 보장하려고 애써야만 한다. 그리고 또 민족국가는 자신들 내부의 경계에서 움직이는 자본에게 그 자본의 법적 소유자들의 시민권과 거의 무관하게 (무역정책, 화폐정책, 군사적 개입 등등을 통해) 국제적 지원을 제공해야 한다(존 홀러웨이 1999, 189-190).

일국 단위를 매개로 재생산되었던 성장·발전주의, 나아가 이것을 '발전'과 동일시하는 기존 담론은 그 지배적 위상을 포기할 의향을 지니고 있지 않다. 오히려 구조조정, 민영화를 통한 사적 자본의 지배 확대로 그러한 위상은 더욱 강화되고 있다. 그 이유는 이미 언급한 것처럼 이 담론 자체가 '불균등 발전'을 핵심으로 하는 자본의 운동에 의해 추동되기 때문이기도 하지만, 역설적으로 이 담론이 '균등 발전'이라는 또 하나의 신화적 '대항 담론'을 자신의 짝으로 삼아 끊임없이 재생산되고 있기 때문이다.[9] 마치 대립되는 듯한 이 담론의 쌍은 서로를 뒷받침하면서 결국 현실의 문제를 왜곡하고 가상화시키는, 따라서 이데올로기화하는 안전

---

[9] '균등 발전'은 모든 국가들이 시간의 차이에도 불구하고 높은 수준의 국민소득을 달성할 수 있으며 결국은 달성할 것이라는, 그리고 그것은 의식적이고 이성적인 행동에 의해 가능하게 될 것이라는 믿음에 기초해 있다(Wallerstein 1992, 517).

판의 구실을 한다. 즉, 기존 발전의 불균등성을 비판하며 진보가 미래의 상으로 설정, 제시하는 '균등 발전의 환상'이 오히려 경쟁을 조장, 증폭시키는 성장·발전주의를 재생산시키는 데 일조하고 있는 것이다. 엘리트들만이 아니라 수많은 대중들 또한 역사적인 자본의 운동과 균등 발전이 병존할 수 있다는 믿음을 포기하지 않는다. 하지만 그러한 믿음과 달리, 불균등한 현실과 균등 발전이라는 미래의 꿈 사이에 놓여 있는 심연은 너무도 깊고 넓다. 다만 지구적 차원의 착취 구조의 변화 속에서 이른바 '초대된 국가들'만이 그 깊은 심연의 골을 넘어설 기회를 얻는다. 하지만 이것은 영속적이지 않으며 특정한 조건 속에서 재구성될 따름이다.

3. 한국에서 성장·발전주의의 역사적 양태

한국에서 성장·발전주의의 변천은 크게 세 시기로 나누어 살펴볼 수 있다. 첫 번째는 4.19혁명 이전의 시기로, 이 때는 성장·발전주의가 대중의 빈곤 해소와 관련하여 중요한 의미를 지니고 있음에도 지배권력에 의해 적극적으로 호명되지 않았다. 오히려 이 시기는 지배권력 자체의 재생산에 목적을 둔 이른바 '약탈국가'의 특징을 지닌다.

두 번째는 4.19혁명을 계기로 빈곤 퇴치와 경제발전에 대한 대중적 요구가 표면화되고 5.16쿠데타로 등장한 민족적 성향의 군부가 이를 수용, 이른바 목적의식적인 경제개발 프로젝트가 본격화되면서 성장·발전주의가 전면에 대두하는 시기이다. 박정희 정권 시기가 여기에 해당되며, 이 때의 특징은 이른바 '발전주의 국가'라는 개념에 응축되어 있다.

세 번째는 급진운동의 등장과 함께 자본주의 사회관계에 대한 본질적 비판이 제기되고 분배의 문제가 대두되자, 안정이데올로기로 이들 비판을 제어하면서 성장·발전주의를 재생산시키는 시기이다. 이 때 분배는 '유혈적 테일러주의' 시기처럼 노골적으로 거부되지 않지만, 성장과 분배는 대립 쌍으로 설정되어 '성장이냐 분배냐'가 키워드로 부각된다. 즉, 분배 우선의 정책은 성장을 퇴보시킨다는 논리이다. 이러한 대립구도는 '의사' 적인 것으로 보이는데, 그 이유는 성장의 총량에 대한 차이가 존재하기는 하지만 양자 모두 성장 그 자체를 거부하는 것은 아니기 때문이다.

이 글에서는 이 가운데 주로 두 번째 시기와 세 번째 시기에 주목할 것이다. 왜냐하면 한국에서 성장·발전주의가 사회정치적 담론으로 중요한 의미를 지니게 된 것은 3공화국 이후이기 때문이다. 물론 이승만 정권기에도 개발, 성장주의가 존재하지 않았던 것은 아니지만, 이 시기 성장·발전주의는 담론의 형태로는 소극적 의미를 지녔을 뿐이다. 개발, 성장에 대한 대중적 요구가 없지 않았지만, 그것이 지배세력의 헤게모니 프로젝트를 수립, 관철시키기 위한 담론의 형태로 발전하지도, 정치세력들의 재편성과 밀접한 연관을 지니지도 못했다.

이승만 정권 시기에 성장·발전주의의 위상은 주변적이었다. 전쟁으로 경제구조가 와해된 상태에서 개발, 성장은 전후 복구와 동일시되었을 뿐, 그것을 넘어서는 발전 프로젝트의 제시와 그를 위한 사회정치적 대중동원의 담론으로 적극 설정되지 못하였다. 개발과 성장의 물질적 기반이 빈약한 상황에서 자금줄인 일본과의 불투명한 관계가 지속되었고, 권력 유지의 필요 때문에 동원된 '반일주의'는 성장·발전주의 이데올로기를 지배담론으로 부상시키는 데 장애가 되었다.

특히 일본을 적대시하는 '의사 민족주의'(국가주의)는 대중의 식민지 경험에 대한 기억을 불러내어 일본의 재진출에 대한 경계를 늦추지 않게 하였으나, 미국에 대해서는 반대의 편향을 보여주었다. 이런 의미에서 이승만 정권기 반일주의는 '저항적 민족주의'의 범주에 포괄되지 않는 권력 유지를 위한 정치적 수사로 규정될 수 있다. 따라서 반일주의의 다른 한편에서 심화된 이른바 원조경제는 이승만 정권이 일본과의 관계를 부각시키며 제시한 '경제자립'이라는 주관적 희망과는 달리, 오히려 한국을 대외지향적 성장전략으로 나아가게 하는 틀의 조성에 기여하였다. 이런 측면에서 주관적 판단 여부와 무관하게 이미 5.16쿠데타 이전에 대외지향적 성장전략의 길은 놓여지고 있었다. 다만 반일주의에 의해 그것의 본격적인 추진이 지체되었을 뿐이다.

따라서 2차 세계대전 이후 일본을 지역 맹주로 삼아 동북아 통합전략을 모색해온 미국은, 이 난감하고 어색한 구조를 해소시키기 위한 정치적 시도와 함께 그 조건의 성숙을 기다려야 했다. 미국의 입장에서 보면, 통합전략을 통해 공산주의에 대한 확고한 방벽을 쌓는 것과 한국의 반일주의가 드러내 보이는 긴장은 양립할 수 없는, 해소되어야만 하는 것이었다(李鐘元 1991 참조). 이것은 '승공 통일'을 목표로 하였던 이승만 정권의 경우도 마찬가지였다. 이승만 정권이 반일주의를 동원하면서도 일본과의 관계 정상화를 위한 대일교섭을 단속적으로 진행했던 사실은 이를 반증해 준다.

이승만 정권은 미국으로부터의 원조를 자신의 권력기반 유지를 위해 이용하였다. 원조물자의 특혜 배정을 매개로 정치자금을 조달하였고, 이것은 자본으로 하여금 권력과의 비밀스러운 유착에 집착하도록 만들었다. 이 과정을 거치며 조숙한 관료독점자본이 형성되었는데, 그것은 다른 한편에서 대중의 빈곤으로 이어졌다. 빈곤과 실업, 민생고에 고통받는 대중은 개발과 성장에 대한 기대와 열망을 가지고 있었으나, 정치권력은 이를 담보하지 못하였다. 이른바 '지대 추구형(rent-seeking) 국가'는 오히려 성장에 질곡이 되기에 이르렀다.[10]

이와 같은 긴장은 4.19혁명에 의해 일단 그 해소의 실마리를 마련하였다. 4.19혁명은 외견상 독재에 대한 저항이었지만, 대미종속경제의 타파

---

10) 지대 추구와 이윤 추구 활동의 상이성에 대해서는 James M. Buchanan(1980, 3-15) 참조.

와 자립경제에 대한 요구를 포함하고 있었다. 4.19혁명의 계승을 스스로 내세운 제2공화정은 그 요구에 부응하여 경제개발계획을 입안하는 등 개발을 위한 준비에 착수하였으며, 경제제일주의를 천명하였다.

> 4월혁명으로부터 정치적 자유의 유산을 물려받은 제2공화국 정부는 이제는 국민이 잘 먹고 잘 살 수 있는 경제적 자유를 마련하지 않으면 안 되겠습니다.
> 경제적 자유에 뿌리를 박지 않는 정치적 자유는 마치 꽃병에 꽂힌 꽃과 같이 곧 시들어지는 것입니다. 피를 무서워했던 독재는 정녕코 물러났기에 오늘 우리의 정치활동은 자유로왔습니다.
> 그러나 독재에 따라다니던 경제부패는 아직도 그대로 남아 있어 이 소탕작업은 그 여정이 요원하고 험준한데다가 이제는 고갈될 대로 고갈된 나라 살림살이가 누란의 위기에 봉착하고 있습니다. 이 경제적 위기를 극복하지 못하는 날에는 한낱 내각의 수명만이 아니라 국가의 운명이 또한 여기 달려있다 하겠습니다. 정부의 시책은 경제제일주의로 나가야겠고 현명한 국민에게는 내핍과 절제, 그리고 창의와 노력이 요청되는 바입니다. 행정부는 독재가 뿌리었던 반민주성과 부패독소를 조속히 제거하고 민주주의 원칙 밑에서 과감한 혁신행정을 수행해야 하겠습니다(제4대 윤보선 대통령 취임사, 1960. 8. 12.).

그렇지만 민주당 정권은 신·구파의 분열, 혁명의 요구와 자신들의 사회정치적 대표성 사이에 존재하는 긴장 및 그것의 심화로 말미암아 어려움을 겪게 되었고, 결국 5.16쿠데타에 의해 붕괴되었다. 즉, 그들의 '경제제일주의 프로젝트'는 유산되었다.

이런 맥락에서 성장·발전주의는 5.16쿠데타를 계기로 핵심적인 지배담론으로 부상하였다. 군정은 반공과 함께 이른바 경제발전과 '민생고' 해결을 우선 과제로 설정하였고, 이를 위한 산업화전략을 적극적으로 모색하였다. 물론 그 추진전략은 단선적으로 이루어지지 않았으며, 상이한 발상들의 긴장관계 속에서 설정되었다.[11] 애초 민족주의적인 성향이 강하였던 소장 군부 엘리트들은 '내포적 공업화전략'을 선호하였다. 이들이 실시한 화폐개혁, 부패한 재벌 구속 등 일련의 개혁 조치는 이러한 맥락에서 이해될 수 있다. 이것은 4월혁명의 요구가 재구성되는 것을 의미하는데, 이를 통해 이들은 반공주의로 각인된 자신들의 정치적 보수성을 상쇄시킬 수 있었다. 바로 이것이 과거 멸공을 내세운 이승만 정권과의 차이였으며, 이들이 6.3항쟁기까지 힘의 대치 속에서 4월혁명의 지지세력들과 공존할 수 있었던 이유이기도 하다(이광일 2001, 174).

여기에서 한 가지 유의해야 할 것은 군정 초기에 내세운 '내포적 공업화전략' 또한 성장·발전주의를 부정하는 것이 아니라, 그것을 전제로 한다는 점이다. 다만 개발과 성장을 추구하되 그 방식은 1차 기간산업 중심, 그리고 내수의 뒷받침을 받는 산업에 방점을 두자는 것이었다. 즉, 단순 총량의 증대에만 몰입할 것이 아니라 산업부문 간 연관 효과를 제고시키면서 균형적인 성장을 이루고, 이를 통해 자본주의 세계체제에서 더욱 진전된 위상을 확보한다는 민족주의적 발상이 그 기저에 흐르고 있었다.[12] 이런 측면에서 발전은 경제적 성장과 동일시되지 않았다. 내수산업 중심의 산업화 전략은 부의 분배에 관심을 둔다는 점에서, 쁘띠부르주아와 서민대중에 우호적인 정책이 설정될 수 있음을 보여주는 것이었다.

그렇지만 이러한 전략은 미국의 동북아 통합전략과 그에 근거한 대외개방형(수출주도형) 경제전략 요구와 긴장을 일으켰다. 전후 정치, 군사, 경제 등에서 압도적 영향력을 행사해 온 미국은 비교우위에 근거한 수출경제 중심으로의 재편을 요구하였으며, 군정에 의해 추진된 화폐개혁 등

---

11) 이를 둘러싼 논의를 단순화하면, 그것은 경제성장을 외연적으로 이루어 나가는 전략과 내포적으로 이루어 나가는 전략으로 대별할 수 있다. 이에 대해서는 정윤형(1986, 79-98) 참조.
12) 이에 대해서는 박희범(1967); 정윤형(1988) 등을 참조.

내자조달 계획의 실패는 이러한 방향으로의 진전을 촉진시켰다.[13] 이러한 상황 전개는 결국 4월혁명의 요구와 긴장을 조성하는 것이었는데, 이 긴장은 군부의 6.3항쟁 진압을 계기로 내포적 공업화전략의 가능성이 폐기되면서 결국 해소되기에 이르렀다.[14]

6.3항쟁의 좌절과 한일국교 수립은 지배담론의 지형을 변화시켰다. 우선 이승만 정권 시기 존재했던 반공주의와 반일주의 사이에 조성된 긴장은 공식적으로 해소되었다. 따라서 반공주의에 더하여 성장 · 발전주의가 지배적인 담론으로 부각되기 시작하였다(임현진 · 송호근 1994, 193 참조). 그리하여 그 이전에 내포적 공업화전략이 함축하고 있던 쁘띠부르주아지, 대중에 대한 관심과 배려는 후퇴하였고, 거대자본 중심의 수출전략을 통해 전체 총량을 증대시키는 방향으로 급속히 나아갔다. 이에 따라 이 시기 이후 성장 · 발전주의는 지배담론으로서의 위치를 확고히 하게 되었다.

이 지점에서 주목해야 특징은, 이승만 정권 시기와 달리 반공주의가 성장주의와 맞물리며 융합되었다는 것이다. 그것은 전쟁에 대한 개별적 경험과 공포를 매개로 선전, 선동되는 맹목적 반공을 넘어 산업화, 근대화를 통해 확대되기 시작한 물질적 이해관계와 접맥시킴으로써 이른바 '실질적 반공'을 구현하자는 것이었다.

---

13) 오히려 기미야 다다시(木宮正史)는 3공화정의 수출지향공업화 정책이 내포적 공업화 전략의 좌절 이후의 잔여적 선택지였다고 보고 있으며, 발전에 대한 자유주의적 발상 또한 사후적 합리화를 위해 수용되었다는 입장을 취하고 있다. 이에 대해서는 木宮正史(1991) 참조.

14) 4.19혁명을 계기로 표면화된 민족적, 쁘띠부르주아적 발전전략은 권력 내부에서는 '내포적 공업화론'으로 나타났다 사라지지만, 운동적인 수준에서는 이 전략은 4.19혁명의 그늘 속에 있었던 6.3항쟁의 좌절을 통해 최종적으로 폐기된다. 물론 그렇다고 해서 정책의 수준에서 쁘띠부르주아적인 요소가 사라진 것은 아니다.

친애하는 국민 여러분! 나는 이러한 정의의 복지 사회가 지금 우리가 추진하고 있는 공업입국의 대도를 통하여 이루어질 수 있고, 또 공업입국은 이러한 사회를 건설하는 데 그 주안이 있음을 확신하는 바입니다. 경제건설 없이는 빈곤의 추방이란 없을 뿐 아니라, 경제건설 없이는 부정·부패의 온상이 되는 실업과 무직을 추방할 수 없기 때문이며, 또 그것 없이는 공산주의에 대한 승리, 즉 자유의 힘이 넘쳐흘러 북한의 동포를 해방하고 통일을 이룩할 수 없는 것입니다(제6대 박정희 대통령 취임사, 1967. 7. 1.).

1970년 8.15선언에서 나타난 바와 같이, 어느 체제가 국민을 더 잘 살게 하는지 경쟁하자는 박정희의 제안은 성장을 위한 개발을 가속화시켰다. 이렇게 하여 반공과 성장·발전주의는 하나로 융합되었다. 따라서 개발과 성장을 방해하는 모든 요소는 제거되어야 하며, 그것을 자극하는 작위, 부작위는 외부의 적 - 북한 - 을 이롭게 하는 내부의 적으로 간주되었다. 저렴한 비용으로 더 많은 산출물을 내기 위해 다양한 영역에서 불거진 인간관계의 질, 삶의 문제는 부차화되었고, 그것은 미래의 더 많은 빵을 위해 불가피하게 지불해야 하는 비용으로 인식되었다(이광일 1997 참조). 이를 위해 기존 관료체제는 성장·발전주의를 뒷받침하는 구조로 변화되었다. 모든 인적, 조직적 자원은 개발과 성장을 극대화시키기 위해 편성되고 집중되었다. 경제기획원이 만들어졌으며, 집권자의 의중을 구체화하는 청와대 비서실 또한 그 계획의 실현 여부를 항시적으로 추적하였다(김정렴 1990 참조). 그리고 본격적인 '따라잡기 전략'이 추진되었다.

이처럼 6.3항쟁 이후 성장·발전주의는 지배담론으로 전화하면서 이른바 '발전주의 동맹'의 이정표가 되었다. 세계체제의 중심과 연계된 군부와 관료, 중상위의 산업자본, 금융자본 등은 적극적으로 이 길을 따라나갔으며, 산업화의 수혜를 받기 시작한 신흥 중간층들이 그 뒤를 쫓았다. 그렇지만 '국부의 총량 증대'를 목표로 한 이 전략은 급속한 농민층

분해와 이들의 도시로의 이주, 그 결과 조성된 저렴하고 풍부한 노동력의 존재, 그리고 이데올로기적, 억압적 기구를 통한 국가의 일상적인 대중 억압 및 수탈구조에 의해 가능했다. 특히 내적인 자기검열을 핵심으로 하는 반공규율사회에서, 노동조합운동 등은 사회를 혼란에 빠뜨리고 북한을 이롭게 하는 행위로 간주되었다. 그것은 곧 노동자 등 대중을 잠재적인 공산주의자로, 혹은 그 추종자로 낙인찍는 것이었다. '빨갱이'가 아님을 입증할 수 있는 유일한 길은 생산성 증대에 전념하는 산업전사가 되는 것이었다.

하지만 당시 대중은 이러한 지배담론에 적극적으로 저항하지 않았다. 이것은 한편으로 6.3항쟁의 패배 이후 운동의 정치가 쇠퇴했기 때문이기도 하지만, 다른 한편 유신체제가 들어서기 이전까지 지배권력 또한 객관적으로 존재하는 노동자 등 대중에 대한 '수탈' 그 자체를 부정하지 않았기 때문이다. 다만 그것은 '조국통일을 위해', '민주주의를 위해'라는 수사에서 나타나듯이, '수탈'이라기보다 미래를 위한 선투자, 불가피한 비용으로 합리화되었다. "경제발전이 정치적 민주주의를 가져온다"(S. M. Lipset 1981)라는 테제는 이러한 입장을 합리화시켜주는 가장 유용한 수단이 되었다. '지금은 힘들고 어렵지만, 미래에는 풍요로움이 존재할 것'이라는 호소는 대중으로 하여금 지금 여기에서의 열악한 삶의 조건을 감수하도록 했다. 국민대중의 저열한 의식수준 또한 이러한 상황을 뒷받침하였다.

하지만 이러한 희망은 현실에 의해 점차 훼손되어갔다. 1969년 3선 개헌과 1971년 '국가보위에 관한 특별조치법' 등을 통해 표면화된 정치적 반동화가 유신체제라는 공개적 독재체제로 전화되면서, 양자 간의 균열은 심화되었다. 이 시기에 이르면 경제성장과 발전이 미래의 민주주의를 담보할 것이라는 이전의 수동적 방어의 발상은 공세적으로 바뀌었다.

동서를 막론하고 모든 국가가 시대와 환경에 따라 그들 나름대로 생존을 유지하고 번영을 누리기 위한 이념과 제도를 가져야만 했던 것은 역사발전의 엄연한 법칙입니다. 우리도 오늘의 현실에 대처하고 시대적 사명을 완수할 수 있는, 우리 자신의 생산적인 이념과 제도를 마땅히 가져야만 합니다. 그 이념이 바로 10월유신의 기본정신이며, 그 제도가 지금 유신적 대개혁을 통해 정립되고 있는 것입니다. 10월유신은 되찾은 우리 민족의 위대한 자아를 바탕으로 하여 안정과 번영, 그리고 통일의 새 역사를 창조해 나가기 위한 민족의지의 창조적 발전입니다. 이 유신은 우리의 운명을 우리 스스로의 힘으로 개척해 나아가기 위한 한국인의 사상과 철학의 확립이며, 그 실천인 것입니다. 따라서 나는 이 숭고한 유신이념을 구현하기 위해, 전 국민의 절대적인 지지 속에 국정전반에 걸친 일대 개혁을 단행해 나갈 것입니다(제8대 박정희 대통령 취임사, 1972. 12. 27.).

　　유신체제가 '한국적 민주주의'로 선언됨으로써 현재의 고통을 감수하게 한 '미래의 꿈'은 현실화되었지만, 역설적으로 그것은 아직 고통 속에 있는 대중으로부터 미래의 희망을 박탈하는 것이었다. 따라서 경험에 의존하는 대중에게도 '현존하는 모든 것이 이성적'인 것으로 보이지 않게 되었다.

　　동북아에서 진전된 데탕트, 미 지상군의 부분적 감축은 약소국을 강대국의 힘의 논리에 복속시키게 될 것이라는 판단과 맞물리면서, 국가형태를 공개적 독재체제로 변화시키는 하나의 계기가 되었다. 안보위기의 심화라는 인식에 대응하여 자주국방, 국민총화가 모든 것에 우선하면서 전 사회의 병영화가 촉진되었다(윤정원 1989 참조). 군사문화의 확산에 비례하여 맹목적 성장·발전주의는 더욱 조장되었다. 군대에서 할 수 없는 것은 없으며, 그것도 최단기간에 이루어진다. 그리고 그것을 가능하게 하는 전제는 계선조직에 의한 획일화된 명령체계이다. 이와 마찬가지로 공개적 독재체제의 획일화된 명령에 의해 통제되는 노동력과 자본의 집약적 투입, 공정의 단축은 비용 절감을 통한 생산성 증대의 가장 효율적이고 불가피한 조치로 인식되었다. 이것은 조합주의에 매몰된 자본의 입장에서는 대단히 환영할만한 것이었지만, 반대로 사회정치적 갈등의 불씨가 될 위험의 씨앗을 여러 부문에 심어 놓는 것이기도 했다.

물론 당시 박정희 정권이 억압기제만을 작동시켰던 것은 아니다. 박정희 정권은 대중동원을 통해 '불신의 혐의'를 받기 시작한 성장·발전주의를 다시 재생, 증폭시키고자 하였다. 그것이 바로 '우리도 한 번 잘 살아보자', '하면 할 수 있다'로 상징화된 새마을운동이다. 이 운동의 목표는 농민 스스로의 힘으로 농촌문제를 해결한다는 것이었고, 근면·자조·협동이라는 슬로건은 이러한 의도를 함축적으로 보여주었다. 하지만 농촌 문제는 수출지향 산업화전략, 물량 위주의 성장전략의 부산물이었다. 따라서 초가집을 없애고 마을 길을 넓히는 것은 농촌문제를 해결하는 데 도움을 주지 못하였다. 농공단지 조성 또한 효과를 보지 못하였다. 실제 제3차 경제개발계획에는 '농어촌 경제의 혁신적 개발'이라는 방침이 포함되어 있었으나, 수출의 획기적 증대, 중화학 공업의 건설이 더욱 긴박하다는 인식 때문에 농업문제 해결을 위한 물적 자원은 충분히 반영되어 있지 않았다(임방현 1972, 97).

마을들에 일정한 목표를 할당한 후 그 성과에 따라 기초마을, 자조마을, 자립마을 등으로 구분, 거기에 차등적 보상을 연동시켜 경쟁을 유발시키는 것은 전형적인 노동착취 방식이었다. 지원의 가장 중요한 원칙도 이 운동에 적극적으로 참여하고 개발을 위해 열성적으로 노력하는 마을 혹은 발전에 대한 마을 주민들의 열성 정도였다(황인정 1979, 32). 또한 이러한 효과를 극대화시키기 위해 '새마을 일꾼'을 뽑아 각종 포상과 함께 대대적인 홍보를 전개하였으며, 연예인들로 구성된 위문단이 전국의 작업장을 돌며 대중동원을 독려하기도 했다.

이 지점에서 주목해야 할 것은 이른바 성장·발전주의의 실체, 그것이 지니는 헤게모니성에 대한 논란이다. 그 핵심은 3공화정이 산업화 정책을 통해 대중의 물질적 복구를 일정 정도 충족시켜주었기 때문에, 그에 대한 지지를 단순한 이데올로기적 동원에 의한 것으로 볼 수 없다는 것이다(최장집 1996, 219-231 참조). 하지만 이러한 주장은 흔쾌히 받아들일 수 없는 부분이 있다. 문제의 핵심은 무정형의 대중의 지지 여부에 있는 것이 아니다. 이 논리는 '보릿고개'에 찌든 대중에게 필요한 것은 밥이라는 단순 사실에만 주목하였을 뿐, 급속한 성장이 특정한 계급, 계층에게는 '발전'으로 다가가지 않을 수 있다는 사실을 간과하는 것이다. 설사 '대중적 지지'를 받았다고 하더라도, 비합법적이고도 초법적인 방식을 통해 유신체제라는 공개적 독재체제로 나아갈 필요가 있었는지에 대한 설명은 여전히 필요하다.

우선, 1960년대 말에서 70년대 초 표면화된 자본축적 위기와 노동현장에서의 증대된 쟁의행위, 1970년 전태일의 분신 등을 볼 때, 수출산업 중심의 대외지향적 성장·발전주의 프로젝트가 노동자들로부터 의심의 눈초리를 받고 있었다는 점에 주목하는 것이 필요하다. 그것은 성장지상주의에 대한 저항이었다. 이미 2세대 노동자들은 '불만에 찬 소크라테스'가 될 징후들을 내보이고 있었다. 바로 이것이 정치적 억압을 가중시키는 하나의 이유이기도 했다. 이러한 재생산의 위기 상황은 1971년 대선에서 김대중의 민중지향적 대중경제론에 대한 지지로 표현되었다. 그것은 6.3항쟁 이후 형성된 '발전주의 동맹'에 대한 일종의 '분배동맹'의 제시였다. 거기에는 사회비판적 지식인, 노동자, 도시서민, 빈민, 실업자, 중소상인, 그리고 일부 소자본 등이 포함되어 있었다. 이들은 정치의 수준에서 '발전주의 동맹'에 적극적으로 대항할 수 없었지만, 이제 그러한 전략에 더 이상 동의할 수 없다는 의사를 투표를 통해 표현하였다.

바로 이 시기 국가에 의해 새마을운동이 본격적으로 벌어졌다는 것은 의미심장하다. 따라서 거기에는 노동현장 등 각 분야에서 드러나기 시작한 긴장과 적대가 지배권력과 그것을 떠받치고 있는 제반 사회정치적 관계를 문제시하는 것으로 확대, 심화되는 것을 예방하기 위한 의도들이 담겨 있었다고 할 수 있다.[15] 그리고 그 최종 목표는 도시의 문제아들인 사회비판적 청년학생, 노동자들에 대한 이데올로기적 공세와 그들의 사회정치적 고립이었다.

따라서 대중의 비판을 마비시키고자 한 이 새마을운동이, 매스미디어를 동원한 행정력을 배경으로 도시와 공단으로 확산된 것은 자연스러운 경로였다. 그리고 농촌의 비교 대상인 이들 공간이 사치와 낭만의 공간으로 규정됨으로써, 이 운동이 목표로 하는 바가 무엇인지 드러나기 시작하였다. 저임금 장시간 노동에 시달리던 노동자들은 아침 일찍 출근하여 공장주변을 청소하고 하루의 작업을 준비하였다. 학생들은 '새마을의 노래'를 들으며 마을 청소를 하였다. 모든 것은 집단적으로 전개되었으며, 거기에서 개인의 일탈은 반사회적이고 반국가적인 것으로 간주되었다.

이른바 발전주의 국가에 의해 극대화된 성장주의는 유신체제를 거치며 재편된 전두환 정권에 의해 새로이 재생산되었는데, 이 때의 성장주의는 1970년대 이후 지구적 수준에서 본격화된 만성적 자본 축적위기에 대응하여 부상한 신자유주의와 맞물려 있었다. 따라서 당시 화두는 경제위기를 돌파하기 위한 중화학공업 분야의 구조조정, (금융)자유화와 개방화였다. 그리고 이러한 조치는 경쟁력 제고를 위한 불가피한 것으로 간주되었다. 물론 개방화, 자유화의 심화로 국민국가의 경계가 희미해지는 것에 비례하여, 일국 중심의 '민족적 발전'이라는 발상 또한 그 대안으로 더욱 강하게 제시되었다.

---

15) 새마을운동의 경우, 지역사회의 주도권과 의사결정의 원리가 전면 금지되었고, 수행 가능한 사업의 양과 형태는 해당 마을 외부의 행정가들에 의해 작성, 통제되었다. 이에 대해서는 이만갑(1981) 참조.

하지만 신자유주의적 개방화, 자유화에 대한 이러한 비판은 여전히 성장 · 발전주의를 공유하고 있다는 점에서 그것을 넘어설 수 없었다. 특히 한국경제의 급속한 성장에 근거한 결과론적 비판, 즉 만약 한국이 '자립적 발전'의 길을 걸었다면 세계체제에서 차지하는 지금과 같은 위상과 발전을 누릴 수 없었을 것이라는 비판에 대해 효과적으로 대처할 수 없었다. 오히려 이와 같은 상황은 5.18민중항쟁 이후 맑스주의와 관련된 비판사회과학의 도입과 급진 운동세력들의 등장을 통해 가능한 것으로 보였다. 이들은 노동과 자본 간의 기본 모순에 주목하였고, 자본주의적 소유관계를 문제시하였다. 이제 관심의 초점은 단순한 개혁이 아니라 사회변혁에 두어졌다. 즉, 분배의 문제가 아니라 소유관계의 근본적인 변화가 그 중심에 자리잡게 되었다.

그런데 역설적이게도 맑스주의 등을 수용한 급진정치세력의 비판은 성장 · 발전주의를 제어할 수 있는 효과적 담론이 되지 못하였다. 1970년대 '비판적 자유주의의 발상'이 지배권력의 발상과 본질적으로 크게 다르지 않았던 것과 마찬가지로, 이들 급진세력의 비판 또한 근대적 성장주의의 틀을 벗어나지 못하고 있었기 때문이다. 이들은 생산관계와 생산력 간의 긴장과 모순에 주목하고 국가권력의 장악을 통한 생산관계의 변화에 그 목표를 두었지만, 물적 기반의 고도화를 사회변혁과 이행의 전제조건으로 삼고 있었기 때문에 성장주의, 생산력주의에 대해서는 의미 있는 문제 제기를 할 수 없었다. 즉, 자본주의가 이루어 놓은 생산력은 미래사회의 토대인 것이다. 이러한 발상은 1987년 6월항쟁과 7~8월 노동자투쟁으로 자유주의적 정치 개방이 진전되고, 무엇보다 국가사회주의 체제가 붕괴함으로써 더욱 강화되었다. 이른바 '자본에 반하는 혁명'의 좌절이 생산력주의를 더욱 조장하는 정치적 효과를 산출한 것이다.

이러한 상황에서 노태우 정권은 한국경제의 '3저 호황' 이후 '개혁'에 대해 '안정'을 대립시키며 성장 · 발전주의를 유지하고자 하였다. 안정은 기존 정책을 고수하는 것이라는 점에서 성장·발전주의의 다른 표현이었다. 특히 '발전주의 국가'의 성장전략에 혜택을 받은 중간층들은 1987년 6월항쟁 이후 정치적 개방에 만족하며 '안정이냐, 개혁이냐'라는 의사화된 쟁점에 대해, 결국 안정이라는 논리에 섬으로써 성장주의를 뒷받침하는 현실적 힘이 되었다. 다른 한편 1987년 노동자투쟁 이후 강화된 대중적인 민주노조운동도 '경제투쟁'에 몰입함으로써, 성장주의에 대해 효과적으로 문제 제기하지 못하였다.

　운동의 측면에서 생산력주의 혹은 성장·발전주의에 대한 비판은 1991년 5월투쟁을 경과하면서 표면화되기 시작하였다. 1991년 5월투쟁은 군부와 이에 동의하였던 자유주의 정치세력들이 민주화라고 불렀던 1987년 타협체제의 불완전성에서 기인하였다. 최소민주주의적 선거제도는 도입되었으나 억압적, 이데올로기적 국가 기제들, 비대칭적으로 위계화된 사회관계들은 여전히 아무런 손상을 받지 않은 채 그대로 작동하였다. 그리고 이와 같은 완고한 구조와 관계들이 1989년 이후 재차 표면화된 공안정국을 떠받치고 있었다(최장집 1993 참조).

　1991년 5월투쟁은 이에 대한 거부였다. 자유주의적 정치 개방, 구사회주의권의 붕괴, 그리고 진보의 미래가 재구성되지 않은 상황과 맞물려 재차 전면에 부각된 구체제의 억압적 기제들(공안정국)에 대해 청년, 학생들은 저항하였다. 이 와중에 십 여 명의 젊은이들이 분신하였다(91년5월투쟁청년모임, 2002 참조). 1987년 정초선거(founding election)에서 자유주의 정치세력들의 대표들을 자신들의 '대안'으로 설정함으로써 도덕적 헤게모니를 잃은 기존 사회운동의 주류들은 더 이상 이 운동에 영향력을 행사할 수 없었다. 이들은 운동의 정치로부터 멀어지며 제도화되고 있었다. 이런 맥락에서 1991년 5월투쟁의 결과는 이미 예견되었으며, 그것은 5.18민중항쟁처럼 사후 반성을 위한 거울로서의 존재 의미를 지니게 되었다.

　1980년대 급진사회운동에 각인되어 있던, 노동계급운동을 중심에 놓고 여타 운동을 위계적으로 배열하고자 하는 발상, 중앙집중적인 관료주의, 그리고 무엇보다 맑스주의가 경향적으로 내장하고 있는 '성장 · 발전주의, 생산력주의'에 대한 문제 제기가 주요하게 부각되었다. 이런 맥락에서 1991년 5월투쟁은 1980년대 운동이 일단락되고 새로운 내용과 방식의 운동이 모색되는 계기였다. 탈물질주의적 발상과 가치, 그리고 운동들이 표면에 드러나기 시작한 것도 바로 이 시기 이후이다.

하지만 이러한 흐름에도 불구하고 지배담론으로서의 성장 · 발전주의는 손상되지 않았다. 아니 오히려 더 강화되었다. 이러한 양상은 한편으로는 신자유주의가 지구화되면서 강제된 힘에 의한 것이었지만, 다른 한편으로는 기존의 비판적 자유주의세력들이 집권하면서 이들이 성장 · 발전주의에 완전히 흡수되었기 때문이기도 하다.

이들 자유주의세력들은 성장주의 자체에 대한 인식에서 구지배세력과 본질적으로 다르지 않았으며, 이것은 정치적으로 1990년 3당합당, 1997년 DJP연합의 전제가 되었다. 하지만 오랫 동안 이들은 성장주의에 대한 비판을, 자신들의 정치적 지지를 끌어내기 위한 수단으로 이용하였다. 특히 1971년 대통령선거에서 신민당 후보였던 김대중은 대중경제론을 내세우며 분배를 통한 균형발전을 주장, 재야운동은 물론 소외된 서민대중의 지지를 받을 수 있었다. 초기 내포적 산업화론, '자립적 발전론'과 비교해볼 때 이것은 '더 많은 시장'을 허용하는 것으로(이병천 2000, 100-109 참조), 여전히 쁘띠부르주아적 발전과 친화성을 보이는 것이었다. 하지만 자유주의 정권의 등장, IMF 외환위기의 도래는 성장주의를 강화시키면서, 과거 민중지향성을 탈각시키는 계기가 되었다. 특히 신자유주의는 발전주의국가—이른바 '개발독재' 국가—가 보인 극단화된 성장주의를 부정하기보다는, 거기에 합리성을 부여하여 수정하고자 한다는 점에서 자유주의세력들의 관심을 사기에 충분하였다.

이런 맥락에서 자유주의 정치세력의 양 축이었던 김영삼, 김대중이 집권 이후 세계화를 내세우며 '노동의 유연화'를 핵심으로 하는 신자유주의 구조조정정책을 강제하고자 한 것은 자연스러운 것이었다. 세계화(globalization)는 신자유주의의 공세를 핵심으로 하였고 1960년대 이후 풍미했던 기존의 발전주의를 변형, 대체하는 논리였다. 그것은 재화, 더욱 중요하게는 노동이 아닌 자본의 자유스러운 운동을 위해 모든 국경을 열고 장벽을 부수는 것에 있었다(I. Wallerstein 2003 참조). 이런 맥락에서 김영삼정권에게 세계화는 국가경쟁력 강화와 동일시되었다. 특히 WTO체제의 출범은 이러한 발상을 더욱 자극하였다(1995년 대통령신년사 참조). 이를 위해 국가의 성격과 위상, 그리고 그 역할이 새롭게 재규정되었다. '작고 유능한 정부', '기업가적 정부', '세일즈 외교' 등의 담론은 이를 상징적으로 보여주는 것이었다. 국가의 공적 규제기능은 점차 배제되었고, 이에 반비례하여 '규제완화를 통한 시장기능의 회복'이라는 담론이 국가기구와 대중매체들을 통해 유포되었다. 이를 상쇄하기 위해 '생산적 복지'라는 모호한 정책이 제시되었지만, 이것 또한 기본적으로 '수익자부담의 원칙'에 의해 규정되었다는 점에서 신자유주의로부터 자유롭지 못했다(김연명 1996 참조).

다른 한편 이러한 담론의 확산 과정은 노동운동의 민주적 요구의 배제, 이에 대한 탄압, 공세와 맞물려 진행되었다. 그리고 법적으로 이러한 흐름은 노동자의 정치활동 자유를 포함한 노동기본권보장을 부정한 채, 정리해고제, 근로자파견제, 변형근로제를 도입하여 '노동의 유연화'를 제고시키고자 한 노동법개정으로 표현되었다. 이것은 '유연적 테일러주의'(flexible Taylorism)의 추구였다. 그렇지만 김영삼 정권의 이러한 시도는 1996년 말~97년 초 노동자 총파업으로 좌절되었고, 이로 인해 정권 말 권력 누수가 증폭되면서 그 역사적 수명을 다하기에 이르렀다(이광일 1996 참조).

IMF위기의 와중에 출범한 김대중 정권은 애초 '민주주의와 시장경제의 병행'을 내세웠지만, 결국 '개발독재의 비합리성'에 대한 비판―그 핵심은 경제에 대한 '정치의 과잉 개입'이다―을 매개로 '시장의 자유'로 나아갔다. 이와 같은 정책방향은 국제통화기금(IMF)이 제시한 신자유주의 안정화, 개방화 프로그램의 전폭적인 수용을 전제로 한 것이었기 때문에 이미 예고된 것이었다.

그럼에도 불구하고 이러한 방침은 '좌파 자유주의' 정치세력의 수장으로서 김대중이 행사하고 있는 정치적 영향력에 의해 대중적 기대를 확보할 수 있었다. 그것은 1971년 대통령선거 이후 재생산된 김대중의 '민중주의'―이것은 '대중경제론,' '국가연합 통일방안' 등으로 나타났으며, 이에 대한 정치적 지지의 슬로건이 바로 '비판적 지지'이다―에 그 뿌리를 두고 있는 것이었다(이광일 2002 참조). 김대중 정권이 출범에 즈음하여 '개발독재'의 해악을 일소하기 위해 '국가개입 축소' 및 시장원리의 도입을 통한 경제구조개혁, 재벌지배구조의 '투명성' 확보 등을 천명하고, 다른 한편 노사정위원회와 같은 '합의기구'를 매개로 '노사개혁' 등을 추진하겠다는 뜻을 밝힘으로써 이러한 기대는 더욱 커졌다.

김대중 정권 초기 신자유주의에 기반한 이러한 정책기조가 많은 우려에도 불구하고 이처럼 대중의 기대를 모을 수 있었던 이유는, 무엇보다 개혁의 전면에 '근대 합리성의 구현'이라는 모토를 내세웠기 때문이다.[16] 종속적 독점자본주의화가 심화되는 가운데 구조화된 '비합리성,' 특히 파시스트권력과 독점자본이 융합되어 강제된 정경유착의 폐해, 문어발식 경영, 재벌총수 1인의 전횡, 부당 내부거래 등은 근대 합리성과 배치되는 것으로 인식되었다. 따라서 이러한 맥락에서 추진된 일련의 경제구조 및 재벌개혁은 자본의 합리성 제고에 그 일차적 목적이 있었지만, 그 한쪽 끝은 대중의 '반재벌 정서', 특히 외환위기의 주범으로서의

---

16) 이것은 노무현 정부가 등장한 지금도 시민사회운동의 일부가 신자유주의 반대에 대해 소극적이거나 유보적인 입장을 취하는 근거이기도 하다(이광일 2000 참조).

재벌에 대한 대중의 책임 요구와 맞닿아 있었다. 따라서 이제 외환위기의 책임은 개발독재를 주도한 파시스트권력과 재벌의 동맹에 돌려지고, 그것은 김대중 정권의 정통성과 함께 신자유주의로 선회하는 데서 오는 정치적 부담을 덜어주는 효과 또한 발휘하였다.

그렇지만 이러한 비합리성은 단지 시장에 국한시켜 해결될 수 있는 문제가 아니었다. 비합리성의 가장 중요한 원인은 시장 그 자체에 존재하는 것이 아니라, 한국전쟁 이후 구조화되어 시장의 기저에서 그것을 작동시키는 비대칭적 사회관계―반민주적 관계―에 있었다. 따라서 합리적 시장질서의 도입을 통해 과거 개발독재의 폐해를 일정 정도 해소시키고자 한다면 그것은 민주화 조치와 병행될 수밖에 없었고, 그 핵심은 이러한 불평등한 비대칭적 사회관계의 완화에 있었다. 따라서 개혁은 이러한 관계의 표현인 법적, 제도적 제약들을 최소한의 '민주적 기제'로 변화시키는 것에 두어져야 했다. 그리고 이 때, 민주주의의 핵심은 무엇보다 '유혈적 테일러주의'의 착취 대상이며 보수독점의 정치구조 하에서 소외되었던 노동자, 민중의 기본권과 정치적 시민권을 인정하는 것에 있었다. 바로 이러한 맥락에서만이 '시장경제와 민주주의의 병행 발전'이라는 모토와 협의기구로서 노사정위원회 등은 최소한의 존재 의미를 지닐 수 있는 것이었다.

그런데 김대중 정권은 이러한 맥락에서 개혁을 풀어나가기보다, 시간이 흐를수록 시장합리성이라는 표피적 현상에 집착하였다. 따라서 비대칭적 사회관계의 해소라는 최소한의 민주주의 본연의 과제는 사라지고, 오히려 생산력 지상주의에 입각한 신자유주의 구조조정이라는 맥락에서 노동문제에 접근하였다. 이와 같은 정책방향은 매우 중요한 문제를 발생시켰는데, 그것은 서구 복지국가들과 달리 종속적 독점자본주의화와 개발독재 아래에서 '사회적 안전망'은커녕 무권리에 시달렸던 노동자, 민중들을 재차 '시장의 독재'가 압도하는 상황으로 내모는 결과를 초래하였다. 이렇게 하여 이들은 '개발독재'의 유산과 새로이 신자유주의로부터 오는 이중의 고통에 직면하게 되었다.

결국 'IMF위기 극복'이 초미의 관심사가 되면서 김영삼 정권기에 좌절된 신자유주의정책이 전면에 재배치되었다. 대중경제론의 발상은 폐기되었고, 효율성과 경쟁력 강화를 위해 '4대 부문 구조조정 정책'이 유일한 생존 방법으로 제시되었다. IMF 외환위기는 재벌과 파시스트권력에 대한 책임론을 확장시키며, 신자유주의적 유연화, 개방화, 사유화를 통한 성장을 문제 해결의 열쇠로 제시하였다. 하지만 중요한 것은 역설적이게도 그것이 자립적 발전을 미래의 상으로 전제하는 민족주의, 국가주의적 호소와 맞물리며 증폭되었다는 점이다. '제2의 물산장려운동'으로 명명된 '금 모으기 운동'이 대대적으로 전개되었으며, 그 최종 목표는 과거 이들이 비판하였던 '제2의 한강의 기적'이었다.[17]

바로 이와 같은 상황은 일국을 단위로 한 성장·발전주의 지배담론이 자본주의 세계체제에 편재되어 있는 국민(민족)국가들의 권력 유지 및 재생산을 위한 시멘트로서 기능하지만, 실제 그러한 발상은 "자본주의 사회관계의 총체성은 지구적 총체성이다"(존 할러웨이 1999, 183)라는 맥락에서만 유효함을 보여주는 것이었다. 따라서 이제 국민(민족)국가 단위의 생존과 발전은 세계체제에서 유동하는 자본을 더 많이 고정화시키지 않으면 불가능한 것으로 보였다[18]. 이를 위해 국가는 시장에 의해 대체되기보다, 자본의 경쟁력 제고를 목표로 생산조건들의 개선을 체계적으로 지원하는 '신자유주의 경쟁국가'(Wettbewerbsstat)로 재편성되

---

17) 당시 횡행한 '박정희 신드롬'은 이러한 상황을 상징적으로 보여준다. 이에 대해서는 한국정치연구회(1998) 참조.

18) 이런 맥락에서 일반국민은 세계화시대 국가의 중요성에 동조하였고, 이것은 세계화담론의 형태로 확대재생산된 '발전주의 담론'의 대중적 침투력을 확인시켜 준다. 참고로 갤럽이 1995년 1월 25일~2월 11일에 걸쳐 실시한 '세계화 시대의 국가중요성'에 대한 조사에 따르면, 응답자 중 95.5%가 국가가 중요하다고 답하였다.

었다(구춘권 2000, 72). 그 결과 이 국가는 헤게모니의 약화, 국가 개입의 사회정치적 비대칭성을 심화시키는 방향으로 나아갔다.

이러한 변화는 매우 중요한 의미를 지닌다. 그것은 1960년대 이후 발전을 둘러싸고 조성되었던, 이른바 '발전주의 세력'과 그에 반대했던 비판적 자유주의 정치세력, 혹은 '민족주의적 쁘띠부르주아 세력들' 간의 오랜 긴장이 해소되어 가고 있음을 의미하는 것이기 때문이다. 즉, 근대화론, 그에 대응하였던 '자립적 발전론' 등은 그들이 공유하였던 일국적 단위의 성장, 발전이라는 발상의 한계를 인정하며 신자유주의로 수렴되기에 이르렀다. 이렇게 하여 세계적 총체성으로서 존재하는 자본과, '자국의 영토 내에 법적인 성격으로 존재하는 자본'의 민족적 성격을 강조하며 일국적 경계를 고수하고자 하였던 국가 사이의 긴장 또한 해소의 과정을 걷고 있다. 그리고 그 자리에는 무한경쟁을 통한 성장과 발전이라는 담론이 들어서게 되었다.

4. 성장주의 신화의 딜레마

한국에서 지배담론으로서의 성장 · 발전주의는 그 역사가 짧지 않다. 그것은 식민지 시대를 거쳐 이른바 '개발독재' 시기에 전형화되었고, 오늘 신자유주의 시대에 이르러 더욱 그 세를 확장시키고 있다. 국민국가 단위의 성장과 발전을 도모하는 민족주의적 발상들 또한 이 커다란 흐름에 흡수되고 있다. 과거 비판적 자유주의 정치세력들은 자신들의 집권 이후 오히려 신자유주의를 강화시키면서, 성장 · 발전주의의 철저한 신봉자가 되어버렸다.

지난 시기 성장주의라는 기치 아래 진전된 '양적 발전'은 놀랄만하다. '한강의 기적'은 그것의 상징적 표현이다. 하지만 이 시점에 다시 한번

짚어보아야 할 것은 지금도 찬미되어지는 그 기적이 비대칭적 사회관계들, 정치적 억압의 조성 및 심화를 전제로 했다는 점이다. 성장과 억압이 따로 존재하는 것이 아니라, 그것들이 동전의 양면처럼 하나로 묶여짐으로써 그와 같은 결과가 가능했던 것이다. 이런 의미에서 그것은 결코 '기적' 이 아니었다.

성장을 목표로 한 급속한 자본주의 산업화의 와중에서 모든 대중들의 기본권은 유보 내지 정지되었고, 노동자들의 삶의 권리는 부정되었다. 그리고 그러한 상황은 국가이데올로기의 동원과 억압에 의해 재생산되었다. 특히 안보위기를 조장하며 등장한 유신체제는, 군사문화를 온 사회에 확산시키면서 성장·발전주의를 가일층 극대화시켰다. 인간과 인간의 관계는 물론, 인간과 자연의 관계 또한 철저히 소외되었다. 자연은 단지 개발의 대상이었을 뿐, 인간의 삶의 유기성을 담보하는 존재로 인식되지 못하였다.

과거 군부에 반대하였던 자유주의 정치세력이 집권한 이후에도, 이러한 상황은 신자유주의를 매개로 더욱 구조화되었다. 성장에 반하는, 경쟁력 제고에 도움이 되지 않는 모든 비용은 설사 그것이 공적 영역에 속한 것이라 하더라도, 비생산적인 것으로 비판과 공격의 대상이 되고 있다. 신자유주의는 사회관계를 자본의 압도적 우위로 재편하고자 할 뿐만 아니라, 소수의 지배세력들에게 사회정치적 운영과 관련된 결정권을 집중시키고 있다. 그것은 '보이지 않는 손' 에 의한 공공연한 독재이다.

그렇지만 구조화된 이러한 상황은 내적 모순을 격화시키면서 재생산되고 있다. 성장이라는 자기 목적이 이루어지면 질수록 그 반대의 경향들, 즉 사회관계들의 파괴, 갈등과 적대, 투쟁을 더욱 격화시킨다. 바로 여기에 신자유주의의 딜레마가 있다. 따라서 신자유주의가 '더 많은 성장' 을 외치면 외칠수록, '사회관계의 민주적 재편' 을 요구하는 목소리

또한 그에 비례하여 더욱 커지고 있다. 지금 신자유주의에 반대하여 세계 도처에서 전개되는 다양한 내용과 형식을 지닌 항의, 저항, 그리고 투쟁은 바로 이러한 딜레마를 확인시켜주는 것에 다름 아니다.

| 참고문헌 |

91년5월투쟁청년모임. 2002. 『그러나 지난 밤 꿈 속에서 이 친구들이 나에 대하여 이야기하는 소리가 들려왔다, 1991년 5월』. 이후.

구춘권. 2000. 『지구화, 현실인가 또 하나의 신화인가』. 책세상.

김경동. 1979. 『발전의 사회학』. 문학과 지성사.

김석민 편. 1989. 『신식민지국가독점자본주의 논쟁』. 새길.

김연명. 1996. "국민복지구상의 이념적 특성". 민교협 월례발표회 자료집. 6월.

김정렴. 1990. 『한국 경제정책 30년사』. 중앙 M&B.

류동민. 2002. "민족경제론의 형성과정에 관한 연구". 『경제와 사회』. 겨울호.

박현채. 1989. 『민족경제론의 기초이론』. 돌베개.

박희범. 1967. "경제개발계획과 한국민족주의". 『국제정치논총』. 6호.

송찬섭. 1994. "일제의 식민사학". 『한국의 역사가와 역사학』. 창작과 비평사.

안병직. 1997. "한국근현대사 연구의 새로운 패러다임". 『창작과 비평』. 겨울호.

윤정원. 1989. "유신체제의 총화이데올로기에 관한 연구". 서울대 석사학위 논문.

이광일 1996. "김영삼정권의 '신노동정책', 독점자본의 신경영전략과 민주노동운동". 『재벌과 언론』. 당대.

_____. 1997. "'박정희체제론' 비판". 한국정치연구회. 『정치비평』. 가을 · 겨울호.

_____. 2000. "현단계 시민운동의 딜레마와 과제". 『황해문화』. 겨울호. 29호.

_____. 2001. "개발독재시기 국가─제도정치의 성격과 변화". 『한국 민주주의와 사회운동의 동학』. 나눔의 집.

_____. 2002. "신민주연합론의 정치적 지위와 의미". 『이론과 실천』. 6월호.

이만갑. 1981. "새마을운동". 『한국 농촌사회 연구』. 다락원.

이병천. 2000. "다시 민족경제론을 생각한다(1): 국민경제와 민주주의의 정치경제학". 한국 사회과학연구소 심포지엄자료집. 『민족경제론과 세계화 속의 한국경제』. 12월 9일.

이진경. 1997. 『맑스주의와 근대성: 주체생산의 역사이론을 위하여』. 문화과학사.

임방현. 1972. "5.16정신과 새마을 정신". 『세대』. 7월호.

임현진 · 송호근. 1994. "박정희체제의 지배이데올로기". 『한국정치의 지배이데
올로기와 대항이데올로기』. 역사비평사.

전철환. 1995. "사회경제학적 접근을 포함한 경제발전론 개관". 『경제발전연
구』. 창간호.

정성진. 1985. "제국주의와 주변부 자본주의". 『오늘의 책』. 봄호.

정윤형. 1986. "개방체제로의 이행과 1960년대 경제개발의 성격". 『한국 사회의
재인식1』. 한울.

_____. 1988. "박정희정권의 경제개발 이념". 『한국자본주의 성격 논쟁』. 대왕사.

정태헌. 1997. "수탈론의 속류화 · 형해화 속에 사라진 식민지". 『창작과 비평』.
가을호.

조석곤. 1997. "수탈론과 근대화론을 넘어서". 『창작과 비평』. 여름호.

차문석. 2001. 『반노동의 유토피아』. 박종철출판사.

최장집. 1993. "한국 민주화의 실험: 5월투쟁 · 광역지방의회선거 · 현대사태".
『한국민주주의의 이론』. 한길사.

_____. 1996. "한국정치에서의 변형주의". 『한국민주주의의 조건과 전망』. 나남.

한국정치연구회. 1998. 『박정희를 넘어서』. 푸른숲.

황인정. 1979. 『한국의 농촌개발 1970-79: 새마을운동의 평가와 전망』. 한국농촌
경제연구원.

라몬 그로스포구엘. 1998. "케괄주의에서 신자유주의로". 『발전주의 비판에서
신자유주의 비판으로: 세계체제론의 시각』. 공감.

레닌. 1988. 『제국주의론』. 백산서당.

미셸 초스도프스키. 1998. 『빈곤의 세계화: IMF 경제신탁통치의 실상』. 당대.

조반니 아리기. 1998. "발전주의의 환상: 반주변의 재개념화". 『발전주의 비판에
서 신자유주의 비판으로: 세계체제론의 시각』. 공감.

존 홀러웨이. 1999. "지구적 자본과 민족국가". 『신자유주의와 화폐의 정치』. 갈
무리.

한스 피터 마르틴 · 하랄드 슈만. 1997. 『세계화의 덫』. 영림카디널.

木宮正史. 1991. "한국의 내포적 공업화의 좌절". 고려대 정외과 박사학위 논문.

李鍾元. 1991. "アジアにおける美國の地域統合構想と韓日關係, 1945-1960". 東京大學法學部助手論文.

Altusser, L. 1977. *For Marx*. London: NLB.

Buchanan, James M. 1980. "Rent Seeking and Profit Seeking". James M. Buchanan, Robert D. Tollison, and Gordon Tullock (eds.). *Towards a Theory of the Rent-Seeking Society*. College Station: Texas A & M University Press.

Cardoso, F. H. & E. Faletto. 1979. *Dependency and Development in Latin America*. Univ. of California Press.

Frank, A. G. 1969a. *Capitalism and Underdevelopment in Latin America: Historical Studies of Chile and Brazil*. New York and London: Monthly Review Press.

_____. 1969b. *Latin America : Underdevelopment or Revolution*. Monthly Review Press.

Gerschenkron, A. 1965. *Economic Backwardness in Historical Perspective*. New York: Frederic A. Preager.

Lipset, S. M. 1981. *Political Man*. Baltimore : Johns Hopkins Univ. Press.

Warren, B. 1980. *Imperialism: Pioneer of Capitalism*. London: NLB.

Wallerstein, I. 1992. "The Concept of National Development, 1917-1989 : Elegy and Requiem". *American Behavioral Scientist*, March-June.

_____. 2003. "U.S. Weakness and the Struggle for Hegemony". *Monthly Review*. July-August.

제 4 장
국가주의 지배담론
— '일민주의론'에서 '국가경쟁력 강화론'까지

손호철 · 김윤철

1. 들어가는 말

해방 이후 한국정치를 특징짓는 여러 가지 요소 중 가장 중요한 것 중 하나가 '국가주의'(statism)이다. 그것은 한국정치가 해방 이후 억압적인 독재정권 하에서 주로 전개되어왔기 때문이다. 한국정치를 특징짓는 다른 중요한 요소인 민주화 운동 역시 그러한 억압적 독재정권에 대한 저항에 다름 아니었다. 또 국가주의는 한국의 자본주의적 발전이 억압적 독재정권이 주로 실시한 민중배제적 국가주도 산업화를 통해 이루어져 왔다는 점에서도 매우 중요한 의미를 갖는다. 즉, '시민사회에 대해 국가가 힘의 우위와 주도성을 확보하고 있는 것'을 의미하는 국가주의[1]는 한국의 정치 · 경제적 질서를 주조하는 데 있어 커다란 영향을 끼쳐왔다는 것이다. 이 때문에 한국정치를 이해하는 데 있어 국가주의에 대한 분석

---

1) 국가주의에 대한 다양한 층위에서의 규정들에 대해서는 아래의 2절 이론적 전제를 참조.

과 해석은 매우 중요한 의미를 갖는다고 할 수 있다.

이와 관련하여 이 글의 목적은 해방 이후 한국의 국가주의가 어떠한 역사적 궤적을 거쳐 한국정치를 규정하는 주요한 요소로서 작동해왔는지를 고찰하는 데 있다. 이를 위하여 이 글에서는 한국 국가주의의 기원을 이루는 정치적, 이데올로기적, 경제적 기원들로 알려져 있는 '과대성장국가'와 '한국전쟁', '국가주도형 산업화'에 대해 살펴보고, 해방 이후 한국 정치사를 크게 세 개의 시기로 나누어 각각의 시기에 나타난 국가주의 지배담론의 양상에 초점을 맞추고자 한다. 이때 세 개의 시기는 다음과 같다. 첫째, 해방 이후부터 5.16군사쿠데타가 일어나기 이전까지의 시기로서 '분단국가 형성기'. 둘째, 5.16군사쿠데타 이후부터 1987년 6월 항쟁 이전까지의 시기인 '국가주도 고도성장기'. 셋째, 1987년 6월 항쟁 이후의 '민주화 이행기'이다.

그리고 한국 국가주의의 역사적 궤적을 살펴보는 데 있어 국가주의 지배담론에 초점을 맞추는 이유는, 국가주의가 해방 이후의 역동적인 한국 정치의 역사적 전개과정에서 제정치세력들, 특히 각 시기별 정권 담당세력으로 구체화되는 국가의 시민사회에 대한 전략적인 담론 실천을 통해 '유지·재생산'되어온 것이라는 판단 때문이다. 이때 이 글이 제기하는 주요 연구질문은 다음과 같다.

첫째, 해방 이후 최근에 이르기까지 국가에 의해 생산, 유포된 지배담론들 중 국가주의적 가치와 규범을 강조한 담론들로는 어떤 것이 있으며, 그러한 국가주의적 지배담론들의 의미 구성(상황 정의 및 행동 규범 등을 규정하는 내용 구성과 상징어의 배치) 및 체계(하위담론의 구성 등), 그리고 작동양식(법·제도적인 물리적 조치들을 포함, 여타의 이데올로기적 계기 및 요소들과의 결합 양식)은 어떠했는가.

둘째, 각 시기별로 생성·유포된 국가주의 지배담론들의 기능은 무엇이었고, 그것의 효과는 어떻게 나타났으며, 그 이유는 무엇인가.

셋째, 해방 이후 각 시기별로 국가는 왜 그러한 국가주의적 지배담론을 등장시켰어야 했는가.

한편 이 글에서는 국가주의 지배담론의 체계와 의미 구성, 작동양식 등에 대한 분석에 있어서, 지배담론들 중에서도 특히 국가에 의해 생성·유포된 담론들 중 대표성을 획득하고 있는 것—대통령 취임사나 국정목표혹은 기타 국가정책—들을 구체적 사례로 선정하여 분석하고자 한다[2].

2. 이론적 전제

1) 국가주의의 제규정들

우리가 국가주의라고 지칭하는 대상은 단일한 형태로 존재하는 어떤 구체적인 '사물(thing)'이라기보다는, 다양한 층위에서 나타나는 여러 현상들과 그 현상들에 영향을 끼치는 제요인들(에 대한 규정)의 '총체(ensemble)'라고 할 것이다.

(1) 정치·경제적 층위에서의 국가주의

이런 점에서 국가주의는 우선 정치적 층위와 경제적 층위로 나누어 살

---

2) 이는 이 글의 한계로 지적될 수 있을 것인데, 분석대상의 명확성과 분석의 용이함, 그리고 분석의 간결성 확보에는 유리한 측면이 있지만, 국가주의 지배담론을 국가에 의해 생성·유포된 담론으로 한정함으로써 명실상부한 지배담론으로서의 면모, 즉 그것이 얼마나 시민사회 내로 침투·장착되었는가의 여부를 구체적으로 확인하지 못한다는 점, 또 대항담론과의 관계를 좀더 역동적으로 보여낼 수 없다는 문제점을 갖는다는 것이다. 이 때문에 서술과정에서 최대한 이러한 점들을 보완하고자 할 것이다.

퍼볼 수 있다. 정치적 층위에서의 국가주의는 전체주의나 파시즘과 같이 국가권력이 시민사회에 대해 억압성을 띠고 있는 현상 그 자체나, 그것을 가능케 하는 국가와 시민사회 간의 힘의 관계지형을 의미한다.

경제적 층위에서의 국가주의는 일련의 사회경제체제의 운영주체나 그것을 작동시키는 주요원리인 정책패러다임이라는 측면에서, 국가가 사회경제체제의 운영과 작동에 있어 핵심적인 주체로서 위치지어져 있는 사회민주주의적 복지국가체제 및 정책이나, 한국을 비롯한 제 3세계에서 광범위하게 나타났던 국가(주도)자본주의 체제 및 정책, 그리고 지난 20세기말을 경과하면서 몰락한 현실 사회주의 국가들에서 나타났던 국가사회주의 체제 및 정책[3] 등이 그것이다.

(2) 이데올로기적 층위에서의 국가주의

다음으로 살펴볼 수 있는 것이 이데올로기적 층위에서의 국가주의이다. 이데올로기적 층위에서의 국가주의는 앞서 언급되었던 정치·경제적 층위에서의 국가주의와 연관되어, 국가가 시민사회에 대해서는 물론, 시민사회 성원들의 일상적 삶에서 가장 중요한 가치와 규범─'최고선으로서의 국가'─으로서 강조되는 상태를 의미한다.

특히 이 경우의 국가주의는 이데올로기가 갖는 정치성과 관련, 주로 정치적 층위에서 나타나는 국가권력의 억압성 등을 정당화하는 기능을 수행한다고 할 것이다. 물론 경제적 층위와도 연관되어 앞서 언급한 사회경제체제에서의 국가의 역할을 정당화하거나, 그것을 뒷받침하는 정책 패러다임 자체가 하나의 신념으로 수용, 이데올로기적으로 작용할 수

---

3) 물론 크리스 하먼(Chris Harman)과 같은 트로츠키주의자들의 경우에는 구소련을 국가사회주의라고 지칭하는 것에 반대하면서, 국가자본주의라고 불러야 한다고 주장하고 있다.

도 있다. 예를 들어 다양한 경제정책 패러다임에 있어서 국가의 역할을
중요시 여기는 사회민주주의(자들이)나 케인즈주의(자들), 그리고 개발
독재론(자들)의 경우가 그것이다.

(3) 담론으로서의 국가주의

끝으로 이 글에서 구체적인 분석대상으로 삼고 있는 담론으로서의 국
가주의가 있다. 담론으로서의 국가주의는 우선 담론의 성격, 즉 테르본
(Göran Therborn 1993)이 말하고 있는 바와 같이 국가주의 이데올로기의
작동을 위한 구체적 실천으로서의 의미를 갖는다.

이 글에서 담론은 단지 순간적인 수사의 놀이나 허구적인 레토릭이 아
니라, 사회적 실제인 '현실을 구성' 하는 것(Ball 1987)으로서 파악한다.
즉, 담론은 사회구성원들이 '살아있는 경험으로서의 일상생활' (Louis
Althusser 1971) 속에서 무엇이 옳고 무엇이 바람직한 것인지, 그리고 이를
위해서는 무엇이 가능하며 어떻게 할 수 있는 것인지 등에 대한 규정을 통
해 사회적 현실을 특정한 방식으로 인식하는 틀과 방식을 제시하고 이를
위한 지식과 정보를 생산, 유통시켜내고 이를 의제화시켜내는 실천과정
이다. 담론은 이를 통해서 특정한 가치 및 의미와 규범을 창출하고 이를
반복, 강조함으로써 푸코(Michel Foucault 1993)와 테르본(1993)이 말하는
바처럼 특정한 가치나 의미, 규범을 배제하고 금지하는 과정인 동시에, 선
택되어진 가치와 규범에 일반 대중들이 '종속되어짐으로써 자격을 부여
받는' 일련의 '이데올로기적 권력' 의 작동과정이기도 하다. 이때 담론은
단지 언술의 수준에서만 이루어지는 것이 아니라 법률적 · 제도적 조치와
동의에 대한 물질적 보상 등 '비담론적 조치' 를 동반한다(김윤철 1999).

이때 유의해야 하는 것은 담론의 지배효과, 즉 지배담론으로서의 형성
은 단지 그것이 지배세력의 언술이라는 점으로부터 보장되는 것이 아니

라는 점이다. 즉, 그것은 위에서 언급한 바와 같이 사회구성원들의 살아 있는 경험으로서의 일상생활에서 적극적이든 소극적이든 '타당하거나 불가피한 것'으로서 동의되고 수용되어야 한다. 이를 위해서 해당 시기의 구체적 상황에서 사회구성원들의 이해와 열망을 반영하면서 나름대로의 '진실성'을 확보하는 '정세적 진리 효과'를 갖는 것이어야 한다.

단 이때 유의하여야 할 것은 담론이 갖는 이데올로기적 성격을 감안, 그것이 단지 정세적 진리 효과를 창출하면서, 동의를 구하기 위한 실천으로만 오해되어서는 안 된다는 점이다. 이데올로기 자체도 억압과 구별되는 통치방식으로만 이해될 수 없지만[4], 특히 담론의 특정한 이데올로기적 가치와 규범들을 강조하는 데 있어 일련의 '금지와 처벌' 조항들을 명시하고 있다는 것이다. 이로부터 국가주의적 지배담론은 오히려 금지와 처벌에 초점을 맞춘 '훈육' 이데올로기를 작동시키기 위한 것이라는 점도 고려되어야 한다는 것이다.

2) 국가주의 (지배)담론의 경계

무엇을 국가주의 (지배)담론이라고 할 수 있는가? 국가에 의해 생성·유포되는 모든 담론을 국가주의 담론이라고 할 수는 없을 것이다. 따라서 이 글에서는 국가에 의해 생성·유포된 담론들 중에서도 국가가 최고

---

4) 이러한 오해는 특히 후기 풀란차스(Nicos Poulantzas)의 저작에서 발견되는 바, 이는 알튀세르의 이데올로기론에 대한 오독에서 비롯된다. 알튀세르는 국가기구를 억압적 국가기구(RSA)와 이데올로기적 국가기구(ISA)로 나누어 파악하고는 있지만, 알튀세르의 이데올로기론의 핵심은 억압과 구별되는 것으로서의 이데올로기가 아니라, 지배에 대한 종속을 위해 주체를 '호명'하는 것으로서의 이데올로기이다. 이를 테르본은 '자격부여'라는 용어로 설명하고 있다. 물론 풀란차스 역시 앞의 저작에서 알튀세르의 이데올로기론에 대한 오해에도 불구하고, 푸코의 문제의식을 수용, 이데올로기가 갖는 '강제성'과 '훈육성'을 강조하고 있다.

의 가치와 선으로써 규정되는 담론을 포함, 국가 자체에 대한 정의와 의미구성, 그리고 해당 상황에서의 국가의 역할에 대한 정의가 주되게 포함되어 있는 담론을 국가주의 (지배)담론으로 분류할 것이다[5].

3) (국가주의) 지배담론의 분석틀

국가주의 지배담론을 분석하는 데 있어 두 가지 차원에서의 분석틀이 요구된다. 하나는 담론 형성의 조건과 담론의 성격 그리고 담론의 지배 효과에 관한 것이고, 다른 하나는 담론의 체계와 구조, 그리고 그것의 작동양식에 관한 것이다. 이 두 가지 차원을 종합적으로 분석했을 때, 국가주의 지배담론이 갖는 면모를 제대로 파악할 수 있을 것이다.

(1)담론 형성의 조건과 담론의 성격, 그리고 담론의 지배 효과

특정한 지배담론의 형성과 그 성격은 해당 시기 정치·경제 및 이데올로기적 조건에 대응, 그러한 현실을 지배계급의 이해관계에 부합되도록 담론적으로 (재)구성하고, 그것을 구체적인 실천을 통해 작동시키는 과정에서 결정된다. 이때 정치적 조건은 국가와 시민사회 간 힘의 관계를 위시로 구체적인 복합국면 하에서 국가가 처해져 있는 상황을, 경제적 조건은 자본주의 발전단계를 위시로 경제적 토대의 상황을, 그리고 이데올로기적 조건은 정치·경제적 조건과 관련하여 지배담론의 효과를 높이기 위해 구성요소로 주요하게 동원할 수 있는 이데올로기를 찾아낼 수 있는 이데올로기적 지형을 의미한다.

---

5) 단, 국가주의 담론에 있어 국가가 주로 '전체 이익의 담지자'이며, 따라서 개인이나 특정 집단의 이익에 우선해야 한다는 규범을 강조한다는 점을 감안, 필요한 경우 이와 유사한 전체(주의) 혹은 민족주의 담론도 국가주의 담론으로 취급할 수 있을 것이다.

그리고 그 담론의 의도가 제대로 관철되었느냐의 여부, 즉 담론의 지배 효과는 자동적으로 보장되는 것이 아니라 지배 - 피지배 간의 동학 속에서 결정된다고 하겠다. 이때 지배와 피지배의 동학은 지배담론이 과연 피지배세력들의 이해와 요구를 일정하게 반영하고 있느냐의 여부, 그리고 그것에 수반하는 경제적 보상이 얼마나 이루어졌는가의 여부, 또 피지배세력이 대항담론의 형성을 비롯, 사회운동적 실천을 포함하여 그러한 지배담론에 얼마나 효과적으로 대응했느냐의 여부 등에 의해 이루어지는 지배세력과 피지배세력 간의 상호작용을 의미한다.

(2) 담론의 체계 및 구조와 작동양식

담론은 앞서 언급한 바와 같이 일시적이거나 허구적인 레토릭이 아니다. 따라서 그것은 (재)구성하고자 하는 해당 시기의 현실 상황에 대한 일련의 해석과 정의를 내리는 체계 및 구조를 갖게 된다. 이때 체계와 구조라는 것은 담론의 설득력을 강화하기 위한 의미체계와 상·하위담론의 구성, 그리고 그것들 간의 위계성 부여를 비롯, 상황에 대한 정의와 바람직한 행동규범 등의 항목을 포함한다. 이렇게 체계와 구조를 갖춘 담론은 그 실천과정에 있어 단지 담론적 실천에서 그치는 것이 아니라 물질적인 조치 등을 동반하는 바, 노골적인 국가폭력과 함께 법·제도적인 조치들이 동반된다. 따라서 담론의 작동양식을 분석하기 위해서는 비담론적 조치들까지 함께 살펴보아야 한다.

3. 한국 국가주의의 세 가지 기원[6]—'과대성장국가', '한국전쟁' 그리고 '국가주도형 산업화'

1) 과대성장국가

한국 국가주의의 기원으로 먼저 들 수 있는 것은 해방 이후 일본의 식민지배의 유산으로 물려받은 과대성장국가이다. 대부분의 식민지 국가의 경우 국가주의적 경향이 강력한데, 식민지 모국의 경제(토대)에 이식된 식민지 조선의 국가는 미발전된 토대에 비해 과대성장될 수밖에 없었다. 이중에서도 특히 식민지 조선의 경우 다른 식민주의에 비해 국가주의가 강했는데, 그 이유는 후발산업국가인 일본의 식민지였기 때문이다. 특히 국가기구의 측면에서 볼 때, 식민지 조선은 '초과대성장 국가기구'를 보유하고 있었다고 할 수 있다. 그 예로 인도에 비해 초과대성장 국가기구를 가지고 있었다고 호치민(Ho ChiMinh)이 지적한 바 있는 베트남에 비해, 한국은 1937년 기준으로 인구비례로 볼 때 5배에 가까운 국가기구 종사자들을 갖고 있었다.

그런데 1945년 해방은 그동안 억압되어 온 시민사회를 활성화시켜 지방인민위원회, 전평, 전농 등 자발적인 결사체들의 폭발, 즉 시민사회의 폭발을 가져오면서 이런 국가를 해체시킬 수 있는 조건을 제공하였다. 하지만 미군정은 일제의 유산인 과대성장된 국가장치를 해체하기보다는 이용, 강화하여 활발해진 시민사회를 격퇴하기로 했다.

이로부터 미군정과 과대성장국가 대 시민사회 간의 대립으로 특징지어지는 해방정국은 전자의 승리로 귀결되었고, 이는 시민사회의 성장에 따라 민주화가 이루어지는 1987년까지 한국정치를 특징짓는 기본 골격

---

6) 이에 대해서는 손호철(1991; 2000) 참조.

을 제공한다. 즉, 현대 한국정치는 강한 과대성장국가 대 약하지만 주기적으로 도전하는 시민사회라는 대립축으로 요약될 수 있는 것이다[7].

미군정은 이처럼 이미 초과대성장된 국가기구 특히 억압적 국가기구를 반혁명전략과 관련하여 더욱 팽창시켰고, 이 같은 추세는 분단국가 수립 이후에도 계속되었다. 해방 전 남북한 통틀어 약 1만명의 군인과 8천명의 경찰이 주둔하고 있었으나, 해방 이후 남한지역에만 1945년 11월에 경찰이 1만 5천 명, 1946년 말에는 경찰 4만 5천, 군인 6만 4천 명에, 한국전쟁 직전에는 경찰 4만 8천 명, 군인 11만 3천 명으로 억압적 국가기구는 급속히 팽창하였다. 이런 조건에서 미국의 원조는 한국의 군이나 국가기구를 유지할 수 있게 한 중요 요인이었으며, 이는 상대적으로 자율적인 국가를 존재 가능케 했다.

2) 한국전쟁

다음으로 한국의 국가주의를 강화시킨 것은 한국전쟁이었다. 즉, 한국전쟁을 거치면서 국가의 비대화가 억압적 국가기구를 중심으로 급격한 양적, 질적 팽창이 이루어지면서 가속화되었던 것이다. 한국전쟁 중 군은 최고 70만 명, 경찰은 6만 3천여 명으로 늘어났고, 종전 후에도 경찰 수는 3만 3천 명 수준으로 줄어들었지만 군은 60만 수준을 유지하게 되었다. 이는 한국전쟁 이후 억압적 국가기구의 내부 구성에 있어 군의 중요성이 급속하게 부상하고, 상대적으로 경찰의 지위 하락이 이루어짐을

---

7) 단 이때 유의하여야 할 것은 국가 대 시민사회라고 하는 대립축이 구체적으로 국가와 시민사회 일반의 대립이라기보다는, 국가와 시민사회 내 민중부문과의 대립으로 나타났다는 사실이다. 즉, 경제적 지배계급들은 '시민사회의 구성원' 으로서 '자율적인 시민사회' 의 방어를 위해 국가에 대립하는 이해관계보다는, 시민사회를 가로지르고 있는 계급모순과 관련하여 지배계급의 '계급적 구성원' 으로서 민중부문과 대립하는 측면이 압도적이었다는 것이다(손호철 1995).

의미하는 것이다. 이 같은 군의 팽창은 중장기적으로 볼 때 1961년 이후 한국정치의 틀을 규정해온 군의 정치 참여와 장기간의 군부통치의 초석을 마련하는 계기가 되었으며, 궁극적으로는 '종속 내지 신식민지 (군부) 파시즘'의 등장을 통해 한국경제의 종속(또는 신식민지) 국가독점자본주의로의 돌입을 매개하는 구실을 수행하도록 만들고 말았다.

또 이 시기 한국 국가(기구)의 과대성장에 있어 주목할 것은, 한국전쟁을 거치면서 국가기구 중 입법부 역할의 대폭적인 위축과 행정부의 강화가 이루어짐으로써 독재체제의 지속을 용이하게 만들었다는 점이다. 그 전까지 국회의 견제에 고통을 받아온 이승만은 한국전쟁 기간 중인 1952년 세칭 부산정치파동를 통해 대통령직선제를 관철시키고 행정부의 강화를 획득하였으며, 이후에도 한국전쟁으로 고착화된 분단대치 상황은 강력한 정부의 필요성이라는 명분 하에 이 같은 행정부 독재체제의 지속을 가능케 했다.

하지만 한국전쟁의 영향은 이와 같은 국가기구의 팽창에만 국한되는 것이 아니었다. 더 중요한 것은 한국전쟁의 결과로 형성된 반항구적 분단체제와 준전시적 안보상황이 국방과 안보기능의 독점이라는 국가의 역할과 관련해 한국 국가의 사회적 지배력을 일상적으로 강화시켰다는 사실이다.

한편 한국전쟁은 이데올로기적 측면에 있어 국가주의 지배담론은 물론, 한국 국가의 주요한 담론정치에 있어서도 커다란 영향을 끼쳤는데, 극우반공주의 중심의 협소한 이데올로기 지형의 형성이 바로 그것이다. 해방 정국에 있어 이데올로기 지형은 일제 식민지 하에 누적된 반제반봉건적 혁명 과제의 심각성, 일제하 민족해방운동에 있어서의 개량주의적 민족주의운동의 변절과 '혁명적' 좌파운동의 주도적 역할 등으로 인해 좌파헤게모니의 주도 하에 상당히 좌경화되어 있었다고 볼 수 있다. 특히 이 같은 현상이 극명하게 나타나고 있는 것은, 한 사회의 사회구성과 사회성격에 있어서 가장 결정적인 역할을 하는 생산수단의 소유형태와 경제체제에 관한 당시의 논의이다.

아래 〈표 4-1〉에서도 나타나듯이 이 시기는 '극우'라고 명명되어진 한민당의 경우에도 경제강령의 내용을 일반적인 이데올로기 분류기준에 맞추어 보면 '좌익' 분류가 더 적합할 정도로, 당시의 이데올로기 지형은 좌경화되어 '좌경반쪽 지형화'되어 있었다고 볼 수 있다. 이 같은 이데올로기 지형은 미군정의 비호 하에 억압적 국가기구를 장악한 '우파단정' 세력의 국가권력 장악 이후 서서히 우경화되면서, 한국전쟁을 결정적 계기로 하여 정반대의 형태인 '우경반쪽 지형'으로 불구화된다. 특히 한국전쟁은 그 전까지 이승만, 한민당 등 '극우세력'과 지배계급에 국한되어 있던 반공·반북 이데올로기를 절대다수의 국민들의 '수동적 동의' 내지 '능동적 동의'로까지 유도해낼 정도로 확산시키는 한편 분단의식을 내재화시키는 결정적 계기로 작용하게 되었다. 또한 한국전쟁 이후 반

〈표 4-1〉 해방정국 제정파의 경제강령 비교[8]

	'극우' (임협, 한민당)	중도우 (입법의원)	중도파 (시협)	'극좌' (민전, 남로당)	'극좌' (북로당)
생산수단 소유형태	대: 공유 내지, 국가경영 중: 국방산업의 사유 소: 사유	좌동	대: 국가경영 중: 관민합영 소: 사유	대: 국유화 중: 관민합영 소: 대체로 사유, 공유	은행, 철도, 전기 등 공리기관과 지하자원 국유 회사, 소매업, 수공업은 국공사 혼합
경제운영방식	통제경제	계획경제	계획경제	계획경제	계획경제

자료: 김재홍(1987, 157); 심지연(1984, 267); 손호철(1993)에서 재인용.

---

8) 여기에서 '극우', '극좌'는 제정파 간의 상대적 관계를 구별하기 위한 '서술적' 명칭일 뿐, 제정파와의 구체적 내용을 평가하는 '평가적' 개념은 아니다. 즉, 예를 들어 남로당 입장이 당시 정세에 비추어 1단계 사회주의 혁명을 주장하는 트로츠키주의식으로 극좌적이었다는 의미는 아니다.

공·반북 이데올로기와 한국이 나아가야 할 길로서의 자본주의적 발전의 길은 민중운동이 본격적으로 활성화되는 1980년대 중반 이전까지는 근본적인 의문을 제기할 수 없는 기정 사실로 인정되었다는 점에서, 한국전쟁은 한국의 지배계급으로 하여금 그람시적 의미의 정치적 헤게모니―'능동적 동의'에 의한 지배―를 확보하도록 해주지는 못했다고 하더라도 '부분적 이데올로기적 헤게모니'는 확보할 수 있도록 만들어주었다고 볼 수 있다.

한국전쟁이 이같이 이데올로기 지형의 변화를 유발시키는 데는 막대한 인적, 물적 피해에 대한 실존적 경험과 북한의 남한 점령정책의 '실패'가 결정적 계기로 작용했다고 볼 수 있다. 특히 북한은 남한점령 기간 중 토지개혁의 완수, 친일파 숙청 등 반제반봉건혁명적 과제들을 수행하였으나 남한 민중의 주체적 역량과 분리되어 전쟁이란 형태로 전개된 '위로부터의 혁명'이라는 한계와, 정책수행 과정에서 무절제한 집단학살, 감정적 보복 등의 오류를 통해 공산주의에 대한 공포심과 혐오심을 불러일으키고 민심의 이반을 초래했다는 지적을 받고 있다.

이밖에 전부가 사상적, 정치적 이유에 의한 월남은 아니라고 하더라도 한국전쟁 중 70만명에 가까운 북한 주민들의 추가 월남, 월북·납북 등에 의한 잔존 중도파의 물리적 궤멸 등도 이 같은 이데올로기 지형의 변화에 부차적인 기제로 작용했다고 볼 수 있다. 이같이 변화된 '우경반쪽' 이데올로기 지형은 이후 1980년대 중반까지 국가보안법, 사회안전법 등 법적 통제 기제들과 이데올로기적 국가기구에 의해 재생산되어온 반공·반북 이데올로기에 의해 유지, 재생산되어 온 것이다.

3) 국가주도형 산업화

마지막으로 박정희 정권의 출범과 국가주도형 산업화를 들 수 있다.

초기 미군정 점령 당시 미국의 주된 관심은 한반도의 공산화를 방지하는 것 이외에, 한국이 이집트의 나세르 정권 등으로 대표되는, 사회주의는 아니지만 국영기업으로 대표되는 대부분의 경제를 국가가 통제, 운영하는 국가자본주의로 나아가는 것을 방지하는 것이었다.

이와 같은 개연성은 당시 한국이 '자본가 없는 자본주의'였다는 사실과 관련해 볼 때 매우 컸다. 해방 당시 공장 등 고정자산의 93%는 과거 일본인 소유였고, 일본인들이 본국으로 퇴각한 이후 이들 자산은 자본가가 부재한 국영상태였으며, 이를 방치해둘 경우 한국은 국가자본주의가 될 것이라는 것이 미군정의 인식이었다. 이의 해결책이 바로 김대중 정권 하에서 추진된 민영화 논리와 유사한 '귀속재산 처리'였다. 이승만 정권은 미국의 이와 같은 경제정책을 답습했기 때문에, 일제의 조선총독부에 의해 이식되었던 경제발전 전략으로서 국가주의는 이승만 정권 시기에 매우 약화되었다. 이승만 정권은 자유주의적 경제정책과 귀속재산처리라는 민영화 정책을 폈고, 심지어 은행 등 금융기관까지 민영화했다.

하지만 1950년대 말에 이르러 미국의 제3세계 전략은 제3세계에 대한 발전주의로 변화하게 되는데, 더 이상 무제한적인 무상원조를 제3세계에 제공할 수도 없고, 동시에 노조 등으로 인한 선진국의 임금상승으로 인해 미국은 이들 제3세계에 대한 투자의 필요성을 인식하면서 원조를 중단하고 대신 차관을 제공하게 된다. 이승만이 미국에 의해 거부되었던 중요한 원인도 미국의 발전주의 전략에 저항했기 때문인데, 미국은 자신의 전략을 관철시키기 위해 한·일 국교정상화를 통해 한국을 일본의 하청 산업구조로 만들려고 했다. 하지만 이승만이 발전이나 산업화보다는 원조에만 관심을 가졌기 때문에, 더 이상 미국의 이해에 부합하지 않게 된 것이다.

이후 들어선 박정희 정권은 미국의 세계전략에 부응하는 대외의존적인 수출지향적 국가주도 산업화를 추진하게 된다. 이 과정에서 한국의 국가주의는 완성되는 국면을 맞이하게 되는데, 경제개발 5개년 계획으로 상징되는 국가주도의 경제발전 전략이 바로 그것이다. 하지만 이승만 정권 시기에 취해졌던 민영화 조치를 다시 국유화로 돌려놓은 주체들은 다름 아닌 5.16 쿠데타 세력이었고, 이들은 미국이 제공하는 차관의 배분권을 독점하고, 은행을 재국유화하는 등 금융권에 대한 장악을 통하여 자원을 국가가 판단하는 전략적 산업에 지원하도록 강제했다[9]. 이 때문에, 사적 자본은 자기 자본의 형성이 취약한 상태에서 국가의 수출지향적 산업화 정책에 적극 부응할 때만 차관배분과 정책적 금융지원뿐만 아

---

9) 다만 이때 유의하여야 할 것은, 국가와 재벌 간의 힘의 관계에서 볼 때 국가가 강하다는 사실—단적인 예로 제 5공화국 초기 국가의 재벌에 대한 규제, 제 6공화국 시기 재벌과 국가 간의 대결 등—이 일부에서 주장하듯이(박광주 1987), 박정희 정권 당시 한국 사회의 지배계급이 국가 자체라는 의미는 아니라는 점이다. 다시 말해서 군부독재란 용어는 당시 한국 사회의 지배계급이 재벌이 아니라 군인이었던 것으로 오해하게 하는데, 군인이 당시 한국의 통치집단이었다고 해서 이들이 한국 사회의 지배계급이라는 것은 아니다. 만약 그렇다면 군사독재시절의 한국은 자본주의 사회가 아니었다는 이야기이기 때문이다. 나아가 군부독재라는 용어는 마치 군인이 통치를 했기 때문에 억압성이 강했다는 식으로, 역으로 말하자면 민간인이 통치를 했다면 억압적이지 않았을 것이라는 착각을 하게 할 수 있다. 박정권의 억압성은 단지 군인이었기 때문이 아니라 종속적 후발산업화를 이루어내기 위해 전태일 열사의 분신 등에서 보여지듯이 민주주의를 억압하고, 자본축적의 논리를 최우선으로 삼았기 때문이다. 사실 국가를 장악해서 통치하는 국가통치자의 사회적 배경을 기준으로 국가의 지배계급을 이해한다면, 레이건 하 미국의 국가지배계급은 자본가가 아니라 배우가 된다. 미국은 자본주의 사회이고 자본들이 지배하는 사회이지만, 자본가들이 정치를 하는 것은 아니다. 따라서 우리 사회의 국가주의를 국가 그 자체가 지배계급이었고, 재벌이 이에 종속하는 것으로 파악하는 식으로 확대해석하는 것은 주의해야 한다. 또한 국가와 재벌이 갈등관계에 있고, 국가가 반재벌적인 것은 아니다. 오히려 국가가 재벌의 단기적 이익을 희생시키지만, 장기적인 이익을 보장해주는 일련의 과정으로 이해해야 한다(손호철 1991). 단적인 예로, 박정희 정권 시절 중화학공업화에 대해 많은 재벌들이 자본회수 기간이 길고 경공업산업보다 이익이 남을 가능성도 취약하다는 이유로 이를 꺼렸는데, 정부가 반강제로 이를 하도록 했고 결과적으로는 재벌들에게 무수한 축적의 기회를 보장해준 셈이 되고 말았다.

니라 세금감면을 비롯한 각종 특혜조치를 향유할 수 있었다[10].

뿐만 아니라 박정희 정권은 국가의 억압성에 기반하여, 특히 군사주의적 국가주의에 기초하여 사회를 재주조하려고 했다. 단적인 예로 대학에 학도호국단을 만들어 국가가 전체 사회를 통제하려고 했다. 이런 맥락에서 유신체제는 단순한 권위주의가 아닌, 한국 정치체제 중 가장 전체주의에 가까운 체제였으며, 국가가 모든 것을 마음대로 하는 것이 아니라 시민사회를 완전하게 질식 · 통제하는 체제였다. 그 예로 반상회, 남자들의 머리길이, 여자들의 스커트 길이에 대한 국가의 통제 등을 들 수 있다.

4. 분단국가 형성기—'일민주의론'과 '북진통일론', 그리고 '국권수호론'

해방 이후 제1공화국에 이르는 이 시기는 한국 국가주의의 세 가지 기원 중 두 가지, 즉 과대성장국가가 형성되고 한국전쟁을 겪게 되는 시기이다. 이 시기 이승만 정권에 의해 주도된 지배담론정치에 있어 국가주의 지배담론으로 들 수 있는 것은 '일민주의론'과 '북진통일론', 그리고 '국권수호론' 등이 있다. 이들 담론들은 분단국가의 형성을 위한 국가권력의 억압성을 동원하고 정당화하는 동시에 분단국가 '국민의 정체성'을 규정하고, '결여된 발전주의'를 보완하며, 대통령 중심제에 기반한

---

10) 그러나 이와 같은 국가주도 자본축적의 기본 성격은 어디까지나 국가가 총자본적 시각에서 사적자본, 사적독점을 선도적으로 육성 지원하고, 제조업부문 기간산업(철강, 정유, 석유화학, 비료 등)의 국가자본 역시 점차 민영화하는 형태로서, 사적자본주의 발전을 제약하고 그것을 대체하는 국가자본주의 발전의 결과와는 뚜렷이 구분되는 것이었다. 특히 이 같은 국가의 총자본적 지원에 힘입어 독점자본은 한국경제에 대한 지배를 확장해갔고, 한국 자본주의 성격도 단순한 독점자본주의로부터 종속적 국가독점자본주의로 전화해갔다.

'행정권력의 중심성'을 강조하는 것이었다.

1) 일민주의론

이승만 정권은 집권 초기 민주주의론에 이어 '민족은 하나다'라는 내용의 일민주의를 제창하는데, "이 원리에 따라 국책을 만들어 나갈 생각"이라며, "우리는 민족도 하나이며, 국가도 하나요, 국민성도 정치도 문화도 하나"라고 강조한다(박상훈 1995).

이러한 일민주의론은 단정 수립 이전 미군정 시기 이승만이 주장하였던 '대동단결론'과 마찬가지로, 표면적으로는 '민족통합'을 지향하는 담론이기도 한 것으로 보인다. 하지만 대동단결론이 친일과 민족반역자 척결이라는 요구를 배제하고 좌우합작 결렬로 이어졌던 것과 마찬가지로, 실제로 이승만 정권은 일민주의론의 제창에도 불구하고 공산주의자는 물론, 김구나 김규식과 같은 반공주의적 민족주의자들과도 그들이 단정 수립에 반대했다는 이유로, 즉 이승만 정권에 대한 반대세력이라는 이유로 민족주의적 통합을 위한 노력을 시도하지 않았다.

이런 측면에서 일민주의 담론은 통합이 아니라 그 반대인 '구분'을 위한 지배담론으로써, 사실은 '한 국민'이 아니라 '두 국민' 담론이라고 할 수 있다. "한 백성인 국민을 만들어 민주주의의 토대를 마련하고 공산주의에 대항한다"(박찬승 2002)는 언명에서 확인할 수 있듯이, 일민주의론은 반공주의—혹은 반공주의적 국가주의—를 기준으로 하여 '우리'로 지칭되는 민족구성원 혹은 국민으로서 '자격을 부여'할 수 있는 대상을 한정하기 위한 담론이라는 것이다. 이것은 1949년 10월 여순반란 사건 이후 좀더 가속화된 '공산주의자 색출' 작업을 통해서도 여실히 드러난다.

한편 일민주의 담론의 주요 주창자였던 안호상은 국가주의 지배담론으로서의 일민주의의 면모를 여실히 보여주고 있다. 즉, 안호상은 "국가는 민족의 집이다. 민족은 어떠한 개인과 계급보다 더 귀중하며, 국가는 어떤 단체나 정당보다 더 크다. 민족과 국가를 가장 높게 또 귀중히 여김은 인생의 본성이요, 한 백성 일민의 임무"(박찬승 2002)라고 하면서, '민족·국가지상주의'로서 일민주의론을 표방하였던 것이다. 즉, 일민주의론은 국가에 대한 정의와 조직적 위상의 부여를 통해 국가를 민중들이 가장 소중하게 여겨야 하는 가치로 의미구성해내고 있는 것이다. 민중들이 국민(일민)의 자격을 부여받을 수 있는 것은, 당연히 이러한 국가의 의미 구성에 동의하고 국가를 가장 소중히 여겨야 한다는 행동규범을 준수했을 때이다.

하지만 일민주의론은 국가주의 지배담론으로서 분명한 '자기 체계'를 갖추고 있었던 것도 아니었으며, 국가의 노골적인 억압성만을 동원함으로써 만족할만한 지배효과를 거두지도 못하였다. 이는 일민주의론의 담론의 지속성에서도 그렇고, 여타 지배담론의 정치에 있어서도 별다른 레퍼토리를 제공해주지 못한 데에서도 확인할 수 있다.

다만 근대 국민국가 형성이 제1과제로서 설정되어있던 해방 후의 상황에서, 일민주의론은 단정 수립을 정당화하기 위하여 '국가의 경계'를 반공주의라는 이데올로기적 요소에 의존하면서 '한반도 이남'으로 제한하기 위한 것으로서의 의미를 갖는 것이었다고 할 수 있다.

2) 북진통일론

국가의 억압성과 반공주의에 주로 의존하면서 국가의 시민사회에 대한 절대적 우위를 점하게 만들었던 이 시기 담론정치의 특성은 한국전쟁을 경과하면서 더욱 더 도드라졌다. 이때 담론정치 영역에서 특히 주목할 수 있는 것이 바로 '북진통일론'의 등장이다[11]. 북진통일론은 그 자체가

---

11) 이하 북진통일론에 대한 논의는 손호철(1995) 참조.

국가주의 지배담론이라고 하기에는 반공주의적 요소가 전체 담론구성체계를 장악하고 있지만, 국가의 영토적 경계를 '압록강'까지로 적시하고 있다는 점, 또 '조국'이라는 국가주의 담론의 상징을 적극 활용하고 있다는 점 등에서 국가주의적 요소를 포함하고 있는 담론이라고 하겠다.

이승만 정권이 군대를 동원한 계엄령 하에서 대통령 직선제로의 개헌을 강행하였던 1952년 5월 '부산정치파동'을 거치면서, 전쟁이 막바지로 치닫던 시기에 광범위하게 동원하였던 것이 바로 북진통일론이다. 이승만 정권은 한국전쟁 이전에도 북진통일론을 이미 피력한 바 있었는데, 1949년 그의 오랜 친구이자 정치자문이었던 올리버에게 무력에 의한 북진통일 계획을 개진하면서 이를 위한 미국 내 여론 조성과 무기 지원을 호소한 것이었다.

한국전쟁이 휴전협정으로 마무리되어 가는 시점부터 멸공북진통일론은 다시 본격적으로 재개되는데, 이승만 정권은 "공산당 제국주의가 그 세력이 아무리 크게 보이더라도 우리는 조상 적부터 내려온 우리 조국을 밀고 올라가서 우리 동포들과 손을 잡고야 말 것"이라고 주장하였다. 나아가 이승만은 "지금 우리의 유일한 희망은 우리가 다 합동해서 압록강까지 다 밀고 올라가자는 것이니……만일에 유엔이 이 계획에 협력하지 않는다면 그때는 우리로 하여금 단독행동할 것을 허락해 달라는 것"이라며 북진통일 의사를 강력하게 천명하였다. 그의 마지막 한국전쟁 기념사인 1959년 기념사에서도 이승만은 "우리는 자유와 정의를 위하여 먼저 내 땅을 찾아서 우리나라를 통일하여야 하며 이 목적이 성공될 때까지 우리는 쉬지도 않고 끝까지 분투할 것"이라고 말함으로써 북진통일론을 포기하지 않았다.

여기에서 주목할 것은 북진통일론이―조봉암과 진보당의 평화통일론에 대한 민주당과 언론들의 비판이 웅변적으로 보여주듯이―이승만 정권과 자유당만이 아니라 보수야당과 언론 등에 의해서도 공유되었다는 점인데, 이는 앞서 언급한 바와 같이 이 시기 이데올로기 지형이 한국전쟁을 거치면서 극우반공주의 중심으로 극도로 협소화됨을 단적으로 보여주고 있는 것이다. 이는 북진통일론이 본격적으로 동원되었던 시점에서 민주주의 담론이 거의 동원되지 못했다는 데에서도 확인할 수 있는 것이었다.

이러한 상황에서 학생들의 '멸공북진통일 데모' 참가는 당시 일종의 과외과목처럼 상습화되었고, 땃벌떼, 백골단으로 불리던 '민중자결단', '멸공혈전대사령부' 등 실체가 불분명한 극우세력들의 테러행위와 협박편지, 벽보, 삐라 등이 유포되었다. 이들이 대상으로 삼은 것은 좌익이나 공산주의자만이 아니라, "민국당은 역적이다" 등 현실적으로는 야당정치세력을 포함, 정부비판적인 모든 세력을 망라하고 있었다(박상훈 1995). 즉, 북진통일론은 국가에 의한 '사적 폭력'의 동원과 묵인이 일상화되는 가운데, 억압적인 국가권력의 '전(全)사회적 확장'을 동반하였던 것이다.

한편 북진통일론은 주로 1950년대에 해당하는 이 시기를 그 이후의 시기와 구별시켜주는 담론정치적 특성을 보여주는 것인데, 이는 분단 이전의 '통일된' 한국과 분단된 두 개의 국가 간의 전쟁을 경험, 이것들이 일반인들의 기억에 생생히 살아있고 분단상황이 완전히 기정사실로 내면화되지 않은 상황 속에서, 북진통일론을 통해 취약한 정통성을 확보하기 위한 노력이라고 볼 수 있다. 이 점에서 이 시기 북진통일론은 1960년대 이후 군사정권의 발전주의적 담론들과 유사한 기능, 즉 체제정당화 기능을 수행했다고 볼 수 있다. 이는 "우리나라 현금에 가장 급하고 중대한 문제가 남북통일이고 그 다음이 경제안정"이라는 이승만의 언명에서도 잘 나타난다. 또 북진통일론의 이면에는 1950년대 지배담론의 이데올로기적 특징으로서 '경제발전 이데올로기' 혹은 그 담론의 상대적인 결여 내지 부재가 존재하고 있는데, 이승만 정권은 경제발전에 대한 관심과 문제의식이 상대적으로 결여되어 1950년대의 경제정책이란 사실상 어떻게 하면 미국의 경제원조를 극대화시킬 것인가 하는 '원조정책'이 대

종을 이루고 있었다고 해도 과언이 아니다. 사실 1948년 8월 15일 정부 수립 기념치사에서 이미 이승만은 토지개혁이나 경제발전에 대한 어떠한 정책이나 포부도 밝히지 않은 채, "가장 필요하게 느끼는 것은 외국의 경제원조"라고 천명할 정도로 경제문제=원조문제라는 그의 경제관을 노정시킨 바 있다.

이 같은 현상은 1950년대에도 계속되었는데, 이승만 정권은 경제정책을 환율조정 문제로 환원시키거나 "모든 사람이 어른 아이 할 것 없이 외국물건을 할 수 있는 대로 쓰지 않으며 자기 나라 물건을 돈을 주더라도 사다 써서 금전이 나라 안에 떨어져 있게 만들어야 될 것"이고, "물산장려에 힘써야 될 것이며 국민 중에 밀수품을 한 가지라도 쓰는 사람은 민중이 그 사람들을 어렵게 만들 것"이라는 소박한 국산품애호운동 수준을 벗어나지 못했다.

이와 관련하여 주목할만한 것은 우리 사회의 제3세계적 현실을 무시한 '자유방임주의'와 '자유시장 맹신주의'이다. 한국이 지향해야 할 경제의 방향으로 "우리 경제상 문제를 경제상 원칙적으로 해결하자는 작정으로 정치상 관련이나 법제상 위력으로 강제력을 쓸려는 것은 다 없애고 자유방임주의의 순리를 따라서 나가자는 것"이라는 입장 천명은, 다른 신생국의 '후발산업화'와 자립화과정에서 발견되는 '국가자본주의적' 지향이나 5.16쿠데타 이후 나타나는 국가개입주의와는 좋은 대조를 이룬다. 특히 이승만 정권은 이 같은 입장에 따라 주요 기간산업과 지하자원 등에 국유를 명시하는 등 '국가자본주의적' 요소를 상당히 갖고 있었던 제헌헌법을 1954년 자유시장 경제원칙에 맞추어 수정하고 귀속재산 불하, 은행민영화 등을 과감하게 시행했다.

3) 국권수호론

집권 후반기에 들어서는 '국권수호론' 과 같은, 정당과 의회정치를 무시하고 국가, 특히 행정권력의 우선성을 강조하는 국가주의 지배담론이 등장하게 된다[12]. 이승만 정권은 "오늘의 한국에는 한국식 민주주의의 특수생태가 있" 다면서, "이 대통령의 반공독립노선과 민주주의 민족국가 창건의 기본정신에 의해 정치적 안정" 을 이루기 위해 "법질서 및 정부의 조직체계에 대한 존중 등이 필요하다" 고 역설하였다. 이러한 선상에서 이승만 정권은 "민주창달을 위해 대통령중심제를 통한 국내정국의 안정" 이 절대 필요하며, "국회가 민중의 뜻을 반응하지 못할 때는 민중이 들고 일어나야 한다" 는 주장까지 하였다.

이러한 국권수호론은 집권후반기에 들어 이승만 정권에 의해 수행되는 담론정치에서 배제되었던 민주주의론이 민주당과 진보당 등 정권 반대 세력들에 의해 대항담론으로서 전유된 것에 대한 대응의 차원에서 등장하였다고 할 수 있다. 즉, 야당세력이 1956년 7월 '국민주권수호투쟁위' 를 결성하고 이승만 정권에 대해 "새로운 파시즘의 등장" 을 경고하면서 "민권이 없으면 국권도 없다" 고 한 것에 대해, 이승만 정권은 "국권이 위태로운 경우에 민권만의 주장이 존재할 수 없으며 국권이 확립됨으로써 민권이 보장될 수 있다" 고 대응하였던 것이다(백운선 1981).

하지만 이승만 정권의 대통령중심제에 대한 강조는 실제로는 이승만이라는 개인의 사인화된 권력을 유지하기 위한 것이었는데, 이는 1954년 소위 사사오입개헌 당시 '헌법개정제의 이유와 요지설명서' 에서 극명하게 드러난 바 있었다.

---

12) 이러한 국권수호론은 박정희 정권 시기의 '행정적 민주주의론' 으로 이어지는 것이라고 할 수 있다.

국내다단하여 중대한 존망의 기로에 섰다고 하여도 과언이 아닌 우리 민국의 기반을 확고케 하고 민족의 숙원인 민국 주권 하의 남북통일을 실현하는 중대사명을 수행하는 데 있어서 중심적 역할을 하여야 할 대통령의 최적임자로서 건국 공적이 찬연한 초대 대통령이며 건국 후의 혼란기를 통하여 또는 공산침략에 항거하여 시종일관 애국지성으로 우리 민족을 영도하여 온 현 이승만 대통령의 계속 유임을 국민이 원한다고 하면 이것을 거부할 하등의 이유가 없는 것이다.

한편 4대 민의원 선거에서 내각책임제와 대통령중심제를 대립축으로 한 민주당과 자유당 간의 민주주의 논쟁에 있어서 흥미로운 것은 이기붕의 언급인데, 이기붕은 "정치적 안정 없이 국력의 배양이 있을 수 없고 국력의 배양없이 국토의 통일이 있을 수 없고 국토의 통일 없이 민족구원의 행복을 기할 수 없다"(서울신문, 1958. 3. 26.; 백운선 1981에서 재인용)고 하면서, 이후 시기 지배담론정치에서 자주 등장하는 이른바 '안정론' 의 레퍼토리를 제공했다는 것이다.

5. 국가주도 고도성장기―'국민총화론' 과 '민주복지국가론'

5.16군사쿠데타로 박정희 정권이 집권한 이후 1987년 6월 항쟁으로 민주화 이행이 시작되기 이전까지인 이 시기는, 한국 국가주의의 세 번째 기원인 국가주도형 산업화가 수행되어진 시기이다. 뿐만 아니라 이 시기는 전 시기에 비해 억압적 국가권력이 더 '체계화' 되면서 국가주의가 정치・경제적으로 '완성' 되는 시기라고 할 수 있다. 이 시기 박정희 정권과 전두환 정권에 의해 생성・유포된 국가주의 지배담론으로는 '국민총화론' 과 '민주복지국가론' 이 있는데, 이들 담론들은 이 시기 직면한 정

치·경제적 '위기' 국면에 등장한 담론으로서 국가의 억압성을 동원하고 이를 정당화하기 위한 것이었다는 공통점을 갖는다.

1) 국민총화론

"국가를 위해 국민들은 일치단결해야 한다"를 주요 내용으로 하는 국민총화론은 박정희 정권의 집권 후반기인 유신 시기를 전후로 하여 등장한 지배담론이다. 국민총화론은 개인이나 국민을 국가라는 유기체의 부분으로 간주하면서, 국가의 번영과 발전을 위해서는 개인의 이익 추구가 유보되고, 개인이 희생되어져야 한다는 국가주의의 전형적 가치를 아주 직접적이고도 노골적으로 표방하는 담론이었다.

국가가 잘 되는 것은 결국은 내가 잘 되는 것이며, 민족이 잘 되는 것도 결국은 내가 잘 되는 것이며, 국가를 위해서 내가 희생을 하고 봉사를 하는 것도 크게 따지면 내 개인을 위해서 봉사하는 것이고, 우리 자손을 위해서 희생하는 것이다. 그렇기 때문에 우리가 국가를 위해서 충성을 하는 것은 미덕이다. 가장 보람있는 일이다(대통령 연초기자회견, 1970. 1. 9.).

애초 박정희 정권은 5.16군사쿠데타로 집권한 이후 담론정치 영역에서 '국가재건론'과 '조국근대화론'을 주창해왔다[13]. 국가재건론은 5.16군사쿠데타를 '4.19혁명의 연장'으로 규정해내면서 정당화하기 위한 것이었는데, 이때 '국가자주경제 건설', '실력배양'과 같은 경제발전을 핵심적인 가치로 제시하였다. 이는 분단국가 형성기였던 이승만 정권 시기와 달리, 국가가 발전주의를 적극적으로 동원하기 시작하였음을 의미하

---

13) 박정희 정권 시기의 담론정치에 대한 체계적인 연구는 전재호(1997) 참조.

는 것이었다.

5.16혁명은 4.19의거의 연장이며, 조국을 위기에서 구출하고 멸공과 민주 수호로써 국가를 재생하기 위한 긴급한 비상조치였던 것입니다. 도의와 경제의 재건은 바로 여러분들이 4월의거 때 품었던 염원이었으며, 우리는 지금 이것을 계승실천하자는 것입니다(대통령 비서실 1973).

이어 군정을 종료하고, 1963년 대통령 선거를 통해 집권하면서 '잘 살아보세', '자주, 자립, 번영', '일하는 정부와 일하는 국민' 등을 핵심적인 구호와 상징어로 내세우면서 등장한 조국근대화론은, '경제개발 5개년 계획' 과 같은 정책의 수립과 실시를 통해 국가재건론을 좀더 구체화한 것이었다.

1960년대 우리 세대의 한국이 겪어야만 할 역사적 필연의 과제는 정치 · 경제 · 사회 · 문화 모든 분야에 걸쳐 조국의 근대화를 촉성하는 것이며……시급한 민생문제의 해결, 그리고 민족자립의 지표가 될 경제개발 5개년 계획의 합리적 추진은 중대한 국가적 과제로서……(5대 대통령 취임사, 1963.12.17.).

국가재건론과 조국근대화론은 경제발전을 가장 주되게 강조하였다는 점에서 '발전주의 지배담론' [14]이라고 할 수 있을 터인데, 이는 이승만 정

---

14) 국가재건론과 조국근대화론은 동시에 국가주의적 요소를 갖고 있는 담론이기도 하다. 즉, 국가재건론은 5.16군사쿠데타 이후 국가주의적 요소라고 할 수 있는 '국가기강' 확립 등을 강조하기도 하였으며, 조국근대화론 역시 국가주도형 산업화를 위한 담론이었다는 점에서 그렇다. 하지만 이들 담론들의 경우 국가 그 자체보다는 경제발전을 좀더 강조하였다는 점에서 발전주의 담론으로 파악한다. 또한 이들 담론들의 경우 국가가 시민사회에 대한 힘의 우위를 점하기 위해 국가의 억압성을 정당화하거나 그

권 후반기부터 불어닥쳤던 원조경제의 위기국면 이후 경제발전에 대한 대중적 '열망'이 광범위하게 존재했었다는 점[15]을 고려할 때, 나름대로의 정세적 진리 효과를 확보한 효과적인 국가의 담론실천이었다고 할 수 있다. 이 때문에 제2공화국 시기 민주당 정권 역시 '경제발전 제일주의'를 표방했던 바 있었다. 하지만 민주당 정권은 이를 구체적인 실행에 옮기지는 못하였다. 이와는 달리 박정희 정권은 경제개발 5개년 계획을 실시하였고, 이와 함께 개선되어진 경제상황은 이들 담론의 지배 효과를 좀더 높이는 것이었다. 이는 1967년 대통령 선거에서 박정희 후보가 1963년 대통령 선거―16만표, 1.5% 차―와 달리 윤보선 후보를 커다란 득표차―10.5% 차―로 누르고 당선된 것에서 확인할 수 있다고 하겠다. 또 한달 뒤에 있었던 국회의원 선거에서도 집권 공화당은 50.6%를 득표, 한국선거사상 유일하게 과반수 이상을 득표한 제1당이 되었다는 데에서도 이를 재차 확인할 수 있다[16].

하지만 국가재건론이나 조국근대화론과 같이 경제발전이라는 발전주의적 가치를 중심으로 했던 담론정치는, 1969년 3선개헌을 강행한 시기를 전후로 하여 변화하기 시작한다. 즉, 경제발전담론에 대신해 국민총화론으로 집약되어 나가는 국가주의 지배담론이 등장하게 된 것이다. 이

것을 동원하기 위한 담론이 아니었다는 점이 이를 뒷받침한다.

15) 4.19혁명 역시 그 직접적인 요인은 이승만 정권 하에서 자행된 부정선거와 같은 민주주의의 절차적 정당성 훼손에 대한 대중적 분노에서 찾아질 수 있지만, 좀더 구조적인 요인은 원조경제의 위기국면에서 극심해진 실업난과 생계난 등과 같은 경제적 요인에서 찾을 수 있다. 4.19혁명이 실업난에 시달리고 있었던 대학생들을 주축으로 하여 주로 도시라는 공간에서 폭발한 '도시봉기'였다는 점이 이를 간접적이나마 반증한다. 이러한 점에서 5.16군사쿠데타를 4.19혁명의 연장으로 주장했던 박정희 정권의 담론정치는 단지 허구적인 것만은 아니었다고 할 것이다.

16) 이와 관련, 최장집(2002, 85-86)은 1967년에 치뤄진 대통령 선거와 국회의원 선거를 한국 정치사상 유일하게 존재했던 정부의 업적수행에 대한 평가가 이루어진 선거였다고 평가한다.

시기 국가주의 지배담론은 1968년 12월 5일 '나라의 융성이 나의 발전의 근본'임을 주장하는 국민교육헌장이 발표되면서 그 모습을 드러냈다. 이후 국민교육헌장은 교육 현장 등을 중심으로 어린 학생들을 국가주의적 가치로 '무장'시키는 대표적인 '훈육' 담론으로 작동하였는데, 이를 암송하는 시험 등이 수시로 행해졌을 뿐만 아니라 제대로 암송하지 못하는 학생들에 대해서는 '체벌'이 가해졌음은 널리 알려진 사실이다.

박정희 정권은 이 시기에 들면서 북한의 지속적인 침투와 변화하는 국제정세 등으로 인하여 국가안보상 중대한 위협이 존재하게 됨으로써, 커다란 시련이 예상된다고 상황을 정의한다. 이러한 상황에서 박정희 정권은 국민들은 국가안보와 경제건설의 바탕이 국민총화임을 명심하고, 따라서 '국민총화'라는 구호 아래, '총화단결'하여, '국력배양'에 힘쓰고, '총력안보태세'를 확립해 나가야 한다고 역설하였다.

앞으로 우리에게는 더욱 큰 시련이 있을 것으로 예상되고 있습니다.……이러한 시련의 징후는 한반도를 둘러싼 주변 국가들의 새로운 움직임 속에서 이미 나타나기 시작했습니다.……이러한 변화는 우리의 국가 안보에 일대 시련을 던져주고 있는 것입니다(대통령 신년사, 1971. 1. 1.).

새해 시정의 기본 방향은……첫째는, 무엇보다도 국민총화체제를 더 굳건히 다져 나가야 하겠다.……둘째는, 국력배양, 그것을 더 알차게 추진해 나가야 하겠다.……셋째는, 국가안전보장태세를 보다 더 공고히 다져나가야 되겠고, 넷째는 국민생활의 안정, 특히 그 중에서도 저소득층에 속하는 서민층의 생활안정을 보호해야 하겠다(연두기자회견, 1974. 1.18.).

국가안보도 중요하고 경제건설도 다 중요하지만 이런 것이 무엇으로부터 이루어지느냐, 그 바탕이 되는 것이 무엇이냐, 그것은 역시 국민총화가 이루어져야 그 바탕 위에서 그것이 가능한 것입니다(연두기자회견, 1976. 1. 1).

이 시기 흥미로운 사실은 이승만 정권 시기 일민주의론이 국가를 '민족의 집'으로 정의했던 것과 유사하게, 국가를 '민족의 후견인'(연두기자회견, 1973. 1.12.)으로 재정의하면서 국가지상주의를 천명하고, "경제건설도 광의의 국방입니다.……오늘날 국가 안전보장에 있어서 가장 중요한 요소의 하나는 바로 그 나라의 경제력입니다"(수출의 날 치사, 1973.11.30.)라는 언명에서 확인할 수 있듯이, 경제건설이 국방과 등치되어지고 국가안보를 위한 하나의 구성요소가 되면서, 국가주의 지배담론의 하위가치로 편재된다는 사실이다.

이러한 가운데 민주주의적 가치 역시 국가주의적 가치에 복속되는데, 이는 "국론의 분열……혼란과 무절제는 과감히 배제해야 합니다. 10월 유신의 당위성과 정당성도 여기에 있는 것입니다. 국가 없는 민주주의가 있을 수 없고 민족의 생존권에 대한 보장이 없는 자유도 있을 수 없습니다"(전국치안 및 예비군 관계관 회의 대통령 유시, 1975. 1.21.)라는 언명에서 극명하게 드러난다. 이러한 국가주의적 가치가 우선되는 이 시기 박정희 정권의 민주주의론은 국민총화론의 하위담론으로서 '한국적 민주주의론'을 생성·유포시키는데, 여기서 "민주주의는 민족의 고유한 전통과 문화적 배경을 바탕으로 하여 생성, 발전하는 역사의 산물"[17]이며, 따라서 "국토분단의 남다른 시련을 갖고 있는 우리의 처지로서는……국력배양을 가속화하고 또한 이를 조직할 수 있"어야 한다는 주장이 나타난다(제헌절 경축사, 1974. 7.17.).

이어서 한국적 민주주의론은 "우리 나라처럼 개발도상에 있는 국가가,

---

17) 이는 앞서 이승만 정권 시기 국가주의 담론으로서 살펴본 바 있는 '국권수호론'에서 "한국에는 한국식 민주주의의 특수 생태가 있다"고 한 것과 동일한 주장이라고 할 것이다.

특히 우리처럼 남북이 분단되어 있는 특수 여건 하에 있는 나라가 선거 때마다 천하가 떠들썩하고 나라의 기틀이 흔들흔들할 정도로 소란스럽고 타락된 과열선거는 국력의 배양이 아니라 국력의 소모"(연두기자회견, 1973. 1.12.)라고 하면서, 민주주의 최소조건이라고 할 수 있는 선거마저 부정하면서, 유신이라는 공개적 독재체제를 정당화하였던 것이다. 다른 한편, 한국적 민주주의론은 담론정치 영역에서는 저항세력들이 당시 '민주주의 수호'와 '민주주의 회복' 등을 핵심적인 구호로 하여 대항담론을 형성, 정권에 압박을 가하였던 점에서, 민주주의의 개념을 '변형'해내기 위한 담론적 실천이었다는 의미를 갖는 것이기도 하였다.

국민총화론이라는 국가주의적 지배담론정치는 다른 한편으로는 비담론적인 조치들을 동반하는 것이었는데, 유신이라는 공개적 독재체제의 수립과 긴급조치 등을 비롯한 각종 법적 통제[18]를 통한 체제도전세력에 대한 억압적인 국가권력의 행사는 물론, 새마을 운동과 같은 정책을 실시하였다. 이때 새마을 운동은 "한국적 민주주의의 토착화를 위한 실천도장"인 동시에, "참다운 애국심을 함양하기 위한" 것으로서, "총력안보를 기하는 길"로 정의되었다. 또 교육, 문화, 스포츠 등의 분야에서도 국사교육의 강화, 전교과서의 국정화 및 충효교육 강조, 호국유산 및 선현유적의 강조, 한국정신문화연구원의 설립, 그리고 태권도의 학교 체육화가 실시되었다(전재호 1997).

이렇게 제 분야의 정책들로 구체화되어진 이 시기의 국가주의 지배담론정치는 상당히 높은 사회적 침투력(penetrative capacity)을 가지고 이후 한국을 '일상적 파시즘'의 사회로 주조시켜나갔다고 할 수 있는데, 그것은 무엇보다도 박정희 정권이 이승만 정권 시기에 비해 억압적 국가권력을 더욱 더 체계화하였기 때문에 가능한 것이었다. 5.16군사쿠데타

---

18) 특히 이 시기 박정희 정권은 노동관련법을 개악함으로써 노동에 대한 통제를 강화하는데, 이에 대한 자세한 논의는 아래 본문 중에 서술하였다.

를 통해 집권한 박정희 정권은 이승만 정권과 마찬가지로 국가권력의 억압성을 바탕으로 해 시민사회에 대해 힘의 우위를 점했던 국가주의 정권이지만, 통치기제와 사회통제 기제라는 측면에서 좀더 '체계화' 되었다는 점에서 차별성을 갖는 정권이었다.

즉, 박정희 정권은 이승만 정권과 비교해볼 때, 국가의 민중부문 나아가 (시민) 사회에 대한 침투력, 다시 말해 단순한 '전제적 힘(despotic power)'을 넘어서 좀더 근본적인 '하부구조적 힘(infrastructural power)을 확보하고 있었다는 점에서 차별성을 갖는다. 이승만 정권이 단순한 물리력과 조야한 반공이데올로기에 기초한 권위주의적 체제였다면, 박정희 정권은 중앙정보부 등 정보기관의 항상적인 정보활동, 사찰, 반상회 등을 통해 시민사회의 곳곳에 침투하여 모든 생활을 감시하고 통제하고 질식시킨 한 단계 높은 수준의 체계적인 독재체제였다[19].

---

19) 이 같은 국가의 침투력 강화와 관련된 중요한 다른 측면은 사회통제기제의 변화이다. 물론 이승만 체제 하에서도 대한노총, 농협 등이 존재했으나 기본적으로 사회통제기제가 전근대적 방식 중심적이었다면, 박정희 정권은 좀더 효과적인 사회통제를 위해 세칭 조합주의적(corporatism), 특히 국가조합주의적인 통제방식을 본격적으로 도입하여 한국 사회의 주된 통제방식으로 만들었다. 국가장치 내지 통치기구라는 측면에서도 이승만 정권의 경우 경무대의 중요성에도 불구하고 정당이 중요한 권력의 축으로서 기능하고 의회 정치가 어느 정도 중요했던 반면, 박정희 정권에 들어서는 청와대와 중앙정보부, 군이 그 핵심으로 부상하고 정당의 중요성은 주변화하였다. 이러한 보다 체계화된 독재체제는 전두환 정권 시기에도 기본적으로 이어지는데, 전두환 정권은 박정희 정권의 독재체제를 그대로 복원시켰다고 할 수 있다. 한편 억압성의 기원이라는 측면에서 볼 때, 이승만 정권의 억압성은 민중배제적 사본축적의 필요성, 특히 생산과정에서의 잉여가치의 극대적 수취를 위한 노동억압의 필요성 등 '직접적으로 경제적'인 이유에 근원한다기보다는 해방 8년의 갈등 후 분단구조 속에서 '자본주의적인 길' 그 자체를 정착시키기 위한 '정치적' 이유에 근원한다. 이에 비해 박정희 정권의 억압성은 위의 민중배제적 자본축적, 특히 독점자본의 '정치적 반동화'와 관련된, 좀더 '직접적으로 경제적'인 이유에 근원한다. 이때 한가지 주목할 필요가 있는 것은 이 시기의 경우 정치, 경제, 사회 각 측면에서 새로운 억압성을 제도화함에도 불구하고, 원조를 무기로 한 미국의 민정이양 압력에 의해 1963년 이

그렇다면 왜 박정희 정권은 집권 후기에 들어서면서 국가주의 지배담론을 주로 하는 담론정치를 전개하게 되었는가? 이는 이 시기 들어 박정희 정권이 직면하게 된 정치·경제적 위기상황에서 유신체제라는 공개적인 독재체제를 수립할 수밖에 없게 된 요인과 깊이 연동되어 있다[20]. 즉, 이 시기 국민총화론과 같은 국가주의 지배담론은 유신체제를 정당화하는 동시에 국가권력의 억압성을 동원하기 위한 것이었다.

1960년대말~70년대 초에 이르면 박정권은 심각한 구조적 정치적 위기에 직면하게 된다. 우선 위기의 징후는 경제적 측면에서 먼저 나타나기 시작했다. 경제적 위기는 부실기업의 속출을 수반하는 불황, 국제수지의 위기, 인플레이션의 동시진행으로 현상화되었는데, 그 근본원인은 이전 시기의 고도축적의 내적 모순 그 자체에 있었다. 도입 외자에 대한 원리금상환 압박, 종속성 하에서의 수출주도형 산업화의 수입유발성(일본과의 수직적 국제분업의 형성에 따른 중간재·자본재 수입의 급증), 그로 인한 국제수지의 약화, 사적자본이 취약한 축적 기초를 가진 상태에서 이루어진 국가의 광범한 특혜적 지원과 그것이 야기한 무분별한 과잉투자 및 과잉시설 등 외자를 기반으로 하는 국가주도의 축적이라는, 이전 시기 고도축적의 내재적 모순이 경제위기의 본질적 요인이었다. 여기에 세계경제의 구조적 불황의 심화로 인한 선진국들의 국제통화위기와 그에 따른 보호주의 경향이라는 외적 요인 또한 수출을 침체시키고 국제수지를 점점 약화시키게 된다. 게다가 2차 계획 기간 중 고도성장이 정착되면서 광공업부문의 고용이 증가, 노동력 수요가 급증함에 따라 노동자의

후에는 의회민주주의적 외양을 지니고 있었다는 점이다. 그러나 이 같은 외양조차 결국 종속적 자본주의 축적과 관련된 민중배제성, 민중억압성과 양립불가능해짐으로써, 유신을 통해 거추장스러운 이 외양까지 벗어버리고 명실상부한 '공개적 독재체제'로 전환하게 된다.

20) 이하 논의에 대해서는 손호철(1993) 참조.

실질임금도 상승하기 시작한다. 이는 여전히 노동생산성 상승에는 훨씬 못미치는 것이었지만, 저임금만을 유일한 국제경쟁력의 원천으로 삼던 당시의 수출기업에는 커다란 부담으로 작용하게 된다. 결국, 1970년대 초 경제적 위기는 외자의 수출에 의존한 종속적 자본축적의 내재적 모순이 세계경제의 불황심화라는 외적요인이 매개가 되어 나타난 국민경제의 재생산구조의 위기였던 것이다. 이런 경제적 위기는 자본축적의 조건을 보장해주어야 하는 총자본으로서의 국가의 역할이 위기에 봉착했음을 의미하는 것이었으며, 동시에 피지배계급의 상태를 악화시켜 그들의 불만을 증폭시켰다.

1960년대 말, 70년대 초 박정권이 직면한 두 번째의 구조적 위기는 그간의 자본축적전략의 민중배제성과 민중억압성이 야기한, 노동운동을 비롯한 제반 사회운동의 활성화였다. 1969년 3선개헌반대운동[21]을 시작으로 1970년 11월의 전태일 분신사건, 1971년 8월의 신진자동차 노조원의 대규모 파업농성, 같은 해 9월의 한진상사 파월노동자들의 KAL빌딩 방화사건 등에서 드러나듯이 노동운동은 그 방식이 격렬화, 집단화, 비합법화되는 한편, 양적으로도 급격히 팽창하는 모습을 보여주었다—1971년의 경우 노동쟁의 건수는 전해 165건의 무려 10배인 1,656건. 여기에 광주대단지사건으로 상징되는 도시빈민들의 생존권 투쟁, 영세소상인들의 조세저항 등 기층민중의 저항운동이 활발히 일어나는 것과 함께, 1971년 선거를 전후한 느슨한 통제국면에서는 언론수호운동, 사법파동, 교수들의 대학자주화선언 등 중간층운동까지 활성화된다.

이런 구조적 위기들은 이밖에도 세계자본주의 체제에서의 헤게모니 약화에 따른 미국의 새로운 세계전략으로서의 닉슨 독트린, 월남의 패망

---

21) 3선개헌반대운동은 한국 민주화 운동의 특성, 즉 '학생 및 재야와 보수야당의 연합'이라는 형태의 운동이 그 맹아를 보이기 시작한 운동이었다. 이런 의미에서 3선개헌운동은 유신 이후 형성되는 '반유신연합'의 모태가 되는 것이라고 평가할 수 있다.

등 대외적 여건의 변화 등과 중첩되면서 정치적 위기로 전화한다. 게다가 1971년의 양대 선거의 과정과 결과는 이러한 정치적 위기를 증폭시키는 또 하나의 기제로 작용했다. 신민당은 대통령선거에서 총 유효투표의 45.7%를 획득하는 한편, 국회의원선거에서도 이전의 44석에서 89석으로 배가 넘는 의석을 획득하여 개헌저지선인 69석보다 20석을 더 차지하는 놀라운 성과를 거두었던 것이다. 이는 앞서 언급한 1967년 대통령 선거와 국회의원 선거와 비교해 볼 때, 4년이라는 그리 길지 않은 시기에 너무나 극적인 반전이 일어난 것이라고 할 수 있을 터인데, 그만큼 박정희 정권 시기의 경제발전이 얼마나 허약한 기반 위에서 이루어진 것이었는가를 단적으로 보여주는 것이었다고 할 것이다.

이렇게 위기가 심화되어가자 박정희 정권은 국가 역할의 재정비를 통해 구조적 위기에 부분적으로 대응해갔다. 기업의 금융공황과 자금난을 해결하기 위한 파격적인 8.3조치, 단체교섭권과 단체행동권을 사실상 폐기하는 각종 노동관계법의 재정비, 정권안보 수단으로서의 안보이데올로기를 강화하기 위한 끊임없는 긴장 조직화 등이 그것이다. 그러나 이런 조치들은 경제적 위기와 사회적 위기는 일시적으로 완화시켰지만, 민심의 광범한 이반에 힘입은 정치적 반대세력—학생 및 재야운동—의 저항운동과 정치적으로 세력을 확장한 야당의 비판은 오히려 고조시켰다. 이런 상황에서 이미 반공과 성장이라는 명분을 상실해가고 있던 박정권에 남은 수단은 강압적 대응 외에는 없었다. 하지만 이러한 물리적 대응은 비록 형식적이라 할지라도 의회민주주의의 외연이 유지되는 상황에서는 더 큰 대정부 비판을 불러일으킬 수밖에 없었고, 이는 지속적으로 증폭되어갔다. 여기서 박정권은 제한된 민주주의적 외양과 기제를 허용하면서는 더 이상 통치를 할 수 없게 되는 지점, 즉 체제재생산의 위기에 도달하게 된다. 종속적 자본축적의 강행과 분단구조의 유지, 그리고 그것에 저항하는 사회적·정치적 반대세력의 운동을 원천적으로 봉쇄, 체제재생산의 위기를 돌파하기 위해서는 그들에 대한 통일체제의 재정비와 아울러 그러한 작업의 장애물인 의회민주주의적 체제운영 원리의 폐기가 필요했던 것이다. 이런 상황에서 박정권이 택한 대응이 바로 유신헌법을 통한 명실상부한 공개적 독재체제, 즉 종속적 파시즘체제로의 전환이었다.

1972년 유신체제의 수립을 통해 정치적 지반을 재정비한 국가는 원활한 자본축적을 위해 더 적극적으로 개입하기 시작한다. 중화학공업화와 해외직접투자의 유치로 대변되는 새로운 축적구조의 정비와 그것을 뒷받침할 노동통제기제의 정비가 그것이었다. 10월 유신을 단행한 박정권은 '1980년대 1,000달러 소득, 100억 달러 수출'이라는 화려한 청사진을 제시함으로써 그 정당성을 확보하려 했다. 또한 저임금경쟁력을 바탕으로 한 1960년대 말의 수출드라이브정책은 1970년대 말 선진 자본주의국가들의 보호주의적 경향, 그리고 후발개도국의 추격으로 인해 장벽에 부딪히기 때문에, 대외의존적 산업화의 기조를 유지하는 가운데 이 난관을 타개하기 위해서는 수입유발효과가 큰 중간재와 자본재 부문의 수입대체화와 수출상품의 고도화가 절실히 요청된다. 이러한 목표를 달성하기 위한 핵심적 수단으로 채택된 것이 바로 중화학공업화였다. 박정희 정권은 중화학공업의 핵심개발분야인 철강, 조선, 기계, 전자, 화학, 철금속 등 6대 전략업종에 대한 개발·육성 계획을 추진하기 위하여 총 2조 9800억 원(1970년대 불변가격)을 투입하는 한편, 재정 및 금융정책, 세제지원 및 산업보호정책, 자본시장 육성정책, 수입규제 및 관세정책 등을 통해 중화학공업화에 박차를 가했다. 그 결과 한국경제는 적어도 외형상 눈부신 고도성장을 계속하게 된다.

하지만 이 시기 국가는 강력한 노동통제를 통해 자본의 원활한 축적을 지원했다. 1970년대 초 노동운동의 일시적 고양은 자본축적에 가장 중요한 장애물이 될 만큼 심각한 것은 아니었다. 그러나 저임금만을 유일한 대외경쟁력의 원천으로 삼던 상황에서 이는 심각한 위협요인이 될 소지를 안고 있었고, 따라서 자본측으로서는 이를 조기에 타개해야만 했다. 이러한 자본측의 노동통제 강화 욕구는 당시 자본가집단의 대정부 건의에서 잘 나타난다. 그들은 노동조합법의 경우에는 산별체계에서 직장별 체계로 전환, 유니온샵 제도의 폐지를 통한 노동자들의 '단결하지 않을 권리의 보장', '노조의 부당노동행위' 규제 등을, 노동위원회법의 경우에는 노동위원회의 기능 강화 등을 요구하면서 '한국의 실정에 맞지 않는 지나치게 진보적인 노동법'의 개악을 정부측에 요구했던 것이다. 또 투자유치에 나선 한국에 대한 다국적기업의 요구 또한 주목할 만하다. 해외독점자본은 직접투자의 조건으로 각종 특혜 이외에도 노동쟁의의 전면금지를 요구했고, 자유무역단지설립법은 이 같은 요구를 그대로 받아들여 이를 법제화한 것이었다.

이에 따라 일련의 노동통제 강화기제의 정비가 이루어진다. 국가는 이미 유신 이전 외국인 투자기업의 노동조합 및 노동쟁의에 관한 임시특례법(1970년), 국가보위에 관한 특별조치법(1971년)을 제정한 데 이어, 유신헌법에서 노동기본권을 제한하는 조항(제29조)을 명시하고, 1973년에는 노동조합법, 노동쟁의조정법과 노동위원회법을, 다시 1974년에는 긴급조치 3호와 더불어 근로기준법, 노동조합법, 노동쟁의조정법을 개악했다. 집회 및 시위에 관한 법률 역시 노동통제의 일익을 담당하는 외곽입법체제로서의 기능을 수행했다. 이런 법적 통제 이외에도 중앙정보부와 경찰을 통한 노동조합의 통제와 노사분규에의 개입, 공장새마을운동 등을 통한 이데올로기적 통제 역시 중요한 몫을 하게 된다. 결국 이 시기 노동운동은 거의 합법적 공간을 얻지 못한 채 형식적인 제도적 수준에서까지 배제되기에 이르렀던 것이다.

이와 같이 유신체제 하의 국가는 강력한 대내적 자율성을 바탕으로 노동운동을 극도로 탄압하면서 민간독점 '주체'의 자본축적을 강력히 '주도' 했다. 그 결과 독점자본은 급속히 성장, 한국경제 전체에 대한 지배를 완성해갔지만, 이는 다른 한편에서는 국민경제의 대외의존성의 심화, 국내산업 간의 괴리 확대, 노동자 · 농민 등 기층민중 생활의 피폐화와 소득분배 불균형의 심화를 가져왔다.

또 한 가지 국가 - 자본 관계에 주목할 때 눈에 띄는 것은 독점 자본의 비대화에 따른 국가통제력의 약화이다. 국가가 의도했던 민간독점 '주체'의 발전은 결과적으로 국가의 대내 구조적 자율성의 상대적 약화를 초래했던 것이다. 이는 1980년대 이후의 '자유화', '자율화'의 과정 속에서 한층 뚜렷이 드러나게 되는데, 궁극적으로 6공화국에 들어 토지공개념법안의 변질, 금융실명제의 실종, 신산업정책의 좌초 등 총자본의 입장에서 독점자본의 장기적 이익을 관철시켜나갈 수 있는 국가의 구조적 자율성의 (잠식에 의한) 결여로 귀결된다.

2) 민주복지국가론

민중배제적 · 민중억압적인 '공개적 독재' 체제를 기반으로 하여 종속적 자본축적을 주도하던 유신체제는, 바로 그 축적구조와 억압적 통치방식으로 인해 다시 위기에 봉착하게 된다. 공개적 독재체제의 정당성 확보를 위해 무리하게 추진한 중화학공업화는 중복, 과잉투자를 가져왔을 뿐만 아니라, '규모의 경제'로 국제경쟁력을 갖기 위해 국내수요뿐만이 아니라 세계시장까지를 겨냥해 막대한 외자도입 등을 통해 초대형으로 건설되었으나 1970년대 말 제2차 석유파동에 의해 촉발된 세계경제의 불황심화를 계기로 파탄을 맞게 된다.

또한 심화된 분배불평 등으로 인한 피지배계급의 상태 악화는 민중들의 저항 증대, 특히 노동운동의 고양을 초래한다. 1970년대 동안 고도축적을 떠받쳤던 노동자계급이 감내해야 했던 열악한 생활상태는 여러 지표를 통해 확인되는데, 1978년 이후의 경제위기는 이를 더욱 가속화시키는 요인으로 작용한다. 이에 따라 노동쟁의는 유신의 철권통치 하에서도 1976년 754건에서 77년 1,064건, 78년 1,206건, 79년 1,697건으로 급격히 증대하며, 동일방직, YH무역 사건에서와 같이 대규모화, 격렬화, 정치화하는 양상을 보이게 된다. 이와 더불어 중간층의 이반도 광범하게 진행된다. 여기에 정치적 반대세력에 최소한의 제한적 경쟁조차 허용하지 않았던 극도의 정치적 억압은 야당으로 하여금 전통적인 대정부 비판세력인 재야·학생운동세력과 연합하게 한다. 그리고 이로써 노동운동—학생 및 재야운동—야당을 잇는 느슨한 '반유신 연합전선'이 구축된다.

한편 미 카터 정권의 동북아 긴장완화정책과 세칭 '인권외교'에 적절히 부응하지 못함으로써 야기된 것으로 알려진 한미갈등 역시 점점 더 심화되어, 내부적 위기가 폭발적으로 터져나오기 시작한 1979년에 이르면, 박정권의 통치력에 대한 미국의 불신과 불안감도 극도로 고조된다. 결국 이런 위기들의 중층적 작용으로 정국이 불안정으로 치닫는 가운데 터져나온 부마항쟁이 박정권을 떠받치고 있던 핵심적 하위권력분파(중앙정보부 - 경호실) 간의 알력을 심화시키게 되자, 마침내 유신체제는 자기균열로 붕괴하게 된다.

유신체제 붕괴 직후의 상황은 어느 세력도 국가권력의 핵심을 장악하지 못한 유동적 상태였다. 유신체제의 붕괴가 절대적이던 국가권력 핵심의 내적 균열이라는 형식으로 이루어지게 됨에 따라, 국가권력 내부의 어느 분파도 권력을 완전히 장악할 정도의 준비를 갖출 수 없었을 뿐만 아니라, 반유신연합세력 역시 집권을 위한 준비가 제대로 되어있지 않은 상태에서 심한 내부분열에 빠졌고, 민중의 이해를 대변할 대체권력은 아직 성숙해 있지 않았다. 즉, 맑스(Karl Marx)가 보나파르티즘의 등장배경으로 지적한, "자본가 계급은 이미 패배하였으나 노동자계급은 지배능력을 획득하지 못한" 사회적 교착상태와 유사한 상황이 전개되었다.

이와 같은 교착상태를 깨트린 것이 바로 전두환 신군부의 쿠데타였다. 결국 신군부는 1980년 5.17비상계엄 확대와 5.18광주민중항쟁에 대한 무자비한 진압을 계기로 각축하던 구정치세력과 민중운동을 일거에 침묵시키면서 정치현장의 전면에 등장, '서울의 봄' 을 급격히 냉각시켰다. 그리고 누구도 저항할 수 없는 강력한 물리력과 오랫동안 단련되어온 일사불란한 자체 응집력, 나아가 해외독점자본과 미국의 공공연한 지원 내지 '묵인' 을 바탕으로 고도의 추진력을 발휘함으로써 붕괴된 공개적 독재체제를 빠르게 복원시켰다(손호철 1993).

이로부터 전두환 정권은 출범과 동시에 복원된 공개적 독재체제 하에서 억압적 국가권력의 행사를 동원하고 정당화하기 위하여 '민주복지국가론' 을 주창했는데, 이 담론은 앞서 살펴본 박정희 정권 시기의 국민총화론과 매우 흡사한 담론체계와 의미구조를 갖고 있는 것이었다. 이 역시 당시의 상황을 '격동과 격변' 이 예상될 것이라고 정의하면서, '국민적 결의와 단합' 을 요청하고 있기 때문이다. 이런 의미에서 민주복지국가론은 박정희 정권 시기의 국민총화론의 '복제판' ─혹은 제2의 국민총화론─이라고 할 수 있다(박상훈 1995).

80년대 역시 국제정치와 세계 경제질서에 격동과 격변이 계속될 것으로 예상됩니다. 미소 간의 긴장이 고조되는 가운데 세계 도처에서 분쟁과 군사적 충돌이 계속될 것이며, 특히 동북아지역에 있어서는 강대국 간의 전략적 균형이 구조적으로 변화되어 가는 징후가 나타나고 있습니다. 그리고 이러한 열강의 움직임은 한반도 주변환경에 긴장을 고조시킬 우려가 있습니다. 또한 세계경제도 가중되는 자원난과 만성적인 경기침체로 계속 진통을 겪게 될 것으로 보입니다. 이렇게 어려운 국제환경 속에서 우리는 북한공산집단의 침략위협에 항상 대비해야 하는 이중의 부담마저 안고 있는 것입니다. 따라서 앞으로 우리가 생존권을 지키고 밝은 장래를 기약하기 위해서는 국민적 결의와 단합이 요청됩니다(11대 대통령 취임사, 1980. 9. 1.).

이러한 상황 정의 하에서 전두환 정권은 '참다운 민주복지국가 건설'을 모토로 하여, 첫째, 우리 정치풍토에 맞는 민주주의를 이 땅에 토착화하고, 둘째, 진정한 복지사회를 이룩하여, 셋째, 정의로운 사회를 구현하고, 넷째, 교육혁신과 문화창달로 국민정신을 개조하겠다고 천명한다.

이때 흥미로운 것은 민주복지국가론의 담론구성 체계에 있어 국민총화론의 한국적 민주주의론과 마찬가지로 우리 정치풍토에 맞는 '토착화된 민주주의'를 하위담론으로 배치해놓고 있다는 점인데, 이는 '제2의 한국적 민주주의론'이라고 할 수 있을 것이다. 다만 전두환 정권은 토착화된 민주주의를 주장하면서, '평화적 정권교체'를 강조하고 있다는 점에서 새로운 모습을 보여주고 있는데, 이것은 집권 시기 내내 5공화국의 주된 정당화 논리로 반복하여 주창되어진다.

민주주의를 이 나라에 토착화하기 위하여 헌법절차에 의한 평화적 정권교체의 전통을 반드시 확립할 것입니다.……우리가 정착시켜야 할 민주주의는 자유민주주의 이념을 바탕으로 하여 우리의 생존과 안전을 보장할 수 있어야 하고 정치운영상의 비능률을 제거할 수 있는 제도적 장치를 갖추고 있어야 하며, 자유경쟁 원칙하에 고도의 경제발전을 뒷받침할 수 있어야 하고, 우리의 고유한 민족전통과 문화배경에 합치되어야 합니다(11대 대통령 취임사, 1980. 9. 1.).

다음으로 복지사회 실현을 위해서는 다시금 경제발전이 강조되고 있는데, 이때 주목되는 것은 위의 토착 민주주의론에 있어서도 언급되었던 '자유경쟁 원칙'을 포함하여, 경제운용방식에 있어서 '민간 주도성'이 강조되고 있다는 점이다.

정부는 앞으로 기업의 창의성을 존중하고 자유롭고 정상적인 기업활동을 최대한 보장하는 동시에 지금까지의 기업에 대한 과잉보호를 지양하고 지원시책을 재검토 정비하여 기업체질을 강화해 나갈 것입니다. 즉, 경제운용방식을 민간이 주도하는 방향으로 발전시키며 기업은 대소를 막론하고 경영결과에 대해 스스로가 책임을 지는 풍토를 조성할 것입니다(11대 대통령 취임사, 1980. 9. 1.).

이는 박정희 정권 집권 후반기부터 실시된 일련의 경제정책의 실시 결과 조성되어진 국가-자본 간의 힘의 관계에 있어서의 일정한 변화가 전두환 정권에 들어서 더 심화되면서, '국가에 대한 자본의 자율성'이 강조되기에 이르렀음을 의미한다. 이는 또 전두환 정권 시기 실시된 경제정책 부문에서의 각종 자유화 조치로 이어지게 된다. 한편 복지사회 실현의 항목에서 전두환 정권은 역시 박정희 정권의 국민총화론과 마찬가지로 자주국방과 안보를 주요한 가치로 강조하며, 농촌근대화라는 명분하에 새마을 운동을 지속할 것임을 천명하기도 한다. 그야말로 유신의 '적자'임을 표방하고 나선 것임을 알 수 있게 해주는 대목이다.

민주복지국가론의 세 번째 지표인 정의사회 구현은 전두환 정권 시기 민주복지국가론에서 그 어느 담론들보다도 활발하게 유포되었던 것이라고 할 수 있는데, 그것은 복원된 공개적 독재체제 하에서의 행사되는 억압적 국가권력을 정당화하는 데 가장 적합한 담론이었기 때문이다. 특히 정의사회 구현과 관련해서 전두환 정권은 '삼청교육'과 '녹화사업'이라는 미명 하에 '사회정화운동'을 전개하는 바, 이는 전두환 정권 시기 인권을 유린한 대표적인 억압적 국가권력 행사의 사례가 되었다.

끝으로 국민정신 개조담론은 앞의 세 가지 국정지표를 완성하기 위한 것으로 정의되었는데, 그 핵심은 '투철한 국가관과 안보의식'이었으며, '대학내 면학분위기 조성'과 '질서의식 고취', '국가안보태세 확립' 등이 주요 행동규범으로서 제시되고 있다. 이때 대학내 면학분위기 조성과 관련해서는 "대학인들이 현실정치에 뛰어들거나 사회질서를 파괴하는 행위로 나올 때 이것은 안보적 차원에서도 결코 용납될 수 없다는 사실을 명백히 밝혀 두고자" 한다는 언급에서도 알 수 있듯이, 주요 체제도전 세력의 형성지였던 대학에 대한 강력한 통제의지를 표명한 것이며, 실제로 앞의 박정희 정권 시기에 이어 대학 내 전투경찰과 사복경찰의 상주 등이 이루어졌다.

이상과 같은 전두환 정권 시기의 대표적인 국가주의 지배담론인 민주복지국가론은 아래 인용을 통해서 확인할 수 있듯이 당시 고등학교 국사 교과서를 통해서도 전파되어졌는데, 이는 앞의 박정희 정권의 국민총화론의 비담론적 실천으로 실시되었던 국사교육 강조와 국정교과서 도입에 바탕한 것이었음은 물론이다.

제5공화국은 정의로운 사회의 구현과 민주복지국가로의 발전을 지향하고, 민족의 분단을 종식시키며, 조국의 평화적인 통일을 이룩할 수 있도록 계속 노력하고 있다. …… 제 5공화국은 정의사회를 구현하기 위해 모든 비능률, 모순, 비리를 척결하는 동시에 국민의 진정한 행복을 위해 민주복지국가 건설을 지향하고 있는 만큼 우리나라의 장래는 밝게 빛날 것이다(고등학교 『국사』 하권, 1987년판, 176-178; 한국역사연구회 현대사연구반 1991에서 재인용).

한편 민주복지국가론은 국가권력의 억압성을 숨긴다거나 정세적 진리 효과를 창출하거나 논리적인 설득을 통해 지배 효과를 갖기보다는, 직접적인 억압성에 바탕하여 시민사회에 공포감을 동원하는 방식의 담론이었다고 할 것이다. 즉, 민주, 복지, 정의 등 민주복지국가론이 주요 가치로 구성하고 있는 것들과 현실 간의 격차는 매우 컸던 것이다(박상훈

1995)[22]. 이 때문에 전두환 정권은 집권 초기 시민사회의 도전을 억누르는 데 일정한 성과를 거두었지만, 1980년대 초반을 경과하면서 경제부문에서의 자유화 조치와 함께 대학가에 대해 실시한 일련의 '유화조치'에도 불구하고 중반에 들어가면서 저항세력의 도전에 직면하게 되는 데에서도 알 수 있듯이, 그것은 지배 효과를 가질 수 없었다.

6. 민주화 이행기―'총체적 위기론'과 '국가경쟁력 강화론'

이 시기는 1987년 6월 민주화 항쟁 이후의 시기로써, 해방 이후 40여년을 거치면서 제도화되었던 억압적 독재체제와 국가주도형 산업화로 상징되어져온 한국의 정치·경제적 지배체제가 해체되고, 그 재구성이 모색되어지는 시기이다. 이 시기 국가주의 지배담론으로서 주목할 수 있는 것은, 노태우 정권 시기의 '총체적 (국가) 위기론'과 김영삼 정권 시기의 '국가경쟁력 강화론'이다. 이들 담론들은 6월항쟁 이후 시민사회 내 민중부문의 민주주의적 요구를 집중적으로 제어하고, 정치·경제적 지배체제를 새롭게 구성해내기 위한 국가 역할을 조정하고, '전환비용'을 민중부문에게 '전가'시키기 위한 담론이었다고 할 수 있다. 이런 측면에서 이들 담론들 역시 앞의 시기의 그것들과 마찬가지로 민중부문에 대한 국가권력의 억압성을 동원하고 정당화하기 위한 것이었다고 할 수 있다. 하지만 이 시기 국가주의 지배담론은 앞의 시기의 그것들과는 달리 시민사회 내로부터 일정한 헤게모니를 확보하는 가운데, '선별적 억압'이라는

---

22) 실제로 이 시기 그저 행색이 남루하거나 인상이 험악하다는, 그리고 몸에 흉터나 상처가 있다는 이유로 삼청교육대에 끌려갈 위험에 처해있던 중고생들마저 있었다는 기억을 상기해볼 때, 당시 무작위적인 국가권력의 억압성에 대한 시민사회성원들의 공포감은 극에 달해 있었다고 할 것이다.

방식을 통해 작동하였다는 점에서 차별성을 갖는 것이었다.

1) 총체적 (국가) 위기론

'위대한 보통사람들의 시대'를 주창하며 출범하였던 노태우 정권은, 취임사를 통해 적어도 담론정치 영역에서는 이전 정권들에게서는 볼 수 없었던 면모를 선보였다. 즉, 국가안보를 이유로 한 민주주의의 유보 가능성이나 변형, 국가도전세력에 대한 경고나 국가기강 확립에 대한 강조를 찾아볼 수 없게 된 것이다.

물량공세와 안보를 앞세워 자율과 인권을 소홀히 여길 수 있는 시대는 끝났습니다. 그동안 이룩한 고도성장의 열매가 골고루 미치는 공정하고 정의로운 분배가 실현. …… 국가 전체의 발전을 강조하는 과정에서 유보되어 온 개개인의 몫이 더 이상 부당하게 희생되지 않도록 하여야. …… 사회정의의 실현을 가로막고 갈등을 심화시키는 어떠한 형태의 특권이나 부정부패도 단호히 배격하겠습니다(대통령취임사, 1988. 2. 25.).

반대로 노태우 정권은 취임사를 통해 '자율과 인권', '공정하고 정의로운 분배', '개인에 대한 존중' 등 민주주의적 가치들을 강조하였다. 이승만 정권의 초기 지배담론이었던 민주주의론이 민주주의를 강조하면서도 반공을 핵심 가치로 내세웠던 것과 비교해볼 때, 그야말로 '격세지감'을 갖지 않을 수 없는 것이었다. 담론정치 영역에서만 볼 때에는 그야말로 민주주의의 시대가 도래한 것이 아닌가라는 생각을 갖게 하는 것이었다. 하지만 노태우 정권은 집권 첫 해를 경과하고, 1989년에 들어서면서부터는 담론정치 영역에서조차 다시금 과거로 '회귀'하는 양상을 보이게 된다.

1989년은 우리 민족사의 소망인 민주번영과 통일을 이루느냐의 여부를 결정할 분수령이 될 것입니다. 우리 사회에는 급격한 민주화와 함께 오랜 기간 덮여져 온 문제가 노출되고 억눌려온 불만과 욕구가 한꺼번에 터져 나와 어려움이 있었습니다. 우리 국민의 높은 민주의식은 서로 다른 의견과 주장, 엇갈리는 이해와 갈등들을 질서 속에 수용하고 조화하는 능력을 발휘할 것입니다. 정부는 국민을 불안하게 하는 불법행동은 엄중하게 다스릴 것입니다. 지난날의 문제는 조속히 청산하고 잘못된 것은 과감히 개선·개혁해 나갈 것입니다. 그리하여 새해에는 모든 국민이 안심하고 더 밝은 내일을 여는 일에 힘모아 나가도록 할 것입니다. 우리 경제가 커짐에 따라 무역마찰·원화 절상 등 안팎으로부터의 도전 또한 드세어지고 있습니다. 그동안 우리 경제가 발전하여 국민생활이 향상되고 중산층이 급속히 확대되고 있습니다. 그러나 근로자와 농어민, 도시서민은 아직 윤택하지 못하고 상대적 빈곤감 또한 깊어졌습니다. 이러한 문제를 해결하기 위해서도 노사와 각 계층 국민이 화합하고 더 열심히 일하여 우리의 발전을 가속화해 가야 합니다(대통령신년사, 1989. 1. 1.).

1989년에 들면서 노태우 정권은 다시 담론정치 영역에서 '안팎으로의 도전'을 받고 있는 상황이라면서 '발전'의 문제를 제기하고, 이를 위해 '국민적 화합과 근면함'이 요구된다고 밝힌다. 이와 함께 '불법행동에 대한 엄중한 처리'[23]가 강조되고 있다. 그것은 노태우 정권이 집권 1년 만에 다시 발전주의와 국가주의적 요소들을 담론정치 영역으로 동원해 내고 있는 것을 의미하는 것이었다. 또 주목을 끄는 것은 '조속한 과거청

---

23) 노태우 정권은 1989년 연두기자회견을 통해서는 '폭력혁명세력'과 '가정파괴범', '부녀자 약취', '조직폭력배', '강도' 등의 흉악범을 "민주질서를 어지럽히는 세력"으로 병렬시킴으로써 양자를 동일시했는데, 이는 1989년 3월경부터 조성되어진 '공안정국'을 예고한 것이었다(박상훈 1995).

산'이 거론되고 있다는 점인데, 이는 1989년에 들어 민중운동세력이 '5 공비리'와 '광주학살'을 이슈로 정권에 대해 압박을 가하고 있는 것에 대한 대응이라고 할 수 있을 것이다.

이러한 가운데 노태우 정권은 현대 중공업 노조의 파업과 문익환 목사의 방북 사건 등을 계기로 1989년 3월경부터 '공안정국'을 조성, 체제도 전세력에 대한 대대적인 탄압을 개시한다. 이는 취임사를 통해 선언했던 것들이 결국 허구적인 것이었음을 보여주는 것이었는데, 바로 이 시점을 경과하면서 노태우 정권은 '총체적 위기론'을 제시하기 시작한다. 노태우 정권은 당시 상황을 국제, 안보, 정치, 경제, 사회 등 국가의 모든 분야에서 위기상황이 도래한 '총체적 난국'이라고 규정하면서, 이에 대처하기 위해서는 '지속적인 경제발전'이 이루어져야 하고, 이를 위해서는 '방해세력'에 대한 '국가의 강력한 대응'이 필요하다고 역설하기 시작하였던 것이다. 이때 방해세력은 다름 아닌 민중운동세력을 위시로 한 노동운동 세력이었다. 총체적 위기론은 '경제위기론'을 핵심적인 하위담론으로 하고 있었는데, 이때 경제위기의 주범이 바로 '노동쟁의', 그리고 그 노동쟁의를 주도하는 노동운동 및 민중운동세력이라고 규정했던 것이다. 방해세력의 제거를 위한 억압적 국가권력의 행사는 1989년의 공안정국에 이어 1990년에 들어서는 '범죄와의 전쟁'이라는 형태로 이어졌다.

총체적 위기론의 담론구성을 볼 때, 흥미로운 것은 이후 시기 국가의 지배담론정치에 있어서 자주 보게 되는 요소들을 발견하게 된다는 점이다. 특히 '국제경쟁력 강화'라든지, '국제화'추진은 이후 김영삼 정권 시기에 들어 좀더 체계화되면서 담론정치영역에서 핵심적인 지배담론으로 특화되는 것들이며, '기업인이 마음 놓고 경제활동을 할 수 있는 환경 조성'운운 역시 이 시기를 비롯하여 김영삼 정권, 김대중 정권을 거쳐 현재의 노무현 정권에 들어서까지도 쉽게 찾아볼 수 있는 것들이다[24].

24) 이런 점에서 노태우 정권은 세간에 알려진 것처럼 단지 '물대통령'의 시대 등으로 희

한편 총체적 위기론은 1990년 들어 '구국의 결단'으로 치장된 '3당합당'을 이끌어내면서, 새로운 지배연합의 구축으로 이어지게 된다. 이때 3당합당은 1989년 공안정국 이후 이어졌던 국가권력의 억압에도 불구하고 진행된 체제저항세력의 정권에 대한 도전을 더 거세게 하는 것이었는데, 이 시기 체제도전세력과 국가와의 대립은 '분신자살'이라는 극한적 저항형태마저 표출했던 '91년 5월 투쟁'[25]으로 이어지게 된다. 1991년 5월 투쟁은 민주화 이행기에 있어 체제도전세력의 '최대 저항'인 동시에 '총체적 저항'[26]으로서, 이 '사건'을 계기로 한국의 체제도전세력은 급

화화될 수 없다. 즉, 이 노태우 정권은 민주화 이행기 이후 한국 국가의 담론정치는 물론, 지배양식에 있어 일련의 레퍼토리와 매뉴얼을 제공해준 정권으로서 파악될 수 있다는 것이다. 본문에서도 다루고 있지만 실제로 공안정국 등을 거치며, 이 시기 노태우 정권이 동원한 총체적 위기론은 상당한 지배 효과를 거두면서, 87년 6월항쟁으로 폭발적으로 성장했던 시민사회 내 민중운동 부문의 도전을 제어해내고 한국의 민주주의를 '제한적·제한적 민주주의'로 한계짓는 데 성공한 정권이라고 할 수 있다. 이런 점에서 오히려 노태우 정권은 통치능력에 있어서는 억압의존적이었던 전두환 정권보다도 우위에 있는 정권으로 평가할 수 있다고 하겠다.

25) 이에 대해서는 91년 5월투쟁 청년모임(2002) 참조.

26) 그럼에도 아직까지 91년 5월 투쟁에 대한 연구는 제대로 이루어지고 있지 않다. 연구뿐만이 아니라, 91년 5월 투쟁에 대한 인지도 상당히 약한 편이다. 이는 몇 가지 측면으로 나누어 그 요인을 살펴볼 수 있는데, 첫째, 분신 등 극한적인 저항의 형태가 표출되었음에도 불구하고 87년 6월항쟁과 비교해볼 때, '패배한 것'으로 인식되고 있기 때문이다. 둘째, 이 시기를 경과하면서 사회운동세력이 급격하게 해체, 분화되면서 '기억'의 주체가 소멸되었거나 분산되었으며, 또 그 필요성이 약화되었다는 점이다. 셋째, 87년 6월항쟁을 '주도한 것'으로 스스로를 포장해낸 이른바 '386' 세력들에 의하여 87년 6월항쟁의 성과가 과도하게 포장되고 신비화되면서, 실제로 이 시기 민주화투쟁의 분기점을 이루어낸 91년 5월투쟁이 담론지형에서 설 자리를 잃게 되었던 것이다. 그렇지만 91년 5월 투쟁은 보수야당세력에 대한 비판이 광범위하게 이루어지면서 대안정치세력과 권력에 대한 대중들의 욕망이 표출되었다는 점, 저항의 대오에 있어 노동운동세력이 처음부터 광범위하게 결합되어 있었다는 점 등에서 한국 사회운동의 새로운 전형 창출의 원형적 요소를 발견할 수 있는 것이었다. 이에 대해서는 91년 5월투쟁 청년모임(2002)의 김윤철 글 참조. 아무튼 91년 5월투쟁은 이런 측면에서 한국의

<표 4-2> 총체적 위기론의 담론구성[27]

	상황 정의	상황 대처
전체 개념화	총체적 난국	지속적 경제발전
국제	치열한 경쟁의 시대	국제경쟁력 강화, 국제화 추진
안보	경직된 노선 고수하는 북한으로 인해 불안 가능	군건한 안보역량 구축
정치	갈등과 불안을 증폭하는 대결의 정치	기업인이 마음놓고 경제활동을 할 수 있는 환경조성
경제	경쟁력의 구조적 추락	화합과 통합의 정치, 5공문제는 역사가 밝혀야할 과제
사회	사회계층들의 욕구와 갈등의 무절제한 표출, 근로정신과 근검절약풍토의 상실	사회기강 확립, 기업이 감당할 능력과 우리경제의 경쟁력을 도외시한 더 이상 과도한 요구는 삼가야 발전수준에 맞는 사회복지, 삶의 질 개선

속하게 해체, 분화되기에 이른다.

　하지만 이러한 체제도전세력의 극렬한 저항에도 불구하고, 이 시기 국가주의 지배담론으로서의 총체적 위기론은 상당 정도 지배 효과를 거두었다고 할 수 있다. 물론 그것은 현실 사회주의의 몰락 등 체제도전세력의 대항 논리가 약화될 수밖에 없었던 대외적 환경요인 탓도 있지만, 노태우 정권이 효과적인 지배전략을 구사했다는 점도 강조되어져야 한다. 특히 이와 관련하여 우리가 주목할 것은 민주화 이행기 이후 시민사회의 내부구성 변화를 적절히 활용하면서 노태우 정권이 구사한 '두 국민 헤게모니 프로젝트'이다. 이것은 사회민주주의적 복지국가처럼 전국민을 헤게모니 포섭 대상으로 설정하는 '일국민(one nation) 헤게모니 프로젝트'와 달리, '복지국가'의 계급타협을 가능케 한 물적 토대의 붕괴

　정치·사회운동 연구에 있어 이제 '각주'의 위치에서 탈피, 본격적인 연구 과제라고 할 수 있을 것이다.

27) 이는 박상훈(1995)의 '노태우 정권의 담론 구성'을 재구성한 것이다.

이후 나타난 대처주의(Thatcherism)처럼 국민을 근면하고 성실한 '선량한 국민'과 복지수혜자 등 기생적이고 게으른 '불량한 국민'—한국의 경우에는 전자는 체제친화세력, 후자는 체제도전세력—으로 나누어 상호 적대화시키고 이 중 전자만을 가지고 헤게모니를 관철시키는, '의도적 분열'을 통한 지배전략이라고 할 수 있는 것인데, 노태우 정권은 이에 바탕하여 노동 및 민중운동세력에 대한 '선별적 억압'을 수행하였던 것이다.

즉, 노태우 정권은 해방 이후 1987년 6월 항쟁 이전까지 지속되어왔던 시민사회에 대한 '전면적인' 억압에서 탈피, 이른바 선별적 억압으로 전환하였는데, 이는 지난 시기와 달리 시민사회내 중간계층을 위시로 한 '체제친화적 세력'에 대해서는 개량화와 (형식적) 민주주의를 제공해주는 반면, 기층민중, 특히 노동운동세력을 위시로 한 전투적 기층민중과 사회운동세력과 같은 시민사회 내 체제도전세력에 대해서는 억압성의 유지, 강화, 세련화로 대응하는 '이중전략'이라고 할 수 있다. 이 결과 중간계층에게 민주화는 허상이 아니고 '실질적'인 것—실질적 민주주의라는 뜻이 아니라 형식적 민주주의의 기준에서 실제적이라는 의미—으로 수용되었던 것이다[28].

물론 여기에다가 총체적 위기론은 '3저 호황'의 효과가 소멸되어진 것을 비롯하여 경제상황이 점차적으로 침체되어가는 상황에서, 경제위기론을 중심으로 하여 정세적 진리 효과를 확보함으로써 지배 효과를 갖는 것이기도 하였다. 이는 당시 저항세력들이 경제위기론을 '허구적인' 반

---

28) 이는 87년 6월항쟁 당시 광범위한 범위로 구성되었던 바 있는 민주연합의 해체와 분화로 이어졌다. 이러한 민주연합의 해체와 분화는 87년 6월 항쟁 직후 전개되었던 7~9월 노동자 대투쟁에 대한 보수야당과 중간층 등의 (의도적) '무관심'에서 시작되었다고 할 수 있는데, 당시 민주연합의 주요 구성원이었던 보수야당세력은 '정치안정'을 주장하며, 노동운동세력에게 '자제'를 요청하는 등 민주주의의 확장·심화에 대한 열망을 절차적 민주주의 수준으로 제어하고자 하였다.

노동 담론으로서 규정했던 것이 상대적으로 설득력을 얻지 못한 것에서 도 확인되어진다.

2) 국가경쟁력 강화론

노태우 정권 시기의 총체적 위기론의 담론체계 및 의미구성과 작동양 식은 김영삼 정권 시기에도 그대로 이어지게 된다. 김영삼 정권은 출범 과 동시에 역대 어느 정권들보다도 풍부한 담론정치를 전개하는데, 그것 은 '신한국론'으로 시작하여, '국제화론', '국가경쟁력 강화론', '세계 화론'[29] 등으로 나타났다. 이 중에서 국가주의 지배담론으로서 특히 주 목할 수 있는 것이 바로 '국가경쟁력 강화론'이다. 국가경쟁력 강화론은 신한국론, 국제화론, 세계화론 등 김영삼 정권 시기 등장한 지배담론들 의 '내포'를 이루는 핵심담론이라고 할 수 있는데, 앞의 모든 담론들의 지향점이 집약되는 것이 바로 국가경쟁력 강화라는 가치이기 때문이다. 이때 국가경쟁력 강화론은 앞서 언급한 바와 같이 노태우 정권의 총체적 위기론의 연장선 상에 있는 것으로 '위기(한국병) - 대처 방안(국제화·세계화) - 달성 목표(국가경쟁력 강화)'라는 담론구조를 갖고, 그 내용 구 성에 있어서도 유사성을 띠는 것이었다.

우선 김영삼 정권은 집권과 함께 신한국론을 제시하면서 현실 상황을 '경제전쟁'과 '한국병'이라는 용어로 집약하는데, 이는 노태우 정권 시 기의 총체적 위기론에서 '치열한 경쟁', 그럼에도 불구하고 '사회계층들 의 욕구와 갈등의 무절제한 표출', '근로정신과 근검절약 풍토의 상실' 이라고 하는 파악하는 것을 그대로 공유하는 것이었다.

---

29) 김영삼 정권의 '세계화' 담론에 대한 논의는 김윤철(1999) 참조.

우리를 둘러싸고 있는 여건은 우리에게 결코 유리하지만은 않습니다. 냉전시대의 종식과 함께 세계는 실리에 따라 적과 동지가 뒤바뀌고 있습니다. 바야흐로 경제전쟁, 기술전쟁의 시대로 접어들었습니다. 그런데 지금 우리는 병을 앓고 있습니다. 한국병을 앓고 있습니다. 한때 세계인의 부러움을 샀던 우리의 근면성과 창의성은 사라지고 있습니다. 전도된 가치관으로 우리 사회는 흔들리고 있습니다(대통령 취임사, 1993. 2. 25.).

이와 함께 김영삼 정권은 노태우 정권의 경우와 달리 취임사에서 다시금 '국가 기강'과 '국가발전과 번영' 등의 가치를 등장시킨다. 한편 '한국병'을 상황정의의 핵심적인 개념으로 등장시키는 신한국론의 담론구성은, '영국병'이라는 진단을 내리며 신자유주의(신보수주의) 등장의 기원이 되었던 대처리즘의 담론과도 흡사한데, 실제로 김영삼 정권 이후 한국의 국가는 신자유주의(신보수주의)적 정책을 실시하게 된다.

국민 여러분. 흐트러지고 있는 국가기강을 다시 세워야 합니다. 부정한 수단으로 권력이 생길 때, 국가의 정통성이 유린되고 법질서가 무너지게 됩니다. 목적을 위해서 절차가 무시되는 편법주의가 판을 치게 됩니다.……우리 사회에 있어야 할 권위를 다시 찾아야 합니다.……땅에 떨어진 도덕을 일으켜 세워야 합니다.…… 오늘부터 정부가 달라질 것입니다. 이제 청와대는 국민의 생명과 재산을 보호하고, 국가의 안전과 번영을 위해 밤낮을 가리지 않고 일하는 일터가 될 것입니다(대통령 취임사, 1993. 2. 25.).

이러한 선상에서 김영삼 정권은 '국제화·개방화를 통해 국가경쟁력을 강화하자'는 국가경쟁력 강화론을 주창한다. 국가경쟁력 강화론은 우선 신한국론 등을 통해 정의된 상황 인식에 바탕하여 '경제전쟁' 등의 상징어를 반복, 강조하면서 '국익의 능동적 보호'와 '경제선진화' 등의 가치를 내세우고, '세계제일주의'를 추구하여야 할 목표로 설정한다.

냉전전쟁이 벌어지고 있습니다.……개방화와 국제화를 강력하게 추진해 나갈 것입니다. 1세기 전 우리의 선조들이 개방을 두려워 한 결과 국제사회에서 뒤떨어진 뼈아픈 경험을 되풀이해서는 안 됩니다. 우리의 국익을 능동적으로 보호하고 경제선진화를 이룩하기 위해……저는 우루과이라운드 협상이 성공적으로 타결될 수 있도록 최선을 다할 것입니다.……세계제일주의를 추구하여 주십시오. 저도 국익을 위해서는 세계 어느 곳이라도 찾아 나서겠습니다(신경제추진회의 대통령 연설, 1993. 11. 8.).

한편 국가경쟁력 강화론에서 주목하여야 할 것은 '국가의 역할'에 대한 부분이다. 여기서 국가는 '서비스 제공자'로서 규정되면서 '규제 완화'를 주요 정책과제로 설정하고 있으며, '외국의 자본과 기술을 유치'하는 데 총력을 기울이고, '개방화와 국제화'를 추진하는 '주체'로서 정의된다. 이는 이 시기 국가주의 담론이 지난 시기의 그것이 억압의 동원과 정당화에 그쳤거나 이를 위한 국가지상주의의 천명에 그쳤던 것과는 달리, 국가의 기능을 구체적으로 규정하고 있음은 물론, 자본의 세계화, 신자유주의적 세계화에 직면하여 국가의 기능을 조정하기 위한 담론으로서의 의미를 갖는 것이다.

정부는 규제하기 위해 존재하는 것이 아니고 서비스를 제공하기 위해 존재……정부는 자본과 기술을 유치하는 데 총력을 기울이고 있습니다.……정부는 선진기술을 가진 건전한 외국기업이 국내에서 활발하게 사업할 수 있는 환경을 반드시 만들어낼 것입니다(신경제추진회의 대통령 연설, 1993. 11. 8.).

이러한 국가경쟁력 강화론의 등장 요인을 살펴보면 다음과 같이 분석할 수 있다[30]. 첫째, 자본운동의 국제화·지구화 경향에도 불구하고, 정치군사적 경쟁마저 결합되면서 심화되어지는 민족국가들 간의 총체적·구조적 경쟁, 둘째, 격화되는 자본의 범세계적 경쟁과 자본주의 세계체계의 불황이라는 조건에서 경쟁력 강화라는 문제를 개별자본의 결정에만 방치할 수 없게 되었으며, 축적위기에 직면한 개별자본을 국가가 지지 부양할 필요성이 증대하였기 때문이다.

그리고 이러한 국가경쟁력 강화론은 자본의 경쟁력 강화정책인 것을 국가 전체의 경쟁력 강화정책이라고 은폐·호도하는 이데올로기적 효과를 낳기 위한 것으로서, 효율 향상을 통한 국가이익 증진이라는 명분 하에 자본주의적 경쟁의 원리를 정당화하고, 이 원리를 사회생활의 모든 수준과 대중의 일상생활에까지 파고드는 '가치', '규범'으로 강제함으로써 자본의 이익에 봉사하는 '국가총동원체계'를 만들어내기 위한 것이었다. 즉, 격화되는 전지구적 경쟁과 심화되는 경제위기 속에서 기층 민중에 대한 공격을 감행하지 않고서는 경쟁력 강화는커녕 종전 수준의 국제경쟁력조차 유지할 수 없는 한국 자본주의의 위기 상황을 반영한 것으로, 이 과정에서 초래될 민중들의 희생을 국가와 민족의 이익 증진과 경제 효율의 제고하는 명분으로 정당화하는 총자본의 이데올로기서 작용했던 것이다.

또 국가경쟁력 강화론은 '수년간의 높은 임금인상률'이 국가경쟁력 강화의 장애요인이라고 하면서 총체적 위기론과 마찬가지로 노동에 대한 '비판적 시각'을 드러내는데, 이는 국가경쟁력 강화론이 기존의 축적체제의 혁신이 아니라 노동자 대중의 고통전담을 통한 자본의 경쟁력 회복을 본질로 하는 것이며, 착취와 노동강도의 강화에 의거하지 않고서는

---

30) 이하 논의는 정성진(1994)을 참조.

국가경쟁력을 유지할 수 없는 한국 자본주의의 위기를 반영하고 있기 때문이라고 할 수 있다.

끝으로 국가경쟁력 강화론은 김영삼 정권 시기 이후에도 중요한 정책적 과제와 목표로서 제기되었으며, 그 담론구조나 의미구성도 유사한 양상을 띠고 있었다. 이는 국가경쟁력 강화론이 단지 국면적인 것이라기보다는 1980년대 말 이후 위기에 처한 한국 정치·경제체제의 재구성을 위한 선상에서 제기되었음을 의미하는 것이다.

7. 맺음말

이상 해방 이후부터 최근에 이르기까지 각 정권별 국가주의 지배담론들의 양상과 등장 요인 및 지배 효과 등에 대해 살펴보았다. 이를 통해 알 수 있는 것은 각 시기별로 등장하였던 국가주의 지배담론들은 공통점을 갖는 동시에 차이점도 갖는다는 것이다.

공통점은 무엇보다도 첫째, 국가(지상)주의적 가치를 표방하였다는 국가주의 지배담론 그 자체로서의 공통점이다. 둘째, 과대성장국가라는 국가주의의 기원에 바탕하여 억압적 국가권력의 동원과 정당화를 위한 것이었다는 점이다. 그리고 셋째, 그 억압적 국가권력의 동원은 주로 체제 도전세력과 기층민중에 대한 것이었다는 점이다.

반면에 차이점은 무엇보다도 첫째, 분단국가 형성기, 국가주도 고도성장기, 민주화 이행기라는 시기상의 차이로부터 부여된 국가 역할 상의 차이에서 찾을 수 있다. 분단국가 형성기에는 '분단적 정체성'을 통해 국가의 경계와 국민의 자격부여 조건을 명시하는 데에서, 국가주도 고도성장기에서는 발전전략의 민중배제성에 대한 도전을 제어하는 데에서, 민주화 이행기에는 정치·경제적 지배체제의 전환비용을 기층민중에게 전가시키기 위한 것에서 각기 다른 목적과 기능을 가졌던 것이다. 둘째, 국가주의적 지배담론의 작동양식에서 차이점을 찾아볼 수 있다. 즉, 분단국가 형성기부터 국가주도 고도성장기 국가주의 지배담론이 동반하는 국가권력의 물리적 억압성은 전체에 대한 것이었던 것에 반해, 민주화 이행기에 들어서는 선별적인 억압으로 전환하면서 헤게모니적 방식으로 행사되었다. 셋째, 주요하게 보존하고자 하거나 동원하는 이데올로기적 가치의 비중 측면에서도 반공주의, 발전주의, 국가주의 등으로 나뉘어져 있었다. 이를 정리하면 아래와 같이 도표화할 수 있을 것이다.

〈표 4-3〉 한국 국가주의 지배담론의 역사적 궤적

종류	분단국가형성기			고도성장기		민주화 이행기	
	일민 주의론	북진 통일론	국권 수호론	국민 총화론	민주복지 국가론	총체적 위기론	국가경쟁력 강화론
기능	분단국가형성 발전주의 결여의 보완 행정권력중심성 확보			공개적 독재체제의 구축 및 복원		민주주의의 제한 정치·경제 지배체제의 재구성 및 비용 전가	
작동양식	억압에 의존			억압에 의존		선별적 억압과 부분적 헤게모니	
이데올로기	반공주의 + 국가주의			국가주의 + 반공 + 발전		발전주의 + 국가주의	
효과	미약			부분적		부분적	

| 참고문헌 |

김윤철. 1999. "새로운 성장정치시대의 지배담론에 관한 고찰—김영삼 정권의
  '세계화' 담론을 중심으로". 『동향과 전망』. 겨울호. 박영률 출판사.

김재홍. 1987. "한국의 좌우익이념과 해방 후 정당활동에 관한 연구". 서울대 정
  치학과 박사학위 논문.

대통령 비서실. 1973. 『박정희 대통령 연설문집 I : 군정편』. 대통령 비서실.

박상훈. 1995. "지배담론으로 본 한국정치 50년— '뭉치면 산다' 부터 '세계화'
  론까지". 한국정치연구회. 『해방 50년의 한국정치 심포지엄 자료집』.

박찬승. 2002. "20세기 한국 국가주의의 기원". 한국사연구회. 『한국사연구』.
  117호.

백운선. 1981. "민주당과 자유당의 정치이념 논쟁". 진덕규 외. 『1950년대의 인
  식』. 한길사.

손호철. 1992. 『한국정치의 새구상』. 풀잎.

_____. 1993. 『전환기의 한국정치』. 창작과 비평.

_____. 1995. 『해방 50년의 한국정치』. 새길.

_____. 1999. "한국의 국가주의와 국가—시민사회의 관계 변화". 참여사회연구
  소. 『한국 시민운동: 21세기 대안을 찾아』.

심지연. 1984. 『한국 민주당 연구 II』. 창작과비평사.

전재호. 1997. "박정희 체제의 민족주의 연구—담론과 정책을 중심으로". 서강
  대학교 정치외교학과 박사학위 논문.

정성진. 1994. "국가경쟁력강화론 비판". 『이론』. 가을호.

최장집. 2002. 『민주화 이후의 민주주의』. 후마니타스.

한국현대사연구회. 1991. 『한국현대사 4』. 풀빛.

91년 5월투쟁 청년모임. 2002. 『그러나 지난밤 꿈속에서... 1991년 5월』. 이후.

괴란 테르본. 1993. 『권력의 이데올로기와 이데올로기의 권력』. 최종렬 역. 백의.

니코스 풀란차스. 1994. 『국가 · 권력 · 사회주의』. 박병영 역. 백의.

미셸 푸코. 1993. 『담론의 질서』. 이정우 역. 새길.

베리 스마트. 1995. "그람시와 푸코: 진리의 정치학과 헤게모니의 문제". 『미셸 푸코의 권력이론』. 정일준 편역. 새물결.

Terence Ball. 1987. "In the Shadow of Babel: The 'Scientific' Reconstruction of Political Discourse". edited by Bhikhu Parekh and Thomas Pantham. *Political Discourse : Explorations in Indian and Western Political Thought.* Sage Publications.

Louis Althusser. 1971. *Lenin and Philosophy and Other Essays.* New York: Monthly Reveiw Press.

제 5 장
'자유민주주의' 지배담론의 역사적 궤적과 지배 효과
— '반공주의적 자유민주주의'에서 '자유주의'적 민주주의로

조현연

1. 머리말

유구한 역사와 전통에 빛나는 우리 대한민국은 3.1운동으로 건립된 대한민국임시정부의 법통과 불의에 항거한 4.19민주이념을 계승하고, 조국의 민주개혁과 평화적 통일의 사명에 입각하여 정의·인도와 동포애로써 민족의 단결을 공고히 하고, 모든 사회적 폐습과 불의를 타파하며, 자율과 조화를 바탕으로 자유민주적 기본질서를 더욱 확고히 하여 정치·경제·사회·문화의 모든 영역에 있어서 각인의 기회를 균등히 하고, 능력을 최고도로 발휘하게 하며, 자유와 권리에 따르는 책임과 의무를 완수하게 하여……(제9차 개정헌법, 1987. 10. 29.).

위의 인용문은 헌법 제정의 유래와 그 기본 원리를 선언하고 있는 1987년에 개정된 대한민국 헌법의 전문 내용이다. 비록 표현상 약간의 차이는 있지만 역대 정권은 통치의 기본 원리를 자유민주주의, '자유민주적 기본질서의 공고화'에서 찾아 왔다. 일제 식민통치에서 해방된 이래 오랫동안 한국 현대정치사에서 지배적인 정치규범은 비록 형식적이긴 했지만 자유민주주의의 원리였으며, 그것은 국가 통치를 정당화하는 원천이기도 했다. 하물며 박정희의 파시스트적 독재통치를 정당화하고 있는 유신헌법조차도 그 전문에서 "조국의 평화적 통일의 역사적 사명에 입각하여 자유민주적 기본질서를 더욱 공고히 하는 새로운 민주공화국을 건설"을 밝히기도 했다. 한마디로 한국 사회에서 자유민주주의는 그 실제의 정치 상황과는 무관하게 "최소한 공개적으로는 범할 수 없는 정치적 신성성을 대표하는 것"(박상섭 1986, 409)이었다고 할 수 있다.

그렇다면 여기서 자유민주주의란 무엇을 의미하는가? 사실 자유민주주의는 일상적인 용어 사용에 따른 친숙성에도 불구하고, 과학적으로 정의하기도 쉽지 않고 이론적 합의도 이루어지지 않은, 여전히 '논쟁적'인 개념이라고 할 수 있다[1]. 우선 서구의 역사적 맥락에서 볼 때 '자유주의적으로 한정된 민주주의'로서의 자유민주주의는 지난한 계급투쟁의 과정에서 부르주아계급과 노동자계급 사이에 이루어진 일종의 계급타협의 결과였다[2]. 즉, 무산계급에 의해 제시된 자유주의의 반명제이자 부르

---

1) 손호철(1993, 317-319 참조)은 자유민주주의에 대한 이해방식을, 자유민주주의를 부르조아 민주주의와 등치시키는 이해 방식, 부르조아 민주주의 일반의 한 역사적 유형으로 이해하는 방식, 탈계급 내지 초계급적인 인류보편적 유산이라고 이해하는 방식 등 크게 세 가지로 구분하고 있다.

2) 특정 시대의 민주주의로서 자유민주주의는 한편으로는 계급적 · 사회적 투쟁의 성과이면서, 다른 한편으로는 이를 통해 피지배세력의 체제내화와 지배의 안정화를 도모하는 지배층의 불안정한 타협적 대응의 결과라는 양면성을 지닌다. 이런 관점은 국가에 대한 도구주의적 · '기계론적인 경제결정론'의 관점과 자유주의적 · 다원주의적 관점 등 두 가지 관점의 한계를 넘어서는 계기를 부여한다. 전자의 경우는 근대 자본주의 국가의 민주주의적 형식과 절차를 단지 부르주아적 계급 착취의 정치적 외피로 지배의 본질을 은폐하기 위한 것으로만 파악한다. 이와는 달리 후자의 경우는 국가의 공공적 표상을 국가의 기본 속성으로 파악하면서, 국가를 일반이익의 계급중립적 대변자 또는

주아적 재산권 중심의 자유주의적 질서에 대한 심대한 위협이었던 민주주의의 도전은 전통적 자유 개념의 수정과 혁명성의 폐기를 교환함으로써, 무산계급의 정치적 참여 및 그 권리의 확장이라는 정치적 민주주의를 전제로 한 계급간의 역사적 타협을 통해 자본주의 내에 수용된 것이다. 이처럼 자유민주주의의 역사적 성립 과정은 두 가지 상황으로 인해 가능했는데, 무산계급에 의한 아래로부터의 지난한 계급투쟁이 그 하나라면, 다른 하나는 이러한 요구를 수용할 수 있었던 자본주의의 탄력성과 팽창성에 의한, 즉 자본주의 경제성장에 따른 잉여의 확보와 분배적 개량주의화를 통한 계급갈등의 순화였다.

그러나 한국에서 자유민주주의의 성립과 제도화는 서구의 그것과는 전혀 다른 역사적 맥락에서 이루어졌다. 한국에서의 국가 형성, 반공분단국가의 수립은 국제적 냉전의 강화 속에서 미국의 대한정책적 이해에 따라 사회의 아래로부터의 요구를 배제하고 분쇄하면서 위로부터 일방적으로 이루어졌으며, 자유민주주의의 제도화 역시 이 같은 반공분단 국가의 형성을 정당화시키기 위해 위로부터 도입된 것이었다(정해구 2001, 96 참조).

한국 사회에서 자유주의, 민주주의만큼 오용되고 남용된 정치적 개념은 아마도 없지 않을까 싶다. 한국의 이른바 '자유주의'는 국제적 냉전질서와 반공분단체제, 그리고 그 통치 이데올로기 및 지배담론의 국내화의 결과로써 파악될 수 있다. 여기서의 자유주의는 절대주의 억압과 봉건적 미망으로부터 벗어나기 위한 '개인의 해방'의 이념이 아니었다. 즉 그것은 '개인의 내면적 자율성'과 '정치적 자유'의 확보, '자유의 도덕적 윤리적 덕목'을 우선적인 가치로 두기보다는, 자유주의의 적으로 설정된 공산주의와의 극한적 대결과 그것을 위한 일체의 국가 통제를 합리화하

사적 이익들의 공정한 조정자로 간주한다(조현연 2002, 62).

는, 자유의 이름으로 자유를 억압하는 '거짓 자유주의'였다. 이처럼 한국의 자유주의는 오랫동안 극단적인 냉전반공주의와 동일시되면서 극우보수의 이념으로 폄하되기도 했다. 민주주의 담론의 경우 역시도 권위주의적 독재 정권의 정치적 외피로서 구사되어 왔으며, 때에 따라서는 정권 담당자들에 의해 멸시와 조롱의 대상이 되기까지 했다. 국가형성 시대를 거쳐 최소한 민주주의 이행의 시대 전까지 자유민주주의의 실재는 헌법 전문의 규정과는 달리, '자유민주적 기본질서의 공고화' 과정이 아니라 오히려 국가에 의한 축소와 왜곡과 부정의 과정에 다름 아니었던 것이다.

이처럼 분단 한국의 통치 이데올로기로서 자유민주주의가 실제로는 가장 퇴영적인 형태의 '냉전반공 자유주의'였다는 것, 그리하여 냉전분단 질서 하에서 '자유'에 대한 최대의 적이 다름 아닌 반공주의였다는 사실은 지배담론으로서의 자유민주주의와 그 역사적 실재 사이에 메울 수 없는 간극이 존재한다는 것을 의미한다. 바로 이 지점에서 한 가지 의문이 떠오른다. 반민주적이고 비민주적인 통치를 자행했음에도, 역대 정권들은 왜 자유민주적 기본질서의 수호자임을 그토록 자임해 왔는가, 그리고 어떻게 그것을 합리화시켜 왔는가 라는 물음이 바로 그것이다. 무엇보다도 자유민주주의체제가 '전체주의로 규정된 공산국가'들을 압도할 수 있는 이념적, 제도적 우월성을 지녔다고 줄곧 선전해 왔다[3]는 점에서, 즉 냉전체제 하에서 공산주의에 맞서 경쟁하기 위해서는 '완전히 포기하거나 전면적으로 거부할 수는 없는 그 어떤 이념 또는 정치제도'로서 자유민주주의의 존재 의의가 있는 것이었다.

---

3) 즉 '전체주의 사회=공산주의 사회'라는 대전제 아래, 자유민주주의는 "일체의 개인적 자유와 권리가 부정되고, 정치하게 이론화된 이데올로기를 통하여 정신적으로 통제되고, 비밀경찰과 같은 강력한 국가테러기구를 통하여 물리적으로 통제되는, 그러면서 사적 소유와 경쟁적 시장기제의 부정을 중심으로 한 경제적 생산체제에 기반을 둔, 그야말로 숨쉴 틈 없이 폭력적 수단에 의해 전일적으로 통제되는 공산 전체주의사회에 대칭되는 이념이며 체제"(최장집 1993, 205)로 선전되어 온 것이다.

그러나 식민지체제의 붕괴와 함께 형식적 독립을 획득한 제3세계의 '정상' 국가형태로서 권위주의적 독재정권 하에서, 그것은 자기파괴적이고 자기부정적일 수밖에 없었다. 자유민주적 기본 질서의 수호라는 명분 아래 국가에 의해 저질러진 민주주의 유린과 민주헌정질서 파괴의 역사, 즉 자유와 민주의 이름으로 그것을 탄압해 온 '독재통치와 민주주의의 모순적 결합'으로서의 권위주의 시대사는 그것을 잘 증명해준다. 아울러 이러한 권위주의적 독재 통치를 합리화하기 위해 동원한 것이 바로 공산진영의 위협에 맞서 자유민주주의체제를 수호하기 위해서는 개인의 자유와 권리에 대한 일정한 제한과 민주정치의 일시적인 파행적 운영은 불가피하다는 상징조작용 논리였다. 자유주의의 빈곤과 민주주의의 결여 및 반공주의와 국가주의의 과잉화, 나아가 '냉전반공주의=자유민주주의'라는 등식의 성립은 이러한 정치 상황의 필연적인 귀결이었다. 이처럼 자유민주주의의 서로 다른 두 기능 사이의 긴장과 충돌은 피할 수 없는 것이었으며, 권위주의 시절 이른바 '민주 대 독재', '민주 대 반민주'라는 자기제한적인 대립과 갈등의 결빙구도는 그것의 다른 표현이라고 할 수 있다[4].

이러한 상황이 변화의 추세를 보이기 시작한 것은 민주주의 이행의 시대에 들어와서였다. 즉, 자유민주주의 지배담론이 비로소 '냉전반공주의에의 포획'과 '한국적 변형을 통한 허구화'에서 벗어나 국가에 의해 더욱 공세적으로 재해석되고 적극적으로 재규정되기에 이른 것이다. 특히 민선민간정부에 들어와서는 단지 반공주의와 국가주의에 포획된, 또

4) 분단이 고착화된 이후 오랫동안 한국정치에서는 엄밀한 의미에서 자유주의와 사회주의 혹은 자유민주주의와 사회민주주의 · 민주사회주의 간의 사상적, 정책적 갈등지형은 존재하지 않았다. '색깔논쟁'으로 상징되는 사상적 색맹의 자발적 강요 분위기 속에서, 그리고 좌파적 담론의 생산과 선전을 담당할 주체가 쇠잔되어버리거나 공개적인 활동을 할 수 없는 상황에서, 대부분의 이데올로기적 논쟁, 담론투쟁은 자유민주주의라는 틀 내부에서의 논쟁에 국한될 수밖에 없었기 때문이다

는 허구적인 외피로서의 자유민주적 기본질서의 공고화 담론이 아니라, 일정하게 자기 내용을 갖춘 자유민주주의가 지배담론으로 형성되기 시작하였다.

이러한 인식을 기초로 하여, 이 글은 자유민주주의 지배담론의 역사적 궤적을 연구 주제로 하여 다음과 같은 것에 주목하고자 한다.

첫째, 이 연구는 지배담론의 핵심적인 생산주체인 국가의 담론 창출 과정에 대해 분석한다. 계급적·사회적 이해관계로부터 자유로울 수 없음에도, 국가는 일반이익을 대표하는 공공의 권력으로 인정받기 위해 지배담론의 적극적인 기획자로서의 자신의 활동을 조직화한다. 다시 말해서 국가의 지배담론은 특정 사회적 이해관계를 반영하고 있다는 이데올로기적 역할을 최대한 회피하여 구성된다는 점에서, 이에 대한 실체 파악은 중요하다고 할 것이다. 이것은 국가가 생산해 낸 지배담론과 의미체계가 특정 사회적 집단 내지 계급의 이해—또는 이와 관련된 의제—를 접합하는 한편, 다른 한편으로는 특정 사회적 집단 내지 계급의 이해와 의제는 일종의 '해석의 양식' (mode of interpretation)[5]을 통해 비결정의 영역으로 구조적으로 배제시키거나 아예 형성되는 것조차 차단해버리는 은유·환유의 고리를 드러냄으로써 그것이 갖는 '은밀한 권력작용' 규명하는 작업에 다름 아니다(박상훈 1995, 2 참조).

---

5) 제숍(B. Jessop)은 담론투쟁의 방식을 '방해의 양식' (mode of interruption)과 '해석의 양식' 두 가지로 구분한다. 여기서 방해의 양식이란, '상호 담론적' 으로 구성되는 이데올로기의 영역을 개방하고, 설득과 논쟁의 과정에서 상대의 담론으로부터 제 요소를 흡수, 전유함으로써 이를 통해 서로간의 차이를 중성화시키고자 하는 방식을 의미한다. 반면 해석의 양식이란, 하나의 폐쇄적인 이데올로기 총체 속에 상이한 요소들의 귀속적 위치를 부과함으로써, 상호대립적이고 적대적인 담론들 간의 의미있는 논쟁 가능성을 배제시키는 방식을 의미한다. 제숍은 방해의 양식을 따르는 것이 성공적인 헤게모니 기획과 이데올로기 투쟁의 성공을 가져올 수 있다고 말한다(1982, 254-279).

둘째, 이 연구는 자유민주주의 지배담론이 각 시대별로 어떻게 변해왔는지, 그리고 그 변화의 주요 동인은 무엇인지를 지배담론 구성 내용의 세 가지 차원, 즉 '상황 정의 또는 현실 규정—현실 상황에 대한 대응 논리—상상적 사회로서 대안사회의 구성'[6]에 주목하면서 분석한다. 이를 위해 대통령 취임사와 신년사 등에 나타난 자유민주주의 지배담론의 내용을 당시의 정치 상황, 사회경제적 상황과의 연관 속에서 살펴보고자 한다. 국가의 존재와 행위 및 그 물적 기반이 사회적, 경제적 관계로부터 결코 자유로울 수 없다는 점에서, 국가의 '담론정치' 분석을 텍스트 분석에만 한정하는 것은 '구체적 현실에 대한 구체 분석'의 적절한 접근방법이 아니기 때문이다.

셋째, 지배와 통치의 차원에서 담론정치라는 것이 지배블록이 자신들의 이해를 통합하고 사회구성원으로부터 지지와 정당성을 확보하기 위해 정치적 상징과 가치체계를 생산하는 과정일 뿐만 아니라 이에 대한 민중과 저항세력의 대응과 도전을 포괄하는 동태적 과정 전체를 의미한다고 할 때, 이 글은 특히 자유민주주의 지배담론의 대중적 침투과정과 정치적 지배 효과가 어떠한지에 초점을 맞춰 분석한다.

이러한 분석과정을 통해 이 글이 규명하고자 하는 것은 기본적으로 두 가지이다. 우선 분단 한국의 공식적 지배담론이자 통치이데올로기라고 쉽게 이야기되고 있는 자유민주주의라는 것이, 사실은 자유주의 내부의 어떤 의미 계열이 민주주의와 접목되고 조합되는가에 따라 구체적인 현

---

6) 박상훈(1995)에 따르면, 첫 번째 차원은 상황 정의 또는 현실에 대한 의미 구성으로, 여기서 가장 중요한 것은 '편향성(bias)의 동원'이라고 할 수 있다. 두 번째는 다른 대안을 선택의 범위에서 배제하는 것을 핵심으로 하는, 상황에 대한 대응 논리의 차원이다. 세 번째 차원은, 지향해야 할 대안사회를 구성하는 것이다. 여기서 핵심은 상황 대응에서 배제된 가치들을 현재가 아닌 미래에 실현되는 것으로 치환하는 것이다.

실에서는 다양한 양태로 나타날 수 있다는 것이다. 민주주의의 경우도 역시 마찬가지라고 할 수 있다. 이 글에서 사용되고 있는 '냉전반공주의에 포획된 자유민주주의', 그 극단적인 퇴영적 형태로서의 '냉전 반공주의=자유민주주의', '한국적 변형'을 통한 자유민주주의의 자기 부정 및 허구화, '자유주의'적 민주주의 등의 표현은 바로 그것을 말하고 있는 것이다.

두 번째는 '1980년 5월 광주' 이후 1980년대 내내 한국의 사회운동을 지배해 온 민주변혁적 정향에 대한 급격한 문제의식의 퇴조와 실종 속에서, 그리고 현실 사회주의 국가들의 붕괴를 전후하여 '자유민주주의의 세계사적 승리'라는 논리에 침윤되어 가고 있는 현실 속에서, 과거의 허구화된 담론과는 달리 이제 일정한 내용을 갖춘 국가의 지배담론으로 형성되고 있는 '자유주의'적 민주주의의 실체와 그 문제점을 드러내고자 하는 것이다. 그것은 신자유주의 세계화에 발맞추어 시장 자유주의·시장 근본주의로 고정된 자유주의의 한계와 함께, 시장자유주의에 의한 자유민주주의 지배담론의 포획에 따라 발생한 민주주의의 위기화 현상을 규명하는 것이라고 할 수 있다.

2. 반공분단국가의 형성과 이식된 '반공주의적 자유민주주의'

잘 알다시피 한국 '담론정치'의 기본 지형은 국가 형성 시대를 통해 주조되었다. '가능성의 정치영역'이었던 해방공간에서 만들어진 담론정치의 핵심은 이른바 '금단의 정치'로 표현되는 좌익 축출의 담론정치 지형, 즉 우익 편향의 폐쇄적이고 불구화된 담론정치 지형의 형성이었다. 이러한 지형 속에서 자유민주주의 이념은 최소한 권위주의적 독재 시대까지 다음과 같은 두 가지 요소를 그 기본 구성으로 해 왔다고 할 수 있다.

첫째, 반공을 중심으로 이념과 사상의 국가 통합을 전제로 한 '자유민주주의=냉전반공주의'.

둘째, 민주주의와 자유민주주의를 동일시하고 그것마저도 절차적인 측면에 한정해서 규정할 뿐만 아니라, 선거가 이루어지는 정치지형의 폐쇄성·왜곡성은 문제시하지 않고 선거와 의회제를 민주주의 그 자체와 동일시한 '민주주의=자유민주주의=절차적 민주주의=선거주의'.

물론 이러한 담론정치 지형의 형성 과정이, 즉 스스로 정치적 경쟁의 틀이 극히 협소한 이념적 공간 내에 가두어지고, 갈등과 균열을 표현할 수 있는 정치언어와 담론의 범위가 최소한으로 축소되는 과정이 순탄하게 진행된 것은 아니었다. 그것은 서로 다른 두 개의 민주주의의 관철을 둘러싼 격렬한 국내적 갈등의 동학, 미국의 한계선, 그리고 미군정과 남한 내 극우반공세력과의 갈등적 타협을 매개로 하여 이루어졌기 때문이다. 이 과정에 대해 좀더 자세히 살펴보자.

1945년 해방은 일제 식민통치 35년간의 이데올로기 지형, 담론지형의 전복과 붕괴를 의미했다. 위로부터 강요되었던 일제의 지배이데올로기는 순식간에 무너진 반면, 민족해방의 저항이데올로기 속에 포괄되었던 이념들이 가장 영향력있는 담론으로 부상하였다. 그 가운데서도 '민족', '민주주의' '자유' 등과 같은 언술들은 비록 그 내용이 체계화되어 제시된 것은 아니지만, 일제 식민지배를 대체하는 새로운 질서를 전망케 해주는 어느 정도 합의된 것이었다. 특히 민주주의라는 개념은 억압, 탄압 등으로 시종된 일제의 정치적 지배에 대한 대안적 언술로서, 해방의 새 정치를 조직하는 기본 원리로 비춰졌다[7](정해구 1994, 13 참조).

---

7) 한 예로 당시 일반 국민들에 대한 여론 조사 결과를 보면, 대다수의 국민들이 막연하고 혼란스러우나마 민주주의 체제에 대한 호감이랄까 선호 심리를 표현하고 있는 것을 확인할 수 있다. 특기할 만한 점은 어느 누구도 조선왕조의 부활이나 입헌군주제의 창설을 주장하거나 기도하지 않았다는 사실이다. 그만큼 민주주의 제도의 도입은 세계적인

이러한 상황에서 각 정치세력의 지도자들은 좌파, 중도파, 우파, 극우파를 막론하고 저마다 민주주의를 기치로 내세우면서, 나름의 민주주의 체제를 도입하고 그 담론을 전파하고자 했다. 좌파세력에게 민주주의란 암묵적으로 소비에트 사회주의를 지향하는 민주개혁을 의미한 반면, 우파 단정세력은 공산독재를 배제하는 모든 조치를 민주적인 것으로 해석하면서 공산독재에 대한 비난을 자유민주주의의 이름 아래 합리화했던 것이다. 그러나 이런 식으로 호명된 자유민주주의는 실상 반공주의를 가리키는 것이었을 뿐, 그 실제적 내용이라고 할 수 있는 부르주아민주주의의 기본적 요소들을 결여하고 있었다[8]. 이후 반공주의 · 반공독재와 자유민주주의적 본질 사이의 기본적인 괴리는 바로 이러한 사정에 기인하는 것이었다(정해구 1994, 48 참조).

서로 다른 두 개의 민주주의간의 각축장이었던 해방정국은 좌파의 헤게모니 장악, 일종의 이중권력의 시기인 미군정 초기 국면, 찬 · 반탁투쟁 과정에서의 기묘한 '이데올로기적 전치'[9], 좌우갈등의 심화와 탄압

차원에서와 마찬가지로, 당시 한국 사회에서도 거스를 수 없는 추세였다고 할 수 있다.

8) 이승만을 비롯한 초기 우파의 자유민주주의 담론은 체계화된 내용을 가진 것이라기보다는, 좌파 헤게모니 강화에 대한 집단적인 위기감의 직접적인 산물이라고 할 수 있다. 즉 그것은 인간의 정신과 활동의 근원으로서의 '자유'의 가치를 지키고자 하는, 일체의 억압에 대한 비판과 저항과 해방의 논리가 아니라, 식민지 치하에서의 친일경력을 숨기기 위한 자기 정당화의 논리이자 표적으로 설정된 적에 대한 증오와 절멸의 정치적 레토릭에 불과했다. 아울러 이들에게 자유는 곧 사적 소유권의 보호, 자신의 재산권을 지켜줄 수 있는 체제에 대한 절대적인 옹호를 의미할 따름이었다. "전후의 자유주의는 정치철학을 지칭하는 것이었다기보다는 마르크스주의를 공격하는 무기로서 사용되었으며 하나의 레토릭이었다"는 밀스(Mills)의 말처럼, 냉전 질서가 정착되는 1950년대 미국에서의 자유주의도 이와 유사한 성격을 지녔다고 할 수 있다(김동춘 2001, 120 참조).

9) 이것은 혁명적 민족주의의 중심세력이 반민족주의로, 반대로 일제하 그들의 행적이 순전히 반민족적이었다고 할 수는 없을지 몰라도 친일적 협력과 온건한 민족개량운동 사이를 왕래하던 우파의 중심세력이 민족주의자로 돌변하는 언술적 위치의 변화를 의미한다(최장집 1996, 55).

과 저항의 연속적 충돌, '혁명적 민주주의'의 진보적 대안국가가 반공분단국가로 폭력적으로 대체되었던 '대역전' 등으로 이어지는 일련의 과정이었다. 이러한 역사적 퇴행의 현실화 과정에서 주목해야 할 것은 "분단국가의 최소한의 안정이라는 하한선과 자유민주주의의 최소한의 유지라는 상한선 사이의 정치적 공간"(최장집 1996, 22)으로서 이른바 '미국의 한계선'(American boundary)이다. 비록 일방적으로 관철된 것은 아니었지만, 격렬하게 국내적 갈등의 동학이 전개되는 가운데 미국의 한계선은 압도적 규정력을 지닌 외생적 요인으로 작동했기 때문이다[10].

당시 미군정은 공산주의의 팽창을 저지할 수 있는 강력한 반공의 보루로서 반공국가의 수립, 자본주의 시장경제체제의 안착, 의회민주주의의 제도화를 통한 정치적 지배체제의 구축 등 세 가지 기조를 관철시키고자했다. 그것은 자유민주주의를 수호하기 위한 파시즘과의 전쟁이라는 명분 속에서 참전을 하게 된 미국의 2차 세계대전 이후 세계의 신질서 구상을 반영한 것이기도 했다. '자유민주주의 체제를 갖추되 반드시 반공국가여야 한다'는 미국의 한계선 가운데, 분단국가와 반공체제의 안정적 유지가 더 본질적인 한계선이었음은 두말할 나위가 없다.

이것은 "일본제국의 일부분으로 미국의 적이었으며, 따라서 항복조항에 복종해야 한국"(박찬표 1997, 37에서 재인용)에서, "그 점령의 제일차적인 임무는……공산주의에 대한 방파제(bulwark)를 구축하는 것"(견학필 1990, 119에서 재인용)이라는 맥아더(D. MacArthur) 참모들의 발언이나, 1946년 제1차 미소공위가 열릴 무렵 대표단 고문이 미국측 대표단에게 말한 "소련의 장기적인 전략 목표는 한국에 대한 완전한 지배체제를

---

10) 이런 점에서 "미국의 대한 정책은 당시 일제가 남겨놓았던 한국 사회의 제반 모순의 분출과 결합하고 충돌하면서 해방정국의 갈등을 만들어냈고, 그 최종적 결과가 한국의 국가 형성과 자유민주주의의 제도화로 나타났던 것"이라는 정해구의 지적(2001, 98)은 유의미하다 할 것이다.

수립하는 것이라고 추측된다.……따라서 미국의 주요 목적은 한국에 대한 소련의 지배를 방지하는 것이다. 한국의 독립은 부차적인 목적이므로, 몇 년 이내에 완전한 독립이 이루어져 한국정부가 수립되는 것은 미국의 관심일 수가 없다고 여겨진다"(박찬표 1997, 145에서 재인용)는 브리핑 내용을 통해 확인된다고 할 것이다.

그러나 다른 한편 전후 미국의 대외정책의 핵심이라 할 수 있는 반소·반공주의는 타자인 공산주의에 대한 반대를 본질로 하는 부정적(negative)인 개념으로서, 따라서 그것은 좀더 적극적이고 능동적인 개념인 자유민주주의 체제 수호로 정당화되어야만 했다. 특히 '이데올로기의 전쟁터'를 방불케 한 당시 남한 상황에서, 그것은 한편으로는 소비에트식 민주주의의 대중적 친화성에 맞서 미국식 자유민주주의를 전파하기 위한 선전 및 계몽운동의 강화 방침으로 나타났다. 그리고 다른 한편으로는 분단국가의 수립을 둘러싼 체제 경쟁에서 이기기 위해 국민을 단선과 단정수립 과정에 적극적으로 참여시키고 동원하는 수단으로, 보통선거제 도입을 핵심으로 하는 자유민주주의 제도의 도입 및 선거와 의회를 통한 국가권력의 획득이라고 하는 자유민주적 권력투쟁의 기본 규칙을 제도화하는 것으로 나타나게 된 것이다. 이것은 1946년 1차 미소공위 결렬 이후 미국식 자유민주주의의 홍보선전 활동 강화와 관련한 폴리(Edwin W. Pauley)의 다음과 같은 발언에서 잘 드러난다.

한국은……이데올로기의 전쟁터입니다.……소련정부가 미국으로 하여금 '민주주의'란 용어를 배타적으로 사용하도록 허용하지 않으리라는 것이 분명합니다. '민주주의'가 소비에트에게 어떤 것을 의미할 때, 미국에 대해서는 전혀 다른 것을 의미합니다. 우리에게 민주주의란 다른 무엇보다도 언론, 출판 및 집회의 자유를 의미합니다. '민주주의'의 소비에트적 의미는 대중의 복지란 용어로 표현됩니다. 한국인들에 대한 소련의 선전효과를 고려할 때 2천 7백만 국민 가운데 약 70%가 소농이거나 어민이란 사실을 반드시 기억해야 할 것입니다.……미국은 민주주의 및 4대 기본자유권을 보급시키기 위하여 한국 내에서 선전 및 계몽운동을 수행해야 할 것입니다.……이러한 운동을 수행하지 않을 경우, 한국인들은 소련이 민주주의의 최고 형태라고 찬양하고 있는바 공산주의에 대해서만 광범하게 귀를 기울이게 될 것입니다 (박찬표 1997, 309에서 재인용).

한편 미군정 점령당국에 의한 자유민주주의 이념과 제도의 이식 과정은, 향후 남한 단정의 국가권력을 장악하게 될 극우반공세력의 강한 반발에 따른 갈등적 타협 속에서 진행되었다. 즉, 격렬한 국내적 갈등의 동학 속에서 점령의 최종 국면은 기본적으로는 남한만의 단선·단정 저지를 위해 무력항쟁까지도 불사한 좌파세력과의 물리적 충돌로 구성되었지만, 부차적으로는 미군정과 극우반공세력과의 갈등이 중요하게 전개되었던 것이다. 예를 들어 대한민국 헌법을 처음 입안한 입법의회 구성원들은 좌파를 견제하기 위해 선거권 연령 23세, 투표 방식의 자서 규정, 특별선거구제 도입 등을 제안함으로써 민주주의의 제도화를 제한하고자 했다[11]. 그러나 남한만이라도 단독정부를 수립하려 했던 미국은 자신들의 정책을 정당화하기 위해 유엔이 파견한 한국위원회 대표들로부터 인정받을 수 있는 민주주의 제도를 만들기를 원했고, 따라서 입법의회의 초안을 수정하도록 강제함으로써 양자간의 타협과 절충 속에서 미국의 입장이 관철된 것이었다. 이런 사정으로 서구에서는 오랜 기간의 사회적

---

11) 선거권 연령 23세는 좌파에 대한 지지도가 높은 젊은 층을 원천적으로 배제하기 위한 제도적 장치였으며, 투표 방식의 자서 규정은 문맹률이 높은 사회에서 하층집단을 선거로부터 배제시키기 위한 제도적 장치였다. 그리고 특별선거구제 도입은 38선 이북에 본적을 둔 남한 거주자들의 투표를 따로 집계하여 의석의 일부를 할당하려는 것으로, 월남인들의 강한 반공 성향을 고려한 우익의 안정적 다수 의석 확보를 위한 제도적 장치였다고 할 수 있다.

투쟁과 혁명을 통해 이룩된 민주주의가 남한에서는 외부적인 압력에 의해 하루아침 사이에 도입되기에 이른 것이다.

결국 미국은 남한에서 냉전반공체제의 수립을 이룩한 뒤, 그 틀 내에서 미국식 자유민주주의를 이식하는 데 성공하였다. 이처럼 냉전반공체제 내에서 제도화된 자유민주주의―반공주의적 자유민주주의―는 좌파이념과 좌파세력을 정치사회에서 폭력적으로 배제함으로써 정치적 경쟁의 틀을 매우 협소한 이념적 스펙트럼 내로 제한시켰고, 이를 통해 사회와 유리된 보수 독점의 정치카르텔을 구축했던 것이다. 정치사회와 시민사회의 괴리, 정치적 대표기능이 극히 취약한 정치사회, 냉전반공 자유주의의 전일적 관철 등은 그 당연한 귀결이었다. 아무튼 남한 국가 형성 과정에서 자유민주주의는 소련 및 북한과의 체제경쟁에서 남한 분단 반공국가 수립을 정당화하는 수단으로, 그리고 단정 수립과정을 정당화하는 역할을 수행하였으며, 이후 북한과의 체제 대결에서 남한의 냉전분단반공 체제를 정당화하는 지배담론으로 기능하였다. 뿐만 아니라 그것은 정치적 반대의 범위를 반공의 틀 내로, 선거와 의회를 둘러싼 형식적·절차적 수준의 것으로 제한시킴으로써 결과적으로 안보독재체제와 개발독재체제의 유지와 안정에 순기능적으로 작용하였다고 할 수 있다.

그러나 다른 한편 남한 반공독재체제는 적어도 명목상으로는 '북한의 위협에 맞서 자유민주주의를 수호' 한다는 것으로서 그 자신을 정당화해야 했고, 따라서 자유민주주의의 가치 그 자체를 전면적으로 부정할 수는 없었다. 미국에 의해 주어진 자유민주주의는 경제와 정치의 형식적 분리를 특징으로 하며, 정치는 최소한 복수의 정당체제를 갖는 대의제 민주주의와 선거라는 정치적 경쟁의 절차와 제도를 갖지 않으면 안 되는 것, 그리고 이러한 규범을 부정하는 것은 정당성의 기반을 파괴하는 것과 같은 것이라는 인식을 심어주었기 때문이다.

3. 권위주의적 독재 시대와 자유민주주의 지배담론의 형해화

1) 안보독재 국가와 '냉전반공주의에 포획된 자유민주주의' 지배담론

이승만은 '새나라 건설'이라는 당면 목표 아래, 미국이 부과한 이념이자 정치체제로서의 미국식 자유민주주의를 국가 목표의 하나로 공식적인 지배담론으로 내세웠다. 그것은 아래 내용을 통해 어느 정도 엿볼 수 있다.

> 우리는 민주주의에 대한 확고한 신념을 가져야 하겠습니다. 어떤 이들은 건국 초기에 과제가 많은 것과 특히 공산주의자들의 파괴행동을 들어 어떤 형태의 권위주의나 독재가 그러한 문제를 다루어 나가는 데 더욱 효율적이라고 강변하고 있기는 합니다만 이것은 중대한 과오입니다. 왜냐하면 장기적으로 민주주의만이 영원한 복리를 가져다 줄 수 있기 때문입니다(제1대 대통령 취임사, 1948. 7. 24.).

> 리승만 대통령 각하의 정치이념은 철저한 자유민주주의이며 이에 반하는 어떠한 독재주의나 침략주의도 이를 용인하지 않는 것이다(공보실 1959, 40).

그러나 말과는 달리 이승만 정권에서 권력은 전체 권력구조의 정점에 있는 대통령 1인에게 집중되었고, 행정부 권력을 독점하고 의회 권력 위에 군림하게 된 대통령의 권력은 사인화(私人化) 내지는 인격화되었다. 이것은 헌법을 포함하여 제도는 민주주의적인 반면 정치적 실천은 권위주의적인, 민주주의라는 제도적 틀과 권위주의 독재 간의 불안정한 공존이라는 기묘한 결합을 만들어냈다. 국정의 기본 목표로 제창된 자유민주주의가 민주주의와 자유권의 신장을 가져온 것이 아니라, 민주의 이름으로 민주주의를 파괴하고 자유의 이름으로 개인의 자유를 억압했던 것이다. 1952년의 부산정치 파동, 1954년의 4사5입 개헌안 파동, 조봉암의 법살(法殺), 국가보안법 파동, 경향신문 폐간, 1960년의 3.15 부정선거 등은 이승만 통치 시기의 정치 현실이 한마디로 민주주의와 민주헌정질서의 파괴 그 자체였다는 사실을 잘 증명해준다.

　　담론정치의 차원에서 볼 때, 특히 초기 공식적인 국가 목표로 제창되었던 자유민주주의는 한국전쟁 이후 국가에 의해 거의 동원되지 않았고, 설령 동원되었다 하더라도 그것은 "공산주의에 대항하는 이념이 건전한 민주주의"라는 이기붕의 표현처럼 '반공=자유민주주의'라는 동일화 속에서만 그러했다(정치철학연구회 편 1959, 47; 백운선 1981, 115에서 재인용). 한국전쟁의 가장 중요한 효과는 그것에 의해 반공분단국가의 존재와 국가안보의 이데올로기가 전적으로 일치하게 되었다는 점과, 냉전 반공주의가 민주주의 규범 및 다원주의 가치, '억압으로부터 개인의 해방' 이념으로서의 '자유주의'와 같은 다른 경쟁적 신념체계를 압도하고 굴절시켰다는 점이다. 한국전쟁이라는 역사적 실체험을 직접적인 계기로 하여 이제 반공은 공포를 통한 수동적 동의라는 차원에서 일정한 헤게모니적 효능을 가질 수 있게 되었으며[12], 국가는 고갈되지 않는 정당성의 자원으로 반공이나 국가안보를 마음껏 구사할 수 있게 된 것이다. 이에 따라 멸공북진통일과 국권 수호 등 자유민주주의에 대립하는 의미의 국가주의(statism)적 담론이 그 자리를 대신했으며, '희생양의 정치' 메카니

---

12) 한국전쟁은 반공이데올로기를 계급적 신분과 계층적 지위에 관계없이 지배적 이념으로서 전체 사회에 전일적으로 수용될 수 있도록 하였다. 전쟁을 계기로 반공은 단순히 허위의식이 아니라 공산 '침략'에 대한 두려움과 그것이 가져온 고통과 궁핍의 생생한 경험을 통해, '적'에 대한 적개심에 불타는 공세적이고도 히스테리컬한 집단적 정서를 담는 이념이 되었던 것이다.

즘[13]의 작동 속에서 자유민주주의는 자유나 민주에 관한 것이 아니라 반공이데올로기에 근거를 둔 질서와 자기검열의 이미지로 대체되었다.

이렇게 멸공북진통일 담론이 사회를 압도하고 정치체제가 급격히 권위주의화되면서 국가의 담론정치가 물리적 강압을 보조하는 역할을 넘지 못하고, 또 공식적 지배담론으로서 자유민주주의 담론을 거의 동원하지 못한 것은 어쩌면 당연한 일이라고 할 수 있다. 그리고 국가의 지배담론이 현실적 기반을 상실했을 때, 그것은 '이승만의 카리스마화' 작업을 통해 점차 신비스럽고 환상적인 현실 규정으로 이어지는 극단적인 양상을 보여주기도 했다[14]. 그리하여 역으로 집권 초기 이승만의 공식 지배담론이자 미국에 의해 이식된 자유민주주의는, 이전에 없던 민주 대 독재라는 새로운 정치적 균열의 발생 속에서 절차적 민주화를 요구하는 야당과 비판적 지식인의 저항의 무기로 고정화되기에 이른다.

한편 흥미로운 것은 신생독립국에서 일반적으로 발견되는 민주주의의 적합성, 타당성 또는 효율성 그 자체에 대한 부정적 논의가 공식적으로는 없었다는 점, 다시 말해서 민주주의 제도 자체가 우리의 현실에 맞지

---

13) '희생양의 정치'란, '희생양'을 통해 사회적 위기를 극복하려는 국가권력과 '공포의 대중적 동원' 속에서 희생양의 집단효과에의 가담이 착종되는 속에서 이루어지는, 희생물에 대한 집단 폭력의 집중이 이 집중의 집단적 결과를 동시에 의미한다. '빨갱이 마녀사냥'은 그 생생한 역사적 증거라고 할 수 있다. 이에 대해서는, 조희연·조현연 (2002, 61-62) 참조.

14) 1954년 4사5입 개헌을 전후하여 자유당에서는 이승만을 민주주의 원리에서 초월한 존재로 승격시키는, 이른바 '이승만의 카리스마화'가 대두되기 시작했다. 즉 "국내 다난하여 중대한 존망의 기로에 섰다고 하여도 과언이 아닌 우리 민국의 기반을 확고케 하고 민족의 숙원인 민국 주권 하의 남북통일을 실현하는 중대사명을 수행하는 데 있어서 중심적 역할을 하여야 할 대통령의 최적임자로서 건국 공적이 찬연한 초대 대통령이며 건국 후의 혼란기를 통하여 또는 공산침략에 항거하여 시종일관 애국지성으로 우리 민족을 영도하여 온 현 이승만 대통령의 계속 유임을 국민이 원한다고 하면 이것을 거부할 하등의 이유가 없는 것"(김운태 1976, 268-269에서 재인용)이라는 표현은 그것을 잘 보여준다.

않는다는 회의론이나 민주주의적 가치의 일부에 대한 유보적 태도 등이 이 시기동안 없었다(백운선 1981, 124 참조)는 점이었다. 어떤 면에서 이 것은 민간사회와 정치사회가 허약했기 때문에 국가는 극단적인 폭력과 공포 정치에 의존하지 않고서도 지배를 유지할 수 있었다(김영명 1999, 98)는 사실과 밀접한 관련이 있다고도 할 수 있다.

이처럼 건국의 명분으로 내건 자유민주주의가 이승만 정권 내에서 점 차 배제되어가기는 했지만, 그럼에도 그것을 전면적으로 부정할 수는 없 었다. 앞서 말한 것처럼 자유민주주의는 북한의 사회주의체제에 맞설 '자유 대한민국'의 중요한 정치적 명분이었기 때문에, 권력 확장의 끊임 없는 집착 속에서도 이승만은 자유민주주의의 형식적 외피를 전면 포기 하지는 않았던 것이다. 즉, 의회정치와 정당정치는 지속적인 탄압과 무 력화 공작에 시달렸지만 계속 유지되었고, 언론의 자유도 어느 정도는 보장되었으며, 비록 선거제도의 파행적 변경이나 극단적인 선거부정이 자행되었지만 선거 과정 그 자체가 중단되지는 않았다.

한편 이 시기 자유민주주의는 절멸시켜야 할 적으로서 북한 사회주의 에 대한 대안 담론으로서의 성격을 갖고 있으면서도, 동시에 국내 정치 구조에 있어서는 반공이라는 목표에서는 동일하지만 정치세력으로서는 경쟁적인 한민당과 이승만 세력이 지배연합의 틀 내에서 공존할 수 있게 하는 '변형주의적'[15] 게임의 규칙이기도 했다(박상훈 1995, 10)는 점도 주목할 필요가 있다. 문제는 자유민주주의가 갖고 있는 이러한 변형주의 적 성격이 긴장을 내포하고 있었다는 것, 그리고 이러한 변형주의적 규 칙이 '보수 대 보수'의 대립구도가 유지되는 조건하에만이 자유민주주 의의 수호자였던 야당 세력과 이승만 간에 안정적으로 권력의 분점을 제

---

15) 여기서 변형주의(transformism)란, 정당체제는 존재하지만 정당의 사회적 기반이 매우 취약하고 제도화의 수준이 낮으며 대중과의 소통보다는 정당간에 정치적 거래로 의 회 내에서 다수를 조직하는 정치 메카니즘이라고 할 수 있다.

도화하는 데에는 한계가 있었다는 사실이다.

결국 이승만 정권 시기 자유민주주의 지배담론은 그것이 사회구성원 개개인의 경험세계를 통해 수용될 만한 제도적 기반 내지 의식적 조건을 갖추지 못했다는 점, 그리고 직접적인 억압을 표현하는 냉전반공주의에 포획되었다는 점에서, 민주주의라는 의제에 대한 '방해적' 양식의 담론이 아니라 배제적 국가정책을 합리화하는 '해석적' 양식의 측면이 강했다고 할 수 있다(박상훈 1995, 9 참조). 그리고 그만큼 동의나 지도의 계기보다는 직접적인 억압을 동원하고, 합리적인 권위체계를 통해서라기보다는 사인화된 권력에 의존하는 방향으로 나아가는 것을 내포하고 있었던 것이다. 이런 점에서 억압적인 물리력에 바탕을 둔 국가기구의 확대가 자유민주주의 체제의 확립과정으로 왜곡되었고, 또한 1인1표로 표현되는 보통선거제도의 도입이 자유민주주의와 동일시되었지만 선거 과정은 부패와 부정으로 점철되었던 것은 어쩌면 당연한 것이었다.

이처럼 이승만 정권은 자유민주주의와 형식적인 민주정치 제도를 유지하면서도 그것을 굴절시키고 무력화시켜야만, 즉 자유민주주의를 주창하면서도 그것을 항상 배반하고 허구화시켜야만 권력을 그나마 유지할 수 있는 구조적 모순을 내장하고 있었다. 자유민주주의 체제로의 내적 개선도, 전면적인 탄압체제로의 개악도 불가능했던 시점에서 이루어진 1960년 3.15 부정선거는 이승만 정권의 모든 반민주적 퇴행성을 농축해 놓은 사건이었다. 그리하여 미국이 이식한 자유민주주의 하에서 교육받은 학생들은 미국식 자유민주주의라는 '이상'과 부정부패의 심화 및 선거 부정을 통한 이승만의 집권 연장이라는 현실 사이의 모순을 목도하자 독재를 철폐하고 민주주의를 실현하기 위해 거리로 나섰으며[16], 이러

---

16) 이러한 점에서 1960년 4월혁명은 비록 당시 남한에 살고 있던 모든 한국인들이 그 의

한 학생과 시민의 대규모 항거가 이승만 정권의 붕괴를 가져왔던 것이다.

2) 개발독재 국가와 '한국적 변형'을 통한 자유민주주의 지배담론의 허구화

1960년 4월혁명의 세례 속에서 등장한 장면 민주당 정권의 제일차적인 정치이념은, '반공민주낙원의 건설'을 위해 기존의 질서를 유지하겠다는 데서도 잘 나타나 있는 것처럼, 이승만 정권과 마찬가지로 민주주의의 실현과 대립하거나 충돌할 수밖에 없는 극우적 반공주의였다. 아울러 그것은 "경제적 자유에 뿌리를 박지 않는 정치적 자유는 마치 꽃병에 꽂힌 꽃과 같이 곧 시들어지는 것"이라는 제4대 윤보선 대통령 취임사(1960. 8. 12)에서 알 수 있는 것처럼, 정치적 자유보다는 경제적 자유를, 즉 자본과 시장의 자유를 우선시하는 정권이기도 했다. 이와 관련해 신도성은 "민주당은 처음부터 야당적 이념에서 출발한 것이 아니다. 오히려 처음에는 가장 여당적이었던 세력의 일부가 지금은 여당이 될 수 없기 때문에 부득이 야당이 되었을 뿐이다.……남편한테 학대받고 축출당한 부인이 남편에게 욕질하는 꼴"이라고 평하기도 했다(서중석 1994, 67). 어쨌거나 1년여에 걸친 민주당 정권의 통치 시기는, 반공세력이자 분단체제 옹호세력이 자유민주적 '혁명' 과업을 떠맡아 갈등과 표류를 거듭하다가 박정희의 5.16쿠데타에 의해 반동을 맞게 된 역사였다.

민주주의에 대한 심각한 반동을 의미하는 1961년 5.16군사쿠데타와 박정희의 갑작스런 정치 무대 등장에서부터 1979년 10.26사건을 통한 '돌발적' 퇴장에 이르기까지, 박정희 독재통치 18년은 우리 현대사의 한

미를 이해한 것은 아니었지만, 밖으로부터 이식된 민주주의 교육이 가져온 의도하지 않은 성과인 동시에 기성 엘리트의 반공주의를 극복하기 시작한 새로운 세대의 등장을 보여준 사건(전재호 2000, 40-41)이기도 한 것이었다.

획을 긋는 것이었다. 이 기간을 통해 자유민주주의라는 틀 내에서 독재와 민주간의 투쟁은 본격화되었고, 개발독재/발전주의적 국가동원체제 속에서 한국 사회는 국가 주도에 의한 본격적인 자본주의적 성장과 함께 그로 인한 다양한 갈등과 대립을 경험하게 되었다. 이전의 정치변동이 기본적으로 권위주의적 독재통치라는 현실과 자유민주주의적 이상 간에 발생한 정치적인 갈등의 결과였다면, 이제 그 정치적 갈등에 자본주의적 산업화에 따른 갈등과 대립이 중첩되면서 정치변동은 더욱 복잡하고 격렬한 양상을 띠게 되었다. 박정희 정권은 고도성장이라는 목표 달성에 장애가 되지 않도록 노동을 통제하고 사회를 병영화했으며, 지배권력 내의 분열이나 사회의 민주화 요구를 허용하지 않으면서 '조국근대화 · 총화단결'의 기치 아래 모든 국민의 에너지를 고도성장을 달성하는 데 동원시켰다. 그리하여 위로부터의 근대화와 아래로부터의 대중적 호응의 결합[17]은 이른바 '한강의 기적'을 가져왔으며, 그 과정에서 경제적 보상과 정치적 자유, 민주주의 유보 간의 일종의 교환관계가 형성되기도 했다. '감옥의 전성시대'가 도래한 것(박태순 · 김동춘 1991, 142)은 이러한 교환에 따른 대중적 침묵과 궤를 같이하는 것이었다.

한편 이 시기는 지배담론의 원형이 국가에 의해 최초로 체계화되고 구체화된 된 모습으로 출현한 시기로, 반공주의라는 체제 규범에 바탕하여 '조국근대화'로 대표되는 발전주의가 광범하게 동원되었다. 아울러 행정적 민주주의와 민족적 민주주의, 한국적 민주주의라는 민주주의의 외피를 쓴 국가주의가 동원되었는데, 한마디로 그것은 민주주의로 포장된 '민주주의 희생론'이자 '독재 불가피론'에 다름 아니었다.

물론 담론정치의 차원에서 볼 때 '정치적 대반동'으로서의 5.16 군사

---

17) 최장집의 지적(1996, 27)처럼, 온 국민이 궁핍으로부터 열성적으로 탈출하고자 하는 집합적 의지를 표현하는 1960, 70년대의 구호였던 '잘살아 보세'라는 말만큼 정부의 주도에 대해 열렬한 대중적 호응을 표상하는 말은 아마도 없을 것이다.

쿠데타와 이를 계기로 성립된 이른바 '1961년 체제'의 경우, "5.16혁명은 4.19의거의 연장이며, 조국을 위기에서 구출하고 멸공과 민주 수호로써 국가를 재생하기 위한 긴급한 비상 조치였던 것", "우리가 이상으로 하는 진정한 자유민주주의"(1962. 1. 1. 신년사), "열화와 같은 민주적 신념은 4월혁명에서 독재를 물리쳐 민주주의를 수호", "독재에 항거하여 민주주의를 수호한 영웅적인 사월혁명의 영령 앞에 나의 이 모든 영광을 돌리고자"(1963. 12. 17. 제5대 대통령 취임사) 등의 표현에서 알 수 있듯이, 4월 민주혁명이나 지배담론으로서의 자유민주주의를 전면 부정하면서 출범한 것은 아니었다.

그러나 박정희 정권은 자유민주주의 이념을 그 자체가 실체적 내용을 갖춘 지배담론으로 내세운 것은 아니었다. 그보다는 반공주의와의 결합 속에서, 특히 북한체제와의 대결적 경쟁 구도 속에서 그것을 주장하거나, 자립적 경제성장을 앞세운 성장지상주의와의 관계 속에서 그 의미를 재규정했다고 할 수 있다. 그것은 이미 5.16 군사쿠데타 당시 이른바 '혁명주체세력'이 설정한 목표, 즉 "반공을 국시로 하고 자립적 경제발전을 통한 민생고의 해결"과 "정치개혁에 의한 부정부패의 추방을 통하여 구호만의 반공이 아닌 '실질적 반공'을 확립"한다는 데서 잘 드러나 있었다. 반공주의 및 북한과의 체제 경쟁과 자유민주주의 지배담론의 결합, 여기에 경제성장 담론까지 접목한 것은 아래 예들이 잘 보여주고 있다.

"우리는 공산위협으로부터 자유를 수호하기 위해 절대적인 방위력이 필요하거니와 그 자유를 향유하기 위해 또한 경제재건이 이루어져야 하는 것……자주적인 정신과 자조의 노력, 자율적인 행동과 자립경제의 기반 없이는 형식상의 민주주의가 우리에게 혼란과 파멸의 길만을 약속한 지난날의 경험"(1962. 1. 1. 신년사).

"경제건설 없이는 빈곤의 추방이란 없을 뿐 아니라, 경제건설 없이는 부정·부패의 온상이 되는 실업과 무직을 추방할 수 없기 때문이며, 또 그것 없이는 공산주의에 대한 승리, 즉 자유의 힘이 넘쳐 흘러 북한의 동포를 해방하고 통일을 이룩할 수 없는 것"(1967. 7. 1. 제6대 대통령 취임사).

"국방이 즉 건설이요, 건설이 즉 국방인 것입니다", "반공민주정신에 투철한 애국애족이 우리의 삶의 길이며, 자유세계의 이상을 실현하는 기반"(1969. 1. 1. 대통령 신년사).

"특히 앞으로 민주 체제와 공산 체제의 대결은 정면적인 무력 대결의 차원을 넘어서 번영과 복지를 앞세우는 개발 경쟁에서 그 승패가 판가름 될 것임을 생각할 때, 성공의 첩경은 바로 경제 건설에 있다고 해도 지나친 말이 아닐 것"(1971. 1. 1. 대통령 신년사).

여기에 덧붙여 박정희 정권은 자유민주주의적 정치 규범을 부정하는 군사쿠데타와 군정 지속을 정당화해야 했기 때문에, 기존의 것과는 맥락을 달리하는 민주주의를 주장하고 나섰다. 그 첫 시도가 1962년 3월에 발간된 박정희의 『우리 민족의 나아갈 길』에서 제시한 '행정적 민주주의'(administrative democracy) 지배담론으로, 그것은 "국민들이 스스로를 다스려나가는 힘을 길러 올바른 사회를 이룩하기 위한 임시정책으로 행정적 방법을 사용한다"는 것이었다. 즉, 조국의 근대화와 빈곤의 추방, 민족중흥 등의 국가적 지상 과제를 능률적으로 수행하기 위해서 강력한 국가와 지도자가 필요하다는 것을 역설하고, 자유민주주의의 정치 원리를 행정적 효율성으로 대체함으로써 민주주의의 개념에 대한 재정의를 시도하려고 했던 것이다. 문제는 이것이 민주주의의 핵심 원리인 '인민에 의한 통치', '다수자 지배'에 대한 유보 또는 파기를, 경제발전을 위한 행정의 능률성, '능률있는 정치' 등의 담론을 통해 정당화하려는 데 있었다.

한편 『국가와 혁명과 나』(1963. 9)에서는 박정희는 한국적인 새로운 지도이념 확립의 중요성을 지적하면서, 지금까지의 전근대적인 봉건사조와 사대적 의존성에서 벗어나 교도 민주주의이건 규범 민주주의이건 한국적인 체질과 애국 이념에 맞는 이데올로기가 필요하다고 주장하였다. 이런 문제의식의 연장선 위에서 '민족적 민주주의' 라는 개념이 처음 등장한 것은 1963년 5대 대통령 선서 유세에서 야당 후보인 윤보선과의 이른바 '사상논쟁' 을 통해서였다[18]. 박정희에 따르면, 민족적 민주주의란 "한국 사람이라는 강력한 민족정신을 가지고, 그 위에 민주주의를 건설하는 것" (1963. 9. 23. 중앙방송 정견발표)이며, 이는 " '강력한 지도체제' 와 '정국안정' 및 '자립경제의 달성' 을 통하여 이룩된다" (1963. 9. 28. 서울고등학교 유세)는 것이었다. 그것은 국가주의에 바탕하여 민주주의, 복지 등의 의제를 '민족적 민주주의' 라는 개념을 통해 재규정한 것이자, 자유민주주의 담론을 중심으로 박정희 후보를 공격하였던 윤보선 후보를 '일제 식민주의적인 근성' , '사대주의' 자로 환유시킬 수 있는 계기로 활용함과 동시에, 민주주의의 제한을 합리화하는 의미를 접합시키는 데 이용되었던 것이다.

사실 박정희의 민족적 민주주의는 야당의 자유민주주의 구호에 반대하기 위한 담론적 도구로서의 의미가 강했다. 그리고 5.16쿠데타 이후

---

18) 박정희는 자신의 이념은 강력한 민족적 이념을 바탕으로 한 자유민주주의 사상이라고 옹호하는 대신, 윤보선이 내세운 민주주의에 대해서는 민족적 이념을 망각한 천박하고도 알맹이 없는 가식의 자유민주주의라고 몰아 부쳤다. 이에 대해 윤보선은 "지금 이 선거는 정권 다툼이 아니라 민주주의와 이질적 민주주의와의 대결" 이라고 되받으면서, "박의장의 『국가와 혁명과 나』라는 저서를 보면 이집트의 낫세르를 찬양하고 히틀러도 쓸만한 사람이라고 했는데, 이 사람이 과연 민주주의를 신봉하고 있는 사람인가 의심하지 않을 수 없다" 고 비판하고 나섰다.

잇단 번의와 일련의 반혁명사건 조작, 4대 의혹사건 등으로 노정된 반민주적 정치 행태와 '구악' 을 능가하는 권력형 부정부패, 그리고 굴욕적인 한일 국교정상화의 강행에 대한 범국민적 차원의 사회적 저항을 군을 동원해 폭력적으로 진압하는 과정은 민족적 민주주의라는 슬로건을 무색케 하는 것이었다. 4.19로 상징되는 민주주의와 통일이라는 시대정신은 이제 박정희 식 민족주의로부터 배제되거나, 발전주의로 대체되었다. 이런 가운데 일반 대중은 '민주주의 없는 민족주의', '위로부터의 국수주의적 민족주의' 의 동원대상으로만 위치지워질 따름이었다.

이처럼 변형되고 왜곡된 박정희 식 민족주의와 민주주의에 대한 답변은, "5월 쿠데타는 4월의 민족·민주이념에 대한 전면적인 도전이었으며 노골적인 대중탄압의 시작" 이라고 성토하면서, 1964년 5월 20일 서울대 문리대 교정에서 치러진 '민족적 민주주의 장례식' 으로 나타났다. 장례식의 조사를 작성한 김지하는 박정희 정권의 치부를 신랄하게 풍자했으며, "죽어서도 개악과 조어와 식언과 번의와 난동과 불안과 탄압의 명수요……일대의 천재요 희대의 졸작", "백의민족이 너에게 내리는 마지막 이 새하얀 수의를 감고 떠나가거라" 는 등의 표현을 통해, 박정희의 민족적 민주주의가 표방한 온갖 허울들이 대중 기만을 위한 술책임에 불과하다는 것을 공개적으로 선포하였다.

이후 박정희의 '민족적 민주주의' 지배담론은 철회와 재등장을 반복하다가 1969년 3선개헌 강행과 1972년 유신독재체제의 수립을 전후로 '한국적 민주주의' 라는 파시스트적 쇼비니즘의 지배담론으로 발전해가게 된다. 시대 상황은 국가의 존립을 위협하는 비상 시국으로 정의되었고, 국론통일과 국민총화와 국가안보의 절박한 필요성이 상황 대응의 논리로 강조되었으며, 이에 따라 그동안 발전주의에 비해 부차적 지위에 머물러 있던 사회안정, 정치안정, 국가안보, 총력안보 등의 상징어들이 전면으로 부상하기 시작했다. 자유민주주의가 '방종과 이기주의' 로 재정의된 것은 그 필연적인 수순이었다.

1972년 10월 17일 대통령 특별선언은 "평화적 통일의 지향과 한국적 민주주의의 토착화를 위해 구질서를 청산하고 통일을 향한 민족주체세력을 형성하며 능률을 극대화, 자주적인 총력체제의 구축을 방향으로 일대 개혁을 단행"하기 위한 것이라는 등, 온갖 미사여구를 사용해 유신을 치장했다. 유신헌법의 공포에 즈음한 특별담화(1972. 10. 27)에서 박정희는 이렇게 말하고 있기도 하다.

> 지금까지 우리가 걸어온 길은 도리어 안정을 저해하고 비능률과 낭비만을 일삼아 왔으며, 파쟁과 정략의 갈등에서 벗어나지 못했습니다.……그것은 남의 민주주의를 미련하게 그대로 모방만 하려 했기 때문입니다. 우리는 더 이상 남의 민주주의를 모방만 하기 위해 귀중한 우리의 국력을 부질없이 소모하고만 있을 수 없습니다.……우리는 모든 면에서 한시바삐 안정을 이룩하고 능률을 극대화하여 번영과 통일의 영광을 차지해야 하겠습니다. 그러기 위해서는 몸에 알맞게 옷을 맞추어 입는 것과 마찬가지로 우리의 역사적 문화적 전통 그리고 우리의 현실에 가장 알맞는 국적있는 민주주의적 정치 제도를 창조적으로 발전시켜서 이것을 신념을 갖고 운영해 나가야 할 것이라고 믿습니다(대통령비서실 1973, 307).

그러나 10월유신은 한 마디로 "이 나라의 인권과 민주주의를 결정적으로 퇴행시킨 역사적 죄악"에 다름 아니며, "5.16쿠데타, 3선개헌 쿠데타에 뒤이은 민주정치의 목을 비튼 세 번째 구데타이자, 나아가 그것에 저항한 사람들에게는 생명의 위협을 가한 공포의 철권"(손호철 · 조현연 2000, 144)이었다. 그리고 박정희의 한국적 '민주주의'는 말과는 달리 개인주의적 가치관과 다원주의적 규범을 적대시하고, 정당정치와 의회정치를 오직 소모적인 파쟁과 정략으로만 이해하면서 국력 소모의 주범으로 환유시킨다는 점에서 파시즘적 담론과 별로 다르지 않았다. 그것은 "정부의 시책은 국가안보를 최우선으로 하고……사회불안을 용납하지 않으며……모든 국민은 안보 위주의 새 가치관을 확립하여야 할 것이며……최악의 경우 자유의 일부를 유보한 결의를 가져야 한다", "(유신체제에서는 특히) 국민의 한사람 한사람이 '나'와 '국가'를 하나로 알고 국력배양을 위해 총력을 기울여야"(1972. 12. 27. 제8대 대통령 취임사), "국가는 민족의 후견인"이고, "국가 없는 민족의 번영과 발전이라는 것은 있을 수 없다"(1973. 1. 12. 대통령 연두기자회견)는 표현에서도 어느 정도는 엿볼 수 있다.

이와 함께 유신체제는 절대적인 가치로 국가 안보를 강조하고 있는데, 이러한 안보와 총화체제에 대한 극단적 강조는 국민들의 자유와 인권의 유보를 강조하는 지배담론으로 자연스럽게 이어진다. 즉, "국민들에게 어느 정도의 자유를 허용하고 어느 정도의 자유를 제한하는 것은 그 나라 사정에 따라 다르다"(1975. 1. 14. 대통령 연두기자회견), "사회를 혼란시키면서까지 회복해야 할 자유나 민주가 따로 있는 것도 결코 아니다"(1975. 1. 22. 국민투표 실시에 즈음한 대통령 특별담화문)라는 것이 그것이었다. 그리고 "유신헌법에는 정당 설립의 자유와 복수정당제의 보장을 명시하고 있습니다. 헌법에 명기된 이 조문은 우리나라의 기본질서가 국민의 정치적 자유를 보장하는 민주주의에 뿌리박고 있다는 것을 입증하는 것입니다. 그렇다고 해서 이것이 지난날처럼 자유를 방지한 무질서와 민주를 빙자한 비능률을 그대로 허용하고 용납하겠다는 것은 절대로 아닙니다"라는 내용의 대통령 신년사(1973. 1. 1.)는, 민주주의와 자유에 대한 박정희의 기본 생각이 어떤 것인지를 잘 보여준다고 하겠다.

결국 박정희의 유신독재체제는 한마디로 "한국적 민주주의라는 이름 아래 위로부터의 전면적 역동원체제였고, 그것은 시민사회와 민중운동에 대한 해체, 탈동원화체제"(김동춘 1994, 246)였다고 할 수 있다. 독재정권의 연장을 도모하기 위해서 자유민주주의 체제의 장식물로 유지해

왔던 선거 등 최소한의 형식적 틀조차도 부정해야만 했다. 한국적 민주주의 하에서 대통령의 권력은 절대화된 데 반해, 대화와 타협을 핵심으로 하는 의회민주주의와 국민의 정치적 자유 및 시민권의 표출은 '정치의 과잉'이라는 억압적 상징 속에서 봉쇄·배제되었다. 이에 따라 표현·집회·언론·결사의 자유는 심각하게 제약받았고, 노동의 권리 역시 심대하게 훼손될 수밖에 없었다. 정보기관에 의한 국민 사찰은 일상화되었고, 정치적 도전세력에 대한 불법적 체포와 고문과 납치가 횡행하였다. 뿐만 아니라 그것은 국가안보와 법과 질서 유지를 구실로 정당화되기까지 했다. 새마을운동과 수출 100억 달러 달성, "약진의 70년대, 대망의 80년대"(1979. 1. 1. 대통령 신년사)가 헤게모니적 지배의 상징이었다면[19], 긴급조치와 위수령과 계엄령은 국가 억압성의 상징이었다. 이처럼 민주주의라는 이름과는 전혀 어울리지 않게 고도의 정치적 탄압과 전면적 국가폭력으로 특징지워진 숨막힐 듯한 질식의 시대가 바로 한국적 민주주의의 구체적 실상이었으며, 한국적 민주주의로 포장된 10월유신이란 '한국판 히틀러'인 독재자 박정희와 그 추종세력에 의한 민주헌정질서의 총체적 파괴 그 자체였던 것이다.

'국란 극복을 위한 국론 통일'과 총력안보체제 확립의 전면적 추진을 명분으로 한, 공포정치의 전일화와 동전의 양면인 한국적 민주주의에 대한 저항은 1973년 12월 24일 개헌청원 100만인 서명운동의 선언으로 모아졌다. 이에 대해 박정희는 '과대망상증에 사로잡힌 불순분자들의 황당무계한 행동'이라는 규정과, 1974년 1월 8일 긴급조치 1호와 2호 선포로 대답하였다. 이를 계기로 마침내 암흑과 공포의 긴급조치시대가 개막되었고, 그로부터 몇 년이 채 지나지 않아 민중들의 저항이 확산되는 가

---

19) 근대화론 및 발전론이 지니는 경제적 차원의 보상 조치는 자유의 억압과 권리의 제약에 대한 최소한의 대가로 주어진 것이었다. 요컨대 개발독재/국가주의적 발전동원체제 하에서 발전과 자유는 상호대립적 산물로 인식되었다고 할 수 있다.

운데 '야수의 심정으로 유신의 심장을 쏜' 김재규에 의해 박정희의 한국적 민주주의는 일단 그 대단원의 막을 내리게 된다.

이처럼 박정희 정권 후반기는 전면적인 물리적 억압에 의한 체제 유지라는 특징만 존재하고, 주기적인 경제침체 속에서 담론의 지배효과, 지배담론의 기능적 역할은 사라진 시기였다고 할 수 있다. 즉, 유신독재체제는 '풍요의 80년대'라는 상상적 대안사회로 나아가기 위한 경제성장이 지속될 때에만 유지될 수 있는, 겉으로 보이는 것과는 달리 아무리 작은 내부적 반대나 외부적 충격이라도 불허하는 속에서 절대 침묵이 유지될 때만이 존립할 수 있는 허약한 체제였다. 최고 정점에 모든 국가권력이 집중된 유신체제는, 사회적 이해관계에 대한 정치적 대표의 기제와 사회적 갈등의 정치적 자기 정정의 장치를 결여한 극단적으로 경직된 정치체제였다. 국가권력의 팽창과 이를 기반으로 한 권력의 초집중화라는 구조 속에서, 유신체제의 이른바 '한국적 민주주의'는 스스로 평화적인 정권 이양, 정권 교체의 탈출구를 모두 폐쇄해버렸던 것이다. 그리하여 그것은 지속적인 정치적 정당성의 위기에 봉착하면서, 중단 없는 경제성장을 통한 자기 영속이 아니면 파국적 결말이라는 극한적인 양자택일적 대안밖에 갖고 있지 못한 체제(조현연 2001a, 193-194)이자, 자유민주적 기본질서의 공고화라는 지배담론을 현실화시킬 제도적 장치를 지니지 못한 일종의 출구 없는 체제였다고 할 수 있다. 아래 김재규의 법정 최후진술 내용과, 한 때 박정희의 최측근이었던 중앙정보부장 출신의 김형욱의 유신 소감은 박정희 유신독재가 표방한 '한국적 민주주의'에 내재하고 있는 모순과 그 구조적 한계를 정확히 간파하고 있다고 할 것이다[20].

---

20) 역대 독재정권의 영원한 우방이자 벗이었던 미국조차도 한국적 민주주의로 포장된 유신독재를 비판하면서, "박정희는 죽거나 혹은 사임을 결정하거나, 혁명에 의해 전복되기 전까지는 계속 재임할 것"(미하원 국제관계위원회 국제기구소위원회 편 1986, 72)이라는 일종의 예언성 발언을 하기도 했다.

유신도 또 하나의 혁명이었다고 본다. 왜냐하면 자유민주주의를 말살하는 것이었기 때문이다. 10.26혁명은 건국이념과 국시에 어긋나지 않으며, 민주적 기본질서를 회복하고 6.25를 통해서 수난을 겪고 생명을 바쳐 지켜온 자유민주주의를 지키기 위한 것이었다.……5.16과 10월 유신에 비하면 10.26혁명은 정정당당하다. 서슬이 시퍼런 유신체제에 정면으로 도전하여 타파한 것이다. 이는 민주회복혁명의 완전한 성공이다. ……박대통령과 민주주의 회복은 숙명론적인 대결관계이다. 그의 희생 없이는 민주회복을 할 수 없었다.……유신 이후 7년이 경과하면서 영구집권을 다져 박내통령이 살아있는 한 20년 내지 25년까지는 민주회복이 될 수 없었다(김대곤 1985, 93-94).

(왕조시대의) 임금마저 밑에 있는 호랑이같이 준엄하게 간하고 따지는 늙은 신하들 때문에 함부로 하지 못하는 일들이 적지 않았다. 그러나 이제 박정희는 그런 제한이 모조리 제거된 절대절명의 독재자이자 현대판 왕인 총통으로 군림한 것이다. 그에게 있어 국회니 법원이니 하는 것은 일종의 장식품이었고 유신헌법이란 현대판 왕이 백성에게 내리는 서릿발 같은 칙서에 불과하였다. 그는 모든 국민 위에 심지어 그 자신이 만든 유신헌법 위에 군림하는 군주에 틀림없었다. 따라서 유신체제의 구축으로 박정희가 사실상 박씨 왕조를 세웠다는 평은 결코 과장된 표현이 아니었다(김형욱·박사월 1985, 147-148).

3) 개발독재 국가의 위기와 '박정희의 아류'로서의 '민주주의의 토착화'

개발독재 국가의 위기를 응축적으로 표출한 1979년 10.26사건 이후 한국 사회는 힘의 교착 상태이자 권력의 공백 상태였다. 바로 이러한 상황에서 이른바 '한국판 보나파르트'로 등장하여 세계에서 가장 오래 걸린

다단계 쿠데타를 통해 권력을 장악한 것이 전두환 · 노태우의 하나회를 중심으로 한 신군부였으며, 5.18 광주민중항쟁은 이러한 신군부의 권력 장악을 가로막는 마지막 장애물인 민중세력을 굴복시키는 과정에서 발생한 유혈항쟁이었다. 이처럼 전두환 5공독재의 출범 과정은 한마디로 위기에 처한 국가주의적 발전동원체제/개발독재 국가의 반동적 복원과 유혈적 재강화 과정(조현연 2001a, 195 참조)이었다고 할 수 있다.

물론 '80년 서울의 봄' 의 최종판으로서 '80년 5월의 광주' 는 단지 역사적 비극으로만 그 대단원의 막을 내린 것은 아니었다. 그것은 신군부에 의한 무혈의 권력 장악 시도를 좌절시켰고, 군의 정치 쿠데타에 대한 엄청난 대가를 치르게 하였다. 이 요소는 국가의 탄압 수준을 극도로 높게 올려놓았을 뿐만 아니라, 반독재 민주화운동과 민중운동의 투쟁의 강도 역시 극도로 고양시킴으로써 이후 정치변동에 결정적인 영향력을 행사하였다. 즉, 80년 5월의 광주는 전두환 5공독재의 역사적 정통성과 지배의 도덕성을 원천적으로 박탈하고, 반독재 민주화투쟁의 가속화와 운동정치의 '급진화' 를 촉진하는 도덕적이고 정서적인 토대를 제공한 핵심적인 변수가 되었던 것이다.

이처럼 정당성을 원천적으로 결여한 전두환 정권은 차별성 확보의 차원에서 유신독재를 부정했지만, 유신의 근본적인 구조를 간직할 수밖에 없는 한계를 지니고 있었다. 전두환 정권은 "유신정권과 무관하며, 그것을 청산하고 극복한다" 는 뜻에서 '새 시대 · 새 정부' 를 표방하고 나섰다. 이것은 유신체제에 대한 사회적 비판과 저항의식을 고려하여 국민적 불신과 협조 거부에서 벗어나려는 정권적 차원의 자구책으로 볼 수 있다. 또한 그것은 민주주의의 맥락에서 그 정통성을 평가받기 어려운 구체제의 유산을 물려받지 않으려는 의도, 즉 제5공화국이 유신체제의 사생아가 아님을 입증하기 위한 노력으로 간주될 수 있을 것이다. 그러나 전두환 정권은 정치목표나 지배수단, 통치스타일의 면에서뿐만 아니라,

아래의 예에서 볼 수 있는 것처럼 담론정치의 구사에서도 자유민주주의의 한국적 변형 및 안정과 질서, 안보와 성장을 최우선의 가치로 강조하는 등 '박정희의 아류' 였다고 할 수 있다.

우리 정치풍토에 맞는 민주주의를 이 땅에 토착화(1980. 9. 1. 제11대 대통령 취임사).

지속적인 경제성장과 발전이야말로 복지국가 선설의 밑서름이 될 뿐만 아니라, 우리가 지금까지 추구해 왔고, 앞으로도 계속 추구해야 할 튼튼한 자주국방의 초석이 된다(1980. 9. 1. 제11대 대통령 취임사).

우리의 지표가 아무리 훌륭하다 하더라도 굳건한 국민안보가 토대로 되어 있지 않는 한 무의미하다는 것(1981. 3. 3. 제12대 대통령 취임사).

우리가 성장과 발전을 추구하는데 있어서 무엇보다도 중요한 것은 안정(1982. 1. 1. 대통령 신년사)이며, 평화와 안정과 질서는 자유민주주의를 가꾸는 터전(1987. 1. 1. 대통령 신년사).

한편 담론 자체로만 보면 이 시기 국가가 생산해낸 지배담론은 이전에 비해 훨씬 체계적이었다고 할 수 있다. 제11대 대통령으로 취임한 전두환은 1980년 9월 1일 취임사에서 '선진조국 창조' 라는 대표 담론 아래 '한국적 상황에 맞는 민주주의의 토착화' 를 4대 국정 지표의 하나로 제시하면서 '평화적 정권교체의 전통 확립' 을 강조하였다.

우리가 지향하는 민주복지국가는, 첫째, 우리 정치풍토에 맞는 민주주의를 이 땅에 토착화하고 둘째, 진정한 복지사회를 이룩하여 셋째, 정의로운 사회를 구현하고 넷째, 교육혁신과 문화창달로 국민정신을 개조하려는 것입니다.……참다운 민주역량의 축적은 우리의 당면과제 중의 하나입니다. 민주주의는 인류의 보편적 가치입니다. 그러나 이것은 원래 우리의 것이 아니라 8.15해방과 함께 외부로부터 받아들인 것이기 때문에 그 동안 우리 국민이 민주정치를 해 보려고 여러 가지로 노력을 해 왔으나 민주주의를 실현할 수 있는 기반이 약해 값비싼 시행착오만을 되풀이해 왔다고 생각합니다. 민주제도는 어렵고 정교한 정치제도이기 때문에 조건이 성숙되지 않으면 제대로의 기능을 발휘할 수 없는 것입니다. ……우리가 정착시켜야 할 민주주의는 자유민주주의 이념을 바탕으로 하여 우리의 생존과 안전을 보장할 수 있어야 하고 정치운영상의 비능률을 제거할 수 있는 제도적 장치를 갖추고 있어야 하며……본인은 민주주의를 이 나라에 토착화하기 위하여 헌법절차에 의한 평화적 정권교체의 전통을 반드시 확립할 것입니다(1980. 9. 1. 제11대 대통령 취임사).

전두환 정권은 "우리가 정착시켜야 할 민주주의는 자유민주주의 이념을 바탕으로 하여 우리의 생존과 안전을 보장할 수 있어야"(1980. 9. 1. 제11대 대통령 취임사), "우리가 지향하는 것은 생명력이 넘치는 개방사회이며, 인간의 존엄성과 가치와 능력을 존중하면서 개인의 자유와 이익을 최대로 보장하는 자유민주주의"(1981. 3. 3. 제12대 대통령 취임사)라고 하면서도, 오히려 유신독재의 '재판'으로 '민주주의의 토착화'라는 자유민주주의의 한국적 변형을 강조하였다.

전두환 정권의 '민주주의 토착화' 담론의 의미 구성을 보면, "민주주의는 인류의 보편적 가치"이지만 우리에게 민주주의는 "외부로부터 도입된 것"이고 "우리가 민주주의를 실현하고자 노력했으나 그 기반이 약해서 시행착오만 거듭해 왔다"는 것, 그리고 민주주의는 "어렵고 정교한 정치체제이기 때문에 조건이 성숙되지 않으면 제대로 기능을 발휘할 수 없었다"고 하면서 "우리의 것으로 소화하고 여과해서 수용"하는 것으로 이루어져 있다(박상훈 1995, 19). 여기서 민주주의의 실현을 위한 전제조건으로 두 가지가 제시되었는데, 이른바 '북괴의 존재'에 따른 위협과 '적화통일'의 공포에 맞서기 위한 반공체제와 자주국방의 확립이 그 하나라면, 다른 하나는 '자유경쟁 원칙 하에 고도의 경제발전을 뒷받침'하고 있어야 한다는 것이었다. 그리고 바로 이러한 전제 아래 정치적 비능률의 제거, 정치과열의 방지, 정치풍토의 쇄신 및 국가기강의 확립이 주장되었으며, 사회정화와 '색깔 순화'의 명복 아래 다수의 반정부 인사들과 각 부문운동 활동가들을 삼청교육과 녹화사업의 대상으로 선정해버린 것이었다.

그러나 기대와는 달리, 담론정치적 정당화의 기능에서 성장과 안보의 명분은 비록 일시적인 효과는 있었을지언정 '박정희 학습효과'에 따라 민주주의를 유보할 구실로 수용되기란 결코 만만치 않았다. 또한 자유민주주의 기본 질서의 공고화, 민주주의의 토착화라는 지배담론 역시 대중들에게 침투하여 정치적 지지를 획득해내기란 불가능했다. 무엇보다 광주대학살이라는 야만적인 국가범죄행위를 통해 집권함으로써 그 출발부터 전두환 정권의 정당성은 이미 상실되었기 때문이다. 따라서 자유민주주의 지배담론을 통한 설득과 동의의 획득이 아니라, 직접적인 물리력의 동원이 일상화된 것은 필연이었다. 이처럼 물리적 폭력의 일상화 속에서 정상적인 담론정치의 구사와 그에 따른 지배효과의 창출은 가능할 수 없었다. 이런 상황에서 담론정치 차원에서 그것을 대신한 것은 '광주=반란과 폭도의 도시, 김대중=빨갱이 수괴'라는 희생양의 정치와 결합된 호남배제적 지역주의 담론의 구사였다.

한편 적나라한 강권력의 행사를 통해 권력을 장악한 모든 독재정권이 그러했듯이, 전두환 정권도 정치적 추방으로 권력을 안정화하고 개혁의 제스처로 집권의 정당성을 꾀하기는 했다. 이와 관련해 제5공화국 헌법과 취임사 등에서 가장 눈에 띄는 것은 7년 단임의 대통령제와 평화적인 정권 교체 또는 정권 이양[21]을 못박은 것이었다. 이것이야말로 사실상 전두환이 내세울 수 있는 유일한 정당성의 원천이었지만, 그러나 그것은 매우 가소로운 것이었다. 전두환 정권은 정치적 위기의 요소를 그 자체에 지니고 있었기 때문이다. 그것은 무엇보다 민주적 헌정질서 파괴 행위 그 자체인 정권의 획득, 탈취 과정과 이후 물리적 강제력에 의존한 정권의 유지 방식에 있어서 지배의 정통성이나 통치의 도덕성이 부재했다는 점에서 그러했다.

  평화적인 정권교체의 차원에서도 그것은 심각한 정치적 위기 요소를 내장하고 있었다. 평화적 정권교체란 국민들이 자유롭고 공정한 선거를 통하여 정권을 선택할 수 있는 기회를 가지고, 또 그 기회를 통하여 자신들이 원하는 지도자와 정당을 택하여 그들에게 정해진 기간 동안 정부를 책임질 권한을 부여하는 것을 의미한다. 이러한 점에서 평화적인 정권교체 여부는 절차적 민주주의의 가장 중요한 요건 가운데 하나라고 할 수 있다. 즉 절차적 차원에서 민주주의를 전제주의나 권위주의 독재와 구별하는 가장 분명한 기준 가운데 하나는, '정기적이고 경쟁적인 자유선거를 통하여 국민 스스로가 자기의 정부를 자유로이 선택할 수 있는 기회가 주어지고 있느냐' 하는 것이다. 전두환은 '7년 단일 임기를 통한 평화적 정권교체의 전통을 확립할 것' 과, 자신의 임기가 끝나는 1988년 2월에 대통령직에서 물러난다는 것을 기회가 있을 때마다 반복해서 강조하곤 했다.

  우리나라 40년 정치사의 비원인 이 평화적 정부이양의 전통을 본인의 수범을 통해서 이 땅에 확립하려는 결실을 시종일관 견지해 왔으며, 또 항상

---

21) 당시 정부여당에서는 정권교체라는 표현보다는 자신들이 계속 집권하면서 대통령만 다른 사람으로 바꾼다는 의미에서 '정권이양' 이라는 표현을 즐겨 쓴 반면, 야당에서는 자신들이 집권해야 한다는 입장에서 '정권교체' 라고 표현하였다.

그러한 차원에서 모든 국정을 운영해 왔습니다(1980년 7 · 1 시국수습 특별 담화).

그러나 문제는 이것만으로는 민주주의에 대한 민중적 열망을 무산시키고 정치적 자유와 참여의 기회를 봉쇄시킴으로써 초래된 국민적 분노를 잠재울 수 없었으며, 나아가 그것이 진정한 의미의 정권교체가 아니라 정권의 핵심 그룹 내부에서의 권력 이양을 위한 정치적 술수에 불과했다는 점에서 아래로부터의 격렬한 저항과 도전을 피할 수 없었다는 점이다. 이러한 정치적 위기 조장의 요소가 응축적으로 폭발한 것이 바로 '군부독재 타도하고 민주정부 수립하자', '직선제로 독재 타도' 라는 구호로 상징되는 1987년 6월 민주항쟁이었다. 민주화를 향한 격정과 열망은 기성 지배담론의 효과를 약화시키면서 급기야는 7~8월 노동자 대투쟁으로 이어지기도 했다. 그러나 수개월 거리를 휩쓸었던 그 저항과 희망의 역동적인 물결은 6.29선언에 따른 '선거혁명론' 의 헛된 환상 속에서, 그리고 양김씨의 분열의 필요성으로 인해 이미 충분히 예견되긴 했지만 '도저히 믿고 싶지는 않았던' 13대 대통령 선거의 결과 속에서 가라앉고 말았다.

4. 민주주의 이행의 시대와 지배담론으로서의 '자유주의' 적 민주주의

1987년 아래로부터의 정치적 돌파를 통해 한국 사회는 비로소 민주주의 이행의 시대를 맞이하게 되었다. 이 글의 주제와 관련해 민주주의 이행 시기의 특징을 요약하면, 사회적 투쟁과 계급투쟁이 매개된, 개발독재적 '예외' 국가에서 자본주의적 '정상' 국가로의 '수동혁명' 적 변화(조희연 2003), 국내외적인 환경의 변화 속에서 냉전반공주의가 지닌 사회적 영향력의 경향적인 약화 추세, 그리고 신자유주의 세계화 논리의 무비판적 수용 속에서 이루어진, '진전된 경제자유화, 지체된 민주화', 자유민주주의의 '자기 부정'을 통한 민주주의의 위기화로 표현할 수 있다.

민주주의 이행의 시대에 들어와 과거 저항담론의 핵심적 측면이었던 민주화, 민주주의가 국가 차원에서 민주개혁 또는 개혁의 이름으로 수용되기 시작했다. 그 과정에서 제도정치의 공간이 확장되고 민주적 절차가 어느 정도 제도적으로 정비된 것은 사실이었다. 그러나 대의제 민주주의의 핵심인 정치적 대표체계에 있어서 의미있는 변화가 차단되고, '정당정치 없는 민주주의'라는 역설의 상황(이광일 2002, 146) 속에서 '정치지체' 현상이 지속되어 온 것 역시 부인할 수 없는 사실이었다. 지역주의 정치균열의 형성과 고착화, 정당정치 질서의 '변형주의'(transformism) 적 재편, 직선제 개헌과 평화적 정권교체 담론에 갇혀버린 정치적 민주주의, 정치불신의 심화와 참여의 위기 등은 그것을 잘 보여주었다. 남은 것은 엘리트의 이해관계에 크게 유리한 '편향성의 동원'(mobilization of bias)[22]의 제도화와 최소주의적인 정치적 민주화였을 뿐이었다.

더 심각한 문제는 민주주의에 의한 자유주의의 재구성이 아니라, 자유주의에 의한 민주주의의 재구성, 그것도 경쟁력과 효율성을 앞세운 채 시장의 원리를 특권화한 시장자유주의 또는 시장근본주의에 의한 민주주의의 변형적 재구성―'자유주의'적 민주주의―이 이루어졌다는 사실이다. 이른바 '민주' 정부를 자임한 민선민간정부가 국가경쟁력 강화를 신성불가침의 절대적 가치로 강조하면서, 세계화에 매개된 '신자유주의적 성장주의'를 가속화시킨 것이었다. 정치의 공공성 상실과 정치의 사

---

22) 샤츠슈나이더(E. E. Schattschneider)는 모든 형태의 정치조직들이 특정한 류의 갈등은 선호하는 반면, 그 외의 갈등에 대해서는 억압하려는 성향, 즉 일종의 편향성을 갖게 된다고 말하면서, 이를 '편향성의 동원'이라고 표현하였다(박상훈 1995, 6 참조).

유화(privatization)에 따른 정치의 쇠락, 급기야 정치의 부정과 민주주의의 위기화는 그 필연적 귀결이었다.

이제 '인민에 의한, 인민을 위한, 인민의 지배' 로서의 민주주의의 원리는 '자본과 시장에 의한, 자본과 시장을 위한, 자본과 시장의 지배' 로 대체되었다. 그리고 "권위주의국가라는 겉껍질을 벗겼을 때 드러났던 것은, 늙은 호박의 속내용처럼 쉽게 퍼낼 수 있는 엉성한 구조가 아니라, 양파 속처럼 겹겹이 둘러싸여 있고, 눈물샘을 자극하는 매운 냄새와 같이 방어장치를 가동시키는, 말 그대로 완상한 중층석 지배구소" (박상훈 1996, 188)로서 민주화 이행기의 시민사회의 특성은, 국가에 의한 시장자유주의적 지배담론의 전면적인 유포 속에서 더욱 강화되기에 이른다. 결국 '민주' 정부 하에서 한국의 민주주의는 민주적 공고화로 나아간 것이 아니라, '역이행' 의 경로를 밝으며 급격히 퇴행하게 된 것이었다.

1) 민선군부정권과 '위대한 보통사람의 시대'
: 자유민주주의 지배담론의 상대적 특권화 · 공세화

정권 차원의 정치적 위기를 가까스로 넘기면서 출범하게 된 노태우 정권은, 권위주의로부터 민주주의로, 그리고 군사정권으로부터 민간정권으로 이행하는 과도기적 성격을 지닌 민선군부정권이라고 할 수 있다. 이에 대해 당시 학계 일각에서는 '군사정권=독재체제, 민간정권=자유민주주의체제' 라는 그릇된 판단 기준에 따른 일면적 평가를 통해, 6공화국의 출범과 함께 한국에도 자유민주주의체제가 정착되었으며, 이제 시민사회가 성장하여 그간 '과대성장' 되어온 국가를 견제할 수 있게 되었다는 일종의 '자유민주적 낙관론' 을 공공연하게 유포시키기도 했다.

그러나 이와는 달리 노태우 정권 출범은 그 기저에 상반된 두 흐름이 공존해 있었다는 점에서 특징이 있었다. 1987년 범국민적 차원의 반독재 민주화투쟁의 결과로 규정되는 것이 그 하나라면, 다른 하나는 이른바 '1987년의 전환'이 반독재 민주화투쟁의 직접적인 결과는 아니라는 점에서 규정되는 것이다. 전자가 비록 과거의 지배블록이 다시금 정권을 장악했을지라도 과거와 같은 권위주의적 독재 통치행태를 똑같이 반복할 수는 없게 되었다는 사실을 의미한다면, 후자는 그럼에도 과거 권위주의 독재정권이 재생산해 온 지배체제가 계속 유지될 수밖에 없다는 것을 의미한다(박상훈 1995, 21 참조).

이제 새 공화정의 출범을 알리는 저 우렁찬 고동소리와 함께, 우리는 민주주의의 항로로 확실하게 전진할 것입니다. 민주주의가 오늘의 유행어이기 때문은 결코 아닙니다. 민주주의야말로 인간을 인간답게 만들어 주는 정당한 가치이기 때문입니다. 민주주의만이 모두가 자유롭게 살며 자유롭게 참여하는 사회, 사람이 사람답게 사는 사회로 우리를 이끌 것이기 때문입니다. 물량 성장과 안보를 앞세워 자율과 인권을 소홀히 여길 수 있는 시대는 끝났습니다. 힘으로 억압하거나 밀실의 고문이 통하는 시대는 끝났습니다. 마찬가지로 자율과 참여를 빙자하여 무책임 하에 혼란을 일으킬 수 있는 시대도 끝나야 합니다. 침해되지 않는 인권과 책임이 따르는 자율이 확보될 때 경제도 발전하고 안보도 다져지는 성숙한 민주주의 시대가 열릴 것입니다.…… 민주개혁과 국민화합으로 이제 우리는 '위대한 보통사람들의 시대'를 열어야 하는 것입니다"(1988. 2. 25. 제13대 대통령 취임사).

노태우 정권 초기는 '군부독재의 합헌적·변형적 재생산'이라는 대선 결과에도 불구하고 민주화가 하나의 시대정신이었던 시기로, 앞서 말한 이중적 규정 가운데 전자가 후자를 압도한 시기였다고 할 수 있다. 따라서 이러한 시대 상황 속에서 적어도 집권 1년간 국가가 생산해낸 지배담론의 경우, 해석적 양식보다는 방해적 양식의 담론이 우세를 나타냈다.

그것은 "지난해(1987년—필자) 위대한 국민의 민주적 선택으로 40년 헌정사를 통해 쌓여온 갈등의 찌꺼기는 모두 씻겨졌"으며, "우리는 민주주의의 항로로 확실하게 전진할 것"이며, "민주개혁과 국민화합으로 이제 우리는 '위대한 보통사람들의 시대'를 열어야" 한다는 제13대 대통령 취임사을 통해서 확인할 수 있다.

역대 정권들의 경우를 볼 때, 사실 대통령 취임사는 대체로 미래의 '장미빛 청사진'을 제시하는 것이라고 할 수 있다. 그럼에도 여기서 아주 흥미로운 것은, '북한의 위협'을 무기로 한 국가안보와 안정을 근거로 한 민주주의의 유보 가능성이나, 체제도전세력에 대한 경고나 국가기강 확립 등의 지배담론, 그리고 국가발전이 개인의 사적 이해에 우선해야 한다는 식의, 과거 권위주의 독재 시절 대통령 취임사의 단골 메뉴가 전혀 발견되지 않았다는 사실이다. 이와 함께 위대한 보통사람의 시대라는 상상적 대안 사회를 위해 국가가 구체적으로 어떤 역할을 수행하겠다는 내용이 보이지 않는다는 특징도 갖고 있다. 이러한 사실은 당시 국가의 지배담론이 철저하게 '눈치보기식'의 국면적응용 담론으로 구성되었다는 것을 의미한다(박상훈 1995, 21 참조).

그러나 노태우의 말과는 달리 이 땅의 '보통사람들'은 전혀 위대해지지 않았으며, 상상된 사회로서 '위대한 보통사람들의 시대'도 열리지 않았다. 국면에 대한 수동적 적응만으로는 국가담론의 대중적 침투와 그에 따른 의미 있는 지배 효과를 창출해낼 수 없다는 것은 당연했다. 나아가 1989년 공안정국 조성과 1990년 밀실 야합정치의 위세를 과시한 3당합당[23], 부동산투기의 과열에 따른 전월세값의 폭등, 금융실명제의 무기한 연기, 그리고 흐지부지된 토지공개념 등의 속출 속에서, 대통령 스스로

---

23) 이러한 3당합당 및 그 정지작업으로서의 공안정국 조성은, 민주주의로의 이행에 대한 전면적인 역전의 시도라기보다는, 민주주의의 틀은 그대로 유지한 채 의회정치의 역학 구도를 보수적으로 변화시키려는 시도로 보는 것이 타당하다(최장집 1996, 236 참조).

가 국민들에게 거짓말과 식언을 밥먹듯 함으로써 권위의 실추를 자초하기도 했다. 서민들의 입에서는 '세상이 믿을 놈 하나 없다' 고 하는 자조감이, 대학생들 사이에서는 이른바 '아들과 아버지 목욕탕 시리즈'[24]가 유행한 것이 바로 이 때였다.

한편 1988년 4.26총선 결과 여소야대 정국의 성립과 거리 정치의 활성화 등으로 거센 정치적 도전에 직면하게 된 노태우 정권은, 1988년 말을 경과하면서 과거 독재정권과 유사하게 야당의 반대에 대해서는 "정당간의 반복과 분열은 소모하는 정치" 라는 식으로 '갈등적 정당정치=비생산적인 소모적 정치' 의 등식을 동원해냈으며, 그리고 거리에서의 저항적 운동정치의 실천에 대해서는 "민주화를 내세워 안정을 파괴하고", "자유민주주의체제를 정면으로 전복하려는" 의미로 담론정치적 접합을 시도했다. 이와 함께 국가의 지배담론은 '위기의 동원' 그 자체였다고 할 수 있다. 특히 '경제 위기' 라는 상황 정의가 광범하게 유포되고, '분배와 균형 위주의 경제' 라는 지배담론은 포기된 반면 사회안정이 그 대안으로 결합되면서, 파업 등 노동투쟁은 경제위기의 주범으로 환유되었다. 나아가 위기 상황에 대한 대응으로 저항적 실천에 대해 전면적인 국가폭력을 동원하면서, 상실한 정국 주도권을 회복하기 위한 적극적 시도를 나타냈다. 이와 같은 국가에 의한 담론정치의 방향 급선회와 국가 폭력의 노골화 속에서 1991년 5월의 분신·타살정국은 어쩌면 이미 예고된 것이었는지도 모른다.

이러한 상황에 비춰볼 때, 실체적 내용을 갖춘 자유민주주의의 지배담론화는 아직까지 지체되고 지연되었다고 할 수 있다. 즉, 정치적 위기 국

---

24) 그 내용은 이렇다. 아버지와 어린 아들이 함께 목욕탕에 갔다. 아버지가 먼저 온탕에 들어갔다. 온탕에 들어간 아버지가 아들에게 들어오라고 손짓을 했다. 겁먹은 얼굴로 '아빠! 뜨겁지 않아?' 하고 몇 번이나 되풀이해서 물으면서 뜨겁지 않다고 말하는 아버지의 말을 믿고 온탕에 들어왔던 어린 아들은 들어가자마자 화들짝 놀라 뛰쳐나오면서 '이 세상 믿을 놈 하나도 없네' 라고 했다는 것이 이 농담 시리즈 가운데 대표적인 내용이다. 불신풍조의 만연이라는 시대 상황에 대한 대학생 특유의 풍자였다.

가 국민들게

면의 도래 속에서 국가의 지배담론은 '반공주의적 자유민주주의'에서 벗어나지 못했을 뿐만 아니라, 반공과 국가안보를 무기로 한 희생양의 정치 메카니즘이 여전히 작동했기 때문이다. 그것은 "정부는 민주질서를 어지럽히는 불법 집단행동, 어떠한 폭력 행사에 대해서도 엄정히 법을 적용할 것"(1989. 대통령 연두기자회견), "과격폭력세력이 선거 분위기에 편승하여 불법과 탈법을 저지르는 일도 엄중히 단속할 것"(1992. 대통령 연두기자회견) 등, 민주화투쟁세력을 과거처럼 '극렬·좌경·폭력·용공' 세력, '폭력혁명' 세력으로 호명한 데서 잘 드러나 있다. 또한 집권기간 동안 구속된 양심수의 숫자도 그것을 잘 말해주고 있는데, "현재 양심수는 단 한 명도 없다"는 악의적 선전과는 달리 정권 출범 후 1991년 11월 10일까지 하루 평균 4.4명(5,186명)의 양심수—전두환 독재 통치 7년간 구속된 양심수의 숫자는 4,700여명으로 하루 평균 1.61명으로 집계—가 양산되었던 것이다.

그럼에도, 여기서 간과해서는 안 될 중요한 사실이 있다. 그것은 노태우 통치 5년의 기간 동안 담론정치 상에 일정한 변화 경향이 나타났다는 점이다. 즉 지난 시기와는 달리, 이 시기의 자유민주주의 지배담론은 내용 없는 허구화된 담론에서—비록 여전히 지체되고 지연되고 있기는 하지만—어느 정도 실체적 내용을 갖춘 공세적 담론으로 변화하는 과도기를 경험하고 있었다고 할 수 있다. 아래 1989년 대통령 연두기자회견 내용은 그 변화의 단초를 확인시켜 준다.

권위주의체제의 어두운 그림자가 걷히고 민주주의의 새로운 활력이 우리들 스스로를 빛나게 하는 원동력이 됩니다.……새로운 민주질서를 사회 각 부문에 걸쳐 뿌리내리게 할 것입니다. 정치적으로는 보수든 혁신이든 자유민주주의의 기본질서를 존중하는 모든 사상과 세력을 민주체제 속에 포용하여 다양성 속에서 우리 사회의 성숙성을 키워나가야 합니다.

또한 남북관계 등과 관련한 변모된 공세적 담론의 구사에서도 그 변화 징후를 확인할 수 있다. 노태우 정권이 7.7선언과 북방정책을 통해 북한을 '민족공동체'의 다른 한 부분으로 규정하고 남북간 경제문화교류를 대폭적으로 개방할 것을 제안하면서, 동시에 '공산권' 국가들과의 적극적인 교류 의사를 밝히고 나선 것이다.

이 세계의 질서가 바뀌고 동유럽과 소련이 새로운 나라로 바뀌고 있는 상황에서 북한만이 변화하지 않을 수 없습니다. 모스크바와 북경으로 가는 큰길이 열린 이제 평양으로 가는 길만이 닫혀 있을 수는 없습니다(1991. 1. 8. 대통령 연두기자 회견문).

남북한은 지난달 '남북합의서'에 서명함으로써 대결과 분단의 어두운 시대를 마무리짓고 화해와 협력의 밝은 시대를 열었습니다. 우리의 자주적인 노력으로 '핵의 공포가 없는 한반도'를 실현하려는 꿈에도 큰 진전이 이루어졌습니다.……이제 남과 북은 통일을 향하여 함께 전진해야 합니다.…… 끊어진 길을 다시 잇고 멈춰 선 열차는 다시 달리도록 해야 합니다. 남과 북을 가르는 철조망을 닫고 사람과 물자와 정보가 자유롭게 오가도록 하여 남북의 온 겨레가 한 울타리 속에 사는 통일의 날을 앞당겨야 합니다(1992. 1. 1. 대통령 신년사).

이러한 정책 방향의 중대한 전환은 국가로 하여금 북한과 여타 '공산권' 국가들에 대한 인식과 개념 정의의 급격한 변환을 요구하는 것이었으며, 최소한 정치적 레토릭의 수준에서라도 냉전반공주의적 지배담론을 강조하는 것을 어렵게 만드는 것이기도 했다. 이러한 점에서 7.7선언과 북방정책은 통일문제와 남북관계에 대한 이제까지의 태도를 다른 식으로 접근할 것임을 알려주는 징표라고 할 수 있었다.

그렇다면 어떻게 해서 이런 변화가 가능할 수 있었을까? 우선 민주화라는 시대적 추세에 대한 정치적 압박감[25]과 함께, 6.29선언의 자기 족쇄 효과를 떠올릴 수 있다. 대통령 직선제의 수용을 핵심으로 하는 6.29선언은 지배블록을 정치적 위기로부터 구출한 일등공신이었으며, 6공화국의 정통성의 원천이기도 했다. 아마도 국민에 대한 약속이 이처럼 커다란 정치적 영향력을 발휘한 예를 거의 찾기 어려울 정도로, 1988년 취임사에서부터 1993년 신년사에 이르기까지 노태우는 줄기차게 6.29정신의 구현을 주창해 왔다. 비록 착각 아닌 착각이긴 하지만 "6.29선언에서 시작된 우리의 민주화 개혁"[26](1993. 대통령 신년사)이라는 표현에서 엿볼 수 있듯이, 노태우는 6.29선언에 꽤 큰 자부심을 지니고 있었고, 이것이 담론정치에 작용한 것이라고 할 수 있었다.

이와 함께 1980년대 말 90년대 초반 소련과 동구 등 현실 사회주의 국가들의 위기와 몰락, 그리고 냉전의 해체라는 세계사적 대전환이 자유민주주의를 상대적으로 '특권화' 시켜주고 또 이념과 제도상의 자신감을 획득케 해줌으로써, 반공과 안보 담론으로 덧씌운 수세적인 자유민주주의가 아니라 공세적인 지배담론으로 변화하기 시작했다고 할 수 있다. 즉, 현실 사회주의 국가들의 몰락 효과가 후쿠야마(Francis Fukuyama) 식의 '자유민주주의의 영원한 승리', '역사의 종말' 담론의 전폭적 수용으로 이어진 것이다(후쿠야마 1997 참조). 여기에 덧붙여 북한체제에 대한

---

25) 비록 위로부터의 보수적인 이행 경로라 하더라도 그것이 아래로부터의 저항적 실천을 기본 추동력으로 했다는 것, 그리고 민주적 이행에 따른 일정한 정치지형의 변화 속에서 저항담론이 확산됨으로써 노태우 정권이 그것을 과거처럼 일방적으로 배제한다면 정권 안정을 유지할 수 없으리라는 데서 오는 압박감이 있었던 것이다.

26) 한국 사회의 민주주의 이행은 1987년의 6.29선언에서 시작된 것이 아니라, 오히려 6·29선언은 아래로부터의 범국민적 저항의 결과였을 따름이며, 또한 6월 민주항쟁의 감동과 민주개혁의 열망을 교묘하게 봉합시킨 고도로 계산된 정치적 술수였다는 점에서 노태우의 이 말은 사실이 아니다.

노태우 정권의 자신감은 '연 12% 이상의 고도성장의 지속', '1인당 국민소득 4천불 시대', '세계 10대 무역국가로의 부상' 등을 통해 배가되었다고 할 수 있다.

2) 신자유주의 세계화 시대와 '시장자유주의에 포획된 자유민주주의'

　　민주주의는 국가영역과 국가의 사회에 대한 개입과 지도력을 구조적으로 제약하고 사적 부문의 활성화를 자극한다. 이 민주화 과정에서 경쟁적 시장의 논리가 사회관계의 가장 중요한 모델로서 등장하게 되는 것을 막을 수는 없다. 이러한 점 때문에 구조개혁 없는 민주주의는 사적 부문의 영향력의 확대를 허용하고 이를 통한 지배적 사회관계를 정당화함으로써 사회적 불평등 구조를 강화하는 역효과를 갖게 된다(최장집 1996, 283).

　　민주주의 이행의 시대에 들어와 민주주의의 가치와 규범, 제도화가 제대로 발전되지 않은 가운데 민주화가 '자유화'와 동일시되면서, '자유주의'의 이데올로기가 전면으로 부상해 온 것을 우리는 목격할 수 있었다. 그렇다면 그것은 '어떤' 자유화, '어떤' 자유주의였는가? 마르크스주의가 그러하듯이, 자유주의의 경우도 하나의 자유주의만 존재하는 것은 아니다[27]. 따라서 '자유주의에 의해 한정된 민주주의'로서의 자유민주주의의 의미 계열에서, 민주주의와 접목되는 것이 어떤 자유주의냐에 따라 그 내부에 상반된 의미 계열의 범주가 존재한다고 할 것이다. 자유주의

---

27) 예컨대 맥락이 좀 다르기는 하지만 손호철(2003)은 진보 대 보수의 구도를 설명하면서 보수를 개혁적 자유주의(개혁적 보수)와 냉전적 자유주의(수구적 보수)로, 조희연(2003)의 경우는 자유주의를 어용적 자유주의와 저항적 자유주의로 구분하고 있다. 물론 자유주의 내부의 서로 다른 의미계열간에 아무리 차이가 있다하더라도, 그것이 사적 소유와 시장경제를 중심으로 한 자본주의 생산체제를 근간으로 삼는 자유민주주의의 한계선을 뛰어넘을 수는 없다는 것은 명약관화하다.

의 경우 다양한 정의가 있겠지만, 현실에서 상호 충돌할 수밖에 없는 두 종류의 전혀 상반된 흐름으로 구분해 볼 수 있다. 하나는 일체의 억압으로부터의 개인의 해방과 개성의 자유 및 내면적 자율성의 확보와 자아의 발견이라는, 자유주의의 긍정성을 강조하는 흐름이다[28]. 그리고 다른 하나는 자유주의가 강조하는 개인의 자유란 사회적 강자의 자유에 불과하며 사적 소유를 신성불가침의 천부적 권리로 인정하는, 무한경쟁과 적자생존이라는 자본주의 시장경제 질서의 정당화 논리라는 것을 강조하는 부정적 인식의 흐름이다[29].

이렇게 볼 때 문민정부와 국민의 정부의 대표적 지배담론이라고 할 수 있는 "'자유주의'적 민주주의"에서 자유주의는, 전자가 아니라 후자의 의미계열에 속한다고 할 수 있다. 두 민선민간정부 모두 '국가의 실패'를 명분으로 시장의 자유와 효율성의 절대적 특권화를 핵심으로 하는, 그리하여 공동체의 파괴와 인간세계의 황폐화를 초래할 수밖에 없는 신자유주의 세계화 논리를 적극적으로 수용했기 때문이다[30]. 이 신자유

28) 김용민(2003)은 "자유주의는 개인의 자유, 평등, 인권을 불가침의 권리로 보고 그것을 존중하는 이념"이라고 말하면서, "시장지상주의를 내세우는 신자유주의 담론이 자유주의의 본질을 대표하는 것은 아니며, 오히려 이것은 자유주의를 왜곡시키고 협애화 시키고 있다"고 주장한다. 한편 "한국에서 자유주의는 보수 세력에 의해 오염되고 비판적 운동 세력에 의해 버림받았다"고 말하고 있는 최장집(2002, 197)의 경우, 자유주의의 긍정성의 재발견을 강조하는 것이라고 할 수 있다.

29) 이러한 관점에 서 있는 이나미(2001)는 "거의 모든 이데올로기와 종교의 목적이 자유이기 때문에, 자유를 주장하는 것으로 자유주의를 설명할 수 없다"고 주장하면서, "자유주의는 기본적으로 '여유 있는' 자들의 이데올로기"로, "자유주의가 역사적으로 등장하게 된 계기 자체가 유산자 계급이 자신의 재산권을 법적, 정치적으로 보장받기 위한 것"이라는 사실을 강조한다.

30) '국민과 함께 하는 민주주의', '참여' 정부를 자임하고 있는 노무현 정부 역시도 노동의 권리나 인권의 보장, 분배적 형평성의 증대보다는, 세계화 및 시장 자율의 필요성과 불가피성을 수용하면서 경제적 효율성과 성장과 경쟁의 논리를 특권화한다는 점에서, 신자유주의적 기조로부터 결코 자유롭지 못하다고 할 수 있다. 그것은 '동북아

의 세계화가 우리 사회에 수용되기 시작한 것은 1980년대 초반이었지만, 그것이 피부로 느껴질 정도로 거세게 불어닥친 것은 1997년 IMF 관리체제 시기였다. 신자유주의는 노동시장 유연화, 시장 자유화, 개방화, 민영화, 탈규제, 긴축재정 등 다양한 개념으로 상징되지만, 그 핵심적 기조를 한마디로 표현하면 시장자유주의 또는 그 극단화로서 시장근본주의라고 할 수 있다. 의도야 어쨌건 간에 지배담론 차원에서 문민정부나 국민의 정부나 모두 이 시장자유주의를 자유주의의 핵심으로 수용한 채 그것을 정책화하여 추진함으로써, 급기야 '20 대 80의 사회', '노동 없는 민주주의'와 '경제에 대한 정치 종속의 가속화', '시장자유주의에 포획된 민주주의'로 상징되는 민주주의의 위기를 자초했다. 이에 따라 계급적 대는 가일층 심화되었고, 공공성의 영역이 축소되거나 붕괴되면서 생활세계의 다양한 적대들 역시도 격화되었다. 이처럼 개혁자유주의 세력을 포함한 보수진영 일반의 주장과는 달리, 신자유주의 세계화의 국가적 수용은 우리 사회에 축복이 아니라 재앙을 가져왔을 따름이다.

한편 민주주의의 경우, 해방정국을 경과하면서 냉전반공주의와 짝을 이룬 이른바 '조숙한 민주주의'(premature democracy)가 한국 사회에 구조화되었다. 즉, "사회에서의 정치적 혼란은 내란에 가까울 정도로 극심하고, 정치의 대표체계에 참여할 수 있는 이데올로기적 폭은 매우 협애하고, 자본주의 산업화가 이루어지기 이전에 민주적 제도가 도입되었다는 점에서 당시 한국의 민주주의는 조숙한 민주주의"(최장집 1996, 21)였으며, 그러한 상황에서 바로 보수 독점의 정당정치 질서가 주조된 것이었다.

문제는 민주주의 이행의 시대에 들어와서도 이러한 정치 상황이 크게 변하지 않았다는 데 있다. 특히 '민주' 정부를 자임한 민선민간정부 하에

경제중심국가 건설'을 위한 경제특구 설치 과정, 자본 및 노동과의 관계 설정, NEIS 파동 등에서 여실히 드러났다고 할 수 있다.

서조차 이데올로기적 스펙트럼의 폭은 별로 확장되지 않았고, 다원적 경쟁의 정치를 통한 정치의 정상화가 지연되는 만큼 보수독점의 정치적 대표체제는 지역주의적 정치 대립의 증폭 속에서 유지, 강화되었다. 그리고 다양한 사회적 갈등과 균열의 표출에 대해, 그것을 민주정치의 정상적인 과정이 아니라 국민화합과 사회통합이라는 이름 아래 오히려 죄악시하는 분위기가 조장되기도 했다[31]. 민주주의 정치란 것이 기본적으로 갈등에 기반을 둔 정치라고 한다면, 그리고 정당이 "갈등과 균열을 표출하고 대표하며 이에 기반을 눈 대안을 조직하여 선거에서 경쟁함으로써 궁극적으로 사회적 갈등을 완화시키고 통합하는 민주주의의 중심적 정치기제" (최장집 2002, 207)라고 한다면, 노동자와 민중의 참여를 원천적으로 배제한 보수독점의 정치적 대표체제를 정책과 이념을 중심으로 한 정당정치 질서로 재편하는 것은 한국 민주주의의 핵심적 관건이라고 하지 않을 수 없다. 그러나 여야를 불문하고 보수 독점의 정치카르텔을 구성하고 있는 기성 정치인들에게, 민주주의란 말은 단지 빛바랜 정치적 레토릭일 따름이었다.

　이러한 사실들은 한국의 민주주의가 여전히 '영양 실조에 걸린 민주주의' (underfed democracy)에 머물고 있다는 것을 입증해주는 것이며, 참여의 위기와 대표성의 위기의 반복적 악순환은 그 필연적 귀결이었다.

---

31) 이와 관련해, "정치의 최종적인 목표가 사회통합일 순 있지만 그것이 시작은 아닐 것이다. 통합이 정치의 시작이 되는 경우 차이, 갈등, 소외, 균열은 억압되고, 이들이 표출되거나 대변될 수 있는 사회적 기반들은 약화될 것이며 당연히 정당이 사회에 뿌리내리는 일은 가능하지 않을 것이다. 민주주의는 이러한 갈등과 균열의 존재를 확인하고 표출하는 데서 시작하여 그들이 통합에 이르는 정치적 과정을 의미한다" 라는 최장집(2003)의 지적은 시사하는 바가 크다.

(1) 제1차 민선민간정부와 시장자유주의의 지배담론화

오늘 우리는 그렇게도 애타게 바라던 문민 민주주의의 시대를 열기 위하여 이 자리에 모였습니다. 오늘을 맞이하기 위해 30년의 세월을 기다려야 했습니다. 마침내 국민에 의한, 국민의 정부를 이 땅에 세웠습니다. 오늘 탄생되는 정부는 민주주의에 대한 국민의 불타는 열망과 거룩한 희생으로 이루어졌습니다. 민주주의에 대한 저 자신의 열정과 고난이 배어 있는 이 국회의 사당 앞에서 오늘 저는 벅찬 감회를 억누를 길이 없습니다.……저는 신한국 창조의 꿈을 가슴 깊이 품고 있습니다. 신한국은 보다 자유롭고 성숙한 민주 사회입니다. 정의가 강물처럼 흐르는 사회입니다. 더불어 풍요롭게 사는 공동체입니다.……누구나 신바람나게 일할 수 있는 사회, 우리 후손들이 이 땅에 태어난 것을 자랑으로 여길 수 있는 나라, 그것이 바로 신한국입니다 (1993. 2. 25. 제14대 대통령 취임사).

제1차 민선민간정부로서 김영삼 정권은 '한국병의 치유를 통한 신한국의 창조'를 국정의 목표로, 그리고 그 방법으로 3대 개혁을 제시했다. 그것은 정치개혁을 통해 군사정치문화를 청산하여 인간화, 민주화, 공동체화를 이루고, 경제개혁을 통해 국민의 참여와 창의를 경제발전의 바탕으로 하고 정부와 민간이 함께 하는 신경제를 건설하며, 사회개혁을 통해 부정부패의 척결을 이루겠다는 것이었다. 이것은 '경제전쟁과 무한경쟁의 시대'라는 상황 규정 속에서 '개혁'이라는 대응 논리로 집약되었다. 그리고 이를 위해 김영삼 정권은 "우리가 변화와 개혁을 외면한다면 우리는 역사로부터 외면당할 것", "개혁에는 중단없는 전진만 있을 뿐"이라는 기치를 내걸면서 '신한국'이라는 상상적 대안 사회에 대한 희망을 설파했다. 중단 없는 개혁 담론은 정치인과 공직자에 대한 대대적인 사정 작업, 하나회 제거 등 군부 권위주의 통치 유산의 청산과 통치의 문민화, 선거법 개정과 지방자치제의 확대 추진 등으로 이어졌으며, 이에 따라 그것은 민주화에 대한 기대상승의 효과를 창출해내면서 80~90%를 오가는 놀라운 지지율을 한때 보이기도 했다.

이 개혁추진과정에서 김영삼 정권은 끊임없이 '문민정부'임을 자임했는데, 그것은 민간민주주의 대 군부권위주의라는 형식논리적인 이분법 속에서 민간 지배의 민주적 정당성과 상대적 우월성을 과시하려는 것이었다. '문민 민주주의 시대'의 개막이라는 취임사의 내용도 이러한 발상의 연장선 위에 있는 것이었다. 이 기간동안 민주주의의 절차적 경쟁의 규칙 강화와 선거를 통한 경쟁적 정치 공간의 확장에 따라 절차적 민주주의가 확대된 것은 물론 의미 있는 변화라고 할 수 있다. 그럼에도 '제한적 다원주의'라는 권위주의적 체제의 연장선상에 위치한 문민 민주주의 시대의 경우, 사상·언론·출판·결사의 자유나, 특정 정당이나 이데올로기의 제한 내지 이의 형성 과정에 대한 제약 여부 등 자유민주주의의 가장 일차적 기본 요건은 여전히 충족되지 않았다[32]. 이것은 '문민정부의 탄생을 통한 성숙한 민주주의 시대의 개막'이라는 자화자찬 속에서 민주주의는 이미 지나간 과거라거나, 또는 '민주화 투쟁의 적자'인 자신의 집권으로 완결된 과제라는 지배담론을 유포하곤 한 데서도 어느 정도 예견된 것인지도 모른다.

저는 오늘에 이르기까지 오직 이 나라의 민주화를 위해서만 힘을 쏟아왔습니다. 그러나 지금은 이 나라 경제를 다시 일으켜 세우는 일이 역사적 사명이라고 믿습니다(1993. 대통령 신경제 특별담화문).

---

32) 따라서 "민주화라는 것이 상당 부분 '자유화'의 수준이며, '민주화'라고 부를 수 있는 경우도 민주주의체제가 아니라 기껏해야 '제한된 민주주의' 수준을 벗어나지 못하고 있는 것"이라는 손호철의 지적(1992, 469)은 이 시기에도 여전히 타당하다고 할 수 있다.

한편 시간이 지나면서 김영삼 정권의 지배담론은 국제화와 세계화, 국가경쟁력 강화와 효율성, 세계중심경영국가 등 재구성된 경제 중심의 발전주의 담론으로 고정되어 갔다. 이에 따라 모든 것이 시장의 원리가 지배하는 방향으로 자유화되기 시작했다. 그리고 '민족 생존이 걸려 있는 무한경쟁시대'라는 상황 규정 속에서, 시장 자유의 절대적 특권화는 민주주의의 진전을 가로막는 강력한 차단막으로 작용했다[33]. 여기에 덧붙여 '북핵 공포', '전쟁 위기', '주사파 척결' 등 안보담론 또한 국가 차원에서 적극적으로 동원되면서, 그나마 이루어 온 민주주의의 성과를 자유와 민주 수호의 이름으로 파괴하기 시작했다. 1994년 '신공안정국'의 조성과 함께, 민중운동과 통일운동세력은 이전과 마찬가지로 국가의 '해석적 양식'을 통해 '내부의 적'으로 설정되었다.

그럼에도 담론정치 차원에서 김영삼 정권의 의미는, 무엇보다 이전의 헤게모니적 효능을 지닌 냉전반공주의 지배담론을 효율성, 경쟁력, 성장, 경제적 합리성 등을 앞세운 시장 자유주의, 시장 근본주의가 대체하기 시작한 데서 찾을 수 있다고 할 것이다. 문민정부에 들어와 신자유주의 세계화 담론이 최초로 국가의 공식적인 지배담론의 위치를 차지하게 된 것이다. 이것은 '세계와 미래로 향한 개혁과 전진', '세계로 미래로 함께 달려갑시다', '세계일류국가 건설의 꿈을 나누며'라는 부제가 붙은 아래 대통령 신년사 내용을 통해 그 한 단면을 엿볼 수 있다.

국제화, 개방화가 주는 도전을 민족 진운의 좋은 기회로 살려나가야 하겠습니다. 모처럼 찾아온 기회를 놓쳐서는 안되겠습니다. 이제 국민 모두가 일터에서, 거리에서, 그리고 가정과 학교에서 경쟁에 나서야 합니다. 국민 한 사람

---

33) 시장의 절대적 자유를 주창하는 신자유주의가 민주주의의 심화와 확산에 근본적으로 역행한다는 것, 민주주의와 반비례 관계에 있다는 것은 민주주의가 1인1표의 평등한 주권에 기초하여 시장의 불평등 효과를 완화하는 힘이라는 점에서도 그러하다.

한 사람이 국제경쟁의 주체임을 잊지 말아야 합니다. 그리고 반드시 이겨야 합니다.……우리에게는 소모적인 갈등과 반목으로 귀중한 시간을 허송할 여유가 없습니다. 이 국제적인 무한경쟁에서 이기기 위해, 국력을 키우고 조직하는 일에 우리의 창의와 능력을 모아 나갑시다(1994. 1. 1. 대통령 신년사).

세계화는 우리 민족이 세계로 뻗어나가, 세계의 중심에서는 유일한 길입니다. 이제 더 이상 주저하거나 머뭇거릴 시간이 없습니다. 오늘 우리가 이 경쟁에서 한발 뒤떨어지면, 우리 자녀들의 시대에서는 10년, 100년 뒤떨어질지도 모릅니다.……우리 모두 '참여와 단합'의 결의를 새로이 하여 세계로 미래로 함께 달려나갑시다(1995. 1. 1. 대통령 신년사).

우리가 흘린 피와 땀과 눈물은 세계를 놀라게 한 경제발전을 이룩했으며, 문민정부를 탄생시켜 성숙한 민주주의의 시대를 활짝 열었습니다. 과감한 변화와 개혁으로 지난 시대의 온갖 병폐들을 치유하고 있습니다. 세계사의 새로운 흐름을 따라, 세계화정책을 적극 추진하여 21세기 우리 민족의 미래를 힘차게 개척하고 있습니다.……국가 안보를 튼튼히 하고 사회안정을 확고히 하는 가운데 경제발전을 가속화하여 국민 여러분께서 편안하고 풍요로운 삶을 누릴 수 있도록 하겠습니다(1996. 1. 1. 대통령 신년사).

이러한 신자유주의 지배담론은 김영삼 정권의 경제정책인 '신경제 5개년 계획'에도 그대로 반영되었다. 경제회생론을 캐치프레이즈로 한 신경제는 '실질적인 개혁은 국가경쟁력 강화'라는 헤게모니적 담론기획의 핵심 목표 아래, 특히 '제국'으로서의 국익을 관철시키려는 미국의 공세적 세계화를 전폭적으로 수용하고, 세계시장에서의 경쟁력 제고를 위해 생산성을 높이는 신자유주의적인 '생산성의 정치'를 핵심으로 했다. 그것은 자본에 대한 탈규제화와 함께, 경제적 민주주의와 분배의 가치가 아니라 성장을 최우선시하는 것이었다. 따라서 문민정부라는 이름이 무색할 정도로 노동이 배제되고 억압된 반면, 재벌의 요구에 '굴복'하여 그 권력을 증대시키고 강화시키는 방향으로 김영삼 정권의 개혁과정이 진행된 것은 지극히 당연한 것이었다. 그러나 사익정부에 의한 국가의 대체를 의미하는 이러한 재벌의 영향력 증대는 일종의 부메랑 효과를 산출해냈는데, 그것이 바로 IMF위기라는 국가적 파탄이었다.

결국 "주부도 경쟁력"(1994, 공보처 공익광고)이라는 광고를 내보낼 정도로 김영삼 정권이 그토록 강조해 온 시장자유주의적 경쟁력 담론은, 최장집의 지적(1996, 299-230)처럼 "그렇지 않아도 이미 리바이어던적인 존재로 성장한 재벌의 헤게모니가 사회 전체를 압도하도록 방치하는 결과"와 함께, "시장에 의한 국가, 사익에 의한 공익의 대체현상을 두드러지게 하는 효과"를 필연적으로 낳을 수밖에 없었다. 그리고 이런 상황에서 '경제적 위기=노동자 책임'의 논리가 득세하게 되었으며, 노동자투쟁은 그 실체적 진실과는 무관하게 불법적인 집단 이기주의의 발로 또는 좌경폭력적 운동으로 치부되어버렸다. 예컨대 1995년 한국통신파업에 대해 '국가전복 기도'로 규정한 것은 신자유주의 세계화의 지배담론화와 동전의 양면이라고 할 수 있다.

(2) 제2차 민선민간정부와 민주주의의 위기화

정부수립 50년만에 처음 이루어진 여야간 정권교체를 여러분과 함께 기뻐하면서 온갖 시련과 장벽을 넘어 진정한 국민의 정부를 탄생시킨 국민 여러분……. 오늘은 이 땅에서 처음으로 민주적 정권교체가 실현되는 자랑스러운 날입니다. 또한 민주주의와 경제를 동시에 발전시키려는 정부가 마침내 탄생하는 역사적인 날이기도 합니다.……국민의 정부가 당면한 최대의 과제는 우리의 경제적 국난을 극복하고 우리 경제를 재도약시키는 일입니다.

국민의 정부는 민주주의와 경제발전을 병행시키겠습니다. 민주주의와 시장경제는 동전의 양면이고 수레의 양 바퀴와 같습니다. 결코 분리해서는 성공할 수 없습니다. 민주주의와 시장경제를 다같이 받아들인 나라들은 한결같이 성공했습니다. 그러나 민주주의를 거부하고 시장경제만 받아들인 나라들은 나치즘 독일과 군국주의 일본에서 보여준 바와 같이 참담한 좌절을 당하고 말았습니다(1998. 2. 25. 제15대 대통령 취임사).

'국민의 정부'를 표방한 김대중 정권은 선진적 민주정치를 비롯한 민주적 시장경제, 보편적 세계주의, 창조적 지식국가, 공생적 시민사회, 협력적 남북관계 등을 '제2건국'의 6대 개혁 지표로 설정하였으며, 이를 통한 '민주주의와 시장경제의 병행 발전'을 국정의 기본 목표로 제시하였다. 즉, 민주주의는 시장경제 발전에 필요한 에너지를 만들고, 시장경제는 민주주의가 건실하게 발전하는 데 필요한 물적 기반을 제공해주는 상호 보완적인 요소라는 것이었다.

헌정사상 최초로 선거를 통한 평화적인 수평적 정권교체말고도 김대중 정권은 '준비된' 대통령의 개혁적 성격, IMF 위기관리 능력에 대한 기대 등으로 인해, 시민·사회단체들로부터 역대 어느 정권보다도 찬사를 받은 것이 사실이다[34]. 환호의 절정이었던 정부 수립 이후 최초의 남북정상회담과 6.15 남북공동선언은 한반도 평화 분위기 조성과 남북관계 개선의 물꼬를 트면서, 냉전반공주의와 레드 콤플렉스의 위력을 현저히 약화시키는 데 크게 기여하기도 했다. 이와 함께 비록 독재에 대한 정략적 '대타협'[35]이라는 '역사에 대한 이율배반'(조현연 2001b) 속에서 진

---

34) 15대 대선이 끝난 직후 시민·사회단체들은 "헌정사상 최초의, 선거를 통한 정권교체가 한국 민주주의의 질적 도약을 할 수 있는 새로운 전망을 열었다"는 내용의 '성급한 축하 성명'을 발표하기도 했다.

35) DJP연합, 전두환·노태우의 석방·사면·복권과 국가 원로 예우, 이승만 흉상의 국회

행되긴 했지만, 민주화운동 관련자의 명예회복 및 보상, 의문사 진상규명 활동과 함께, 국가인권위원회, 민주화운동기념사업회 등의 발족 등은 민주역사의 복원과 민주화투쟁의 역사적 현재화라는 의미를 지닌 것이기도 했다. 이러한 일련의 과정은―비록 국가보안법이 여전히 존재하고 또 적용되고 있긴 하지만― '냉전반공주의에 포획된' '비정상적'인 자유민주주의에서 '정상적'인 자유민주주의로, 즉, "기본적으로 국가가 최소한 형식적 자유, 형식적 민주주의를 보장하고 국가 자체는 형식적 중립성을 가지는 자본주의국가의 한 민주적 지배형태"[36](손호철, 1991, 376)로의 변화 추세를 보여주는 하나의 징표라고도 할 수 있었다.

그러나 온당한 의미에서 민주주의의 실현이란 정치와 경제라는 두 수준에서 동시에 민주적인 체제로 전환될 때, 비로소 가능할 수 있는 것이다. 경제적 조건의 혁신과 사회적 기반의 변화 없이 단지 민주적 경쟁의 틀의 제도화 등 절차적 차원에서의 정치적 민주개혁만으로는 민주주의가 공고화될 수 없으며, '더 많은 민주주의'의 실현은 요원하기 때문이다. 문제는 노동시장 유연화·탈규제·민영화 등 신자유주의 세계화의 국가적 수용, 즉 "'정체된 민주개혁'과 '과감한 신자유주의적 개악'의 이중주"(손호철 2000, 2)가 자유민주주의의 정치적 '정상화'로의 변화 추세를 현저히 약화시켰다는 데 있었다. 자유민주주의 속에 내재해 온 자유주의와 민주주의간의 갈등과 모순이 이를 지탱해 온 물적 토대의 위기와 함께 첨예화되면서, '민주주의에 대항하는 자유주의'의 제로섬적

건립, 국고 지원에 의한 박정희기념관 건립 추진 등은 '과거와의 화해'와 '국민 화합'이라는 미명 아래 진행된 독재의 정략적 대타협이자 독재의 미화 과정에 다름 아니었다.

36) 이에 덧붙여 손호철은 자유민주주의란 "자본가계급이 물적 토대와 헤게모니를 기초로 하여 노동자계급 등 민중부문을 형식적인 면은 물론 실질적인 면에서까지 배제시키는 것이 아니라 체제내에 포섭하고 '동의'와 강제력이라는 두 개의 통치기제 중 동의를 주된 통치 기제로 하여 자본주의적 질서를 유지하고 재생산시킬 수 있을 때 가능한 체제"(1991, 376)라고 말하고 있다.

인 공세(손호철 1992, 457)로 나타난 것이었다. 이러한 상황에서 "국민이 주인 대접을 받고 주인 역할을 하는 참여민주주의의 실현"(1998. 2. 25. 제15대 대통령 취임사), "인권과 민주주의에 앞서가는 민주선진국가" (2000. 1. 3. 대통령 신년사), "민주인권국가의 구현"(2001. 1. 1. 대통령 신년사) 등의 언술이 '빛 좋은 개살구'에 지나지 않은 채 '날개 없는 추락'을 한 것은 당연했다.

한편 그것은 다음과 같은 대통령 취임사에서의 발언에 대한 자기 부정으로, 즉 IMF 위기를 극복하기 위해 제시된 이른바 고통 분담이란 것이 노동자 서민들에 대한 일방적인 고통 전가로 나타나기도 했다. 그것은 과거 권위주의 산업화에 의해 구축된 사회적 지배관계의 '정상화'(normalization), 즉 "본질을 건드리지 않는 한계 내에서 지배집단의 단기적 이익의 희생을 통해 종속계급의 통합을 촉진시킴으로써 지배적 사회관계를 안정화시키는 과정"(박상훈 1996, 191-192)의 포기선언에 다름 아니었다.

우리 모두는 지금 땀과 눈물을 요구받고 있습니다.……정치, 경제, 금융을 이끌어온 지도자들이 정경유착과 관치금융에 물들지 않았던들 그리고 대기업들이 경쟁력없는 기업들을 문어발처럼 거느리지 않았던들 이러한 불행한 일은 일어나지 않았을 것입니다. 잘못은 지도층들이 저질러놓고 고통은 죄 없는 국민이 당하는 것을 생각할 때 한없는 아픔과 울분을 금할 수 없습니다 (1998. 2. 25. 제15대 대통령 취임사).

우리는 알 수 없다. 왜, 우리가 쫓겨나야 하는지를! 우리 국민이 수십 년 땀 흘려 이룬 경제가 하루아침에 주저앉았고, 정부와 재벌 탓이라고들 하는데, 정작 쫓겨난 것은 우리다. 무능한 정부는 여전히 떵떵거리고 나라 말아먹은 재벌은 오히려 이자놀이에 여념이 없는데, 묵묵히 일해 온 우리가 거리로 내

몰려야 하는 이유가 무엇인가? 책임져야 할 사람이 책임지지 않고, 무고한 사람을 단죄하는 것이 우리 사회의 도덕인가? 우리는 분노한다. 자살을 강요하는 정부 정책에 분노한다!……자애로운 자연은 햇살과 물을 주지만, 〈국민의 정부〉는 우리에게 무자비한 정리해고와 바닥 보이지 않는 절망을 줄뿐이다. 우리는 일하고 싶다. 우리는 살아야 한다. 우리에게도 먹여 살려야 할 가족이 있다!(1998. 4. 23. 제1차 실업자대회 참가자 일동, 「실업자 선언」).

결국 김대중 정권이 국정의 기본 목표이자 헤게모니 프로젝트의 일환으로 야심차게 설정한 '민주주의와 시장경제의 병행 발전' 또는 '민주적 시장경제'는, 신자유주의 세계화 논리가 지배적으로 관철되는 가운데 수사적 담론으로만 그치고 말았다. 신자유주의적 구조조정의 대치물이 아니라 보완물로 등장한 '생산적 복지'라는 것도, 시장 논리의 특권화 속에서 한갓 말의 성찬에 머물고 말았다. 그리하여 "새천년은 정부·시장·시민사회가 국가와 세계 발전을 위한 3대 축을 이루고 서로 협력하는 시대"로서의 '새천년'(2000. 1. 1. 대통령 새천년 신년사)은, 말과는 달리 시장의 일방적인 특권화 속에서 첨예한 사회적 갈등과 대립을 양산해내는 새천년이 되었을 뿐이었다.

"우여곡절 끝에 구조조정에 성공했다고 하더라도 그것은 기득권층의 주도에 의한 '어둡고 우울한 성공'이 될 것이며, 민주주의의 퇴행과 역사 진전에 쓰디쓴 좌절을 가져오게 될 가능성도 충분"하다는 이병천의 지적(1998, 12)처럼, 여전히 사회적 불평등과 온갖 차별적 억압에 시달리며, 민주주의의 과잉이 아니라 '민주주의의 과소'로 고통받고 있는 현실 속에서 신자유주의 세계화의 지배적 관철[37]이란, 사회적 관계의 총체적

---

37) 신자유주의의 기본 논지는 사회적 평등의 실현이란 명목 하에 진행된 '민주주의의 과잉'으로 인해 국가가 개인의 권리를 침해하기에 이르렀으며, 이로 인해 개인적 자유 또는 시장적 자유가 침해받고 있다는 것이다.

파탄이자 자유민주주의의 자기 파괴에 따른 민주주의의 위기화 과정으로서 역사적 퇴행의 길이라는 것을 의미할 뿐이었다. '여러분, 부자되세요'로 상징되는 금전만능주의 담론의 대중적 각인과 확산, 영어 배우기 광풍과 영어공용화론의 대대적인 유포는 그 사회적 결과의 한 단면을 잘 보여준다고 할 것이다.

5. 자유민주주의 지배담론의 지배 효과

기획으로서의 지배담론의 생산과 그 결과로서의 지배 효과가 동일시될 수 있는 것은 아니며[38], 지배에 대한 동의나 정당성이 강제력의 뒷받침 없이 담론만으로 획득될 수 있는 것도 아니다. 그럼에도 물리적 강제력의 행사만으로는 지배질서가 안정적으로 유지될 수 없다는 점에서, 국가에 의한 효과적인 담론정치의 구사 및 이를 통한 대중의 자발적 지지나 순응의 획득 여부는 중요하다고 할 것이다. 그렇다면 한국 사회에서 자유민주주의 지배담론은 어떤 지배 효과를 발휘해 왔는가?

한마디로 말해, 생존의 위기와 독재 통치가 전 사회를 장악하고 있던 현실에서 자유민주주의란, 다수 대중들에게 단지 몽상가의 잠꼬대에 불과한 '불임의 담론'이거나, 아니면 여전히 지식인들 사이에서만 통용되는 추상적인 어떤 것일 따름이었다. 아래 김동춘의 두 가지 지적은 자유민주주의 담론의 대중적 침투 및 그 지배 효과에 관련해 많은 시사점을 던져준다.

---

38) 부르디외(P. Bourdieu 1991)에 따르면, 지배언어의 생산자와 수용자의 내적 범주가 일치되고 재생산되는 메커니즘, 또는 지배언어의 정당성에 대한 승인이 재생산되는 메커니즘이 효력을 발휘할 때 비로소 담론의 지배효과는 기능한다고 한다(박상훈 1995, 5에서 재인용).

인구의 70퍼센트에 달하던 농민들이 고리채에 시달리고, 30만 명의 절량 농가가 보릿고개로 신음하며, 수많은 고학생들이 피를 팔아 힘겨운 생계와 학업을 이어 가던 때이다. 도시의 청년들은 전쟁의 잿더미 위에서 실존주의에 탐닉하여 극단적인 절망, 허무주의에 빠졌으며 구미 문화의 쓰레기를 주워 섬기는 넋 나간 삶을 살아가고 있었다. 『경향신문』이 강제로 폐간되고 국민의 사상과 양심의 자유를 억압하는 것을 내용으로 하는 국가보안법의 개악안이 통과되었다. 이러한 조건에서 민주주의 혹은 자유라는 말은 정치가의 레토릭이거나 책 속의 현실과 실제 현실을 착각하면서 살아가는 몽상가의 잠꼬대와 같은 것이었다고 해도 좋을 것이다.(2001, 117)

탈출, 즉 이농을 꿈꾸는 농민에게 이데올로기나 지배담론은 일방적으로 '침투' 된 것이 아니라 대체로 무의미한 것이었다. '자유민주주의', '민족주의', '인권' 과 '생존권' 은 민중에게는 고매한 이상이었지만 여전히 추상적이었고, 당장의 일자리, 빈곤 탈피는 이들의 '일상적 삶에 응고된' 생활논리였던 것이다(1994, 248-249).

한편 이와 마찬가지로 '잘살아보세' 라는 합창이 상징하듯이 민중들의 탈빈곤 열망과 개발독재에 의한 '장미빛 환상' 의 조화로운 만남이 이루어지던 현실에서도, 자유와 민주, 자유민주주의의 담론은 큰 효과를 발휘할 수 없었다.

박정희 초기의 조국근대화 지배담론은 그 내적 논리 구성상의 긴장에도 불구하고, 그러한 긴장을 봉합할 수 있는 물적 기반을 확보하는 데 성공함으로써 그 자체로 상당한 지배효과를 산출해낸 것이 사실이었다. 그것은 박정희식 개발독재가 급격한 경제발전과 사회 변화를 동반함으로써 산업화에 대한 집합적 열정을 동원하는 데 성공했다는 것을 의미한다. 이것은 이 시기까지 냉전반공주의가 그리 빈번히 동원되지 않았다는 것, '여촌야도' 라는 투표 현상이 고정화되었다는 것, 그리고 이른바 '한강의 기적' 의 조짐이 보이던 1967년 대통령선거에서 박정희가 압승했다는 사실로도 어느 정도 입증된다고 하겠다. 1967년 한 여론 조사에 따르면, 박정희 통치의 제3공화국 시절 지식인들의 경우 경제성장을 위한 '자유민주주의의 변형과 제한' 의 불가피성에 상당히 긍정적인 태도를 갖고 있는 것으로 나타났다. 즉, 조사 결과 경제발전을 위해 개인의 자유를 희생할 수 있다는 생각을 가진 사람이 60% 정도의 비중을 차지하고 있었다(고려대 사회조사연구소 1967; 김농춘 1994, 236에서 재인용).

여기서 노동자들도 예외가 될 수는 없었다. 당시 노동자들의 경우 대체로 저학력의 여성 노동자가 많은 비중을 차지하고 있었으며, 대부분 농촌의 청소년들이나 이농한 농민들이 생계를 위해 도시에 정착하면서 노동자로 변신한 것이었다. 따라서 이들에게 공장제도란 거부감과 두려움, 나아가 착취의 대상이라기보다는, 오히려 농촌의 빈곤을 탈피할 수 있는 기대와 희망의 대상이었다. 그리고 병영식 노동통제와 시장전제주의적 통제 속에서 이중적으로 억압을 받고 있던 노동자들의 투쟁은 전적으로 사업장 내의 문제 해결에 국한되어 있었다. 따라서 정치 · 사회문제 일반에 대한 관심과 그에 대한 정치적 비판이나 저항 활동을 전개하기란 거의 불가능했다.

이것은, 일종의 수동혁명의 성격을 띤 박정희의 근대화 프로젝트가 그 견인차 역할을 부여받았던 재벌을 중심으로, 성장의 수혜를 받은 중산층, 고용기회를 부여받은 노동자의 상당 부분, 그리고 새마을운동을 통해 동원되고 소득증대로 혜택을 받은 농민을 광범하게 포섭하는 '발전주의적 지배동맹' 을 형성(최장집 1996, 231 참조)해내는 데 상당 기간 동안 성공했다는 것을 의미하는 것이었다.

그러나 경기침체가 주기적으로 반복되고, 또 독재통치의 실상이 알려지고 이에 대한 회의가 확산되면서 이러한 발전주의적 지배동맹의 힘은 점차 약화될 수밖에 없었으며, 그것은 일단 선거를 통한 정치적 지지의 철회로 나타났다. 나아가 경제적 빈곤과 빈부격차의 심화에 따른 상대적 박탈감의 증폭, 폭력적 독재통치의 일상화에 따른 인권 유린이 '인내의 임계점'(critical point of endurance)에 도달한 상태에서, 특정한 정치적 계기가 주어지자마자 민중들은 생존권 보장과 함께 민주화와 자유를 외치면서 거리로 쏟아져 나오기 시작했다. 10.26사건 직후부터 조성된 1980년 '서울의 봄' 이 바로 그것이었다.

이처럼 지난 권위주의 독재 시절 역대 정권의 공식적인 최상위의 지배 담론으로서 자유민주주의는 그 자체로서는 동원적 기능을 전혀 수행하지 못한 반면, 역으로 오랫동안 저항세력의 대항담론으로 동원됨으로써 지배담론 구성 내에서 매우 불안하게 결합되어 왔다고 할 수 있다. 이러한 지배담론으로서의 자유민주주의의 대중적 효능의 결여는 국가 구성 원리의 확립의 실패를 의미하는 것이자, 이러한 실패는 곧 담론정치적 차원의 지향 목표와 실제 권력의 작동 사이의 괴리로 인한 정치불안정의 악순환적 반복을 의미하는 것이기도 했다.

이 시기동안 동의에 기반한 헤게모니적 지배와 관련해 자유민주주의를 대신한 것이 바로 냉전반공주의였다. '반공규율사회' 39)의 형성 속에서 냉전반공주의에 기초한 국민총동원체제는, 자연스럽게 반공의식에 기초한 자기 검열 및 통제 메카니즘을 정착시켰기 때문이다. 그렇지만 그것이 소외된 민중들로부터 '도덕적 지도력'을 통한 지지와 동의의 획득에 효과적이었다는 것을 반드시 증명해주는 것은 아니었다. 냉전반공주의는 국가폭력의 전면화를 통한 공포의 지배에 의해서만 관철될 수 있는 것이기 때문이었다. 그 법적 · 제도적 기제인 국가보안법 체계의 존립

---

39) 시민사회의 반공주의적 왜곡화로서 반공규율사회란 반공이 일종의 의사(疑似) 합의로 존재함으로써 국민적 통제와 규율의 주요 기반이 되는 극우 반공주의적 사회를 의미한다. 이에 대해서는 조희연 편(2001) 제1장; 조희연 편(2002) 제1장 참조.

과 그에 따른 '희생양의 정치' 메카니즘의 항상적 작동이야말로, 민중들로부터 자발적 동의와 도덕적 지지, 즉 헤게모니적 지배를 이끌어내기에는 냉전반공주의의 효능이 극히 적다는 사실을 반증하는 것에 다름 아니었다. 냉전반공주의는 국가폭력 그 자체였던 것이다.

한편 1980년 5월 광주에서 87년 6월 민주항쟁과 7~8월 노동자 대투쟁에 이르는 개발독재 위기의 시기는, 자유민주주의 지배담론에 대한 범국민적 차원의 각성과 성찰이 있었던 시기라고 할 수 있다. 신군부가 자행한 다단계 쿠데타와 광주대학살의 대참상을 목도하면서—물론 공포 속 침묵의 시간이 일시적으로 존재하기는 했지만—5공독재의 폭력성과 야만성에 대한, 즉 전두환 5공독재가 표방한 자유민주주의 지배담론의 허구성에 대한 비판이 광범하게 제기된 것이다. '독재 타도, 민주 쟁취', '직선제 개헌'이라는 슬로건의 대중화가 상징하는 것은 권위주의적 독재 현실에 대한 거부와 함께, 과거와는 달리 저항담론 차원에서 자유민주주의의 범국민적 수용이 이루어졌다는 사실이다.

이러한 자유민주주의가 명실상부한 지배담론의 위치를 차지하게 된 것은, 과도기로서 노태우 민선군부정권을 거친 뒤 '문민정부=민선민간정부=자유민주정부'라는 등식이 대중적으로 수용됨으로써 가능하였다. 그러나 그 본질이 '시장자유주의에 포획된 자유민주주의'였다는 것은 사회 전반에 심각한 문제들을 야기시켰다. 적나라한 경쟁의 세계에의 편입과 그에 따라 '자본의 포로'가 된 시민사회와 생활세계, 개별화되고 파편화된 사회적 관계의 표현으로서 이른바 '가족개인'(family individual)화 현상[40]의 심화는 그것의 집약적 표현이라고 할 수 있으며, 사회적 연대를 통한 집합적 저항의 부재 또는 무력함은 그 당연한 귀결

---

40) 여기서 가족개인화란, 노동자와 중간층으로 구성된 한국의 시민들이 여전히 권리는 누리되 책임을 지지 않으려는 인간형에 속한 채, 선거 참여를 제외하고는 공공영역에 참가하려는 실천 의지를 갖지 않는 현상을 의미한다.

이라고 할 수 있었다.

정치적 격변의 시기마다 진보와 보수의 정치적 판단을 본능적으로 배합해낸 야누스적인 얼굴을 지닌 도시 중간층의 경우, 자본의 헤게모니에 편입됨으로써 사회공동체 차원의 꿈과 이상보다는 자신의 물질적 안락을 훨씬 더 소중하게 생각하며, 또 자유보다 안락한 삶을 선호하려는 경향이 훨씬 더 강하게 나타내 온 것이 사실이다. 그리고 적자생존과 약육강식의 극한 경쟁을 강요받는 상황에서 현실세계의 노동자들이 '프로메테우스적인 도전과 반역의 정신'으로 무장되어 있으리라고 판단하는 것은 관념적 착각(조현연 2001a, 361-362)일 뿐이었다. 결과적으로 민주주의의 심화와 확산을 가로막고 있는 것이 오히려 시민사회라는 인식을 가능케 한 현상들이 속출한 것은 이러한 시대적 상황의 필연적 귀결이었다.

그러나 신자유주의 세계화의 야만적 광풍이 시대의 절망을 빚어내고 있다 하더라도, 그 반전의 가능성마저 사라진 것은 아니다. 중산층 신화의 붕괴와 가족의 파괴적 해체, 비정규직 노동자들과 청년 실업자들의 양산, 부익부 빈익빈 현상의 심화와 20 대 80 사회의 도래, 악화일로에 있는 상대적 박탈감의 증폭 속에서, 노동자와 서민들은 인내의 임계점이 어디인가를 지속적으로 시험받고 있기 때문이다. 민주주의의 가속적 위기화와 퇴행화, 가중되는 삶의 고통 속에서 과연 대중들의 인내가 체제에 대한 집합적 저항으로 돌변하는 임계점은 어디일까? '얼치기 개혁정권'인 노무현 참여정부(홍세화 2003, 8)는 이 위기와 도전을 과연 돌파해 낼 수 있을 것인가? 만약 그렇다면, 그 돌파의 방향은 민주주의의 심화와 확산을 위한 순풍일 것인가, 아니면 민주주의의 위기를 가속화시키는 역풍일 것인가?

6. 맺음말

지금까지 이 글은 자유민주주의 지배담론이 국가에 의해 역사적으로 어떻게 형성되어 왔으며, 어떤 역사적 변천의 궤적을 그려왔는지, 그리고 그 지배 효과는 어떠한지를 역대 대통령의 취임사와 신년사 및 시대 상황 등을 통해 살펴보았다. 결론을 요약하면 다음과 같다.

첫째, 한국 사회에서 자유민주주의는 역사적, 정치적 실제 상황과는 무관하게 형식적이나마 '최소한 공개적으로는 범할 수 없는 성치석 신성성을 대표하는' 최상위의 담론으로 국민적으로 수용되었으며, 반공주의, 발전주의, 국가주의 등과 함께 국가의 중핵적인 지배담론의 구성 요소였다. 그러나 지난 권위주의 독재 시절 자유민주주의의 의미 구성에서 주요한 측면은 방해적 양식이 아니라, 냉전반공주의와 결합되어 북한 사회주의 또는 민주주의의 확산과 심화에 대한 적대적 대항논리를 구성하는 해석적 양식이 지배적이었다.

둘째, 그 과정에서 '정상적'인 자유민주주의 지배담론은, 한편으로 그 자체로는 효과적인 대중적 침투를 통한 동원적 기능을 전혀 수행하지 못한 채 반공주의와 동일시되거나 또는 반공주의를 보조하는 기능적 담론으로서 그 의미가 제한되었고, 다른 한편으로는 정치적 반대의 저항담론적 공간을 제공해 왔다는 것이다. 지배담론으로서의 자유민주주의는 대외적으로는 공산권의 위협에 대항하는 반공정책의 이념적 지주이자, 대내적으로는 기득권 수구세력의 권위주의적 통치를 정당화해주는 외피로서, '자유주의 없는 자유민주주의', '민주주의 없는 자유민주주의'로 오랫동안 기능해온 것이 사실이다. 그것은 한마디로 가장 퇴영적인 형태의 자유민주주의, 즉 '냉전반공주의에 포획된 자유민주주의'였다.

셋째, 이러한 사실은 한국에서 자유민주주의를 논의하고 실천할 만한 사회세력이 부재했다는 것을 반증해준다. 즉, 서구와는 달리 한국의 부르주아계급은 냉전분단반공체제와 국가주의적 발전동원체제의 수혜자로서, 국가권력의 보호와 지원 속에서 계급적 기득권을 향유해 온 것이다. 따라서 서구 부르주아계급이 국가권력에 대한 독자적인 헤게모니, 즉 국가에 대한 시민사회의 우위를 형성하는 가운데 발전해온 것과는 달리, 한국의 부르주아계급은 국가권력을 통해 자신들의 기득권을 유지해 온 계급적 취약성으로 인해 민주화에 적대적이었던 것이다. 이런 점에서 '부르주아 없이 민주주의 없다'는 서구의 역사적 맥락에서의 테제의 경우, 최소한 한국 사회에서만큼은 설득력이 전혀 없다고 할 것이다. 역사의 실체적 진실은 오히려 '아래로부터 민중들의 저항 없이 민주주의는 없다'는 테제가 타당하다는 것을 증명해주기 때문이다.

넷째, 민주주의 이행의 시대에 들어와 '반공주의적 자유민주주의' 지배담론의 사회적 영향력이 쇠락하는 가운데, 자유민주주의 담론이 국가적 차원의 지배담론으로서 명실상부한 지위를 차지하기 시작했다는 사실이다. 이 과정은 상호 충돌되는 이중적 흐름의 현실화를 함축하고 있다. 한편으로 그것은 '냉전반공주의에 포획된' '비정상적'인 자유민주주의에서, 형식적 자유와 형식적 민주주의를 보장하는─자본주의 국가의 한 민주적 지배형태를 의미하는─'정상적'인 자유민주주의로의 변화과정을 의미한다. 그러나 다른 한편으로 그것은 '민주주의에 대항하는 자유주의'의 제로섬적 공세 속에서 시장자유주의로 고정화된 '자유주의'적 민주주의의 지배담론화 과정을 의미하기도 한다. 후자의 과정은 신자유주의 세계화 논리의 국가적 수용과 궤를 같이 하는 것이며, '정상적'인 자유민주주의로의 변화에 대한 왜곡과 굴절, 사회적 지배관계의 '정상화'에 대한 포기는 그 결과적 현상이었다. 이와 함께 그것은 한국의 부르주아계급이 이제 비로소 국가권력으로부터 자유로워지기 시작했다는 것을 의미하는 것이기도 하다. 결국 자본 주도의 보수적 시민사회가 강화되는 추세 속에서, 가속적 위기화와 역사적 퇴행화의 길로 나아가고 있는 것이 오늘날 한국 민주주의의 현주소라고 할 수 있다.

끝으로 한 가지 더 덧붙일 말은, 해방 이후 오랫동안 한국 사회의 민주주의 논쟁은 무정형적이고 무이론적인 현실 논리에서 출발하여, 지배와 저항의 대립과 갈등과 충돌을 통해 점차 구체성을 획득해 왔다는 사실이다. 따라서 저항적 실천 및 저항담론과의 긴밀한 접목 속에서 지배담론의 분석이 이루어져야 함에도 공동 연구의 연차별 주제 구성상 그것이 이루어지지 못했다는 점에서, 이 글은 기본적으로 한계를 지닐 수밖에 없다는 점을 밝히면서 글을 마친다.

| 참고문헌 |

견학필. 1990. 『현대 민주주의와 한국정치』. 인간사랑.

고려대 사회조사연구소. 1967. 『지식인과 근대화』.

공보실. 1959. "리대통령각하의 민주주의적 정치이념". 『우리대통령 리승만박
　　　사』.

김대곤. 1985. 『10 · 26과 김재규』. 이삭.

김동춘. 2001. "레토릭으로 남은 한국의 자유주의". 『독립된 지성은 존재하는
　　　가』. 삼인.

_____. 1994. "1960, 70년대 민주화 운동세력의 대항이데올로기". 역사문제연구
　　　소 편. 『한국정치의 지배이데올로기와 대항이데올로기』. 역사비평사.

김동택. 1992. "한국 사회와 민주변혁론: 1950년대에서 1980년대까지". 한국정
　　　치연구회 사상분과 편저. 『현대민주주의론 II』. 창작과비평사.

김영명. 1999. 『한국현대정치사』. 을유문화사.

김용민. 2003. "한국 정치에 있어서 보수와 진보: 무엇이 진보이고 무엇이 보수
　　　인가?". 서울대 한국정치연구소 제1회 한국정치 포럼 자료집. 『한국정
　　　치의 보수와 진보』.

김운태. 1976. 『해방30년사』. 제2권. 성문각.

김형욱 · 박사월. 1985. 『김형욱 회고록 제III부: 박정희 왕조의 비화』. 아침.

박상섭. 1986. "한국정치와 자유민주주의". 한국정치학회 편. 『현대 한국정치와
　　　국가』. 법문사.

박상훈. 1996. "'문민' 정치, 그 지배의 정치경제학". 한국정치연구회. 『정치비
　　　평』. 아세아문화사.

_____. 1995. "'뭉쳐야 산다'에서 '세계화' 까지—지배담론을 통해서 본 해방
　　　50년의 한국정치". 한국정치연구회. 『한정연 학술토론회 자료집』.

박정희. 1962. 『우리 민족의 나아갈 길』. 지문각.

_____. 1963. 『국가와 혁명과 나』. 향문사.

박찬표. 1997. 『한국의 국가형성과 민주주의』. 고려대학교 출판부.

박태순 · 김동춘. 1991. 『1960년대의 사회운동』. 까치.

백운선. 1981. "민주당과 자유당의 정치이념 논쟁". 진덕규 외. 『1950년대의 인식』. 한길사.

미하원 국제관계위원회 국제기구소위원회 편. 1986. 『프레이저 보고서: 유신정권과 미국의 역할』. 실천문학사.

서중석. 1994. "민주당 · 민주당정부의 정치이념". 역사문제연구소 편. 『한국정치의 지배이데올로기와 대항이데올로기』. 역사비평사.

손호철. 2003. "한국정치의 발전방향—진보적 시각". 서울대 한국정치연구소 제1회 한국정치 포럼 자료집. 『한국정치의 보수와 진보』.

_____. 2000. "4 · 13 총선과 김대중 정부 2년 평가". 신자유주의 반대 · 민중생존권 쟁취 민중대회위원회. 『4 · 13 총선과 김대중 정부 중간평가 토론회 자료집』.

_____. 1993. 『전환기의 한국정치』. 창작과비평사.

_____. 1992. "새로운 세계질서와 민주주의". 한국정치연구회 사상분과 편저. 『현대민주주의론 II』. 창작과비평사.

_____. 1991. "제3세계와 자유민주주의". 『한국정치학의 새구상』. 풀빛.

손호철 · 조현연. 2000. "박정희 통치 18년: 국가폭력의 일상화와 질식된 민주주의". (사)부산민주항쟁기념사업회. 『한국민주주의의 회고와 전망』. 한가람.

이광일. 2002. "'외부 정당의 출현'과 정치 지형의 변화". 학술단체협의회 심포지엄 자료집. 『한국의 민주주의, 종료된 프로젝트?』.

이나미. 2001. 『한국 자유주의의 기원』. 책세상.

이병천. 1998. "한국경제 패러다임의 반성과 전망". 이병천 · 김균 편. 『위기, 그리고 대전환 : 새로운 한국경제 패러다임을 찾아서』. 당대.

전재호. 2000. 『반동적 근대주의자 박정희』. 책세상.

정치철학연구회 편. 1959. 『전국정견선집: 4대 민의원 후보자』. 흑인사.

정해구. 2001. "한국의 국가 형성과 민주주의". 조희연 편. 『한국 민주주의와 사회운동의 동학』. 나눔의집.

_____. 1994. "미군정기 이데올로기 갈등과 반공주의". 역사문제연구소 편.
『한국정치의 지배이데올로기와 대항이데올로기』. 역사비평사.

조현연. 2002. "한국 민주화 과정과 정치적 보수지배체제의 재편". 『진보평론』.
11호. 현장에서 미래를.

_____. 2001a. "개발독재국가 위기 시기의 국가―제도정치의 성격과 변화". 조
희연 편. 『한국 민주주의와 사회운동의 동학』. 나눔의집.

_____. 2001b. "과거청산과 민주주의 역사 복원의 이율배반성". 민주노동당 정
책위원회. 『D-730 : 김대중정부 3년 평가와 대안』. 이후.

조희연. 2003. "한국의 국가 · 제도정치의 변화와 사회운동". 『한국 사회포럼
2003: 연대와 전진 심포지움 자료집』.

_____편. 2002. 『국가폭력, 민주주의 투쟁, 그리고 희생』. 함께읽는책.

_____편. 2001. 『한국 민주주의와 사회운동의 동학』. 나눔의집.

조희연 · 조현연. 2002. "국가폭력 · 민주주의 투쟁 · 희생에 대한 총론적 이해".
조희연 편. 『국가폭력, 민주주의 투쟁, 그리고 희생』. 함께읽는책.

최장집. 2003. "한국의 민주주의와 노무현 정부: 열망―실망의 악순환을 끊을 수
있나?". 대통령 자문 정책기획위원회. 『심포지움 자료집: 참여정부
100일, 현재와 미래』.

_____. 2002. 『민주화 이후의 민주주의』. 후마니타스.

_____. 1996. 『한국 민주주의의 조건과 전망』. 나남.

_____. 1993. 『한국민주주의의 이론』. 한길사.

홍세화. 2003. "얼치기 개혁정권". 〈한겨레신문〉. 6월 30일자.

프랜시스 후쿠야마. 1997. 『역사의 종말』. 한마음사.

Bourdieu, P. 1991. *Language and Symbolic Power*. Polity Press.

Jessop, Bob. 1982. *The Capitalist State*. New York Univ. Press.

제 6 장
민주화 이후의 한국정치와 지역주의 지배담론*
— '3김청산론' 의 담론동맹과 그 이데올로기적 기능을 중심으로

박상훈

1. 문제

이 논문은 민주화 이후의 한국정치와 지역주의를 이해하는 데 있어서 지배적 해석의 틀 내지 지배적 담론으로 생산, 소비되어온 이른 바 '3김 청산론' 을 다루고자 한다. 논의의 초점은 그러한 지배담론이 언제, 어떤 의미구조(thematic structure)로 형성되었으며, 또 어떤 조건에서 어떤 메 커니즘으로 확산되었나, 그리고 그것이 갖는 정치적, 이데올로기적 성격 과 효과는 어떤 것이었나 하는 문제들을 민주화 이후 전개된 정치 변화 의 맥락 속에서 분석하는 데 있다. 이를 위해서는 크게 두 단계의 작업이 요구된다. 하나는 지역주의에 관한 지배담론의 존재를 경험적으로 포착 하고 그 의미구조를 분석하는 것이다. 이 단계에서는 텍스트에 대한 내 용분석이 중심이 된다. 다른 하나는 텍스트 분석을 통해 얻어진 담론의

---

* 이 논문은 『아세아연구』 통권 112호(2003년 여름)에 발표된 글을 전제한 것이다.

의미구조와 그것이 만들어지고 조직된 정치, 사회적 맥락을 결합하여 분석하는 것이다. 비판해석학의 전통에서 말한다면 이는 해석에 대한 해석 혹은 맥락적 재해석이 되는 것이고, 헤게모니 접합이론의 관점에서 말한다면 담론의 의미구조가 어떤 정치경제적 실천과 제도적 요소에 의해 뒷받침되고 있는가 하는 것, 다시 말해 담론과 담론 외적인 요소의 접합을 규명함으로써 특정 담론이 갖는 정치적, 이데올로기적 성격과 효과를 분석하는 작업을 가리킨다[1].

　지역주의에 관한 지배적 해석이 어떤 내용으로 형성, 변화되었는가 하는 문제는, 민주화이후 한국 사회의 여러 각축하는 힘들의 구조와 특징을 분석할 수 있는 핵심적인 주제라고 할 수 있다. 누구나 동의할 수 있듯이 지역주의는 민주화 이후 정치의 세계를 지배하는 언어가 되었다. 지역주의는 대중적 지지 동원과 정치적 세력 확대를 둘러싼 정당 간 경쟁에서 늘 중심적인 이슈로 기능해왔다. 한국 사회에서 특정인 혹은 특정 세력의 정치적 입장을 판별할 수 있는 가장 좋은 소재는, 그가 지역주의를 어떻게 이해하는지를 들여다보는 것이다. 그것은 민주화 이후의 한국 정치를 이해하는 방식에 있어서 잘 드러나지 않는 민감한 차이를 보여주는 일종의 리트머스 시험지와 같은 것이다. 본론에서 자세히 논의되겠지만 민주화 이후 한국정치와 지역주의를 설명하는 데 있어서 지배적 위치를 차지해온 해석의 틀은 이른바 '3김청산론' 이라는 담론이다. 3김청산론이란, 한국 민주주의가 지역주의에 의해 지배되게 된 것은 오랜 권위주의 통치기간을 통해 야당지도자 혹은 대안적 정치엘리트로 이해되어온 '3김' 이 자신들의 정치적 이해 때문에 지역주의를 경쟁적으로 동원한 것의 결과이며, 그렇기에 3김의 청산 혹은 그들의 정치적 영향력이 제거되지 않는 한 지역주의는 극복될 수 없다는 내용으로 압축된다. 사태

---

1) 비판해석학과 헤게모니 접합이론의 이론적 전제와 이로부터 도출할 수 있는 방법론적 절차에 관해서는 강명구 · 박상훈(1997) 제2장을 참조할 것.

의 원인과 결과를 개개의 구체적 인격체로 환원하여 도덕주의적 책임을 추궁하는 논리구조를 갖는다는 점, 따라서 정치현상 내지 정치적 사태를 둘러싼 구조와 힘 그리고 이들이 정치적으로 조직되는 특정의 체계와 패턴에 대한 이해를 진작하기보다는 왜곡 혹은 억압한다는 점에서 분명 3김청산론은 상식의 세계를 지배하는 통속적인 담론의 하나라고 할 수 있다. 그럼에도 불구하고 3김청산론에 주목하게 되는 것은, 이 담론이 매우 빠르게 여론시장과 정치의 세계 나아가서는 학술연구의 영역에까지 폭넓게 수용되었다는 사실이다. 더욱 흥미로운 것은 3김청산론이 보수적 견해를 갖는 세력의 전유물이 아니라, 개혁세력 혹은 진보파로 분류되는 인사들의 논의에서도 자주 재생산되었다는 점이다. 그야말로 보수와 진보의 균열라인을 가로질러 소통되는 담론이었던 것이다. 이것이 어떻게 가능했을까? 이 논문은 바로 이 문제가 한국의 지역주의 문제가 갖는 구조와 특성을 밝힐 수 있는 주제이자, 민주화 이후의 한국정치가 왜 지역주의 문제에 의해 압도될 수밖에 없었는가 하는 문제를 이해하는 매우 좋은 소재라는 전제로부터 출발한다.

분석에 동원되는 소재 내지 텍스트는 언론매체이다. 민주화가 가져온 가장 큰 변화는 선거시장과 여론시장의 역할이 커진 것이다. 민주화 이전의 정치는 권위주의 국가와 제도권 밖의 민주화운동이라는 두 축을 중심으로 이루어졌다면, 민주화 이후 정치의 중심축은 각기 선거시장과 여론시장을 주도하는 정당과 언론이 되었다. 그리고 여론의 권위적 분배의 기능이 점차 언론에 의해 주도됨에 따라 사회적 의미를 둘러싸고 헤게모니를 다투는 영역은 언론으로 옮겨졌다. 따라서 언론매체는 민주화 이후 한국 사회에서 지역주의가 어떻게 해석되고 있으며, 어떤 해석이 지배담론의 위치를 차지했는지를 포착할 수 있는 가장 적합한 텍스트라 할 수 있다. 그러나 이는 언론이 사회에 존재하는 다양한 여론과 의견들을 반영하는 역할을 하거나 혹은 여러 경쟁하는 사회적 힘들이 자유롭게 헤게모니를 다투는 장(場)으로 기능하고 있기 때문이 아니다. 많은 학자들이 강조하듯이, 현대 민주주의에 대한 최대의 도전은 거대한 사기업으로 성장한 언론사들이 여론과 정치에서 지배적인 영향력을 발휘하게 되었다는 사실이다. 고전적인 민주주의 이론에서 가정했던 것과는 달리 현대 언론은 정치적 현실과 시민사회의 여론의 분포를 반영하는 매체가 아니라, 자신들의 조직적 이해와 선호에 맞게 여론과 정치의 세계를 만들어가는 독립된 주체로 기능해왔다(Meyer & Hinchman 2002). 한국은 하나의 극단적인 사례로 이해될 수 있다. 민주화 이후 한국 사회에서 지배적인 힘의 조직자는 국가에서 언론으로 옮겨졌다(최장집 2002). 정치의 제도적 틀은 민주화되었지만, 냉전반공주의와 권위주의 산업화에 기원을 갖는 지배연합의 헤게모니는 주류언론을 통해 재조직되었다. 특히 조선일보, 동아일보, 중앙일보로 대표되는 주류언론은 여론시장에서 독점적 위치를 차지해 왔을 뿐 아니라, 중요한 사회적 쟁점에 관한 해석의 틀 내지 규범적 평가기준과 가치의 생산 및 유통을 주도해왔다. 방송과 그 밖의 신문매체들은 대개의 경우 이들 주류언론이 생산한 지배적 담론을 재생산하는 역할을 하거나, 다른 해석의 틀을 갖고 있다 하더라도 그 영향력은 크지 않다. 따라서 이 논문이 초점을 두고 있는 것은, 다원적 의견의 수동적 반영자 혹은 공공적 의견의 자유로운 소통장으로서의 여론매체가 아니라, 하버마스(J. Habermas)가 말하는 '권력화된 공론장', 즉 공개성의 원리가 갖는 순수성보다는 전략적 의도와 의사소통적 영향력을 통해 헤게모니의 영역을 지배하는 담론생산 주체로서의 언론에 대한 것이다(위르겐 하버마스 2001).

2. 접근 : 지배담론으로서의 지역주의

이 논문이 다루고자 하는 문제와 관련하여 다음과 같은 의문을 제기할 수 있을 것이다. 그것은 왜 지역주의 그 자체를 분석의 대상으로 접근하지 않고, 지역주의에 대한 담론 혹은 지역주의에 대한 해석을 대상으로 하느냐는 것이다. 이는 이 논문의 중심적인 주장과 맞닿아 있는 문제이자, 이후 경험분석의 전제를 확보하기 위한 예비작업으로서도 논의되어야 하는 중요한 문제이다. 이러한 질문에 대답하기 위해서는 우선 한국의 지역주의라고 하는 문제가 도대체 어떤 구조로 이루어져 있는지를 이해하지 않으면 안 된다.

한국의 지역주의를 연구할 때 겪는 가장 큰 곤란은, 그것을 어떤 객관적 실체 내지 경험적 범주로 환원하여 분석하기 어렵다는 사실에 있다. 무엇보다도 한국의 지역주의는 주관적 편견과 허위의식을 동반하는 강한 상부구조적 계기들에 의해 둘러싸여 있기 때문이다. 한국의 지역주의는 미국과 같이 남부의 플랜테이션 농업부문과 동북부의 산업 - 금융부문 간의 경제적 이해대립, 그리고 이와 뗄래야 뗄 수 없는 흑인노예를 둘러싼 인종문제에 기원을 두지 않는다. 마찬가지로 서구의 다문화국가에서 발견되듯이 종교, 언어, 종족, 전통, 역사적 차이에 의해 구분되는 문화적 지역공동체의 존재에 의해 설명되지 않는다. 한국은 통치의 지역적 다원성을 특징으로 하는 봉건제의 경험이 없고, 고려 말 대몽항쟁 이후 지난 천년 가까운 기간동안 한번도 자치나 분리를 지향하는 지역주의 운동이 없었다. 권위의 중앙집중화와 지방의 강권적 통합을 동반하면서 지역균열을 만들어냈던 서구의 근대민족국가 성립과정과는 달리, 한국의 경우는 근대 이전에 이미 강한 중앙관료체제하에서 홉스봄(Hobsbawm 1990)이 말하는 '역사적 민족'(historic nation)을 유지해왔으며, 긴 식민지배와 냉전체제에서 분단과 전쟁을 경험함으로써 지역적 정체성을 자극할 수 있는 역사적 계기를 갖지 못했다. 자율적 시민사회의 영역에서 지역주의가 집단적 갈등 내지는 물리적 폭력을 동반한 사례는 없으며, 지역주의 강령을 갖는 지역정당이 존재한 적도 없다.

비교정치학에서 말하는 지역주의란, 직업이나 계급과 같이 사회의 기능적 분화에 의해 분할(cross-cutting)될 수 없는 하위문화(sub-culture)로서의 지역공동체의 존재를 가리키는 개념이다[2]. 다시 말해 지역주의란 엘리트 충원과 같은 지위재나 경제적 자원 등 도구적 가치(instrumental value)의 재분배를 통해 대체 혹은 해체될 수 없는 소문화 지역공동체(ethnie)에 대한 충성심을 의미하는 것이다. 마찬가지로 지역주의 정당이란 이들 지역공동체의 이익과 열망을 실현하고자 하는 정치조직으로서, 지역공동체의 구성원이 사회 전체적으로는 항상 소수자의 위치에 있기 때문에 이들이 추구하는 정치적 대안은 다수결 민주주의(majoritarian democracy)에 대한 거부의 내용을 갖게 된다. 가장 일반적인 대안은 분리독립과 자치, 분권이며[3] 그 밖에도 미국의 예에서 볼 수 있듯이 작은 주들에게 부여된 비토권[4], 스위스와 같이 정부 형성에 소수정파도 공동 통치자로 참여하는 협의체주의(consociationalism)[5] 등이 있다.

한국의 지역주의가 이런 다문화국가에서 볼 수 있는 지역주의와 매우 다른 성격과 내용을 갖는다는 사실은 분명하다. 그간 지역주의의 문제로 일컬어져온 현상들—특정 지역에 대한 편견, 사회적 거리감, 경제적 자원과 엘리트 충원에서의 지역차별, 투표행태와 정당기반의 지역적 분절성 등—은 한국의 지역이 갖는 어떤 문화적 특성이나 기질, 사회경제적

---

2) 좀더 자세한 논의는 Hechter(1975), Beyme(1985), Smith(1986)를 참조할 것.
3) 서유럽 지역주의 정당의 정치동원의 특징에 대해서는 Beyme(1985)를 참조할 것.
4) 미국의 헌정구조에서 지역대표성의 문제와 비토권에 관해서는 Dahl(2001), Weingast(1996)를 참조할 것.
5) 소문화 지역공동체로 분절화된 사회(segmented society)에서의 민주주의가 갖는 정치적 특성과 협의체주의에 관해서는 Lorwin(1971), Lembruch(1974), Lijphart(1977)를 참조할 것.

차원에서 지역이 갖는 기능이나 역할 때문에 만들어진 것이 아니다. 삼국시대의 신라와 백제와 같이 근대 이전의 경험에서 오늘날 영남과 호남의 지역주의의 기원을 찾으려는 시도들은(신복룡 1990; 남영신 1991) 이론적으로 뿐만 아니라 경험적으로도 뒷받침될 수 없다[6]. 특정 지역에 대한 편견과 허위의식, 지역민 간의 사회적 거리감을 강한 지역주의의 영향력을 나타내는 지표로 설정하는 접근(고흥화 1989; 나간채 1991; 이남영 1998) 또한 많은 문제점을 갖는다. 이것 역시 특정 지역 혹은 지역민이 객관적으로 기피될만한 기질이나 특성을 갖고 있기 때문에 만들어진 것이 아니라, 빠른 도시화와 인구이동을 동반한 권위주의 산업화의 공간적 특성이 만들어낸 여러 정치경제적 계기들과 권위주의 체제의 수혜자들에 의한 작위적 동원의 결과로 이해되어야 하기 때문이다[7]. 투표행태나 정당의 지지기반에서 발견되는 지역적 분절화 현상을 지역주의 때문이라고 설명하는 것도 한계가 있다. 무엇보다도 기존 연구는 투표의 거시적 결과를 설명하는 독립변인으로서 지역주의를 인과적으로 분리하여 정의하는 데 성공하지 못했다. 기존의 설명은 표의 지역적 분절성이라는 거시적 결과가 곧 강한 지역주의의 효과를 입증한다는 전제 위에 서있을 뿐, 실제로 이 인과구조에서 지역주의라는 변인은 투표의 거시적 결과로 치환되는 가공의 장치일 뿐이다. 투표 결과 표가 지리적으로 불균등하게 분포되었다고 해서, 그것이 곧 지역주의 때문이라는 설명을 확증하는 것은 아니다. 정당체제적 차원에서 발견되는 지역적 분절화의 문제는 사르토리(Sartori 1976)가 말하듯이, 정치적 대표체제의 이념적 범위가 협애할 때 어느 나라든 피할 수 없는 결과이다. 정당체제가 자본주의

---

6) 시원주의적 접근(primordialist approach)에 대한 좀더 자세한 비판적 검토로는 박상훈
  (1998)을 참조할 것.
7) 권위주의 산업화의 공간적 특성 및 지역주의의 이데올로기적 동원에 대해서는 최장집
  (1988; 1991)과 박상훈(1998; 2000)을 참조할 것.

체제가 만들어내는 집단적 갈등과 균열을 대표하지 못할 때, 선거와 정당체제는 지역대표체제의 성격만을 갖게 되기 때문이다(Schmitter & Karl 1993). 따라서 샤트쉬나이더(Schattschneider 1960)가 강조했듯이, 정치적 갈등의 지역화 현상은 그 사회가 계급이나 이념과 같이 기능이익에 기반을 둔 갈등의 사회화가 억압되고 있다는 것을 나타내는 지표로 이해되어야 한다. 냉전, 분단, 전쟁의 조건 위에서 이념적으로 매우 협애한 정치적 대표체제를 갖게 되었고 이 기반 위에서 민주화가 이루어진 한국의 경우는, 이러한 고전적 정당체제이론이 잘 적용되는 사례이다. 경제적 자원 분배와 엘리트 충원에서의 지역차별을 지역주의의 원인으로 설명하는 접근(조기숙 1996) 또한 충분한 설명력을 갖지 못한다. 우선 객관적 지역차별의 구조와 주관적 차별 인식이 갖는 인과적 상관성은 체계적이지 않다. 권위주의 산업화를 거치면서 지역을 둘러싼 객관적 구조는 수도권과 영남에 편중된 개발혜택과 엘리트 충원을 가져왔지만, 실제 주관적 갈등인식은 반수도권이나 반영남의 형태로 나타난 것이 아니라 반호남의 내용을 갖는 것이었다[8]. 좀더 근본적으로는 만약 한국의 지역주의가 자원 분배와 엘리트 충원에서의 지역 간 차별의 문제라면, 사실 한국의 지역주의는 별로 중요한 문제가 아니라고 말해야 할 것이다. 무엇보다도 이러한 문제는 경험적으로 매우 분명하게 객관화할 수 있을 뿐 아니라, 정부의 산업정책, 인사정책을 통해 완화 혹은 해결가능한 도구적 가치를 둘러싼 갈등이기 때문이다. 실제로 민주화 이후 네번의 정부가 들어서는 동안 인사충원에 있어서의 지역편중은 사실상 사라졌다고 할 만큼 개선되었고, 집권당의 지지기반이 되는 지역이 다른 지역에 비해 좀더 큰 거시경제적 혜택을 받은 것도 아니었다.

한국에서 지역주의 문제의 핵심은 실제로 지역의 차원에서 설명될 수

---

8) 지역차별의 '객관적 구조와 주관적 인식의 비상응성'의 경험적 근거에 대해서는 박상훈(1998)을 참조할 것.

있는 정도와, 지역 혹은 지역주의 때문이라고 해석되는 인식의 정도 사이에 매우 큰 격차가 존재한다는 사실이다. 지금까지 살펴본 대로 한국에서 지역이라는 범주는 다른 사회균열에 의해서도 분할될 수 없을 만큼의 동질적인 경제적 이익을 갖는 단위이거나 혹은 어떤 역사적, 문화적 실체를 갖는 공동체가 아니다. 그럼에도 불구하고 놀라운 것은 민주화 이후 한국정치를 설명하거나 규범적 판단을 내리는 데 있어서, '지역주의 때문에' 문제라거나 '지역주의를 극복해야' 정치발전이 가능하다는 등, 지역주의가 중심이 되는 인과적 진술과 주장이 여론시장에서 별다른 증거없이 생산되고 있다는 사실이다. 주요 정치엘리트들은 '망국적인' 지역주의를 경쟁적으로 동원하여 해당 지역의 맹주가 되었고, 지역은 이들이 '깃발만 꽂으면' 그가 원하는 대로 투표하며, 따라서 다른 사실보다 해당 지역맹주의 생각, 예컨대 '김심(金心)'이 뭐냐가 중요하고, 이들이 존재하는 한 정치 변화는 불가능하다는 신화적 해석이 언론보도에 자유롭게 등장하는 것도 같은 현상이다. 근본적으로 이러한 설명들은 객관적 사태를 설명하는 것이라기보다, 언론이라는 해석자가 갖고 있는 한국정치에 대한 인식을 반영하는 것이라 할 수 있다. 논리적인 구조에서 볼때 설명변인으로써 지역주의는 인과적으로 분리된 실체가 아니며, 객관적 사실에 있어서도 반증의 예들은 많기 때문이다. 예컨대 14대 총선에서 민자당, 16대 총선에서 자민련과 민국당의 예에서 볼 수 있듯이, 지역주의에만 의존한 정당은 실패했다[9]. 경쟁하는 후보자 간 쟁점거리가 큰 경우 유권자의 출신지역별 투표행태의 차이가 나타나지 않는 사례도 많다[10]. 유권자의 의식이 정치엘리트의 전략적 의도를 뛰어넘는 경우는

---

9) 한국에서 지역주의 정당이 성공할 잠재력을 갖는 유일한 지역은 언어와 지리적 요소, 중앙집권적 국가로 통합되는 과정에서의 특별한 경험 등 일종의 원형적 지역성(proto-regionality)을 갖는 제주도뿐이다.

10) 좀더 자세한 논의는 박상훈(2001)을 참조할 것.

더욱 많다. 요컨대 '정치인들이 동원하는 지역주의에 지배되는 한국정치' 라는 이해의 방식 혹은 '사악한 정치인 - 어리석은 유권자의 설명모델' 은 실제의 현실과는 별개로 여론시장을 지배하는 '담론' 일 뿐이다.

이상의 논의를 통해 알 수 있듯이 한국의 지역주의는 객관적 사태로서 보다는, 주관적 해석과 의미구조를 둘러싼 갈등의 차원에서 좀더 잘 포착된다는 특징을 갖는다. 무엇보다도 한국의 지역주의 문제는 사실(facts)의 차원에서 기능하는 측면보다, 인식(perception)의 차원에서 작위적으로 만들어지고 동원되는 측면이 훨씬 더 크기 때문이다. 지역이라는 객관적 기초와 지역주의라는 인식 사이의 이러한 격차는, 한국에서 지역주의 문제를 둘러싼 논의를 끊임없이 주관적인 것으로 만든다. 그 격차의 공간은 갈등하는 세력들 각자가 이해관계에 따라 지역주의를 작위적으로 해석하고 동원하는 장(場)이 된다. 지역주의를 해석하고 말하는 방식은 어떤 정치적 입장에 서 있느냐에 따라 매우 다르게 나타난다. 이는 학술연구에 있어서도 마찬가지로 지역주의에 대한 연구는 그 주제가 어떤 것이든 현실정치적 함의를 강하게 갖기 마련이다. 따라서 객관적 지역차별의 구조와는 별개로, 담론정치 내지 이데올로기의 차원에서 작위적으로 만들어지고 변형되고 동원되는 지역주의의 이데올로기적 측면에 주목하지 않으면 안 되는 것이다[11].

11) 지역 간의 정치, 경제, 문화적 특성과 차별성에 기초를 둔 서구의 지역주의 문제와는 달리, 한국의 지역주의 문제는 이데올로기의 개념을 통해 포착되고 이해되어야 한다는 점을 강조한 최초의 대표적 연구는 최장집(1988; 1991; 1996; 2002)이 있다. 최장집은 한국의 지역주의 문제를 기존의 정치엘리트들 사이의 협약에 의한 보수적 민주화 이행으로 인해 사회운동 세력의 참여가 배제되고, 냉전과 분단을 거치면서 형성된 매우 협애한 이념적 대표체제의 구조적 제약이 그대로 유지된 채 이루어진 정초선거에서, 야당의 집권가능성을 억압하기 위해 권위주의 지배연합이 동원한 '반호남지역감정' 의 결과로 이해한다. 따라서 지역주의 극복의 대안으로 지역주의 의식의 개혁 내지 지역 간 화해와 협력을 강조하거나, 소외지역의 저항적 지역주의가 갖는 진보성에 근거한 지역 간 등권연합 및 협의체주의적 헌정구조로의 변화 등을 주장하는 기존 연

이제 지역주의라는 실체가 모호한 담론의 안개를 헤쳐가야 하는 긴 여행을 시작할 단계이다. 다음과 같은 질문으로부터 출발해보자. 여론시장을 주도하는 언론의 지역주의에 관한 해석의 틀은 어떻게 형성되고 변화되었나? 3김청산론이 지배담론으로 등장한 것은 언제이고, 어떤 정치적 이해관계 혹은 전략적 의도를 반영하나?

3. 주류언론에 나타난 지역주의

여론매체에서 지역주의와 관련된 기사가 만들어지는 계기는 모두 정치적인 것이었다. 지역주의와 관련된 기사의 거의 절대량은 선거 시기에 나타난다. 다른 경우는 1990년의 3당합당, 1994년 집권당에서 김종필의 출당, 1995년 자민련 창당 및 김대중의 정계복귀 등 정당구도(party format)의 변화를 가져온 사건이 계기가 된다. 그러나 이 역시 크게 보면 선거를 앞둔 정치경쟁의 한 과정이라고 볼 수 있다. 그 밖의 경우는 대개 정부의 인사와 관련된 것으로서 임명직 고급관료의 출신지역과 이에 대한 여야 논란이 주 소재가 되지만, 그 빈도나 영향력은 매우 작다. 다시 말해 선거와 같이 정치경쟁의 시기가 아닌 정상 상황에서, 그리고 정치사회 밖의 자율적 사회영역에서 지역주의와 관련된 갈등이 기사의 소재로 만들어지는 예는 찾기 힘들다는 것이다. 1987년 이후 지역주의 관련 기사의 빈도를 나타낸 다음 자료는 이를 잘 보여준다. 기사빈도가 높게 나타난 때는 예외없이 선거 시기가 아니면, 3당합당, 야당통합, 자민련 결성 등 정치경쟁의 구도와 관련된 변화가 나타났을 때였다.

구의 지역주의적 접근과는 달리, 지역주의의 작위적 동원과 이데올로기적 환치의 효과를 만들어내는 사회적 기반, 그 중에서도 특히 협애한 정치적 대표체제의 구조 변화를 강조한다(최장집 2002).

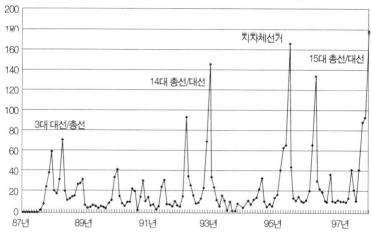

〈그림 6-1〉 지역주의 관련 기사의 출현빈도: 1987-1997년

출처: 위의 빈도는 1990년 이전의 기사에 대해서도 자동검색이 가능한 〈조선일보〉를 대상으로 '지역감
정, 지역차별, 지역소외, 지역갈등, 지역주의, 지역분할, 지역격차, 지역색, 지역대통령, 지역당'의
단어를 포함하고 있는 기사 수를 계산한 것이다.

주류언론에 나타난 지역주의 관련 기사의 의미구조는 크게 세 시기로
나누어 살펴볼 수 있다. 첫 번째 시기는 민주화 정초선거라 할 수 있는
1987년 대선과 1988년 총선까지의 기간이다. 이 시기 지역주의는 정치 -
사회적 혼란과 불안을 자극하는 소재로 권위주의 집권당이 적극적으로
동원하고자 하는 이슈였고, 주류언론도 이와 같은 방향에서 보도했다(송
근원 1994). 지역주의는 전근대적 지방 의식 내지는 영호남 간의 '망국적
인 지역 간 적대 감정'으로 정의되었고, 이로 인해 정치안정과 경제발전,
안보가 위협받을 수 있다는 것이었다. 이 과정에서 지역주의가 만들어지
고 동원될 수 있었던 정치경제적 원인과 구조에 대한 논의는 배제될 수
밖에 없었다. 그 결과 ① 한국의 지역주의가 갖는 호남배제적 의식과 이
를 자극하는 이데올로기 요소에 대한 비판적 해석이 부재했으며, ② 호
남의 지역의식과 다른 지역의 지역의식을 평면적으로 등치시키고 일률
적으로 비난하거나, 혹은 호남이 오히려 지역주의가 가장 심하게 나타난

곳이란 의미를 함축하였으며, ③ 호남의 소외의식을 서술할 경우에도 그 것을 어떤 비합리적인 '한(恨)' 내지 '응어리'라는 부정적 이미지를 접 합시키는 해석틀이 지배적인 담론으로 나타났다.

두 번째 시기는 1990년 3당합당에서 1995년 2월 집권당에서 배제된 김종 필이 신당 자민련을 창당하기까지의 기간이다. 이 시기는 그 이전과는 달 리 반대당과 사회운동진영에서 집권세력을 비판하기 위한 소재로 지역주 의를 적극적으로 동원했다는 특징을 갖는다. 무엇보다도 3당합당은 정치 적 대표체제에서 김대중과 평민당 그리고 그 지지기반으로서 호남을 배제 하는 정치적 지배연합의 내용을 가졌기 때문이다. 이를 계기로 집권연합 에 비판적 의미를 갖는 '지역패권주의' 담론이 정치적으로 동원력을 갖게 되었고, 3당합당에 참여하지 않은 정치세력과 재야세력은 통합야당으로 결집하였다. 1994년 집권당에서 김종필의 출당 파문 역시 같은 정치적 효 과를 낳았다. 이를 계기로 '저항적 지역주의'와 '지역등권론' 등의 담론이 동원되었고, 1995년 지방선거에서 집권당은 크게 패배하였다. 이 시기 언 론이 생산해낸 지역주의 관련 해석틀이 앞선 시기에 비해 크게 변한 것은 아니다. 그러나 흥미로운 것은 담론생산행위에 있어 이들이 보인 소극성 으로, 이는 지역주의에 대한 반대당의 적극적인 태도와 크게 대비되는 현 상이었다. 결과적으로 지역주의를 '영호남 대립', '망국적 지역감정'으로 보는 기존의 해석틀도 계속 생산되었지만, 반대당과 비판세력에 의한 '지 역패권주의'의 내용도 기사구성에 반영되었다. 그 결과 아래의 자료에서 알 수 있듯이, 서로 다른 의미구조를 갖는 기사들이 서로 같은 방향으로 움 직였으며, 특정한 의미구조가 지배적인 것으로 나타나지는 않았다.

세 번째 시기는 1995년 김대중의 정계복귀 이후 1997년 15대 대선에 이르는 기간이다. 김대중의 정계복귀와 민주당의 분열을 기점으로, 지역 주의의 해석틀을 둘러싼 정당 간 경쟁의 패턴은 다시 집권세력이 적극적 인 태도를 갖는 것으로 역전되었다. 주목되는 것은 주류언론의 태도이

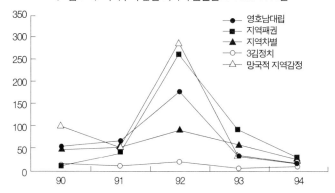

<그림 6-2> 지역주의 관련 기사의 출현빈도: 1990-1994년

- ● 영호남대립
- ■ 지역패권
- ▲ 지역차별
- ○ 3김정치
- △ 망국적 지역감정

출처: 위 기사빈도는 한국언론재단이 제공하는 기사 검색 사이트인 카인즈(www.kinds.or.kr)에서 10개 종합일간지 전체를 대상으로 위의 단어가 포함된 기사의 수를 조사한 것이다."

다. 주류언론은 김대중의 정계복귀를 "지역주의를 볼모로 한 퇴행적 태도"라고 비난하는 집권당의 해석을 그대로 수용했을 뿐 아니라, 지역주의에 대한 하나의 체계적 의미구조를 조직하기 시작했다. 그 핵심은 지역주의를 '3김'이라고 하는 1980년대 이래 한국의 반대당을 대표하는 세 정치엘리트의 책임으로 해석하는 것이었고, 내용적으로는 김대중과 야당에 대한 배제적 의미를 갖는 것이었다. 요컨대 언론은 지역주의의 원인과 구조에 대한 적극적인 해석자이자 규범적 심판자의 역할을 하였다. '3김청산론'으로 개념화된 이러한 해석틀은 다음과 같은 의미구조를 갖는다.

① 민주화 이후 한국정치를 제약하는 요인은 지역당 체제이다. 이는 3김이라고 하는 해당지역 지배엘리트가 유권자의 지역감정을 경쟁적으로 자극하여 만들어낸 지역할거주의의 내용을 갖는다.

② 지역주의는 출신지역이 동일한 정치엘리트를 맹목적으로 지지하는 전근대적 의식행태로 유권자의 정치적 결정에 가장 큰 영향을 미치는 요인이다. 지역주의의 중심 내용은 영호남 간의 망국적 지역감정이며,

이 때문에 충청도와 강원도에서도 반사적 지역주의가 만들어졌다.

③ 3김은 유권자의 지역주의를 볼모로 정치적 영향력을 행사해왔다. 따라서 지역당체제의 극복을 위해서는 3김청산과 같은 구정치엘리트의 퇴출과 함께 유권자의 탈지역주의 의식개혁이 필요하다.

3김과 지역주의를 동일시하는 이러한 해석틀이 얼마나 빠르게 주류언론에서 지배적 지위를 차지하게 되었는지, 그리고 3김청산론이 어떤 의미를 갖는지는 위의 자료가 잘 보여준다. 아래 자료는 전체 지역주의 관련 기사빈도 중 3김청산의 의미구조를 갖는 기사와, 이에 비판적인 지역패권주의의 의미구조를 갖는 기사의 비중이 어떻게 변화되었나를 보여준다.

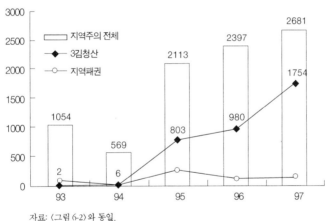

〈그림 6-3〉 지역주의 관련 기사의 출현빈도: 1993-1997년

자료: 〈그림 6-2〉와 동일.

위 자료가 분명하게 보여주는 것은 두 가지이다. 하나는 3김청산론의 담론이 이와 갈등적 성격을 갖는 지역패권주의 담론과 충돌하면서, 결과적으로 3김청산론의 담론이 지역패권주의 담론을 억압하는 기능을 했다는 것이다. 다른 하나는 1995년을 기점으로 지역주의와 3김을 동일시하는 해석틀이 양산되기 시작하여, 1997년에 이르면 전체 지역주의 기사의

65%에 이르게 될 정도로 매우 급속하게 확산되었다는 것이다. 그야말로 명실상부한 주류언론의 지배담론이 된 것이다. 이런 조건에서 언론은 다음과 같은 주장을 경험적 근거의 제시 없이도 자유롭게 하게 되었다.

　　중요한 것은 정치권뿐 아니라 대다수 국민 사이에도 지역주의와 3김정치, 지역주의 청산과 3김정치 청산이 어느새 동의어가 되어버렸다는 점이다(〈동아일보〉 1997. 12. 22. [지역주의] 기획 종합).

1996년 15대 총선과 1997년 15대 대선의 맥락에서 볼 때 3김청산론이 갖는 정치적 함의는 매우 분명한 것이었다. 조선일보의 다음의 기사는 이를 잘 보여준다.

　　많은 사람들이 3김청산을 얘기해왔다. 우리는 왜 30~40년을 3김씨에 묻혀 헤어나지 못하는가에 대한 반발이기도 하고 '참신'에 대한 동경 때문이기도 했다(〈조선일보〉 김대중 주필, [3김으로 보낸 33년] 1997. 11. 1.).

위 논리는 두 개의 진술로 이루어져 있다. 하나는 야당의 김대중 후보로 상징되는 3김은 많은 사람들에 의해 청산의 대상으로 인식되고 있다는 것이며, 다른 하나는 집권당의 이회창 후보는 많은 사람들이 동경하는 '참신'의 의미를 갖는 것으로 이해되고 있다는 것이다. 여기서 알 수 있듯이 3김청산론의 핵심적 의미구조는, 현실정치인에 대한 대중의 부정적 인식에 편승하여 권위주의 세력을 대표하는 집권당후보를 긍정하는 것이다. 이를 통해 정당 간 경쟁이 내용적으로 갖는 권위주의 대 민주주의, 보수 대 개혁의 차이와 갈등의 측면을 약화시키고자 하는 것이다. 그렇다면 이러한 의미구조를 갖는 3김청산론은 언제, 누구에 의해서 처음 조직되었을까? 그리고 어떻게 다른 의미구조를 갖는 담론을 제압하면서 그렇게 빠른 속도로 지배적 담론의 위치를 갖게 되었을까?

4. 3김청산론의 담론적 기원

아래 자료가 보여주듯이 신문을 중심으로 한 여론시장에서 지역주의
관련 기사가 처음 등장한 것은 1971년 대통령 선거에서였다. 그 다음은
1980년 이른바 '민주화의 봄'과 광주항쟁을 전후한 시기였다. 매우 작은
기사빈도를 보인 이 두 시기를 지나 지역주의 관련 보도가 본격적으로
생산된 것은 1987년 민주적 개방 이후의 시기부터였다고 할 수 있다.

〈그림 6-4〉 지역주의 관련 기사의 출현빈도: 1920-1997년

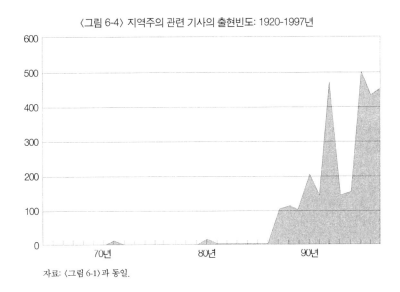

자료: 〈그림 6-1〉과 동일.

기사빈도의 양적인 측면과는 달리, 지역주의 관련기사의 의미구조의
차원은 어떠한가? 1971년 대선을 전후한 시기는 정치인의 지역주의 관련
언술을 전달하는 스트레이트 기사와 투표결과에 나타난 지역 간 차이를
확인하는 것 이상 정치적 의미를 크게 갖지 않는 보도내용이었다. 반면

1980년 조선일보의 보도내용의 경우는 다음의 두 가지 담론적 요소가 주목된다. 우선 지역감정을 주제로 한 기사는 모두 야당인 신민당 내부의 갈등을 다루는 소재로 이루어져 있다는 점이다. 예컨대 지구당 위원장 선출을 둘러싼 폭력사태 보도가 대표적인 예이다. 다른 하나는 야당의 정치지도자 3김을 정치발전에 부정적인 영향을 미치는 구정치질서의 대변자이자 퇴진해야 할 세력으로 정의했다는 점이다. 이러한 정의의 다른 측면은 유신권위주의체제를 재생산하고자 했던 전두환을 '새정치세력'으로 의미부여하는 것이었다. 대표적으로 1980년 8월 14일 권위주의정권에 의한 김영삼의 총재직 사퇴에 대해 이례적으로 1면에 보도된 [구정치질서 공식종언]이란 제목의 해설기사를 들 수 있다.

한 가지 분명한 사실은 5.17을 기점으로 구정치질서의 보스격인 [3K]가 모두 퇴진하고……전두환 국가보위비상대책 상임위원장이……국정전반을 실질적으로 운영해나가고 있고 새정치세력을 주도할 인물로 확연히 부각되고 있(다는 것)……김총재가 이번 정계은퇴 성명에서……과거 야당의 비생산적 정치운영이 국가발전과 경제건설에 발전적으로 기여하지 못한 점을 반성하고 자퇴한 것으로 풀이된다.

조선일보의 1987년 보도는 훨씬 직접적이고 체계적이다. 대표적인 예는 8월 이후의 [김대중칼럼]이다. 특히 주목되는 것은 당시 다른 여론매체의 경우 이처럼 체계적인 지역주의 관련 기획기사가 전혀 제작되지 않았다는 사실이다. 따라서 1987년 8월 이후 김대중 주필의 칼럼과 사설, 여론조사의 형태로 작성된 조선일보의 기사는 시민사회에 존재하는 여론을 반영한 것이라기보다는, 민주적 개방 이후의 정치상황에 영향을 미치려는 조선일보의 전략적 의도를 반영하는 소재로 이해될 수 있다. 우선 [지역감정]이란 제목의 8월 2일자 김대중칼럼의 주요 내용은 다음과 같다.

모두가 걱정스러운 눈치고, 심지어 두려움 같은 것을 느끼는 사람도 많다. 이러다가는 나라꼴이 엉망이 될 것이라고 개탄하는 사람도 늘어나고 있다. 그것은 지역감정을 두고 하는 말이다. 구체적으로 말해서 전라도와 경상도 사람 간의 적대적 감정이고, 더 구체적으로 지적하면 경상도 정권에 대한 전라도 사람들의 한 맺힌 피해의식이다.……최근에 와서 지역감정을 자신들의 정치적 목적에 이용하려는 경향이 노골화……게다가 영호남의 지역감정의 틈바구니를 겨냥한 움직임의 조짐도 엿보이는 실정이다.……지금 우리 유권자들에게 가장 잘 먹혀 들어가는 한마디는 '전라도에 정권이 넘어가는 것을 보고만 있을 것이냐'인 것……어느 쪽이 먼저라고 말할 수는 없지만 이런 상황은 서로 꼬리를 물고 상대방을 자극해서 악순환의 고리에 불을 댕길 것이며 그것이 경우에 따라서 어떤 폭력적 양상으로까지 발전하지 않는다는 보장이 없다.……지도자라는 사람들이 지역감정에 호소하거나, 그것을 자극하는 따위를 삼가도록 하고 또 국민들도 특정인의 정치적 이익에 추종하는 행위를 거부하도록 하는 캠페인이라도 벌였으면 하는 것이다.……이런 일련의 반지역감정운동의 선봉을 대학생들이 맡았으면 하는 것이다.

이어 8월 16일자 "당신은 누구편인가"란 제목의 [김대중칼럼]은 훨씬 직설적이다.

지역 간의 감정도 갈수록 심화되어 이제는 [xx도놈]이라는 표현이 그렇게 낯설지가 않아졌다. 그런 현상의 결과로……무슨 글한줄 쓰면 '근로자편이냐 기업주편이냐'는 희롱조의 힐문이 되돌아오고, '민주화편이냐 반민주화 세력이냐'는 서슬이 시퍼런 비난이 여기저기서 날아온다.

이러한 내용이 갖는 정치적 성격은 9월 13일자 "돌아온 [3K]"란 제목의 [김대중칼럼]에서 잘 나타난다.

오늘의 상황이 어쩌면 적어도 외견상 1980년 4-5월의 상황과 그렇게 비슷하게 돌아가는지 기분 나쁠 정도다.……물론 그때의 상황 여건과 오늘의 상황 여건이 같지는 않다. 권력의 공백기에서 그 공백을 메우려는 숨가쁜 질주들이 앞을 다투었던 그때와 하나둘씩 절차를 밟아 권력의 양도를 다짐하는 지금의 상황이 우선 같지 않다.……그러나 그때나 지금이나 비슷한 것이 있다면 그것은 대통령에의 꿈을 버리지 않고, 오로지 매진하는[그때 그 사람들의 지금 모습인지도 모른다.……3김씨의 80년 재연을 덮어놓고 사시할 생각은 없다.……그러나 지금은 그렇게 한가하지가 않다.……두 김씨의 이름이 결코 우리 정치의 마법이 아니고 두 사람 아니면 우리는 일어서지도 못할 것 같은 맹신이 언제나 존재하지 않는다는 것을 두 사람의 추종자들이 깨닫도록 하는 방법은 정말 없을까.

10월 20일자 여론조사와 사설도 마찬가지이다. 우선 총 5개로 구성된 설문항은 피응답자로 하여금 일정한 방향의 응답을 유도한다. "지역감정이 우려되나"에서 시작된 설문은 4번째 항목에 가서는 "경상도 출신의 대통령 후보가 전라도에서 선거유세를 할 경우 거부반응이나 충돌없이 무사히 잘 치러질 것으로 보십니까"로, 마지막 항목에 가서는 "전라도 출신의 대통령후보가 경상도에 가서 선거유세를 할 경우 거부반응이나 충돌없이 무사히 잘 치러질 것으로 보십니까"로 끝난다[12]. 이러한 상식에 어긋난 설문항 디자인은 그 목적이 피응답자의 의식을 객관적으로

---

12) 이런 연장에서 볼 때 10월 22일자 사설의 내용 역시 흥미롭다.

"광주와 부산 또는 대구에 사는 사람, 또는 최근 그 지역을 왕래해 본 사람이라면 이제 지역감정의 상태가 배타적 성격을 넘어 적대적─파괴적 양상으로 번지고 있다는 것을 잘 알고 있을 것이다 ……지역감정해소에 앞장설……움직임들이 전국 도처에서 일어날 것을 바라마지 않는다. 동시에 우리는 21일부터 시작된 해태와 삼성 간의 코리안시리즈에서 그 가능성의 첫 조짐을 체험하고 싶다."

조사하려는 데 있는 것이 아니라, 질문을 통해 체계적으로 특정 방향의 응답을 만들어내기 위한 것이다[3]. 실제로 11월 들어 조선일보의 조사결과대로 본격적인 지방유세가 폭력을 동반하게 된 것도 매우 주목할 일이 아닐 수 없다. 조선일보는 곧바로 이 사태를 지역감정의 폭발로 해석하였고, 그 수혜자는 권위주의 집권당이었다.

이상에서 알 수 있듯이, 조선일보는 1987년 민주화 정초선거 훨씬 이전부터 지역감정을 자극하고 동원하는 한편, 선거경쟁에 참여하게 될 야당의 3김에 대해 매우 직설적인 반대담론을 조직했다. 조선일보의 민주화 정초선거 상황에 대한 정의는 지나칠 만큼 과격하다. 그 원인에 대한 설명은 노골적일만큼 반호납적이다. 그 대안은 지역감정을 오히려 자극하는 것, 그래서 3김 모두가 집권의 가능성으로부터 멀어지길 바라는 것으로 나타난다. 요약하면 다음과 같다.

① 상황정의 : 집권당이 민주화라는 역사적 결정을 했음에도 불구하고 두려움을 느끼게 할만큼 지역주의에 근거한 추종자들이 두 김씨를 '정치의 마법' 처럼 '맹신' 하는 상황이다. 그 결과 상대방을 자극해서 악순환의 고리에 불을 댕겨 어떤 폭력적 양상으로까지 발전할 가능성이 높다.

② 원인 : 이는 3김이 자신의 집권을 위해 지역주의에 불을 댕기고 있기 때문이다. 그 중에서도 전라도와 경상도 사람 간의 적대적 감정, 더 구체적으로는 경상도 정권에 대한 전라도 사람들의 한 맺힌 피해의

---

13) 조지 갤럽(G. Gallup)은 의식조사에서 가장 중요한 것은 '질문내용의 선택과 워딩' 이라고 말한다. 특히 질문내용이 특정의 대답을 유도할 가능성과 이로 인한 실제 여론과 조사 결과 사이의 오차를 피해야 한다. 따라서 갤럽은 의식조사를 행하는 데 있어서 질문작성자는 "설명을 위한 것이든, 선택지를 나열하기 위한 것이든, 문장이 길면 길수록 질문의 워딩이 응답에 영향을 미칠 가능성이 커진다" 는 사실을 '실천법칙' 으로 명심해야 한다고 강조한다(조지 갤럽 1993, 99-115).

식이 가장 큰 문제의 원인이다.

③ 대안 : 반민주세력이라고 힐난받더라도 유권자가 두 김씨의 정치적 의도를 추종하지 못하도록 이들이 없는 정치가 필요하다는 의식개혁 캠페인을 벌이는 것이 요구된다.

5. 3김청산론의 확산 메카니즘

앞서 지적했듯이 야당 정치엘리트와 지역주의를 동일시하는 3김청산론이 지배적 해석의 지위를 갖게 된 데에는, 1995년 김대중의 정계복귀가 큰 계기가 되었다. 우선 김대중의 정계복귀는 주류언론이 선호하는 대표적인 기사주제인 현실정치인에 대한 부정적 인식을 자극하는 소재로 기능했다. 따라서 주류언론의 해석틀은 집권당의 이해관계를 반영하는 보수적 입지를 갖는 것이라고 하겠다. 앞서 살펴보았듯이 이러한 접근이 새로운 것은 아니다. 그러나 그 이전이 아니라 1995년 이후에서야 3김청산론이 지역주의에 관한 지배적 해석틀이 될 수 있었던 것은, 여기에 새로운 담론생산집단이 결합되었기 때문이다. 그것은 반대당진영에서 형성되었다. 주류언론은 이들의 담론행위를 보도하는 형태로 3김청산론의 대대적인 유통자 역할을 하게 된다. 우선 김대중의 정계복귀는 야당내 이른바 평민당계파 세력과 자민련의 이해관계에 부합하는 반면, 이기택을 중심으로 한 민주당 당권파 세력, 그 밖에 동교동계의 역할이 커지는 데 반대하는 동시에 당권파 세력과도 비판적 거리를 유지하는 비주류세력의 이해관계와 충돌한다. 따라서 김대중과 평민당계 세력이 새정치국민회의로 분당해나갔을 때, 민주당 잔여세력은 이들을 공격하고 비판하기 위해 3김청산론을 수용하게 된다.

흥미로운 것은, 이 시기 3김청산론을 가장 적극적으로 동원한 세력이 정치세력화 혹은 정계진출을 지향했던 재야사회운동 그룹이었다는 점이다. 3김청산론을 공식적인 견해로 내건 최초의 재야사회운동조직은 '정치개혁시민연합'이었다[4]. 대체적으로 이들은 1987년 대선 당시 '후보단일화파'로 분류되었던 그룹이라는 특징을 갖는다. 여기에 장기표, 송운학, 노기찬 등 민중당 혹은 진보정치연합 출신이 결합되었고, 이들은 1995년 말 '개혁신당'으로 결집된다.[15] 개혁신당 조직과정에 나타난 지역주의 관련 내용을 보면 다음과 같다.

> 홍성우 개혁신당 공동대표 : 노태우씨 비자금사건으로 도덕성을 상실 한 채 권력만을 추구해온 3김의 비리가 드러났다.……반역사적 반국가적 지역할거주의를 조장해온 3김 중심의 구정치세력을 청산하자(〈동아일보〉 1995. 11. 2.).
>
> 장을병 개혁신당 공동대표 : 지역할거에 기반을 둔 붕당정치 보스정치와 단호히 선을 긋고 모든 개혁세력과 하나로 뭉쳐 새로운 정치시대를 열자(〈동아일보〉 1995. 11. 2.).
>
> 장기표(민중당 출신) : 후3김구도의 청산은 목소리만으로는 안 된다. 이들을 대체할 새로운 세력이 모인 새로운 개혁정당이 있어야만 가능하다(〈동아일보〉 1995. 8. 26.).
>
> 민주당 이부영 : 민주당 이부영 부총재는 요즘 「복덕방론」을 편다. 지역할거구도에 바탕을 둔 3김구도를 극복하고 정치개혁을 하고자 하는 세력들을 하나로 묶는 「중개업자」가 되겠다는 것이다(〈조선일보〉 1995. 7. 24.).

---

14) '정치개혁시민연합'의 주요 참여인사들은 다음과 같다.
   장을병, 홍성우(공동대표), 박형규, 박인제, 박원순, 임재경, 성유보, 정성헌, 최열, 장두환, 박재일, 임현진, 김대환, 신경림, 김지하, 한명숙, 최한수.
15) '개혁신당'의 주요 참여인사들은 다음과 같다.
   홍성우, 장을병, 서경석, 김홍신, 성유보, 장기표, 노회찬, 서상섭, 최윤, 하경근, 김성식, 이삼열.

1996년 4월, 15대 국회의원 총선이 다가오면서 3김청산론을 근거로 정치세력화를 모색한 이들 재야세력은 민주당과 통합하게 된다. 김대중이 별도의 정당으로 분리해나간 민주당은 이들이 3김청산을 명분으로 정치적 진출을 모색하기에 적합한 조직적 틀로 이해되었다. 선거경쟁에서 통합민주당의 정치동원 전략이 갖는 성격은 원내총무(이철)의 설명에서 잘 나타난다.

최대 과제를 [3김정치청산]에 두고 있다.……바로 [3김청산]이야말로 망국적인 [지역주의] 청산이라는 과제와 동전의 양면이 된다.……지역주의의 병폐는 실로 엄청난 것……정치발전을 가로막고 있는 최대의 암적 요인이다.……3김의 [지역나눠먹기]가 기승을 부리는 현실(에서)……지역을 볼모로 자신들의 정치적 기득권을 기어이 온존하려는 자(를)……국민은 결코 속지 않고 심판할 것이다〈한국일보〉 1996. 2. 24., 6).

그러나 15대 총선에서 통합민주당은 기대했던 결과를 얻지 못했다. 홍성우, 이철 등이 중심이 되어 통합민주당의 차기 대선주자로 영입하려 했던 이회창은 집권 신한국당에 입당하였다. 개표 결과 통합민주당은 지역구에서 9석을 얻는 데 그쳤고, 당지도부와 재야출신 후보 모두 낙선하였다. 현실정치에 진출이 좌절된 재야세력은 자신들의 좌절의 원인을 지역주의적 3김정치에서 찾으면서[16], 1997년 대선을 앞두고 전개될 정계개편과 연합의 정치에서 기회를 얻고자 또 다시 독립적 조직을 결성하게 된다. '통추'로 약칭되는 '국민통합추진회의'가 그것으로, 주요 참여인

---

16) 통추 김원기 상임대표는 "오늘의 정치현실은 망국적인 지역할거주의에 기초한 맹주정치와 붕당정치로써 정쟁만을 일삼고 있다"고 말하기도 했다〈조선일보〉 1996. 9. 24.).

사는 다음과 같다.

김원기(상임대표), 장을병, 신경림, 송기숙, 유창우, 송월주, 박형규, 백낙
청, 이호철, 박찬석, 김진홍, 제정구, 이수인, 이미경, 김홍신, 노무현, 김정길,
박석무, 유인태, 김원웅, 홍기훈, 김부겸, 안평수, 성유보, 이철, 장기표

이들이 직면한 어려움은 대선에서 독자적인 정치세력으로 영향력을
가질 수 있는 후보대안을 갖지 못했다는 것이다. 그 결과 이들 통추세력
은 3김청산을 위한 제3의 후보대안을 누구로 할 것이냐를 둘러싸고 분열
되게 되었다. 김원기 등은 이수성을 영입하고자 했고, 제정구, 원혜영, 유
인태 등은 조순을 중심으로 3김청산의 대안을 실현하고자 했다. 그러나
결과적으로 3김청산을 지향하는 제3의 정당은 만들어지지 못했다. 이회
창은 집권 한나라당의 대통령후보가 되었고, 조순은 민주당에 입당하였
다. 이 과정에서 한나라당 경선후보였던 이인제가 국민신당을 결성하고
대중적 영향력을 동원하는 데 성공함으로써, 15대 대선후보는 3김청산
을 내세운 이회창(한나라당), 정권교체를 내세운 김대중(국민회의), 3김
청산과 함께 세대교체를 내세운 이인제(국민신당)로 정렬되었다. 대선
국면의 막바지에 들어서자 민주당의 조순은 이회창과 연대하였고, 뒤이
어 이부영, 박계동, 김원웅, 홍성우와 통추의 제정구, 김홍신, 이철 역시
한나라당에 입당하였다[17]. 이들의 명분은 모두 3김청산이었다. 더불어
한나라당 내 민중당[18] 출신 인사들의 경우도 자신들의 정치적 선택을 3
김청산론으로 정당화하고자 했다.

---

17) 이 과정에서 장을병은 국민신당을 선택했고, 김원기, 노무현 등 나머지 세력은 국민회
    의에 입당하게 됨으로써 3김청산을 목표로 독자적인 제3당을 만들고자 했던 재야사
    회운동세력은 현실정치의 종속변수로 분해되었다.
18) 대표적인 인사로는 민중당에서 각각 공동대표, 사무총장, 대변인, 노동위원장을 지냈
    던 이우재, 이재오, 정태윤, 김문수 등이 있다.

조순(민주당 총재) : 3김시대를 청산하고 깨끗한 정치와 튼튼한 경제를 만들기 위해 힘을 합쳤다. 부정부패와 비자금, 1인 보스중심의 정치를 청산해야 21세기 선진국을 이룰 수 있다는 공통인식을 갖고 있다(〈경향신문〉 1997. 11. 14.).

김문수(민중당 출신) : 제가 볼 때에는 3김 정치라는 것은 김대중, 김영삼, 김종필 셋만 있고 나머지 정치인은 다 졸이 되어버리는 정치이다. 그리고 이러한 정치는 지역정치이다.(〈한겨레21〉 제272호).

이 시기 가장 흥미로운 것은 과거 민주화투쟁의 과정에서 권위주의 집권당과 대립했던 재야세력의 독자적 정치세력화 시도가 3김청산론에 근거하여 추구되었다는 사실, 나아가 이들의 시도가 좌절되었을 때 이들의 상당수가 권위주의에 기원을 둔 집권당에 입당하였고 동시에 3김청산론은 야당과 경쟁한 집권당 후보의 선거 모토로 전환되었다는 사실이다. 이러한 사실만큼 한국정치에서 이념적 차이가 갖는 진정성 내지 사회적 기반이 얼마나 취약한 기반 위에 서 있는가를 보여주는 예도 드물다. 동시에 민주화 이후 한국정치에서 이 시기만큼 지역주의에 대한 하나의 해석이 민주주의 대 권위주의, 진보 대 보수, 개혁 대 수구 등 정치적 균열라인을 가로지르는 지배적인 위치를 차지하게 된 경우도 없다. 이 과정에서 발견할 수 있는 3김청산의 담론동맹을 단순화하면 〈그림 6-5〉와 같다.

우선 정치세력으로서는 집권 보수정당뿐 아니라, 1995년 재야세력이 중심이 된 개혁신당, 이들과 통합한 민주당, 그리고 14대 총선과 대선 시기 이른 바 진보정당을 대표했던 민중당 세력의 상당부분이 15대 총선과 대선의 과정에서 3김청산연합에 참여하였다. 여론시장에서는 주류언론 전체가 3김청산론의 생산자 역할을 담당했다. 지식사회에서의 학술적 재생산도 뒤따랐다. 의심의 여지없이 지역주의 해석을 둘러싼 경쟁의 구도에서 일종의 헤게모니적 담론구성체가 안정된 의미체계를 제시하며 매우 분명한 모습으로 나타난 것이다.

〈그림 6-5〉 3김청산론의 확산과 담론동맹의 등장

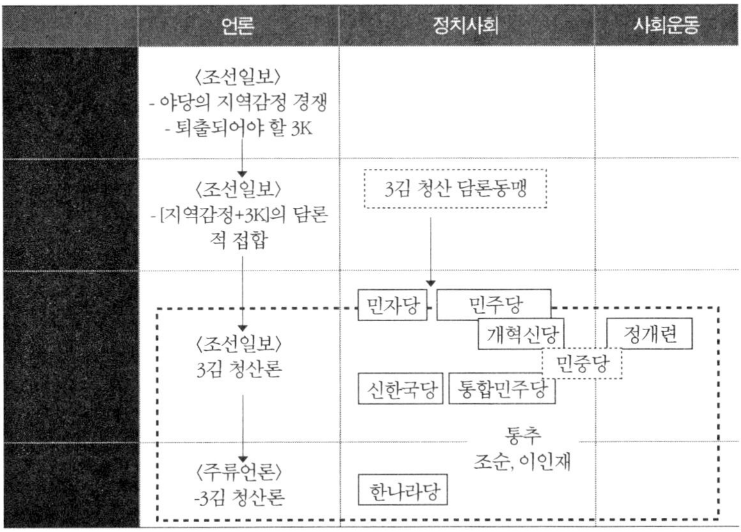

	언론	정치사회	사회운동
	〈조선일보〉 - 야당의 지역감정 경쟁 - 퇴출되어야 할 3K		
	〈조선일보〉 - [지역감정+3K]의 담론적 접합	3김 청산 담론동맹	
	〈조선일보〉 3김 청산론	민자당 - 민주당 개혁신당 / 정개련 민중당 신한국당 / 통합민주당 통추 조순, 이인재	
	〈주류언론〉 -3김 청산론	한나라당	

6. 3김청산론의 담론효과

민주화 정초선거에서 동원된 지역주의 담론은 권위주의 재생산의 위기에 직면한 지배연합의 선호를 반영하는 것으로, 다른 무엇보다도 조선일보의 담론적 기획에서 그 성격이 잘 나타났다고 할 수 있다. 그 의미구조의 핵심은 상식의 세계를 지배하는 현실정치인에 대한 부정적 인식 내지 도덕주의적 편견에 기초하여, 지역주의와 야당을 동일시하는 3김청산론이었다. 이러한 담론이 정치사회나 여론시장에서 지배적 위치를 갖게 된 것은 1995년 김대중의 정계복귀 이후였다. 앞서 살펴본 대로 이를 기점으로 광범한 담론동맹이 형성되었고, 여기에는 조선일보를 중심으로 한 주류언론과 집권세력뿐 아니라, 야당 내에서도 많은 세력과 재야 운동권, 심지어 진보정당의 일부도 담론생산자로 합류했다. 그 결과 3김청산론으로 요약될 수 있는 지역주의에 대한 해석의 틀은 더 이상 조선일보와 권위주의 지배연합의 지역주의 인식이 아닌 것이 되었고, 별다른 설명이나 비판없이 미디어 공론장에서 자유롭게 재생산되고 소비되었다. 일종의 지역주의에 대한 해석에 있어 '의사 사회적 합의'를 주장하는 지배담론이 영향력을 갖게 된 것이다.

이러한 담론상황이 가져온 효과는 여러 측면에서 이해될 수 있다. 우선은 사태 전개의 부정적 측면에 대한 정치적 책임을 정치엘리트 개인의 차원으로 환원시킴으로써, 지역주의 문제에 대한 구조적 이해를 어렵게 하였다는 점이다. 호남의 투표행태는 특정 정치엘리트에 대한 맹목적인 지역주의 추종행위로 비난되고, 반호남 지역주의에 대한 비판적 이해는 '친DJ적' 정치성향 때문인 것으로 치환됨으로써, 결과적으로 지역주의에 대한 합리적 논의의 지평은 확대되지 못했다.

둘째는 권위주의 집권연합의 세력기반을 확대시키는 한편, 그에 대한 정치적 반대를 분해하는 데 기여하였다는 점이다. 다른 무엇보다도 3김청산론은 민주화와 관련된 이슈의 강도를 약화시키고, 그 원인을 반대당 후보들의 지역주의 경쟁 때문인 것으로 환원하는 담론효과를 가졌다. 앞서 살펴보았듯이 1996년 15대 총선을 전후한 시기 정치세력화를 모색했던 재야세력은, 결과적으로 권위주의 지배연합과 나란히 3김청산론의 담론정치를 전개하였다. 하지만 그 결과는 집권당의 선거승리와 통합민주당의 지도부를 포함한 재야출신 후보의 낙선과 좌절을 가져왔을 뿐이다.

셋째는 민중당 지도부 혹은 재야운동 출신이 집권당인 신한국당(후에 한나라당)에 참여할 수 있는 담론적 루트를 제공했다는 점이다. 다시 말해 이들이 이념적 거리를 뛰어넘어 정치활동의 장을 변화시키는 데 있어서 3김청산론은, 정당연합론에서 말하는 일종의 접속점(connectedness)의 효과를 가졌다는 것이다. 3김청산론의 담론적 효과를 알리바이로 이들은 권위주의에 기원을 갖는 보수정당에 참여하는 자신들의 정치적 선택을 3김정치구조를 거부한 선택으로 정당화하려 했고, 반대로 이를 비판하는 담론에 대해 그것을 친DJ적인 이해를 반영하는 것으로 반박하고자 했다. 요컨대 3김청산론은 민주화 이후의 정치경쟁에서 불가피하게 제기될 수밖에 없는 민주화와 개혁, 이념적 차이와 계층적 기반 등의 이슈와 아젠다를 환치시키는 이데올로기적 효과를 가졌다고 하겠다.

넷째는 민주정치에 대한 부정적인 태도를 강화하는 데 기여했다는 점이다. 현대 민주주의는 정당간 파당적 정치경쟁이 중심이 되는 정치체제라고 할 수 있다. 3김청산론은 현실정치세력이 정파적 이익을 추구하는 행위를 부도덕한 것으로 정의하는 의미구조에 기반을 둠으로써, 민주정치의 존재 이유 자체를 부정하는 효과를 갖는다. 요컨대 3김청산론은, 권위주의통치에 봉사했던 주류언론이 민주화 이후 정치의 부도덕성을 공격하고 비난하는 것에서 자신의 정당성을 찾고자 했던 대표적인 지배담론이었다.

물론 지배담론으로서의 광범한 생산과 유통에도 불구하고, 실제로 3김청산론의 대중적 영향력이 절대적인 것은 아니었다. 1997년 15대 대선에서 3김청산론을 내세웠던 집권당은 정권교체론을 앞세운 반대당에 패배했다. 2002년 16대 대선에서 역시 3김정치의 후계자로 공격받았던 노무현 후보가 승리했다. 주류언론이 절대적 지배력을 차지하고 있는 여론시장에 나타난 지역주의 관련 해석이 실제 시민의 여론을 반영하는 것이라면, 아마도 이러한 결과는 이해하기 어려울 것이다. 따라서 3김청산론은 유권자의 선호와 의식을 반영하기보다 권위주의 지배연합과 주류언론의 전략적 의도를 반영하는 측면이 좀더 강했고, 그 영향력은 제한적이었다고 할 수 있다.

3김정치론의 대상이었던 김대중이 대통령으로서의 임기 종결과 함께 현실정치에서 더 이상 주요 행위자로서의 역할을 하지 못하게 되었다고 해서, 3김청산론이 사라졌다고 보기는 어렵다. 앞서의 논의를 통해 알 수 있듯이 3김청산론은 그로부터 특정의 담론적 효과를 기대하는 세력의 이해관계에 강력한 기반을 갖는 것이다. 주류언론에 의해 대변되고, 사회경제적으로 지배적인 위치와 기득권을 향유하고 있는 한국 사회 보수적 헤게모니의 소유자들에게 있어서 자신들의 지위를 위협하는 가장 강력한 존재는 국가이고, 민주주의에서 국가의 힘은 정치에 의해 조직된다 (최장집 2002). 이들이 선호하는 것은 가능한 한 정치의 힘을 약화시키는 것이다. 그 방법은 3김청산론에서 알 수 있듯이 정치에 대한 대중적 불만의 소재들을 3김으로 치환하고, 이들과 이후 세대 정치인을 동일시하는 것이다. 노무현정부 출범 이후 주류언론은 한결같이 새정부에게 3김정치 종식을 제안하였다. 흥미로운 것은 이들에 의해 정의된 3김정치는 지역동원정치(〈문화일보〉 2003. 4. 14.), 보스정치(〈경향신문〉 2003. 2. 25.), 야당과 초당적 대화 없는 정치(〈조선일보〉 2003. 2. 25.), 권위주의 정치(〈세계일보〉 2003. 1. 23.), 수의 논리로 개혁을 밀어붙이는 정치(〈동아일보〉 2003. 1. 28.), 정쟁이 되풀이되는 정치(〈세계일보〉 2003. 2. 27.) 등 기존에 제기된 한국정치의 문제 일반을 대표하는 의미로 정의되었다는 점이다. 나아가서는 정당정치, 정당 간 파당적 경쟁 등 민주정치의 중심 요소에 대해서도 부정적으로 보는 해석을 동반하고 있다. 3김정치가 이렇게 해석되면, 정치의 모든 부정적 측면을 3김정치로 환원하고 민주주의의 근간인 정당정치를 냉소하는 이데올로기적 경향은 쉽게 재현될 것이다.

이와는 다른 측면에서도 3김청산론은 아직 끝나지 않은 지배담론이라고 할 수 있다. 무엇보다도 주목해야 하는 것은 집권 노무현정부의 중심세력이 과거 3김청산론의 담론생산자 중의 하나인 '통추'에 그 기원을 두고 있다는 사실이다. 오늘의 관점에서 통추의 정치관을 어떻게 이해할 것이냐 하는 것은 매우 민감한 문제가 아닐 수 없다. 다만 이 논문의 주제와 관련하여, 주류언론의 지역주의 담론에 편승했던 이들의 협애한 한국 정치관이 향후 어떤 결과를 낳을 지는 여전히 주목할만한 대목이라고 하겠다.

한국의 지역주의 문제를 이해하는 접근 내지 퍼스펙티브의 차원에서 지금까지의 논의가 갖는 핵심은, 한국의 지역주의는 민주화 이후 한국정치가 안고 있는 문제들의 원인이 아니라, 역으로 한국정치가 안고 있는 여러 문제들—이념적 대표체제의 협애성, 하층배제적 엘리트카르텔구조로서의 정당체제, 초집중화된 사회에서의 동심원적 엘리트구조 등—때문에 나타난 결과로 이해되어야 한다는 것이다. 민주화 이후 한국정치에 대한 지배적 해석 중의 하나는, '지역주의 때문에' 문제이고 지역주의 극복 없이는 아무 것도 안 된다는, 일종의 '지역주의 환원론'이라고 부를 수 있는 것이다. 이러한 한국정치관에 다가가게 되면 한국정치에 대한 분석적 논의는 중단된다. 동시에 그것은 지역주의 문제를 합리적으로 인식가능한 범위 밖에 있는 어떤 것으로 치환하려는 담론과 친화성을 갖는다. 이런 담론적 조건에서, 한편으로 지역주의를 3김이라는 정치엘리트로 치환하고 도덕주의적 비난을 동원하는 권위주의 지배연합의 이데올로기적 기획이 효과를 발휘할 수 있었다. 다른 한편 현실정치에 대한 냉소와 불만에 편승하여 정치세력화를 모색하고 지지기반을 개척하려는 유혹 때문에, 재야 사회운동세력 역시 쉽게 지역주의에 대한 지배담론을 무비판적으로 수용하기도 했다. 그 결과 지역주의의 정치를 만들어내는 협애한 이념적 대표체제와 같은 문제에 대한 사회적 비판은 조직될 수 없었다. 한국에서 지역주의를 극복해야 한다는 것은 누구도 부정하지 않는 일종의 사회적 합의와 같은 것임에도 불구하고, 지역주의가 정치의 세계를 지배하는 언어이자 시각으로 기능하는 역설적 상황의 지속은 바로 이러한 조건에서 가능했던 일이다.

| 참고문헌 |

강명구 · 박상훈. 1997. "상징의 정치와 담론정치 : '신한국'에서 '세계화'까
　　　지". 『한국사회학』. Vol. 31. No. 1.

고흥화, 1989. 『자료로 엮은 韓國人의 地域感情』. 성원사.

김만흠. 1987. "한국 사회 지역갈등 연구: 영호남문제를 중심으로". 현대사회연
　　　구소.

＿＿＿. 1991. "한국의 정치균열에 관한 연구, 지역균열의 정치과정에 대한 구조
　　　적 접근". 서울대학교 정치학과 박사학위 논문.

김종철 · 최장집 편. 1991. 『지역감정연구』. 학민사.

나간채. 1991. "지역간의 사회적 거리감". 김종철 · 최장집 편. 『지역감정연구』.
　　　학민사.

남영신. 1991. 『지역패권주의 한국』. 새물사.

＿＿＿. 1992. 『지역패권주의 연구』. 학민사.

박상훈. 1998. "지역균열의 구조와 행태". 한국정치연구회 편. 『박정희를 넘어
　　　서』. 푸른숲.

＿＿＿. 1999. "한국 지역정당체제의 합리적 기초에 관한 연구: 합리적 선택이론
　　　을 통해서 본 민주화 이행기 유권자 투표행위 분석". 고려대학교 정치
　　　외교학과 박사학위 논문.

＿＿＿. 2000. "민주화 이전의 선거와 지역주의". 고려대 아세아문제연구소.
　　　『아세아연구』. 통권 43호.

＿＿＿. 2001. "한국의 유권자는 지역주의에 의해 투표하나: 16대 총선의 사례".
　　　한국정치학회. 『한국정치학회보』. 38-2.

송근원. 1994. 『선거정치론』. 경성대학교 출판부.

신복룡. 1990. "지역격차의 역사적 배경에 대한 논평". 한국사회학회 편. 『한국
　　　의 지역주의와 지역갈등』. 성원사.

＿＿＿. 1997. "한국의 지역감정의 역사적 배경". 『한국정치사상사』. 나남.

이갑윤. 1998. 『한국의 선거와 지역주의』. 오름.

이남영. 1998. "유권자의 지역주의 성향과 투표". 이남영 편. 『한국의 선거 II』. 푸른길.

최장집. 1988. "지역의식, 무엇이 문제인가". 한국사회연구소 편. 『동향과 전망』.

_____. 1991. "지역감정의 지배 이데올로기적 기능". 최장집 · 김종철 편. 『지역감정연구』. 학민사.

_____. 1992. 『한국민주주의의 이론』. 한길사.

_____. 1996. 『한국민주주의의 조건과 전망』. 나남.

_____. 2002. 『민주화 이후의 민주주의―한국민주주의의 보수적 기원과 위기』. 후마니타스.

조지 갤럽(G. Gallup). 1993. 『갤럽의 여론조사』. 박무익 역. 한국갤럽조사연구소.

위르겐 하버마스(J. Habermas). 2001. 『공론장의 구조변동―부르조아 사회의 한 범주에 관한 연구』. 한승완 역. 나남.

Beyme, Klaus von. 1985. *Political Parties in Western Democracies*. St. Martin's Press.

Dahl, Robert A. 2001. *How Democratic is the American Constitution?*. Yale Univ. Press.

Hechter, M., 1975. *Internal Colonialism: The Celtic Fringe in British National Development, 1536-1966*. Univ. of California Press.

Hobsbawm, Eric. 1990. *Nation and Nationalism since 1780*. Cambridge Univ. Press.

Lehmbruch, Gerhard. 1974. "A Non-Competitive Pattern of Conflict Management in Liberal Democracies: The Cases of Switzerland, Austria, and the Lebanon". Kenneth McRae (ed.). *Consociational Democracy*. Toronto.

Lijphart, A. 1984. *Democracies.* Yale University Press.

Lipset, S. M. & Rokkan, S. 1967. *Party Systems and Voter Alignment: Cross-National Perspectives.* The Free Press.

Lowin, Val. 1971. "Segmented Pluralism: Ideological Cleavages and Political Cohesion in the Smaller European Democracies". *Comparative Politics,* January.

Meyer, Thomas & Hinchman, Lew. 2002. *Medea Democratiy: How the Media Colonize Politics.* Polity Press.

Sartori, G. 1976. *Parties and Party Systems.* Cambridge University Press.

Schattschneider, E. E. 1960. *The Semisovereign People,* The Dryden Press. Hinsdale.

Schmitter, Phillipe C. & Karl, Terry Lynn. 1993. "What is Democracy Is ... and Is Not". in Larry Diamond and Mark F. Plattner (eds.) *The Global Resurgence of Democracy.* The Johns Hopkins Univ. Press.

Smith, Anthony D. 1986. *The Ethnic Origins of Nations.* Basil Blackwell.

Weingast, Barry R. 1998. "Political Stability and Civil War: Institutions, Commitment and American Democracy". Robert H. Bates et. al. (eds.). *Analytic Narratives.* Princeton Univ. Press.

제 7 장
'국제경쟁' 지배담론 분석 : 박정희 정권에서 김대중 정권까지
— 신년사 · 취임사 내용을 중심으로

김영범

1. 문제 제기

국제경쟁에서 살아남아야 한다는 주장은 일견 당연해 보인다. 그러나 국제경쟁에서 살아남기 위해 어떻게 해야 하는가에 대해서는 매우 다양한 주장이 가능하다. 즉, 어떤 사람은 국제경쟁이 없는 상태가 생존에 유리하다고 주장하는 반면, 다른 사람들은 적극적으로 국제경쟁에 참여하는 것이 유리하다고 주장한다[1]. 이 점에서 국제경쟁 담론은 누가 말하느냐, 어떤 맥락에서 말하느냐 등에 따라 매우 상이한 내용을 갖게 될 것이다. 뿐만 아니라 국제경쟁에 대한 언급은 경쟁에서의 승리 외에 다른 목적을 정당화시키는 수단으로도 이용될 수 있다.

이 글의 목표는 이렇듯 다양한 내용과 의도를 포함할 수 있는 국제경쟁 담론이 지배담론의 일부로써 어떻게 기능하고 있는가, 그것이 지배관

---

[1] 일례로 고전 경제학은 무역을 통해 부를 증가시킬 수 있다고 주장하는 반면, 종속이론에 의하면 선진국가와의 교역은 제3세계로 하여금 부의 유출을 가져올 뿐이라고 주장한다.

계를 유지하기 위해 어떤 역할을 하는가를 분석하는 것이다. 이를 위해 이 글은 우선 국제경쟁 담론의 내용이 어떻게 변화하였는가에 주목하고 자 한다. 즉, 국제경쟁이 의미하는 바는 무엇인가 하는 점이다. 다음으로 이 글은 국제경쟁의 담론이 전체 지배담론 내에서 차지하는 비중을 분석 한다. 이를 위해 지배 집단의 지배담론에서 어떤 위치를 차지하고 있는 가, 즉 그것이 다른 무엇을 위한 수단으로 이용되고 있는가, 아니면 그 자 체가 목적이 되고 있는가를 분석하고자 한다. 마지막으로 국제경쟁 담론 역시 그것을 통해 현실을 특정한 방향으로 이해하도록 만듦으로서, 특정 사회 집단의 이익을 보호하고 유지시키는 기능을 갖고 있다는 점 역시 부정할 수 없는 사실이다. 그렇다면 이 지점에서 국제경쟁 담론은 투쟁 의 장이 될 수 있을 것이다. 이 점에서 국제경쟁 담론을 둘러싼 담론 투쟁 에 누가 참여하였는지, 그들이 주장하는 바는 무엇이었는지 역시 분석해 볼 필요성이 있다. 이 글은 이 점 역시 주목하여 국제경쟁 담론 배면에 존 재하는 사회집단들 간의 담론 투쟁 역시 살펴볼 것이다[2].

이 글은 박정희부터 노태우에 이르는 시기를 권위주의 정권의 시기로, 이후의 시기를 민주화시기로 구분하여 국제경쟁 담론의 내용과 쓰임새 를 분석하고자 한다. 두 시기로 구분하여 분석한 이유는, 민주화 이전과 이후라는 정치적 차이 외에도 경제발전의 측면에서도 큰 차이를 보이기 때문이다. 이러한 정치 · 경제적 차이 때문에 두 시기 동안 국제경쟁의 의미도 차이를 보일 뿐만 아니라, 지배담론 내에서의 기능 역시 큰 차이 를 보이고 있다.

이 글의 구성은 다음과 같다. 먼저 2절에서는 취임사와 신년사를 중심

---

[2] 담론분석은 매우 다양한 의미를 담고 있는 것으로 이해되고 있다(이원표 2001, 5-23). 담론분석은 좁게는 담론의 배열이나 의미 등에 관한 규칙을 분석하는 것을 의미하기도 하지만, 담론을 둘러싼 사회구조나 사회집단들의 투쟁, 담론의 사회적 효과 등을 분석 하는 것을 의미하기도 한다. 이 글의 목적은 후자의 측면에서 담론을 분석하는 것이다.

으로 박정희 정권에서 노태우 정권에 이르는 기간 동안 나타난 국제경쟁에 대한 언급을 분석한다. 다음으로 3절에서는 김영삼과 김대중 정권 아래서 나타난 국제경쟁 담론을 분석한다. 이어 4절에서는 두 기간 동안 나타난 국제경쟁 담론을 비교하는 것과 함께 김영삼과 김대중 정권에서 나타난 국제경쟁 담론의 차이를 비교한다. 마지막으로 5절에서는 분석 결과를 요약하고 연구의 한계를 지적한다.

2. 권위주의 정권 아래서의 국제경쟁 담론: 박정희 정권에서 노태우 정권까지

국제경쟁은 권위주의 정권 기간 동안 지배를 정당화하는 수단으로 이용되어 왔다. 그러나 국제경쟁은 권위주의 정권의 집권기간 동안 지배담론으로서 중요한 위치를 차지하고 있는 것은 아니었다. 대신 경제성장이나 반공/반북한 담론이 지배담론의 중심적 위치를 차지하고 있었다.

국제경쟁이 처음 언급되는 되는 것은 1974년 신년사에서인데, 여기서 국제경쟁은 10월 유신의 당위성과 관련되어 언급되고 있다. 아래 인용문에서 보듯이 유신과업의 중단은 북한에 대한 패배를 의미할 뿐만 아니라, 국제경쟁에서의 패배와 세계사의 진운에서 낙후됨을 의미하는 것으로 기술되어 있다.

유신과업을 중단한다면, 이것은 우리가 북한공산주의자들에게 모든 면에서 우위를 빼앗기고 마는 것이 될 뿐 아니라, 한반도의 평화와 조국통일의 기회마저도 일실하고 마는 것이 됩니다. 또한, 이것은 우리가 치열한 국제경쟁에서 패배를 자초하고, 영원히 세계사의 진운에서 낙후되고 만다는 것을 뜻하게 되는 것입니다(1974년 신년사 중에서).

위 인용문에서는 국제경쟁이 무엇을 의미하는지 구체적으로 언급되어 있지는 않다. 단지 우리가 직면한 상황의 어려움을 나타내는 것으로만 쓰이고 있다. 국제경쟁이 구체적 내용 없이 단순하게 상황의 어려움이나 급박함을 나타내는 것으로 쓰인 예를 1977년 신년사에서 다시 한번 발견할 수 있는데, 여기서 국제경쟁은 구체적 내용 없이 난관, 시련 민족의 자존 등과 병행되어 우리가 직면한 상황의 어려움을 나타내고 있다.

어떠한 난관이나 시련이 닥쳐온다 해도 날로 심해지는 국제경쟁을 뚫고 꿋꿋이 민족의 자존과 나라의 자주를 유지 발전시켜 나가야 할 시대적 사명을 우리는 지니고 있습니다(1977년 신년사 중에서).

박정희 정권 기간 동안 국제경쟁 담론은 지배담론으로서 큰 의미를 차지하는 것은 아니었다. 국제경쟁을 언급한 빈도를 보더라도 앞서 살펴본 1974년과 1977년 두 번에 불과하다. 그 이유는 우선 박정희 정권 시절에는 무엇보다도 경제성장과 반공담론이 지배적인 위치를 차지하고 있었기 때문이다. 1963년에서 1979년까지 발표된 신년사는 일관되게 세 가지 내용으로 구성되어 있었는데, 경제성장에 대한 필요성과 가능성을 강조하는 담론이 그 첫 번째이다. 경제성장에 대한 담론이 1960년대 초반 한국이 지독한 가난을 경험하고 있었다는 점에서, 일반 대중에 대해 호소력을 가지는 것은 당연한 것이다. 두 번째 담론은 주로 공산주의 특히 북한으로부터의 위협을 강조하고 있다. 반북한/반공담론은 주로 1970년대 들어서서 강조되는데, 특히 10월 유신 이후 그 비중이 더욱 증가하고 있다. 세 번째 담론은 자조에 대한 강조이다. 자조와 자립은 우리의 후진성을 극복하고 선진국으로의 진입을 가능케 하는 수단으로 신년사에서 매년 언급되고 있다.

즉, 박정희 정권 기간 동안 국제경쟁은 지배담론의 일부로서 구체적 내용이나 비중을 갖지 못한 체 막연하게 국제적 위협을 의미하는 정도로 사용되었고, 단지 반공담론의 효과를 강화하는 수단으로 이용되었다.

전두환/노태우 정권 기간에는 국제경쟁이 박정희 정권 시절보다 좀더 구체적인 모습으로 등장하게 된다. 이는 무엇보다도 1980년대 초부터 미국을 중심으로 한 무역개방 압력이 거세졌다는 점, 그리고 한국의 경제 규모가 급속하게 확대되었다는 점에 기인하는 것으로 볼 수 있다. 이러한 변화는 신년사에서도 반영되었는데, 한 예로 1989년 신년사에서는 아래와 같이 언급되고 있다. 박정희 정권 시절에 애매모호한 의미로 쓰였던 국제경쟁이 이제는 경제적 마찰을 뜻하며 더욱 구체적인 의미를 갖게 되는 것이다.

> 우리 경제가 커짐에 따라 무역마찰 · 원화절상 등 안팎으로부터의 도전 또한 드세어지고 있습니다(1989년 신년사 중에서).

비록 경제적 측면으로 그 의미가 구체화되었음에도 불구하고, 전두환 · 노태우 정권 동안에도 국제경쟁이 지배담론에서 주요한 위치를 차지하는 것은 아니었다. 전두환 정권의 경우 1980년대 초반 경제위기 극복을 중심적으로 언급하였고, 노태우 정권의 경우는 주로 민주주의로의 이행을 강조하였다. 구체적으로 대통령직선제를 통해 집권한 노태우 정권은 민주주의의 가치를 역설하거나 또는 민주화 과정에서 나타난 몇몇 문제점을 지적함으로써 피지배 집단을 지배집단에 통합하고자 한 것이다.

본격적으로 국제경쟁이 언급되기 시작하는 것은 김영삼 정권에서부터였다. 김영삼 정권은 몇 가지 점에서 이전 정권들에 비해 피지배집단을 기존의 지배 - 피지배 관계에 통합하기에는 부족한 상황이었다. 우선 기존 지배집단이 사용했던 담론들은 권위주의 정권과의 단절을 강조하기 위해서라도 사용하기 어려웠다. 다른 한편으로 민중들의 요구를 전면적으로 반영하는 담론을 구성하는 것 역시 3당합당 등 정권이 처한 상황에 비추어 볼 때 매우 제한적일 수밖에 없었다. 이러한 상황에서 새롭게 등장한 것이 세계화 담론으로 대표되는 국제경쟁 담론이었다.

아래에서는 김영삼과 김대중 정권 아래서 국제경쟁 담론이 어떻게 구성되어 있고, 또 어떻게 이용되고 있는지, 그리고 그것을 둘러싼 사회집단의 담론 투쟁은 어떻게 진행되었는지 살펴볼 것이다.

3. 경제적 세계화와 국제경쟁 담론의 변화: 김영삼 정권과 김대중 정권의 경우

국제경쟁 담론이 본격적으로 등장한 것은 1990년대 중반 김영삼 정권 부터이다. 이러한 변화는 우선 선진 자본주의 국가들이 경쟁의 대상으로 의식할 만큼 한국의 경제가 성장했다는 점 때문이다. 일 예로 1980년대 부터 선진 자본주의 국가들로부터 시장개방압력이 증가하였고, 이로 인해 1990년대 초반에 이르면 일정 수준 이상으로 시장을 개방할 수밖에 없었다. 즉, 지난 30년간의 경제성장으로 인해 한국도 선진 자본주의국가들과 경쟁하는 관계에 놓이게 된 것이다. 다른 한편으로 1990년대 초 동구 사회주의 진영의 몰락은 반공/반북한 담론이 갖고 있던 효과 역시 크게 약화시키는 결과를 초래하였다. 즉, 이제 북한이나 공산주의는 우리의 삶을 위태롭게 하는 두려움의 대상이라기보다는, 체제 경쟁에서 패배한 열등한 존재로 인식되게 된 것이다. 이러한 경제적·정치적 변화로 인해 권위주의 정권 시절 지배담론의 중심적 위치를 차지하고 있었던 경제성장과 반북한/반공담론의 효과는 약화될 수밖에 없었다.

1) 김영삼 정권과 국제경쟁 담론: 세계화

김영삼 정권은 등장 초기부터 국제경쟁을 주요 담론으로 활용하였다. 즉, 경제전쟁과 기술전쟁 등의 용어를 사용하며 무한 경쟁의 시대를 강조하는 것은, 1993년 취임사 이후 매년 신년사에서 꾸준히 나타나고 있다. 먼저 취임사에서 나타난 세계화 관련 담론을 살펴보자.

냉전시대의 종식과 함께 세계는 실리에 따라 적과 동지가 뒤바뀌고 있습니다. 바야흐로 경제전쟁, 기술전쟁의 시대로 접어들었습니다. 변화하는 세계에 제대로 대처하지 못한다면, 우리는 선진국의 문턱에서 주저앉고 말 것입니다. 도약하지 않으면 낙오할 것입니다. 그것은 엄숙한 민족생존의 문제입니다.……그런데 우리는 병을 앓고 있습니다. 한국병을 앓고 있습니다. 우리에게 위기가 있다면 그것은 외부의 도전에서 오는 것이 아니라, 바로 우리 안에 번지고 있는 이 정신적 패배주의입니다.……이대로는 안됩니다. 새로워져야 합니다. 좌절과 침체를 딛고 용기와 희망의 시대를 열어야 합니다(1993년 취임사 중에서).

위의 인용문에서 보듯 1993년 취임사 중 국제경쟁과 관련된 언급은 현실에 대한 규정과 대안제시 두 부분으로 구분할 수 있는데, 위기로서의 현실을 지적하는 부분과 위기 극복의 대안을 제시하는 부분이 그것이다. 두 부분을 대비함으로써 개혁의 필요성을 크게 부각시키고자 한 것이다. 취임사는 우선 현실을 '기술전쟁, 경제전쟁'으로 규정한다. 이어 취임사는 한국병과 개혁의 필요성을 강조함으로써 경제전쟁으로서 규정된 현실을 통해 개혁에 필요성을 부각시키는 것이다.

그러나 국제경쟁이 개혁의 필요성을 정당화함에도 불구하고 개혁이 필요한 것은 무엇보다도 '한국병' 때문이다. 즉, 외부보다는 내부의 문제가 더욱 더 중요하다. 따라서 개혁은 외부의 환경에 적절하게 대응할 수 없는 내부의 문제들을 해결하는 것에 집중하고 있다. 개혁은 단지 경제 분야의 개혁에만 국한되지는 않는다. 취임사는 개혁을 '부정부패의 척결', '경제의 활력', '국가기강을 다시 세우는 것' 등으로 구분하고 있다3). 이러한 개혁의 내용은 권위주의 정권에 의해 나타난 사회적 병폐를 치유하는 내용을 중심으로 구성되어 있다는 점에서, 개혁에 대한 대중의 열망을 일정 정도 반영하는 것으로 볼 수 있다4). 실제로 취임 초기에는 공직자윤리법 제정, 성역 없는 사정, 금융실명제의 실시 등 주로 피지배 집단의 이해를 반영하는 몇몇 개혁을 실시하기도 하였다. 무한경쟁이라는 국제 환경이 개혁을 정당화하는 핵심적 요소가 아니었다는 점에서, 집권초기에는 지배담론에 있어서 국제경쟁이 차지하는 중요성은 크지 않았다.

1994년 신년사부터는 국제경쟁이 지배담론의 중심적인 지위를 차지하게 되는데, 1994년 신년사의 일부는 이를 명확하게 보여주고 있다. 아래 인용한 신년사의 일부는 기회로서 개방화에 대한 규정, 경쟁주체로서 개인에 대한 호명, 그리고 과거에 있어왔던 반목과 갈등에 대한 비판 등으로 배열되어 있는데, 현실에 대한 규정과 대안으로 구성되어 있다는 점에서 구성에 있어서는 취임사와 동일하다. 즉, 현실과 대안을 대비하는 구조에서 현실에 대한 규정은 대안에 대한 정당성을 부여하는 기능을 수행하게 된다.

모든 기회는 두 번 오지 않습니다.……국제화, 개방화가 주는 도전을 민족

---

3) 부정부패 척결과 관련해 김영삼 정권은 집권 초 윗물맑기 개혁으로 구체화했으며, 경제개혁은 금융실명제의 실시와 금리자유화 및 정책금융정비위원회의 구성 등으로 구체화되었다. 국가기강을 세우기와 관련한 개혁으로는 각종 부정부패 고위공직자에 대한 사정으로 구체화되었다(대통령정책기획위원회 1998; 공보처 1997).

4) 이는 역으로 기존 지배체제를 일반 대중이 정당한 것으로 받아들이도록 하는 수단이기도 하다(강명구 · 박상훈 1997, 131).

진운의 좋은 기회로 살려나가야 하겠습니다.……이제 국민 모두가 일터에서, 거리에서, 그리고 가정과 학교에서 경쟁에 나서야 합니다. 국민 한 사람 한 사람이 국제 경쟁의 주체임을 잊지 말아야 합니다.……우리에게는 소모적인 갈등과 반목으로 귀중한 시간을 허송할 여유가 없습니다. 이 국제적인 무한 경쟁에서 이기기 위해, 국력을 키우고 조직하는 일에 우리의 창의와 능력을 모아야 합니다(1994년 신년사 중에서).

그러나 내용의 측면에서 보면 취임사와는 몇 가지 다른 점을 발견할 수 있는데, 우선 전쟁으로서의 현실이 이제는 기회로 인식되고 있다. 즉, 취임사에서 전쟁과 민족생존의 갈림길이었던 현실이 민족 진운의 기회로 새롭게 정의되고 있는 것이다. 이러한 변화는 다시 대안에서도 발견하게 되는데, 취임사에서는 '제도와 의식, 행동양식의 변화' 등에서 알 수 있듯이 총체적인 변화를 강조한 반면, 1994년 신년사에서는 총체적 개혁은 공허한 논쟁으로 치부되는 대신 '실질적인 일', '국력을 키우고 조직하는 일', '국제경쟁의 주체' 등 주로 경쟁력과 관련된 측면만이 강조되고 있다. 국제경쟁에서의 승리는 또한 개혁에 정당성을 부여하는 기능을 담당하고 있다.

신년사에서 나타난 국제경쟁에 대한 강조는 경제적 영역에서의 개혁으로 구체화되었는데, 즉 현지금융제한제도의 폐지, 해외직접투자 확대방안의 마련, 그리고 외국인투자환경개선 종합 대책 등이 그것이다(한국개발연구원 1995). 구체적으로 현지금융제한제도에 의하면 해외 현지에서의 차입 시 기업은 차입규모에 대한 규제와 함께 차입의 필요성, 조건 등에 대해 외환은행장으로부터 인증을 받아야만 했으나, 이 제도의 폐지로 인해 차입규모와 사전 인증제도가 면제되었다. 또 해외직접투자 확대방안은 해외직접투자 금지 대상을 최소한으로 축소하고, 그 절차 또한 대폭 간소화하였다. 이들 제도들은 모두 해외 자본

시장에 대한 국내 자본의 접근을 용이하게 한다는 점에서, 당시 해외 투자를 적극적으로 추진하고 있었던 자본의 입장에서는 큰 이득이 아닐 수 없다[5].

1995년 신년사에서는 국제경쟁에 대한 강조가 더욱 분명해지는데, 아래 문장은 1995년 신년사의 일부를 발췌한 것이다.

21세기를 눈앞에 두고, 세계에는 지금 새로운 질서가 펼쳐지고 있습니다.

새해와 더불어 WTO 체제가 출범합니다. 나라와 나라 사이에 지역과 지역 사이에 무한경쟁이 벌어지는 시대가 온 것입니다.

세계 속에서 우리의 앞날을 개척해야 할 상황이 도래한 것입니다. 우리가 세계화의 용단을 내리고 '작지만 강력한 정부'로 개편하여 새로운 출발을 한 이유가 바로 여기에 있습니다.

세계화는 우리 민족이 세계로 뻗어 나가, 세계의 중심에 서는 유일한 길입니다.

이제 더 이상 주저하거나 머뭇거릴 시간이 없습니다.

오늘 우리가 이 경쟁에서 한발 뒤떨어지면, 우리 자녀들의 시대에서는 10년, 100년 뒤떨어질지도 모릅니다(1995년 신년사 중에서).

1995년 신년사는 크게 국제 환경을 위기이자 기회로 정의하면서 승리를 위한 대안으로 우리나라의 '세계화'[6]를 제시하고 있다. 1995년 신년

---

5) 당시 해외투자규모를 살펴보면 순투자액 기준으로 1989년 392,387,000달러에서 1990년 812,491,000달러, 1991년 1,026,906,000달러, 1993년 1,014,755,000달러로 크게 증가하고 있던 시기였다. 따라서 해외투자에 대한 정부의 통제는 자본의 입장에서 거추장스러운 것이었는데, 해외투자에 대한 규제가 없어진 1994년의 경우 해외투자는 2,035,869,000 달러로 전년도에 비해 두 배 가까이 증가하였다(통계청 2002, 303).

6) 세계화가 최초로 언급된 것은 1994년 11월 17일 제2차 APEC 정상회의 이후 호주 순방 길에서였다(세계화추진위원회 1998, 34).

사에서 주목할 부분은, 먼저 국제경쟁에 성공하기 위한 방편으로 작지만 강한 정부로의 개편을 단행한다는 점이다. 이는 국제경쟁에서의 성공을 위한 수단을 전적으로 자유주의적인 방향으로 규정하고 있음을 보여주는 것이다. 다음으로 개혁의 필요성을 강조하기 위하여 다음 세대의 성공과 실패를 언급하고 있다는 점이다. 그러나 위의 신년사에서는 세계화가 무엇인가에 대한 언급은 없다. 규정이 없는 추상적 세계화는 앞의 '작지만 강한 정부'와 연결됨으로써, '작지만 강한 정부'로의 개편이 세계화로 인식되도록 한다. '작지만 강한 정부'에 대한 강조는 그것이 신자유주의를 대표하는 언술이라는 점에서, 세계화란 국가 정책의 자유주의적 재편임을 방증하는 것이다.

추상적으로 세계화를 정의한 신년사와는 달리 한 일간지와의 인터뷰에서 세계화는 아래와 같이 정의되고 있다.

> 세계화는 우리 민족의 생존전략이며, 발전계획입니다. 우리 사회의 모든 분야를 세계수준으로 끌어올리고, 행동과 사고의 영역을 지구차원으로 확대하여 21세기 통일된 세계 중심국가를 만들자는 것입니다(세계일보 특별회견. 1995. 2.27.).

세계적 수준으로 사회 각 분야의 수준을 향상시키는 것으로 정의되는 세계화가 어떻게 구체화되었는가 살펴보자[7]. 우선 국가의 목표는 '통일된 세계중심국가'로 정의되는데, 이는 경제대국, 문화대국, 정신대국, 도덕대국을 의미한다. 이러한 세계화를 추진할 원칙으로는 첫째 생산성의 원리, 둘째 유연성의 원리, 셋째 공정과 자율의 원리 등이 언급되고 있다. 여기서 주목할 점은 세계화의 원칙이 모두 신자유주의적인 담론으로 채

---

7) 아래 세계화의 목표와 방법 등에 대해서는 세계화추진위원회(1998, 24-45) 참조.

워져 있다는 점이다. 즉, 그 원칙으로서 제시되는 생산성과 유연성, 공정과 자율 등은 모두 민간의 자율성 증진과 국가 역할의 축소를 지향하는데, 즉 '조직은 간소하게 하고 각 단위와 개인의 역할을 크게 하는 것'과 '규제자로서의 역할보다는 심판자로서의 역할에 충실'한 국가를 만들자는 것이다.

이러한 신자유주의 원리 아래서 세계화를 추진할 기구로 1995년 1월 세계화추진위원회가 국무총리 소속 위원회로 설립되었다(세계화추진위원회 1998, 34-35). 세계화추진위원회는 행정, 외교 · 통일, 경제, 사회, 교육 · 문화, 정치 등의 분야에 걸쳐서 다양한 세계화 과제를 설정하였다. 결국 1995년 강조된 '세계화'는 앞서 1994년의 신년사에서 보여주었던 경제 영역에 집중되었던 신자유주의적 개혁을 경제 외의 다른 분야로 확대하고자 한 것이다.

앞서의 논의를 통해 1994년과 1995년을 거치면서 세계화로 개칭된 국제경쟁 담론이 지배담론의 중심적 위치를 차지하게 되었음을 알 수 있다. 세계화 담론은 그것이 국제경쟁에서의 승리를 가장 중요한 목표로 설정한다는 점에서, 기존의 국제경쟁에 대한 언급과는 차원을 달리하는 측면을 갖는다. 즉, 이제는 다른 무엇보다도 국제경쟁이라는 상황이 지배집단의 모든 정책을 정당화하고 있는 것이다.

세계화로 개칭된 국제경쟁 담론의 기본 내용은 국제경쟁을 경제적 경쟁으로 이해하면서, 민족들 사이의 무한한 경제 경쟁 → 성공 혹은 실패의 갈림길 → 민족=개인의 경쟁력 강화 → 선진국 진입으로 이루어져 있다. 여기서 핵심은 경쟁에서 승리하는 것이다. 이러한 담론은 무엇보다도 개혁을 권위주의 정권 아래서 누적된 문제점을 해소하는 것으로부터 경제적인 것/개인적인 것으로 전환시킨다는 특징을 갖는다. 즉, 세계화 담론은 우선 개혁의 열망을 희석시키는 효과를 갖는 것이다. 다른 한편으로 1995년에 이르면 세계화 담론은 개혁의 희석에서 개혁에 대해 특정 방향을 부여하는 것으로 변화되는데, 즉 김영삼 정권은 세계화 담론을 통해 신자유주의적 개혁을 정당화하고 있는 것이다[8].

이러한 김영삼 정권의 세계화 담론 변화는 정권의 정치적 한계에 기인하는 바 크다고 볼 수 있다. 즉, 1993년 출범한 문민정부는 5.16 군사 쿠데타 이후 최초의 민선 - 민간 정부로서 국민들의 엄청난 기대에 부응해야 할 책임이 있었다. 당시는 1987년 이후 진행된 민주주의로의 이행은 민간 대통령의 탄생으로 대중에 대한 동원 능력이 소진된 반면, 역으로 민주주의의 확대에 대한 피지배 세력의 열망은 크게 증가하는 시점이었다. 민주주의의 확대에 대한 피지배계급의 열망은 김영삼 정권에 대한 지지로 표현되었는데, 문제는 김영삼 정권은 구조상 이를 수행할만한 능력이나 의지가 부재했다는 점이다. 따라서 김영삼 정권은 정권에 대한 지지는 유지하면서 민주주의의 확대에 대한 열망은 희석시킬 수 있는 전략이 필요했던 것이다. 무한 경쟁을 내용으로 하는 세계화 담론은 이러한 목적을 위한 전략이었다고 평가할 수 있다.

요약하자면 김영삼 정권의 세계화 담론을 통해 현실을 민족들 사이의 무한 경쟁으로 인식하게 하여 피지배 계급을 경쟁력 강화의 논리에 동의하도록 만들고자 하였다. 여기서 민족은 개인으로 동일시되면서 개인의 경쟁력 강화가 곧 민족의 경쟁력 강화로 이해된다.

이러한 세계화 담론은 물론 전지구적으로 나타난 세계화라는 현실과 담론에 영향을 받기도 한 것이지만, 지배계급의 통치 전술을 표현한 것이기도 하다. 즉, 민주주의로의 이행이라는 담론은 힘을 소진한 반면 개혁의 열

---

8) 1996년 신년사에서는 지배담론에서 국제경쟁이 차지하는 비중이 거의 미미하다. 1996년 신년사에서 국제경쟁이나 세계화를 언급한 부분은 단 한 문장으로, 이것도 새로운 정책에 대한 정당성을 부여하기보다는 현재 추진 중인 세계화정책을 간략하게 언급하는 것이다. 즉, 국제경쟁이나 세계화에 대한 언급은 그 분량에 있어서도 매우 제한적일 뿐만 아니라, 핵심키워드를 정당화하는 정당성의 기능 모두 하지 못한다고 있다. 1996년 신년사의 핵심 키워드는 '역사바로세우기'이다.

망은 여전한 상황에서, 피지배계급의 정권에 대한 지지를 유지하면서 어떻게 개혁에 대한 열망을 제거할 것인가라는 문제를 해결하기 위한 전술이었던 것이다. 즉, 무한 경쟁을 강조함으로써 개혁을 뒤 처지는 것, 공허한 것으로 이해하도록 만들어 개혁의 열망을 무력화하고자 했던 것이다.

지배 집단 내의 담론 투쟁과 관련해 보면, 김영삼 정권의 세계화 담론은 담론을 중심으로 지배 블럭 내의 갈등을 초래하지는 않았다. 김영삼 정권의 세계화 담론은 그것이 주로 집권 초기 개혁과정에서 소원했던 자본과의 관계를 복원하는 수단으로 이용되었다는 점에서, 자본과의 갈등 가능성은 크지 않은 것이었다(강명구·박상훈 1997). 즉, 자본의 개혁에 대한 저항으로부터 김영삼 정권의 적극적 세계화 담론이 등장했다는 점에서, 적극적 세계화 담론이 친자본적 성격을 갖는 것은 당연한 것이었다. 세계화 담론은 경쟁력을 강조하는 것으로 이어지면서 주로 자본이 원하던 해외 자금시장에 대한 접근을 원활하게 하는 한편, 노동시장의 유연성을 강화시키는 것으로 구체화되었기 때문에 자본으로부터의 저항에 직면할 이유는 없었다. 이러한 측면에서 볼 때 김영삼 정권의 세계화 담론은 자유주의적 담론으로서는 모순적인 것이다. 즉, 올바른 경쟁을 위해서는 재벌의 시장 지배력이나 내부 지배구조 등도 문제가 됨에도 불구하고, 이에 대해서는 전혀 언급하지 않았기 때문이다.

2) IMF 경제위기와 세계화 담론의 변화: 김대중 정권의 경우

1998년 국민의 정부는 경제개발을 시작한 이래 최대의 경제위기 속에서 출범하였다. 경제위기의 상황은 새롭게 출발하는 국민의 정부에 있어서 해결해야만 하는 과제이기도 했지만, 역으로 개혁프로그램에 정당성이라는 측면에서는 도움이 되는 것이었다. 왜냐하면 개혁 프로그램들은 그것이 경제위기를 해결하는 수단으로 쉽게 정당성을 부여받을 수 있는 상황이었기 때문이다.

　김대중 정권은 우선 경제위기의 원인을 민주주의와 시장경제의 불균
등한 발전에서 찾고 있다. 즉, 민주주의 없는 시장경제의 발전은 정실자
본주의를 초래했으며, 이것이 곧 시장경제의 발전까지도 제약했다는 것
이다. 즉, 국가가 경쟁을 제약하고 간섭하는 것으로 인해 정경유착, 관치
금융, 부정부패가 발생했고, 이것이 도덕적 해이와 경제위기로 이어졌다
는 것이다.

　국민의 정부는 민주주의와 경제발전을 병행시키겠습니다. 민주주의와 시
장경제는 동전의 양면이고 수레의 양 바퀴와 같습니다. 결코 분리해서는 성
공할 수 없습니다(1998년 15대 대통령 취임사 중에서).

　더 이상 정경유착과 관치금융, 부정부패가 경제를 좀먹지 않을 것이며, 아
시아의 위기를 가져온 구조적인 '도덕적 해이'도 더 이상 용납되지 않을 것
입니다.……건실한 경제는 자주성과 경쟁의 원리가 보장되는 민주주의의
토양에서만 번영할 수 있습니다(1998. 6. 10. 미국상공회의소 주최 조찬 연
설; 대통령비서실, 1999, 321에서 재인용).

　그렇다면 민주주의와 병행발전된 시장경제는 어떤 모습인가? 아래의
문장은 이에 대해 간략하게 답하고 있다.

　자유롭고 공정한 경쟁을 기반으로 하는 경제, 권한과 책임이 함께하는 경
제, 국산품이건 외국상품이건 값싸고 질 좋은 상품이 차별없이 환영받는 경
제, 노력한 만큼 보상받는 경제는 민주주의적 자유분위기 속에 정부의 불필
요한 간섭이 철폐될 때 가능한 것입니다. 이는 내외국인의 경제활동에 경쟁
을 촉진하고 차별을 없애는 과정이기도 합니다.……시장경제원리가 제도로

작동하기 위해서는 정치적 민주주의가 필수적입니다(1998. 4. 23. 파이낸셜 타임즈지 주최 서울경제국제회의 연설; 대통령비서실, 1999, 154-155에서 재인용).

위의 인용문에서 주목할 점은, 노력한 만큼 보상받는 경제가 정부의 불필요한 간섭이 철폐될 때 가능하다고 인식한다는 점이다. 즉, 바람직한 경제는 정부의 간섭이 없는 경제로 표현되는 것이다. 민주주의와 병행발전된 시장경제는 자유로운 경쟁이 보장되는 것, 그리고 시장에 대해 국가의 불필요한 간섭이 없는 것을 의미한다. 여기서 중요한 점은 시장경제원리가 제도로서 작동해야 한다는 점이다. 제도로서 시장을 강조한 것은 앞선 정권들과는 큰 차이를 보이는 것으로, 세계화를 강조한 김영삼 정권의 경우는 공정한 경쟁을 위한 제도를 강조하기보다는 경쟁에서 승리할 수 있는 경쟁력을 강조한 바 있다. 한마디로 민주주의와 시장경제의 병행발전은 국가와 시장의 단절을 특징으로 한다. 다른 한편으로 국가와 단절된 시장경제는 경쟁을 강화한다.

한국 정부는 국제수준의 시장경제체제 확립에 한국 경제의 장래를 걸고 있습니다. 수출, 수입, 그리고 외국인 투자 등 모든 국제적인 경제관계에서 한국 정부는 세계수준으로 시장개방을 확대할 것입니다(1998. 4. 2. 영국경제인연합회(CBI) 초청 오찬 연설; 대통령비서실, 1999, 119에서 재인용).

바람직한 시장경제는 내·외국인의 차별이 없이 동등하게 경쟁하는 시장경제다. 이를 위해 해외로부터의 투자는 무엇보다도 위기의 극복수단이라고 정당화된다. 해외로부터의 투자를 자유화하는 것은 "갚을 필요도 없고 이자도 없고 원화로 바꾸면 우리 마음대로 쓸 수 있다"는 장점이 있다. 이 점에서 외채를 들여오는 것에 비해 훨씬 이득이다.

우리의 경제위기는 외환에서 왔기 때문에 외환으로 풀어갈 수밖에 없습니다. 수출을 더욱 많이 하고 외국투자를 더 많이 받아들이는 것 외에는 해결책이 없습니다(제1회 무역투자진흥대책회의 연설; 대통령비서실. 1999, 107에서 재인용).

우리가 외환위기를 해결하려면 수출증대와 해외자본을 끌어오는 두 가지 노력을 해야 합니다. 수출은 어느 정도 되고 있습니다.……그 다음에 외환위기를 해결하려면 외국 투자가 많이 들어와야 합니다. 과거 우리가 잘못한 것 중의 하나가 외국인 투자에는 신경을 쓰지 않고 차관을 빌려오는 데만 주력을 했습니다.……외국인 투자는 외국의 선진 경영기법을 함께 가지고 들어오며 또 외국기업이 들어와서 합작투자를 하게 되면 기업의 투명성이 보장됩니다(1998. 5. 10. 국민과의 대화; 대통령 비서실, 1999, 224에서 재인용).

여기서 해외로부터의 투자는 과거 가졌던 경제의 식민지화, 또는 국부 유출 등과 같은 부정적 의미를 모두 벗어버리게 되는데, 위의 언급에서 확인할 수 있듯이 해외로부터의 투자를 자유화하는 것은 외환위기를 해결할 수 있을 뿐만 아니라 선진 경영기법까지도 배울 수 있으며, 기업의 투명성까지도 보장하게 되는 것이다. 이제 해외로부터의 투자는 다양한 문제들을 해결하는 수단으로 규정된다. 즉, 이제 해외로부터의 투자는 남이 우리를 소유하는 것이 아니라, 남을 우리가 이용하는 것으로 이해되고 있다.

중요한 것은 이제부터 외국자본도 우리나라에 와 있으면 우리 기업이고 우리 기업도 외국에 나가 있으면, 외국기업이라고 생각해야 합니다. 외국자본이 들어오면 이득이 많기 때문에 이것이 들어오는 것을 환영해야 합니다. 다른 나라들은 외국자본을 환영해서 성공하고 있습니다(1998. 5. 10. 국민과의 대화; 대통령비서실, 1999, 227에서 재인용).

요약하자면 김대중 정권은 민주주의 없는 시장 경제가 정실자본주의
를 낳았고 이로 인해 경제 위기가 왔기 때문에, 위기를 해결하기 위해서
는 민주주의와 시장 경제를 병행발전시켜야 한다고 주장한다. 여기서 민
주주의와 시장 경제의 병행발전은 양자를 단절시키는 것, 즉 정치가 시
장 경제에 개입하지 않는 것으로 규정한다[9]. 이러한 분리는 제도적인 것
이어야만 한다. 정치의 경제에 대한 개입이 경제 위기의 원인이기 때문
에 양자를 분리시킴으로써 경제위기를 극복할 수 있다는 것이다.

시장과 국가를 단절시키면 경쟁이 강화되는데, 이는 곧 결국 좋은 상
품, 강한 상품의 승리를 보장한다. 따라서 경쟁을 강화시킬수록 바람직
한 결과들을 얻을 수 있는데, 경쟁을 강화하기 위해서는 국내 시장에 대
한 규제를 철폐하는 것이 필요하다. 즉, 자유주의적인 시장경제가 최선
이라는 결론이다.

이러한 담론 속에서 국제경쟁은 경제 위기의 원인이 아니라, 위기를
해결하기 위한 수단으로 정당화된다. 특히 주목하고 있는 것은 해외로부
터의 투자에 대한 자유화다. 즉, 해외로부터의 투자는 외채와는 달리 갚
을 필요가 없다는 점에서 외환 위기로부터 자유롭다는 이점을 갖는 것으
로 해석한다. 해외로부터의 투자에 대한 긍정적 이해는 더욱 증폭되어
우리와 남을 구분하는 기준의 변화까지도 초래하게 되는데, 이제 우리기
업과 해외기업의 구분 기준은 소유기준, 즉 누가 소유했는가가 아니라
지리적 기준, 즉 어디에서 자본이 쓰이고 있느냐로 변화하고 있다.

국제경쟁을 단순히 외적 위기로 이해한 것이 아니라 위기의 해결책으

---

9) 이러한 담론은 담론 수준에서만 보면 신자유주의라고 평가할 수 있을 것이다. 그러나
구체적 정책은 분야별로 상이한데, 예컨대 사회복지 영역에서의 정책은 신자유주의적
으로 평가하기 어려운 요소들도 많다.

로 이해하고 있다는 점에서, 김대중 정권의 국제경쟁 담론은 앞선 정권들의 그것들과는 상이하다. 일 예로 세계화를 강조했던 김영삼 정권의 경우 1994-5년을 제외하고 국제경쟁을 자신들의 헤게모니 프로젝트를 정당화하는 수단으로 이용하고 있을 뿐, 국제경쟁 자체를 지배 전략으로 이용한 것은 아니었다. 이에 반해 김대중 정권은 국제경쟁의 강화를 자신들의 지배 전략으로 제시하고 있다.

경제 위기의 원인이자 해결책으로서 김대중 정권의 국제경쟁 담론은 구체적인 개혁 프로그램에 대해 정당성을 부여하는데, 개혁 프로그램은 주로 해외투자의 유치라는 측면 맞추어 구성되어 있다. 해외로부터의 투자 유치는 그러나 자연스럽게 이루어지는 것은 아니다. 즉, 그것은 외국인으로 하여금 투자해도 좋다는 확신을 줄 수 있을 때 가능한데, 확신을 주기 위해서는 해외 투자와 관련된 제도의 개선이 필요하다. 해외로부터의 투자는 크게 네 가지 문제에 직면해 있다.

그 첫째가 노동시장의 유연성 문제에 대한 노동조합의 반발이고, 둘째가 경제개혁 부진이며, 셋째가 외국자본이나 외국상품에 대한 한국 국민의 불편한 감정이며, 넷째가 야당이 의회의 다수를 차지하고 개혁에 대한 정부의 노력에 비협조적인 사실입니다(1998. 6. 10. 미국상공회의소 주최 초청 연설 중에서).

해외로부터의 투자를 얻기 위해서는 이를 제도적으로 개선해야만 하는데, 개혁은 기업개혁, 노동개혁, 금융개혁, 정부개혁, 그리고 정치개혁으로 구체화되었다. 즉, 외환위기 극복을 위해 해외로부터의 투자가 필요하며, 이를 위해서는 국내의 정치·경제적 개혁이 필요하다는 것이다. 이제 해외투자로부터의 투자 필요성은 국내 개혁의 필요성으로 이어지는 것이다.

위기 극복에 대한 이러한 담론의 구체적 결과로 개혁들이 시도되었는데, 이는 4대 부문에 대한 규제개혁으로 구체화되었다. 이른바 4대 개혁 중특히 관심이 가는 부분은 노동개혁, 금융개혁, 그리고 기업 개혁이다. 이들부문에서 나타난 개혁을 간략하게 살펴보면 아래와 같다. 우선 노동개혁의 경우는 주지하듯이 노·사·정위원회를 통해 정리해고와 파견근로제도를 합법화하였다. 이를 통해 노동시장의 유연성이 크게 증가하였다.

다음으로 금융개혁과 기업개혁의 내용을 살펴보면 다음과 같다. 기업개혁의 경우 1997년 말 기업대표와 합의한 "기업구조개혁 5대 원칙"을중심으로 구조개혁을 실시하였는데, 그 원칙이란 ① 기업경영의 투명성제고, ② 상호지급보증 해소, ③ 재무구조의 획기적 개선, ④핵심부문 선정, ⑤ 지배주주 및 경영진의 책임 강화 등이다. 이러한 원칙에 덧붙여 3대 보완과제를 설정하였는데, 즉 ① 제2금융권의 경영지배구조 개선, ②순환출자의 억제, ③부당내부거래의 차단 등이 첨가되었다.

이들 원칙은 크게 세 가지 분야로 요약할 수 있는데, 첫째, 과잉투자를해소하는 것 둘째, 재벌의 지배구조를 개혁하는 것 셋째, 재벌기업의 국민경제 지배체제를 개혁하는 것이다(김기원 2001, 55). 이들 중 주목할것은 두 번째로 재벌의 지배구조를 개혁하는 것이다. 재벌의 지배구조개혁은 크게 외부지배구조시장과 내부지배구조의 변화를 통해 이루어졌는데, 전자와 관련해서는 기업의 인수·합병 시장을 개방했으며, 상호출자나 채무보증을 금지하였다. 후자와 관련하여서는 사외이사제도를강화하였고, 소액주주의 권한을 강화하였으며, 지배주주의 책임을 강조하였다(강명헌 2001, 101-103). 다른 한편으로 기업의 투명성을 보장하기위해 1999년 결합재무제표를 의무화하였고, 감사인선임위원회의 설치의무화, 외부 감사인 및 회계관계인에 대한 처벌강화 등의 조치를 실시하였다.

금융개혁은 부실금융기관을 정리하는 것, 공적자금을 통해 부실채권을 정리하는 것, 그리고 해외 자본에 대해 금융시장을 개방하는 것을 주요 내용으로 하고 있다(신상기 2001). 여기서 주목할 점은 해외 자본에 대해 금융시장을 개방하는 것인데, 구체적으로 1997년 12월 채권시장이 개방되었고, 이어 주식시장 역시 전면 개방되었다. 이외에도 선물이나 옵션에 대한 투자나 단기금융상품에 대한 투자 역시 전면 허용하였다. 금융산업 역시 개방되었는데, 은행업에 있어서 현지 법인 설립이나 증권업에 대한 투자가 허용되었다.

세 부문의 개혁은 주로 시장과 국가를 단절하여 시장의 자율성을 확대하는 방향으로 이루어졌다. 그러나 시장의 자율성을 확대하는 이러한 개혁은 김영삼 정권 때와는 달리 친자본 세력으로부터도 비판을 받게 되었는데, 왜냐하면 재벌 개혁은 그 내용상 재벌의 기업연합을 해체하는 것과 함께, 재벌 총수의 재벌에 대한 통제력을 완화하는 것을 목표로 하기 때문이었다[10].

친재벌적 입장에서 재벌 개혁에 반대하는 입장은 크게 세 가지 논리를 주장하였다. 첫 번째 비판은 경제위기의 원인은 재벌이 아니라 정부의 잘못된 정책이었다는 점을 부각시키는 것이다. 이 논리는 국가가 은행을 통해 기업을 조정해왔다는 점을 강조하여, 위기의 주범은 재벌이라기보다는 잘못된 정책을 추진한 국가에 있다는 점을 부각시킨다. 따라서 재벌에 대한 현 정권의 개혁은 가혹하다고 주장한다.

시스템의 위기를 방치한 정부가 경제위기의 주범이라면 관치금융 하의 은행은 그 하수인에 불과하고 재벌은 기껏 공범 내지 종범에 불과한 것이다.

---

10) 1999년 8 · 15 경축사에서 재벌개혁을 언급하면서 이것이 재벌의 선단식 경영조직의 해체가 목표인지, 아니면 재벌 총수의 경영권을 박탈하는 것이 목적인지 논란이 있었지만, 전자가 목표라는 김대중 대통령의 언급 이후 논란은 종식되었다. 그러나 이후의 재벌개혁은 양자 모두를 포함하는 것이었다.

혼히 재벌을 경제위기로 몰고가는 재벌책임론의 주장 속에는 재벌의 역할을 국가의 역할과 혼동하고 국민경제를 걱정하는 재벌을 기대하는 인식이 숨어 있다"(유승민 2000, 39).

두 번째 비판은 재벌이 경제 성장을 위해서는 필수적인 요소라는 점을 강조한다. 즉, 위기 이전에는 재벌을 경제 성장의 주역으로 평가하고 있었다는 점에서, 재벌의 경제에 대한 기여도를 무시할 수 없다는 것이다. 특히 금융시장의 미비로 인해 대규모 투자를 위해서는 고도의 위험을 감수할 행위자가 필요한데, 재벌 외에는 이러한 행위자를 찾기 어렵다는 점에서 재벌의 해체를 반대한다. 즉,

경쟁력 제고를 위한 재벌해체란 어불성설이다. 급진적 해체는 우리 경제를 매우 불안하게 만들고 해체의 거래비용이 막대할 것이며, 해체는 재벌형 기업조직의 강점까지 없애기 때문에 만약 급진적 해체가 이루어진다면 한국 기업들은 전반적인 경쟁력 저하를 경험할 것이다(유승민 2000, 54).

이러한 주장은 경쟁을 약화시키는 주범으로 인식된 재벌을, 역으로 경쟁력의 원천으로 이해하고 있음을 보여주고 있다. 따라서 재벌해체는 한국 경제의 경쟁력 약화로 귀결될 것으로 예측한다.

세 번째 비판은 재벌에 대한 강제적인 개혁은 시장에 대한 정부의 과도한 개입을 의미하기 때문에 그 자체로서 큰 비용을 수반하게 된다는 것이다. 이 주장은 재벌 개혁은 시장을 자유화하기 위한 것임에도 불구하고, 국가 주도로 이루어지는 한 국가의 시장에 대한 간섭을 더욱 증가시킬 수 있다고 주장한다[11]. 한 예로 친재벌적 논자는 아래와 같이 주장한다.

---

11) 재벌개혁에 대한 반대 중 친재벌적 논의로는 유승민(2000), 공병호(1999),

환란과 이를 뒤이은 금융과 실물부문의 위기는 한국인들이 시장경제원리로부터 벗어난 삶에서 온 것이다. 그렇다면 그 해결책은 우리의 오늘을 가져온 원인을 거슬러 올라가면 된다. 정치원리가 지배하는 사회에서 시장원리가 지배하는 사회로 한국 사회는 확실히 방향을 선회해야 한다"(공병호 1999, 34).

위의 문장은 또한 경제위기의 원인에 대한 해석 역시 보여주고 있는데, 즉 시장경제원리로부터 벗어난 삶이 그 원인이라는 것이다. 원인에 대한 이러한 해석은 정권의 그것과 크게 다르지 않다.

과학기술의 발전과 정보화시대의 도래 그리고 무국경 지구촌경쟁시대의 도래로 경제적 불확실성이 어느 때보다도 높아지게 될 것이다 그에 따라 경쟁의 차원이 지구화되고 경제정책의 유효성이 급락하면서 개별국민국가들은 새로운 시대에 적합한 산업정책을 모색함에 있어서 총체적인 불확실성에 직면하게 될 것이다(좌승희 1998, 2).

경제 및 시장규모가 확대되고, 그 내용도 어느 선진화된 경제 못지 않게 복잡다기화되고 있는 오늘날에 있어서는, 정부가 시장보다 더 많이 알고 있다는 가정 자체가 성립될 수 없다 하겠다. 나아가 경제활동의 세계화가 급진전됨에 따라……민간경제활동에 대한 통제력이 급격히 저하되고 있을 뿐만 아니라"(좌승희 1998, 10).

여기서 흥미로운 점은 이들이 국제경쟁을 통해 정부 역할을 제한하는 근거를 발견하고 있다는 점이다. 즉, 친재벌논자들은 무국경 지구촌 경쟁시대의 도래로 인해 경제적 불확실성이 커지기 때문에, 정부의 직접적인 경제개입 정책들이 효율성을 발휘할 수 없다고 주장한다. 이러한 주장은 재벌에 대한 정부의 개혁에 대한 비판으로 이용되는데, 즉 김대중 정권의 재벌 개혁은 시장에 대한 강제적인 규제이기 때문에 엄청난 부작용을 낳을 수 있다는 것이다. 친재벌적 주장은 위의 인용문에서 보듯 시장경제원리로의 회귀를 강조하면서도 시장경제원리를 제한적인 부문에서만 적용시킨다. 즉, 이들은 노동시장의 분야나 기업활동의 분야에 있어서는 시장의 원리를 강조하지만, 재벌이 시장경제원리에 대해 갖는 문제점에 대해서는 눈을 감고 있다. 역으로 친재벌논자들은 재벌의 등장을 진화적 과정으로 이해한다. 즉, 재벌은 한국적 현실에 적응한 가장 효율적인 제도라는 것이다. 따라서 재벌의 문제점 역시 환경을 변화시킴으로써 해결될 수 있다고 주장하는데, 환경이란 결국 기업들의 활동을 제약하는 각종 규제의 철폐, 특히 대기업에 대한 규제의 철폐를 의미한다.

이들 김대중 정권과 친재벌논자들의 담론의 유사성과 차이점은 다음과 같다. 첫째, 양자는 세계화를 경제적 맥락, 즉 경쟁의 증가로 이해한다. 즉, 이들이 이해하는 세계화는 자유주의적 세계화, 즉 상품과 자본과 서비스의 국가가 이동이 자유로워지는 것이다. 둘째, 재벌 개혁과 관련해 두 담론에서 세계화는 전혀 다른 용도로 사용되고 있는데, 김대중 정권의 담론에서 세계화는 재벌 개혁의 필요성의 근거로 이용되는 반면, 친재벌 담론에서는 국가의 축소에 대한 근거로 이용되고 있다. 즉 전자는 세계화를 올바르게 하기 위해서 재벌개혁이 필요하다고 주장한 반면, 후자는 세계화로 인해 국가는 재벌개혁을 할 능력을 상실했다는 것이다.

요약하자면 김대중 정권의 국제경쟁 담론은 추상적인 경쟁력 강화가 아니라 제도 개혁을 강조했다는 점에서, 김영삼 정권의 그것에 비해 훨씬 더 방향성을 갖고 있을 뿐만 아니라 내적 일관성을 갖고 있었다. 김대중 정권은 경제 위기의 해결책을 자유주의적인 시장 제도의 확립에서 찾았다. 따라서 국제경쟁 담론은 상품과 서비스의 자유화를 넘어서서 금융

시장의 자유화까지로 확대되었고, 담론 내에서 해외자본에 대한 부정적 인식도 사라졌다. 또한 이러한 자유주의적 세계화 담론은 개혁에 대해 정당성을 제공하는 수단으로 이용되었다. 그러나 자유주의적 시장의 확립을 위한 개혁은 재벌개혁에 이르러 친재벌 세력들의 저항에 부딪히기도 하였다.

3. 권위주의 시기와 탈권위주의 시기의 국제경쟁 담론 비교

앞서 본 논문은 박정희 정권부터 김대중 정권에 이르기까지 신년사에 나타난 국제경쟁의 의미와 담론의 기능을 분석해 보았다. 전반적으로 국제경쟁 담론 주로 자신들의 지배 전략을 정당화하는 수단으로 이용되어 왔다고 평가할 수 있지만, 그 쓰임새나 지배담론 내에서의 비중은 권위주의 시기와 탈권위주의 시기에 있어서 차이를 보이고 있음을 확인할 수 있었다.

우선 권위주의 시기 동안 국제경쟁은 지배담론의 핵심적 위치를 차지한 것은 아니었다. 박정희 정권의 지배 기간 동안 지배담론은 반북한/반공이나 경제성장 담론에 의지했다. 국제경쟁이 언급된 것은 10월 유신 이후로, 당시 국제경쟁에 대한 언급은 체제에 대한 위협이라는 애매모호한 의미를 갖고 있을 뿐 구체적인 의미나 내용을 갖고 있는 것은 아니었다. 박 정권 아래서 국제경쟁은 단지 유신체제의 정당성을 옹호하는 여러 담론 중 하나로 이용되었다.

전두환 · 노태우 정권 기간 동안에도 국제경쟁 담론은 지배담론 내에서 핵심적 위치를 차지한 것은 아니었다. 다만 1980년대 후반 이후 한국 경제의 발전과 그로 인한 무역개방 압력 등으로 인해 국제경쟁 담론 역시 무역자유화 등 경제적 측면으로 좀더 구체화되어 등장하고 있다. 그러나 국제경쟁은 외부의 위협이라는 의미로 언급되고 있을 뿐, 그 자체로 지배 집단의 전략을 규정하거나 또는 지배담론에서 핵심적 위치를 차지한 것은 아니었다.

본격적으로 국제경쟁 담론이 지배담론 내에서 핵심적 위치를 차지하기 시작한 것은 김영삼 정권부터였다. 우선 1990년대 중반 1980년대 초부터 시작된 선진 자본주의 국가들의 압력으로 무역 자유화가 크게 진전되었다. 특히 우루과이라운드(Uruguay Round of Multinational Trade Negotiation)의 타결과 세계무역기구(World Trade Organization)의 설치로 인해 국제경쟁에 대한 국민들의 관심이 크게 증가되었다. 다른 한편으로 정치적 민주주의가 점차 안착됨에 따라 민주주의로의 이행이라는 의제가 갖는 사회적 영향력 역시 점차 약화되어 갔다. 이와 함께 1990년대 초 동유럽의 몰락은 사회주의에 대한 그리고 북한에 대한 국민들의 두려움을 크게 약화시켰다. 이러한 환경의 변화로 인해 과거 권위주의 정권의 지배담론은 그 효과가 크게 약화될 수밖에 없었다. 이러한 변화 속에서 김영삼 정권은 세계화라는 용어를 통해 국제경쟁 담론을 지배담론의 핵심 담론으로 변화시켰다. 김영삼 정권 아래서 국제경쟁 담론은 두 가지로 구분할 수 있다.

첫 번째는 세계화 담론이 지배 전략의 의미보다는 지배 전략에 대해 정당성을 부여하는 기능을 갖는 것으로 집권 초기와 집권 후반기에 나타나고 있다. 즉, 신한국도, 역사바로세우기도 모두 무한 경쟁 아래서의 승리라는 목표로 인해 정당화된다. 두 번째는 집권 중반기인 1994년과 1995년에 나타난 것으로 국제경쟁 담론은 세계화라는 용어를 사용하면서 개혁 프로그램 자체로 전환된다. 즉, 세계화 자체가 지배 집단의 전략이 되는 것이다. 여기서 세계화는 일류국가가 되는 것을 의미한다. 구체적으로 세계화는 기존의 제도와 관행을 세계 일류 수준으로 개혁하는 것을 의미했다. 그러나 추상적으로 경쟁력을 강조하는 세계화 담론을 배경으로 하여 추진된 지배 집단의 개혁은, 기업의 활동에 대한 자유화와 노사관계의 유연화 등 주로 자본이 요구하는 사항들에 대해서만 이루어졌을 뿐 일관성을 갖는 것은 아니었다.

비록 시기에 따라 그 역할에 있어서는 차이가 있지만 김영삼 정권의 세계화 담론은 민족 단위의 무한 경쟁을 강조한다는 특징을 갖는다. 즉, 무차별적인 경쟁의 주체는 민족으로 이해되고 있다. 여기서 민족의 승리가 개인의 승리로 이해된다. 그러나 경제에서의 승리를 위해 어떻게 해야 하는지에 대해서는 구체적으로 언급되지 않고 있다. 결국 이러한 추상적 담론은 두 가지 목적을 가지고 있다고 판단할 수 있는데, 첫째, 경쟁력 강화를 주장하면서 시장에 대한 자유화를 추진하며, 둘째, 민족과 개인의 경쟁력을 강조함으로써 민주주의 확대와 권위주의 정권 유산의 청산에 대한 민중들의 요구를 희석하는 것이다. 이러한 목적은 비교적 자본의 이해에 부합하는 것이었다는 점에서, 지배 블럭 내부로부터는 세계화 담론에 대한 대항 담론을 발견하기 어려웠다. 이는 다른 담론의 배경으로서 세계화가 방향성을 갖지 않는 추상적 내용만을 담고 있기 때문에, 하위 담론을 통해 거대 자본과의 이해관계를 조율할 수 있었기 때문이다.

김대중 정권의 국제경쟁 담론은 경제위기의 극복이라는 맥락에서 등장하였다. 신년사에서 국제경쟁은 한국의 경제위기를 가져온 원인이자 원인에 대한 대안으로 언급되고 있는데, 즉 경제위기의 원인을 국가의 간섭으로 인해 모든 행위자들에게 동등한 기회를 주지 않았다는 점에서 찾으면서 기회를 동등하게 부여하면, 다시 말해 경쟁을 촉진시키면 위기로부터 탈출할 수 있다고 주장한다. 경쟁에 대한 강조에 있어서 김대중 정권은 경쟁에서 승리가 아니라 경쟁을 제도적으로 보장하는 것을 강조한다는 점에서, 김영삼 정권과 차이를 보이고 있다. 국제경쟁 담론에서 흥미로운 점은 김대중 정권은 외국자본의 국내투자를 매우 긍정적으로 해석하고 있다는 점이다.[12] 이 역시 이전 정권들에서는 찾아보기 힘든 해석이다.

김대중 정권 역시 국제경쟁 담론을 통해 개혁의 정당성을 이끌어 내는데, 즉 경제위기를 극복하기 위해서는 국제경쟁을 극대화해야 하며 이를 위해서는 경쟁을 방해하는 정치·경제적 관행과 제도를 개혁해야 한다는 것이다. 제도에 대한 이러한 강조는 그러나 재벌 개혁과 같은 이전에는 볼 수 없었던 지배 블럭 내의 이해를 침해하는 정책을 포함하게 되었는데, 이로 인해 재벌개혁의 불가능성을 주장하는 친재벌 담론이 등장해 지배 블럭 내의 담론 갈등 상황이 연출되었다. 이 또한 김영삼 정권에서는 보기 힘든 현상이다[13].

4. 요약 및 결론

이 글은 박정희 정권부터 김대중 정권에 이르기까지 국제경쟁 담론이 현실을 어떻게 규정하고 있으며, 또 현실의 문제를 어떻게 해결하고자 했는지, 그리고 담론을 둘러싼 지배 집단 내의 갈등은 어떻게 이루어지고 있는지를 간략하게 살펴보았다.

대통령 취임사에서 국제경쟁은 과거 한국의 생존을 위협하는 외적 도전이나 위기로 애매모호하게 언급되다가, 점차 발전을 위한 수단으로 그 의미가 변화되고 있다. 이러한 의미의 변화과정에서 점차 국제경쟁이 지

---

12) 흥미로운 점은 김대중 정권의 신년사에서 민족이라는 단어는 통일과 관련되어서만 언급되고 있으며, 또 그 빈도도 매우 적다는 점이다. 반면 김영삼 정권의 경우 신년사에서 민족은 통일뿐만 아니라 민족웅비, 민족진운 등과 같이 한국의 운명이나 미래와 관련되어 사용되고 있고, 그 빈도도 매우 많다.
13) 이러한 갈등은 김대중 정권이 담론적 수준에서는 김영삼 정권에 비해 좀더 자유주의적인 개혁 목표를 가지고 있었다는 점에 기인하는 것으로 볼 수 있다.

배담론에서 차지하는 위치 또한 커져왔음을 확인할 수 있다. 과거 권위주의 정권 시절 국제경쟁은 반북한/반공담론의 의미나 효과를 강조하는 부차적인 기능만을 수행했을 뿐이다. 그러나 김영삼 정권부터 국제경쟁은 그 자체로서 지배 집단의 정치적 전략을 정당화하는 기능을 수행한다. 김영삼 정권은 세계화라는 용어를 사용하면서 경쟁력 강화를 강조하였고, 김대중 정권은 민주주의와 시장경제의 병행발전을 주장하면서 구체적인 정책으로 경쟁을 제도화고자 하였다.

국제경쟁에 대한 담론이 시간이 지날수록 지배담론에서 차지하는 비중이 증가하는 것과 함께 그 의미 역시 점차 경제적인 것으로 고착되고 있음은, 한국 사회가 1960년대 이후 겪어온 변화들과 무관하지 않을 것이다. 우선 지난 40년간 한국은 급속한 경제성장을 경험하였다. 경제성장으로 인해 과거와 같은 경제성장에 대한 대중의 열망은 약화되었다. 다른 한편으로 형식적 민주주의가 점차 공고화되면서 민주주의로의 이행이라는 아젠다가 갖는 영향력 역시 축소되고 있다. 이러한 상황에서 지배담론 역시 새로운 아젠다를 찾을 수밖에 없었고, 기존의 반북한/반공담론이나 경제성장 담론에 대안적으로 등장한 것이 국제경쟁 담론이었던 것이다. 이러한 환경의 변화를 고려할 때, 국제경쟁 담론이 지배담론 내에서 당분간은 핵심적 지위를 차지할 것으로 예상할 수 있을 것이다.

| 참고문헌 |

강명구 · 박상훈. 1997. "정치적 상징과 담론의 정치―신한국에서 세계화까지". 『한국사회학』. 봄호. 제31집.

강명헌. 2001. "재벌 구조개혁의 평가와 과제". 장세진(외). 『김대중 정부의 4대 개혁과제: 평가와 과제』. 여강출판사.

공병호. 1999a. "재벌 · 은행 구조조정의 문제점과 대안―여론과 정서에 휘둘리지 말고 순리대로 해야". 『한국논단』. 8월호.

_____. 1999b. "권위주의와 관치경제인가. 민주주의와 시장경제인가". 『한국논단』. 9월호.

공병호 · 김정호. 1999. 『재벌―그 신화와 현실』. 자유기업센터.

공보처. 1997. 『문민정부 5년 개혁백서』. 공보처.

김기원. 2001. "구조조정 정책의 의미와 평가". 장세진(외). 『김대중 정부의 4대 개혁과제: 평가와 과제』. 여강출판사.

김정훈. 1999. "남북한 지배담론의 민족주의 비교 연구". 연세대학교 사회학과 박사학위 논문.

김진방. 1999. "신자유주의자의 재벌론에 대한 비판적 검토". 『한국재벌개혁론―재벌을 바로잡아야 경제가 산다』. 나남.

대통령비서실. 1995. 『김영삼대통령연설문집 I』. 정부간행물제작소.

_____. 1999. 『김대중대통령연설문집 I』. 정부간행물 제작소.

대통령정책기획위원회. 1998. 『미래를 향한 변화와 개혁―문민정부 5년의 개혁 정책을 평가한다』.

대한민국정부. 1998. 『국민과 함께 내일을 연다: 국민의 정부 개혁 청사진』.

세계화추진위원회. 1998. 『세계화백서』.

신상기. 2001. "금융구조개혁의 평가와 과제". 장세진(외). 『김대중 정부의 4대 개혁과제: 평가와 과제』. 여강출판사.

유승민. 2000. 『재벌. 과연 위기의 주범인가? 위기 이후 재벌정책의 평가와 과제』. 비봉출판사.

이원표. 2001. 『담화분석』. 한국문화사.

좌승희. 1998. "한국경제 재도약을 위한 정책과제". 『경제학연구』. Vol. 46. No. 1. 한국경제학회.

_____. 1998. "세계화와 IMF시대의 한국경제 재도약을 위한 정책과제". 『아시아태평양지역연구』. 제1권 제1호.

차동세·김광석 편. 1995. 『한국경제 반세기 역사적 평가와 21세기 비전』. 한국개발연구원.

통계청. 2002. 『한국주요경제지표』.

한국개발연구원. 1995. 『한국경제 반세기 정책자료집』.

청와대. "역대 대통령 어록". www.president.go.kr.

제 8 장
'가족계획 사업'과 가족주의 담론
— '가족계획' 담론의 생체정치학

박태호

1. 담론으로서 '가족계획'

1960년대 이래 한국에서 '가족계획' 내지 '가족계획사업'만큼 가족적 삶에 큰 영향을 미친 것을 찾을 수 있을까? 그것은 국가적인 차원에서는 인구증가를 억제하기 위한 정책이었지만, 가족적인 차원에서는 출산통제를 위한 담론이었고, 출산과 관련된 생활, 특히 성생활과 관련된 담론이었다. 정부와 의사, 그리고 보건학자 및 인구학자, 사회학자 등의 적극적 관여 아래 지속적으로 진행된 정부의 '가족계획사업'에서 당시 국가가 일차적인 목표로 했던 것은 경제성장 속도와 그에 필요한 인구의 감소였지만, 바로 그것을 위해서 국가는 가족 생활 자체를 특정한 방식으로 조절하고 통제하는 것을 목표로 해야 했다. 이로 인해 '가족계획'에 관한 담론은 필경 가족이라는 사적이고 내밀한 영역, 아니 성과 섹스라는 가장 은밀하고 사적인 영역에서 이루어지는 사람들의 행동을 특정한 형태로 통제하고 조절하는 담론이 될 수밖에 없었다.

이는 알다시피 통상 지적되는 유교적인 가족관이나 다산적인 가족관의 직접적인 변환을 요구할 뿐만 아니라, 피임과 성생활 자체에 대한 다른 종류의 태도를 요구하는 것이었다. 이는 가족계획 사업을 국가정책으로 채택하자마자 취해야 했던 조치에서 가장 단적으로 드러난다. 1961년 박정희 정부는 가족계획협회의 제의에 따라 가족계획사업을 제1차 경제 개발 5개년 계획에 포함시켜 국가정책으로 채택한다는 것을 선포하는 것과 동시에, 피임을 위한 약이나 기구를 일종의 '음란물'로 간주하여 그것을 생산하는 것은 물론 수입하는 것까지도 금지했던 이전의 조치를 해제해야 했다(양재모 1986).

이전에 법적으로 금지했던 것을 국가가 나서서 권장하고 그것의 사용을 독려하며 그 비용의 많은 부분을 직접 지불해야 하는 사태는, 피임과 결부된 사적인 생활에 일대 전변이 있을 수밖에 없음을 그 자체로 내포하고 있는 것이다. 뿐만 아니라 이전에는 감히 말할 수도 없었고 알려고 하지도 못했던 것들, 피임은 물론 남녀 성기의 구조와 성교와 관련된 수 많은 것들[1]이 대대적으로 교육되고 홍보되며, 그와 결부된 것을 말하도록 독려하게 된다.

그리하여 이전에는 짙은 침묵의 그늘에 가려져 있던 남성과 여성의 육체는 '가족계획사업'을 통해 성기와 성교, 피임에 관한 의학적이고 해부학적인 지식, 건강에 대한 보건학적 지식, 그리고 그것을 다루는 거시적인 인구학적 지식으로 둘러싸이게 된다. 가족계획사업을 위해 보건요원들은 새로이 습득한 성에 관한 지식을 배우고 가르치게 되며, 사람들로 하여금 성에 관련된 것들을 말하게 하고 그것을 기록하고 관리하게 되며, 그와 나란히 사람들은 자신이나 배우자의 성기의 특징에 대해, 그 성

---

1) 가령 국가재건최고회의 기획위원으로서 가족계획사업을 국가적 사업으로 시행하도록 하는 데 결정적인 역할을 했던 양재모 교수가 편집·출판하여 가족계획 관련 요원들의 교본으로 사용된 『가족계획교본』(대한가족계획협회, 1966)의 3장을 보라.

기를 다루는 법에 대해, 성생활의 다양한 요소들에 대해 배우고 말하게 된다. 성에 관한 엄청난 양의 담론들이 '가족계획'이란 이름 아래 사람들의 삶을 포위한다. 아마도 푸코(M. Foucault)라면 이미 19세기 유럽에서 발견했던 "성에 관한 담론의 폭발적 증식"을 여기서 다시 발견할 것이 분명하다(푸코 1990).

이런 점에서 '가족계획'에 관한 담론은 분명 인구학적인 담론이지만, 동시에 성적인 담론이라고 할 수 있다. 아니 어쩌면 직접적이고 표면적인 것 이상으로 성적인 담론으로서의 성격을 명확하게 갖는다. 약간 거칠게 대비하자면, 애초에 경제성장을 위한 수단의 하나로 제안되었던(양재모 1998, 187; 홍문식 1998, 187) '가족계획사업'이 인구증가율과 경제성장률 사이에서 형성되었던 국가적인 담론을 형성했다면, 그것이 구체적으로 실행되기 위해 사람들에게 제시되어야 했던 '가족계획'의 실질적인 내용은 가족에 관한 담론인 동시에 가장 내밀한 것을 다루는 성적인 담론이었다고 말해도 좋을 것이다. 요컨대 가족계획에 관한 담론은, 국가적인 담론과 가족 내지 성적 담론이 교차하고 뒤섞이는 고유한 영역을 형성하고 있었던 것이다.

이는 가족생활 내지 성생활이라는 가장 '사적인' 영역에 국가라는 '공적인' 조직이 관여하고 통제하는 교묘한 혼성의 지대를 형성했던 것이다. 아마도 동즐로(J. Donzelot)라면 바로 여기서 '사회적인 것(the social)'이라고 불렀을, 사적인 것과 공적인 것이 교차하고 뒤섞이는 어떤 영역을 발견할 것이다(Donzelot 1994; 1979). 아마도 푸코라면, 바로 여기서 인구통제의 형식으로 생식행동을 비롯한 일상 생활을 사회적 국가적으로 관리하는 생체정치학의 영역을 발견할 것이다(푸코 1990, 149 이하).

이하에서 나는 이중적인 담론으로서 '가족계획' 내지 '가족계획사업'이 만들어낸 고유한 배치를 드러내고자 한다. 그리고 그 배치를 통해 형성되는 새로운 관계들의 양상을, 그리고 그 배치 안에서 작동되고 있는 고유한 전략을, 그 전략과 부합하는 권력의 기술(technique)을 포착하려고 한다. 그럼으로써 종종 '가족주의'라고 불리는, 가족적 장치 안에서 삶의 양상을 영토화하는 욕망의 배치에 대해 살펴볼 것이다. 하지만 여기서 '가족계획' 내지 '가족계획사업'의 담론적인 배치를 연구한다는 것은 그것을 오직 담론만으로 간주하겠다는 것을 의미하지 않으며, 또한 그것을 오직 담론만으로 다룬다는 것을 의미하지도 않는다. 그것은 필경 보건소와 병원, 시·군청, 학교, 군대 등을 포함하는 다양한 비담론적인 구성체들과 더불어 작동하며, 그것들을 통해 유효화되기 때문이다. 담론적인 것은 그것의 실행조건인 저 '기계적 장치'들을 통해서만 유효화되며, 역으로 그 기계적 장치들은 그 담론적 조건들을 통해서만 '가족계획사업'을 실행하는 기계가 될 수 있다는 것이다. 그럼에도 불구하고 담론적 배치를 주목하려는 것은 이 글의 직접적인 관심사가 그 기계적 장치의 작동이나 조직방식이 아니라, 담론적인 표현형식을 통해 드러나는 관계양상의 구체적인 변화이기 때문이다.

2. 산아제한과 '가족계획'

인구를 국부(國富)의 중요한 한 요소로 여겼던 것은, 19세기의 국민국가 개념이 전면화된 이래 근대 국가 자체에 속하는 전통적 특성이다. 서양의 경우 아이를 부모가 직접 양육하지 않았고, 계급이나 계층과 무관하게 유모에게 맡겨서 양육하는 것이 오랜 전통이었다. 하지만 유모란 말에서 줄리엣의 유모를 떠올려선 곤란하다. 유모를 이처럼 집에 두고 있을 수 있는 사람들은 아주 극소수에 불과했고, 귀족들의 경우에도 많은 경우 집 밖에 있는 유모에게 아이를 맡겼으며, 경제적 형편이 어려울수록 멀리 떨어진 곳에 있는 싼 유모를 찾아서 아이를 맡겨야 했다(Aries

& Duby 1988, 221-222; Shorter 1977, 175-180). 가난한 사람들의 경우에는 양육비를 제대로 내지 않거나 아이를 찾아가지 않는 경우도 비일비재했다. 이러한 유모 양육의 관습은 18세기 후반에 가서야 약간 변화되었으며, 19세기 중반에 이르기까지 계속되었다. 이는 가뜩이나 높았던 유아 사망률을 더욱 높이는 결과를 빚었고, 그 결과 가령 19세기 전반에 모친이 직접 양육한 아이의 경우 유아사망률이 19%였음에 반해, 유모가 양육한 아이의 경우 그것은 38%에 이르게 된다(Shorter 1977, 181).

이 시기에 국력이라는 개념과 더불어 국가가 건강한 인구/주민(population)을 생산하고 관리해야 한다는 통치관념이 부상하면서, 이 같은 사태는 중요한 국가적 문제로 인식된다. 즉, 엄청난 수의 아이들이 태어나 노동이나 군대처럼 국가에 유용한 일을 하기도 전에 죽어간다는 사실을 해결하지 않고서는 강한 국력, 국부를 형성할 수 없다는 생각이 그것이다. 이를 위해 국가는 아이의 양육에 개입하고자 하며, 모친의 직접 양육에 보조금을 지급하는 형식으로 그 개입의 단서를 마련한다(J. Donzelot 1979, 29-31).

한국의 경우에는 유모 양육이 있었던 것은 아니었기에 사태는 다르게 전개되었지만, 정부가 아이의 출산과 다산을 장려하는 것은 일제 시대 이래의 '전통'이었다. 또한 비록 국민국가라는 단위를 설정하는 데 '법적인' 난점이 있다는 공통성에도 불구하고, 이러한 종류의 '국부'라는 관념 자체가 국민국가 간의 경쟁과 전쟁을 전제로 포함하는 것이란 점에서, 대동아전쟁이나 태평양전쟁을 치르면서 일제 총독부가 다산을 장려했던 것이나, "공산주의와 대치하고 있는 특수상황에서 국가안보를 책임질 근거를 인력"(배은경 1999, 152)에서 발견했던 이승만 정권이 다산을 장려했던 것은 사실은 연속성을 갖는 것이라고 할 수 있다. 그래서 대동아전쟁기 일제시대에 이어서 이승만 정권 시기에도 다산가정을 표창하던 제도는 지속되었는데, 가령 "〈여원〉 1957년 7월호에는 13남매를 낳아 어머니날에 다산자 표창을 받은 47세 여성의 사진이 ‘대한의 어머니’ 라는 제목의 권두 화보로 실려있다” 고 한다(배은경 1999, 152).

그렇지만 그와 동일한 시기에 많은 사람들은 출산 자녀의 수를 줄이고자 애쓰고 있었다. 그러한 욕망의 일차적인 이유는 경제적인 빈곤이었다. 1950~53년간 내전으로 인해 많은 사람이 죽었지만 피난민 등의 유입으로 인해 인구수는 줄지 않았고 전쟁 중에 도입된 항생물질의 영향으로 사망률은 급속히 저하하는 조건에서(권태환 1997, 27), 전쟁으로 피폐화된 경제는 기존의 노동력마저 충분히 고용될 수 없는 상황으로 귀결되었다. 이러한 상황에서 도시든 농촌이든 사람들의 삶은 지극히 곤란했고, 이러한 시기에 애를 새로 낳는다는 것은 대책 없이 ‘입’ 을 하나 더 늘리는 것을 의미했다. 이처럼 궁핍한 경제적 생활조건에서 벗어나기 위해 출산을 억제하려는 욕망은 광범위하게 확산되었다[2].

낙태(인공유산)가 불법이었음에도 불구하고 널리 행해진 것은, 더구나 식자층에서 더 많이 낙태를 했다는 것은 이러한 상황과 무관하지 않을 것이다. “1958~60년 서울대 보건대학원 김인달의 보고에 의하면 2개 지역 1,058명의 임태가능한 부인의 조사에서 그 33%가 인공유산을 받은 경험이 있었고” (대한가족계획협회 1966, 241), 다른 조사에서도 비슷한 비율의 인공유산이 조사되었다. 교육수준별로 보면 무학이 23.0%, 국졸이 27.5%, 중졸이 31.8%, 고졸이 46.8%, 대학졸이 51.0%로 학력이 올라감에 따라 인공유산율이 증가한다(양재모 1996, 242).

이러한 조건 속에서 국가가 가족계획을 정책으로 채택하여 추진하기 이전에, 낙태로 인해 빚어지는 모자보건상의 피해나 도덕적 곤란을 미연

---

2) 권태환(1997, 28)은 바로 그것이 어쩌면 통념에 반하는 국가정책이 광범위하게 받아들여진 이유라고 본다. “당시 출산억제정책의 채택은 획기적이었지만, 이미 성공의 조건은 갖추어져 있었던 것으로 평가할 수 있다.……정부의 가족계획사업은 특히 농촌과 도시의 저소득층의 저출산 욕구를 충족시키는 데 크게 기여하였다.”

에 방지할 것을 목적으로 하는 가족계획(산아제한) 운동이 민간 차원에서 진행되고 있었다. 한국에서 가족계획 운동을 가장 먼저 시작했던 것은 1920년대 선교사 머레이(Murray) 박사였으며, 이후 1930년대에는 인천 태화산업관에서 사회사업과 선교활동을 하던 로젠버그(Rosenberg)가 농촌부인을 상대로 가족계획 계몽활동을 했다고 한다(홍문식 1998, 184). 1954년, 미국인 선교사 워스(George C. Worths, 한국명 吳天惠)가 "모자보건을 위한 가족계획을 처음으로 주창"하면서 가족계획운동이 본격화되었고, 비슷한 시기에 대전 기독교사회관장 레어드(Esther Laird)는 근무지인 원주에서 가족계획 계몽사업을 했다고 하며, 1957년 이영춘 박사는 전북 '개정 농촌위생연구소'를 개설했으며, 1958년에는 서울대병원 산부인과에서 Unitarian Service Committee의 원조 아래 가족계획 상담소를 개설했다(홍문식 1998, 7-8).

인공유산에 대한 대책의 성격을 갖는 가족계획이 처음에 "모자보건에 바탕을 두었"던 것은(대한가족계획협회 1966, 6) 분명히 이러한 사태와 직접 결부된 것이었을 터이다. 또한 기독교 선교사가 가족계획 운동을 주도했던 것도, 가족계획을 일종의 도덕적인 운동으로 이해했던 것도, 건강에 큰 피해를 끼치며 도덕적으로도 문제를 안고 있는 인공유산을 미연에 방지하거나 감소시키려는 시도와 결부된 운동이었음을 함축한다.

출산억제 욕망이 강했던 이 시기에 가족계획운동이 진행되면서, 특히 여성잡지를 통해서 산아제한 내지 출산통제에 관한 담론이 다양하게 펼쳐진다. 출산통제를 주제로 하여 이 시기 〈여원〉이나 〈주부생활〉 등의 잡지를 연구한 논문에 의하면 특히 1958년부터 출산통제 기사가 본격적으로 등장하기 시작한다고 하며, "이 시기부터는 출산통제에 반대하는 견해는 사라지고 누구나 그 필요성을 인정한 위에서 논의를 진행한다"고 한다(배은경 1999, 149).

이처럼 출산억제를 둘러싸고 대중들의 욕구와 국가의 입장은 가족계획사업 이전과 판이하게 달랐다[3]. 이는 국가적 개입과 무관하게 가족계획이나 출산조절이 사람들의 생활과 관련된 고유한 욕망의 배치를 형성할 수 있음을 의미할 뿐 아니라, 가족계획에 대한 담론이 국가정책으로서 '가족계획사업'의 그것과 독립적이고 상이한 성격을 가질 수 있다는 점을 시사한다. 가령 이 시기 "여성잡지는 처음부터 출산통제 문제를 '여성의 몸' 문제로 다루었다. 산아제한(특히 피임보급)이 필요한 근거로 가장 많이 제기되는 것은 여성의 몸을 무분별한 낙태로부터 보호해야 한다는 것이었고, 그 다음이 가난한 가정에서 많은 아이를 키우는 여성의 수고를 덜어야 한다는 것이었다"(배은경 1999, 151). 요컨대 민간 차원에서 진행되던 가족계획운동이나 가족계획 담론은 출산억제에 대한 대중적인 욕망을 기초로 하여 광범하게 진행되던 낙태를 방지함으로써, 여성 내지 모성의 신체를 보호하는 것을 일차적인 목표로 하고 있었다는 것이다.

하지만 민간운동이 진행됨과 동시에 증가하던 이러한 기사들은 정부에서 가족계획사업을 공식적으로 채택한 직후부터 급격히 감소한다(배은경 1999, 150-151). 이는 가족계획이 이미 국가의 대대적인 정책사업이 됨에 따라 가족계획에 대한 담론에서 헤게모니를 국가가 장악했다는 사실을 보여주는 단적인 증거일 것이다. 또한 알다시피 가족계획사업이 국가정책이 되면서, 그것은 무엇보다도 인구증가를 억제하는 문제로 바뀌게 된다.

---

3) "**가족계획사업에 보수적인 태도를 취해온 과거의 정부**와는 달리 5.16혁명에 의한 군사정부가 수립되면서 정부의 정책수립과정에 일대 변혁이 초래되었다. 즉, 당시의 정부는 국가의 경제개발에 최상의 목표를 두었으며 장기계획을 수립하기 위하여 각계의 의견을 수립하는 과정에서 가족계획에 관심이 있었던 인사가 주축이 되어 정부가 계획하고 있는 경제개발계획을 성공적으로 수행하기 위해서는 인구증가 억제를 위한 가족계획이 정부의 정책으로 수용되어야 한다는 건의를 하게 되었다"(한국보건사회연구원 1991, 74. 강조는 인용자. '이하' 강조 역시 인용자).

3. 인구학적 담론으로서 '가족계획사업'

1) 담론적 배치의 전환

가족계획과 관련된 담론이 전혀 다른 것으로 변환되는 결정적인 전환점은, 그것이 인구통제를 위한 국가적 담론으로 변환되는 지점이었다. 이는 1960년 국제가족계획연맹 회장의 특별사절 캐드버리(G. Cadbury)가 방한한 것을 계기로 1961년 의료인이 중심이 된 대한가족계획협회가 만들어지면서 민간운동으로서 가족계획운동이 본격화된 시점이었다고 말할 수 있을 것이다. 혹은 그 협회의 제안으로 박정희 정부가 가족계획사업을 전면적인 국가정책으로 채택했던 시기였다고 말할 수도 있을 것이다. 이후 정부는 보건사회부를 축으로 하여 가족계획사업을 집행할 수 있는 국가조직을 구성해나가는 한편, 경제기획원과 문교부, 공보부, 내무부 등은 물론 상공부와 국방부에 이르는 정부조직 전반을 가족계획사업에 동원한다.

그런데 여기서 전환의 지점이 단지 가족계획의 주도권이 민간에서 국가로 넘어갔다는 사실에 의해 표시된다고 생각하면 매우 순진한 것이다. 가족계획이 모자보건을 추구하는 대중운동에서 국가에 의해 주도되는 '사업'으로 변화되었을 때, 가족계획 자체의 모든 것이 근본적으로 달라지며, 가족계획에 관한 담론 자체는 이전과는 전혀 다른 지반 위에서 새로운 종류의 담론구성체로 변환된다. 가족계획사업의 교과서 역할을 했던『가족계획사업교본』은 이를 간략하게나마 이렇게 표현하고 있다.

> 그 당시[민간운동으로 진행되던 당시]만 하더라도 가족계획주창의 진의의인 **모자보건**에 바탕을 두었을 뿐 **인구의 적정화라든가 하는 거시적 견지에서** 가족계획을 연관시킨 출발은 아니었던 것이[다](대한가족계획협회 1966, 7).

가족계획사업을 추진하는 국가조직의 한 부분이었던 한국보건연구원에서 활동했던 한 연구원의 글은 이를 좀더 잘 설명해준다.

그러나 1960년대에 접어들면서 대한가족협회가 창립되고 5.16 이후에 가족계획은 **인구정책수단으로서의** 새로운 전기를 맞게 되었다. 자유당 시절의 보수적인 통치관념이나 4.19에 의한 민주당 시절의 정파 간 갈등과 약화된 정치지도력의 상황에서 **출산을 제한하는 정책**입안을 기대하기는 어려웠을 것이기 때문이다(홍문식 1998, 186).

『교본』이나 가족계획 관련 국책연구소의 평가는 가족계획의 주도권이 국가로 넘어가면서 가족계획의 본질이 명확하게 달라졌음을 명시하고 있다. 그것은 모자보건을 다루는 '출산통제'라는 미시적인 문제에서 출산을 제한하여 인구증가를 억제하는 거시적인 '인구정책'으로 변화된 것이다. 만약 모자보건을 위해 피임을 하는 문제였다면, 그것은 정말 보건과 건강을 다루는 부서만의 문제였을 것이다. 그러나 가족계획과 관련된 중요한 문서의 하나인 1963년 9월의 '내각수반지시각서 18호'는 모든 정부부처가 가족계획사업을 지원하도록 다음과 같이 지시하고 있다.

경제기획원: 인구정책, 가족계획, 고용, 이민, 노동력 수출 및 인구통계에 관한 시책을 수립하고 자문할 인구정책심의위원회를 설치, 운영하도록 지시하였다.
문교부: 가족계획 교육개발과 시설할애, 학생들에 대한 가족계획교육 실시를 지시하며 63년부터 고등학교 가정과에 소단원으로 삽입하여 가족계획교육을 강화하고 문교부주최로 강연회 등을 개최하였다. 그리고 각급 학교시설을 지역 내 주민에 대한 가족계획 계몽 강연회를 위해 할애토록 지시하였다.
공보부: 가족계획 종합 홍보활동을 펼 것을 지시하여 통합홍보방법을 수립,

공보부 산하 전 공보매체와 전국 문화원, 극장연합회, 공보부 활용기관을 통하여 계몽 선전을 실시하고 각 도에서도 공보부 홍보지침에 따라 자체 홍보토록 지시하였다.

국방부: 군인들에 대한 가족교육계획 및 시술을 위하여 군의관 활용계획을 수립 실행토록 하여, 각부대 의무실 단위 군 계몽기관에 가족계획상담소를 설치 운영하면서 3자녀 이상인 희망자에게 정관수술을 시술하였다.

상공부: 산하 기업체에게 종업원들의 가족계획을 추진하기 위한 방안을 강구토록 함. 이에 따라 기업체에 가족계획상담소를 설치하고 계몽선전을 하며 자체교육과정에도 가족계획을 포함시키고 국내 피임기구 생산시설의 보호육성 및 원료·기구류 수입허가 협조하였다.

내무부: 지방행정 단위별 업무평가에 가족계획사업을 포함시키도록 지시하였다.

재무부: 수입 피임약제·기구에 대한 면세조치를 취하도록 하였다.

체신부: 기념우표를 발행케 하였다.

법무부: 우생보호법 제정의 필요성을 검토케 하였다(한국보건사회연구원 1991, 78).

여기서 가족계획의 당사자는 단지 임신력을 가진 부인만이 아니라 군인이나 기업체의 노동자들처럼 남자들로, 그리고 학생들과 같은 장래에 가족을 이룰 가능성을 가진 전 국민으로 확장되고 있으며, 심지어 이민이나 노동력 수출, 심지어 우생보호법의 제정 검토까지 포함하는 전혀 다른 방향의 조치들을 포함하고 있다. 물론 이러한 확대를 가족계획을 위한 사회적 조건의 형성이란 점에서 이해하고, 가족이라는 '미시적인' 차원에서 가족수 내지 출산 자녀수는 거시적인 차원에서 인구수에 대응하며 그것으로 '번역' 될 수 있다고 생각할지도 모른다.

그러나 애초에 인구를 억제하는 정책으로서 가족계획사업이 제기된 문제설정 자체를 본다면, 이러한 대칭성은 환상이요 가상이라는 점이 금새 드러난다. 유명한 것이지만, 애초에 대한가족협회에서 박정희 정부에게 인구억제책으로서 가족계획사업을 건의했을 때부터 그것은 국가적인 경제성장을 위한 수단으로 제시되었고, 1962년 가족계획사업이 시행되기 시작했던 것은 '제1차 경제개발 5개년 계획'의 일환으로서였다(한국보건사회연구원 1991, 53). 즉, "당시 정부의 **제1차 경제개발 5개년 계획이 구상되는 과정에서** 인구문제는 개발을 저해하는 요인이 된다는 공감대의 형성으로 인구정책 수용은 급진전을 보게 되었다.……인구증가를 둔화시키지 않고서는 경제개발은 불가하다는 인식이 확고해지면서 인구정책은 곧 **경제개발을 위한 수단**의 하나로 수용"(홍문식 1998, 186-187)된 것이었다.

만약 민간운동으로서 가족계획을 모자보건이라는 개념을 통해 출산행위를 보건의 문제로 다루려는 것이었다는 점에서 **'출산의 보건화'**라고 부를 수 있다면, 인구를 경제문제로 다루는 이러한 태도를 우리는 **'인구의 경제화'**라고 부를 수 있을 것이다. 이는 출산되는 자녀수의 조절을 직접적인 목표로 하고 있다는 점에서, '가족계획'이나 '출산통제' 같이 동일한 명칭으로 불리는 것이 사실은 전혀 상이한 지반 위에서 다른 종류의 사건으로 '사건화'되는 방식을 요약해준다고 할 수 있을 것이다.

이러한 상이한 사건화 전략이야말로 가족계획이 민간운동에서 국가정책으로 '이전'되자마자 나타났던 근본적 전환의 요체라고 할 수 있을 것이다. 그것이 근본적인 것은 몇 가지 항목으로 나누어 서술할 수 있다. 첫째, 그렇게 됨으로써 조절 내지 통제하려는 대상 자체가 달라진다. 개개인의 가족계획은 자신이 낳으려는 가족의 수를 직접적인 통제대상으로 삼지만, 국가정책으로서 가족계획사업은 거시적인 차원의 인구수를 통제대상으로 삼는다. 둘째로, 이러한 전환은 조절과 통제의 주체가 달라진다는 사실을 내포한다. 개개인의 출산통제에서 통제하는 주체는 명백히 개별 가족을 구성하는 부부거나 혹은 몰래라도 자녀수를 줄이려는 부인이지만, 가족계획사업에서 인구를 통제하려는 주체는 국가다.

그런데 국가가 주체가 되어 인구의 증가를 통제하려는 정책은 사실은 개개의 가족을 일차적인 대상으로 삼는다. 다시 말해 통제대상으로서 인구라는 개념은 구체적으로는 개별 가족을 대상으로 한다는 것을 의미한다는 것이다. 이는 국가가 고용한 가족계획요원들이 활동이 대상으로 삼고 있는 것이 무엇인가를 보면 아주 쉽게 드러난다(대한가족계획협회 1966, 248 이하). 여기서 전환은 더욱 극적인 대립점을 함축한다는 것이 드러난다. 단순한 가족계획에선 명백히 통제의 주체였던 가족이나 부부가, 국가의 가족계획사업에서는 그 사업이 겨냥하고 있는 가장 일차적인 대상이 된다는 점에서 그렇다.

따라서 셋째, 이러한 전환에 따라 부부간의 성생활이 자기관리의 사적이고 내밀한 영역에서, 국가정책이 시행되어야 할 공개된 공적 영역으로 전환된다. 은폐되어 있던 성과 섹스, 육체와 생식 등에 관한 지식이 국민이라면 당연히 알아야 할 지식이 되어 학교와 군대, 기업체 등에서 교육되고 유포되며, 사람들의 성생활과 관련된 정보들이 가족계획요원을 매개로 하여 공공연히 교환되고 수집된다. 이제 미혼의 처녀가 농촌의 아줌마들을 모아놓고 성생활에 관한 지식을 가르치고 피임의 기술을 가르치는, 이전에는 생각할 수도 없었던 기이하고 쑥스러운 역설적 사태가 도시와 농촌을 포괄하는 전국 방방곡곡에서 벌어지게 된다. 좀더 극한적인 어법으로 말하자면, 이제 국가장치는 국민을 이루는 남녀의 육체, 남녀의 성기를 직접적으로 겨냥하고 공략하고 통제하고자 하게 된 것이다.

넷째, 인구통제라는 개념으로 가족계획의 담론 자체의 문제설정을 바꾸어 놓았고 그것을 통해 사건화의 주체와 대상, 그리고 주체가 대상을 겨냥하여 공략하는 양상을 바꾸어 놓았던 이러한 전환은, 이후 가족계획이나 출산과 관련된 개념을 전혀 다른 종류의 개념들과 결부시킴으로써 다른 종류의 담론구성체를 직조한다. 가령 모자보건에서 인구문제로 전환됨에 따라 이제 출산통제나 가족계획이라는 개념은 출생률이나 사망률, 인구동태 같은 인구학적 개념과, 그리고 경제활동인구와 피부양인구, 경제성장률이나 1인당 국민소득 등과 같은 경제학적 개념과 함께 직조되는 다른 종류의 담론을 형성하게 된다. 이러한 담론의 형태에 대해서 앞서 사용했던 '인구의 경제화'라는 명칭을 다시 부여할 수 있을 것이다.

또한 인구 자체를 과학적 연구와 서술의 대상으로 만드는 방법들이 사용된다. 여기서 무엇보다 중요한 것은 통계학의 사용일 것이다. 인구라는 대상 자체가 통계학을 통해서만 서술하고 분석할 수 있는 대상이 될 수 있다는 점으로 인해, 인구센서스를 비롯한 다양한 조사와 그 결과에 대한 통계학적 분석은 인구의 동태를 과학의 대상에 요구되는 합리성(계산가능성)과 객관성을 부여한다. 나아가 인구증가율이나 출산력, 합계출산율 같은 범주를 이용해 선진국과 중진국, 후진국을 구분하는 지표를 만들거나, 인구통제의 필요성을 언급하는 곳이면 가장 빈번히 사용되는 인구의 연령별 분포 그래프 등을 유형화하여 인구형태와 관련된 개념들을 규범화한다. 이러한 방법으로 인구는 과학적 계산과 그에 따른 통제 가능한 대상이 된다. 이로써 인구에 대한 지식은 과학이 되고, 그 인구학은 가족계획과 관련된 모든 지식에 합리적 기초를 제공하는 지반으로서 위치를 차지하게 된다.

물론 성기의 해부학적 구조, 성교와 수태 등에 관한 생리학적이고 생물학적인 개념이나 피임기술에 관한 의학적 개념, 혹은 임산부나 태아의 건강을 다루는 보건위생학적 개념들이 가족계획 담론의 또 다른 중요한 개념적 그물을 구성하지만, 그것은 모두 경제관념을 바탕에 깔고 있는 **인구학적 담론의 지반 위에서** 작동하게 된다. 1965년 이후 문교부가 의과대학과 간호학과 교육과정에 가족계획과 인구문제에 관한 교과목을 삽입하도록 한 사실은 이를 보여주는 하나의 사례다(손애리 1999, 36).

요약하면 가족계획이 국가의 인구정책이 됨으로써 가족계획의 담론적 배치에 하나의 근본적 변환이 야기되었으며, 이는 가족계획과 관련된 언표들의 주체와 대상, 그 언표들의 작용영역, 그리고 그러한 주체와 대상을 관련짓는 개념들의 성좌 전체가 다른 지반 위에서 다른 양상으로 구성되었음을 뜻하는 것이었다. 이로써 가족생활 내지 성생활은 국가적 개입의 대상이 되었고, 임신가능성을 앞에 둔 전국의 남녀들이 국가적 관리 대상이 되었다.

이로 인해 모자보건이라는 이전의 가족계획의 중심개념은, 비록 가족계획사업의 중요한 한 축임이 선언되었고 보사부의 경우에는 끝내 가족계획이란 명칭의 국(局)이 아니라 모자보건을 내세운 부서를 고집했지만(양재모 1998, 2), 가족계획에서 부차적인 지위로 밀려나게 된다(손애리 1999, 50). 뿐만 아니라 모자보건이나 모성보호라는 개념 자체가 이미 전체를 장악한 가족계획사업의 일부가 됨에 따라 그것 또한 인구학적 문제설정 안에서, 인구와 출산력이라는 개념과 결부되어 다루어지게 된다[4].

더욱더 아이러니한 것은 당초 가족계획운동이 모자보건이란 개념 아래 인공유산을 피하기 위한 운동으로 진행되었지만, 실제로 여성 1인당 인공유산율은 1960년 0.5명에서 66년 1.3명, 70년 1.7명, 75년 2.3명으로 계속해서 늘어갔으며, 이후 약간 줄어들지만 85년에도 2.1명, 90년에도 1.9명이라는 수치를 유지하고 있다는 점이다(전광희 1997, 83). 이는 가족계획사업이 인구억제를 목표로 하는 것인 한, 출산억제 그 자체를 모성보호와 무관하게 추진할 가능성을 함축한다는 점에 기인하는 것으로 보인다[5]. 실제로 가족계획사업을 추진하면서 가장 시급한 법률적 과제

---

4) 예를 들면, 강길원은 모성보호를 직접적인 주제로 다루고 있지만, "가족계획을 통한 인구문제의 해결"이 정책의 목표임을 명시하고 있다(강길원 외 1973).

5) "이러한 [가족계획사업] 시책이 성공할 수 있는 배경인 사회·경제적 여건을 무시할 수

로 설정한 것 중 하나가 인공유산의 합법화였으며, 이는 "법을 제정코자 시도한 지 8년만"(한국보건사회연구원 1991, 388)인 1973년 비상국무회의에서 통과시킨 모자보건법을 통해서 합법화의 조건들을 획득하게 된다[6]. 모자보건법이 모자보건의 적이라고 간주되었던 인공유산을 합법화하는 조치를 중요한 내용으로 포함하고 있었다는 사실은, 인구억제 담론으로서 가족계획 사업이 애초의 가족계획 담론과 얼마나 다른 종류의 배치를 이루고 있었던가를 단적으로 보여준다.

2) 가족계획사업과 가족적 욕망

가족계획사업에서 사용한 슬로건 내지 표어는 사업의 목표와 관련하여 개개의 가족이나 개인의 욕망을 어떻게 변환시키고자 했는가를 잘 보여준다. 한 여성이 평생 낳을 것으로 예상되는 합계출산율이 평균 6명에 이르던 1960년대 초에 가족계획사업이 목표로 제시했던 것은 그것을 반으로 줄여 3명의 자녀를 갖자는 것이었다. 이는 '3 · 3 · 35'라는 세 개의 숫자로 요약되었는데, 그것은 3명의 자녀를 3년 터울로 낳고 35세 이전에 단산(斷産)하자는 것을 내용으로 하고 있었다.

더불어 "우리집 부강은 가족계획으로부터", "덮어놓고 낳다보면 거지

없으며, 불원임신을 인공적으로 정절하는 소위 인공임신중절이란 요소를 간과할 수도 없다"(한국보건사회연구원 1991, 57).

6) "불임시술을 포함한 피임보급과 모사보건사업에 대한 법적인 근거와 인공임신중절을 합법화해야 한다는 주장이 많은 식자에 의해 주장되어 오다가, 1972년 10월 10일 유신으로 국회가 해산되고 입법업무를 대행한 비상국무회의에서 보사부가 제출한 모자보건법을 심의 통과시켜 1973년 2월 8일 법률 제2514호로 제정되어 공포하게 되었다. 이 법의 공포로 가족계획사업에 대한 법적인 뒷받침이 마련되었다."(한국보건사회연구원 1991, 85). 한편 이 법의 제정을 위해서 일본의 〈모자보건법〉과 〈우생보호법〉을 크게 참고했다고 한다(한국보건사회연구원 1991, 388).

꼴을 못 면한다'와 같은 표어가 사용되었는데, 그것은 가족계획을 '부강'이라는 경제적 욕망으로 등치하려는 것을 함축하고 있었다. "많이 낳아 고생말고 적게 낳아 잘 키우자"는 표어는 이를 좀더 구체화하여 '다산=다복'이라는 전통적인 관념과 반대로 '다산=고생'이라는 등식을 표면에 내세우고, 적게 낳는 것과 잘 키우는 것을 등치시키는 새로운 욕망의 구도를 제시하고 있다.

가족계획의 성과가 일정 정도 진행된 1970년대에는 규범적인 자녀수를 3명에서 2명으로 줄였다. "딸 아들 구별말고 둘만 낳아 잘 기르자"라는 유명하고 익숙한 슬로건은 이를 명시하는 한편, 여기서 더 나아가 아들과 딸을 구별하는 남아선호에 대한 욕망 자체를 겨냥하고 있다. 남아선호 욕망이 그대로 남아 있는 한, 자녀수를 2명으로 표준화하려는 전략은 근본적으로 달성될 수 없기 때문인데, 여기서 가족에 관한 욕망은 이제 숫자의 문제에서 남아선호와 남녀구별에 관한 욕망으로 이어진다.

그러나 이것이 실제로 유효화되기 위해서는 가부장적 관념뿐만 아니라, 남녀를 차별하는 현실적인 관계와 제도가 변화되지 않으면 안 된다. 이는 실제로 가족법에서 유산상속 등에 관한 권리에서 남녀차별을 제거하거나 완화하는 실질적인 법적 변화를 야기했으며(1977년), 다른 한편으로는 가족 안팎에서 남녀의 차별을 적어도 공공연히 말할 수 없는 새로운 종류의 규범을 배태했다. 더불어 가족계획과 생활안정을 연결시키는 경제화 전략 역시 "하루 앞선 가족계획 십년 앞선 생활안정"과 같은 표어로 반복하여 언표되었다.

1980년대 들어오면 이제 규범적인 자녀수를 1명으로 줄인다. "둘 낳기는 이제 옛말 일등국민 하나 낳기", "축복 속에 자녀 하나, 사랑으로 튼튼하게"처럼 하나를 슬로건으로 내세운 표어가 등장하며, 여기서 더 나아가 "하나씩만 낳아도 삼천리는 초만원", "무서운 핵폭발, 더 무서운 인구폭발"과 같은 과격한 표어들도 사용되었다. 남아를 선호하는 욕망을 겨냥한 슬로건 또한 더욱 분명해졌으며, 그것이 남녀차별을 넘어서는 방향으로 나아가야 한다는 것을 명확하게 표현하는 표어들이 사용되었다. "잘 키운 딸 하나 열 아들 안 부럽다"는 표어가 전자에 해당한다면, "성구별 없는 출산, 성 차별 없는 사회"는 후자에 해당하는 사례다. 이는 가족계획이 남녀와 관련해 이전과 다른 욕망의 배치를 형성해야 한다는 것을 보여주는 것이라고 하겠다.

한편, 80년대 표어에서 전에 없이 새로 등장하는 것이 있는데, 가족계획의 문제를 이제는 건강과 복지라는 문제와 결부시키는 것이 그것이다. "적게 낳아 엄마 건강, 잘 키워서 아기 건강", "늘어나는 인구만큼 줄어드는 복지후생", "가족계획 실천으로 복지사회 앞당기자" 같은 표어가 대표적인 것으로, 여기서는 적게 낳는 것과 건강과 복지에 직접 연결시키고, 많이 낳는 것을 복지후생의 감소와 등치시키고 있다. 이는 모자보건법 개정을 계기로 가족계획사업이 모자건강과 복지후생이라는 영역으로 확장되어 간 것과 상응하는 것이라고 할 것이다.

이러한 표어들의 변화는 가족계획사업의 성과와 진행 방향의 변화를 보여주는 일종의 말뚝처럼 보인다. 그것은 또한 그와 나란히 가족적인 욕망이 나아가야 할 욕망의 방향을 표시하는 표지이기도 하다. 물론 그러한 방향에 따라 욕망이 그대로 변화하리라고 가정하긴 어렵다. 가령 남아선호에 대한 욕망이나 남녀차별에 대한 태도가 아직도 사라지지 않았으며, 그리하여 이상적인 자녀수가 감소하며 실제로 낳는 자녀수가 감소하는 가운데서도 남아를 낳으려는 욕망이 지속됨에 따라 남녀 성비의 차가 점점 커지고 있음은 익히 잘 알려진 바다.

4. '가족계획사업'의 생체정치학

'가족계획사업'이 인구학적 담론을 형성하는 것과 다른 차원에서, 그것은 동시에 사람들의 성기와 성교, 임신과 피임 등에 관한 많은 것을 말하고 말하게 하는 담론이라는 점은 앞서 지적한 바 있다. 인구학적 담론은 이미 본 것처럼 사람들의 생식활동을 인구라는 냉정하고 객관적인 거시적 대상으로 탈색함으로써, 경제적 범주와 연결되는 인구학적 개념들로 변형시키는 방식으로 다룬다. 그러나 성과 성기, 성생활 등에 관한 담론으로서 가족계획 담론은 이와 전혀 다른 방식으로 형성되고 전개될 수밖에 없다. 그것은 인구라는 거시적이고 냉정한 범주가 아니라, 남녀의 성교와 관련된 신체적 과정과 그것을 통제하는 기술을 대상으로 하기 때문이다.

성에 관한 담론으로서 가족계획은 인구가 아니라 '생명'을, 혹은 생명이 탄생하는 과정으로서 '수정'을 대상으로 하며, 그 '수정'의 생리학적 과정을 통제하는 방법을 언표하고 가르친다. 그 대상은 사실은 수정의 절차를 실제로 진행시킬 남녀의 신체이고, 남녀의 성생활이다. 가족계획이라는 담론 안에서 부부간의 성행위는 남녀 각각이 주체가 되어 행동하는 것으로 보이는 경우에조차 그들 각각은 들뢰즈/가타리 식으로 말하면 '언표주체'일 뿐이며, 알튀세르 식으로 말하면 '작은 주체'일 뿐이다. 그들 뒤에는 어떻게 해야 제대로 하는 것인가를 말하고 지켜보는 의사가 있다. 이런 점에서 성에 관한 담론으로서 가족계획이란 담론 안에서 모든 것을 서술하고 언표하는 주체―'언표행위의 주체', '큰 주체'―는 의사이고 생리학자이다. 이는 그것이 국가가 실질적인 언표행위의 주체요 큰 주체였던 인구학적 담론과 다른 배치를 형성하게 되는 또 하나의 지점이다.

따라서 성에 관한 담론으로서 가족계획이 사용하는 생체정치학적 기술(technique)은 인구학적 담론에서 그것과 전혀 다른 것일 수밖에 없다. 그것은 담론을 구성하고 그것을 유효하게 작동시키는 데 동원하는 전략의 차이를 의미한다.

가장 먼저 지적할 것은 **생식활동을 의료화한다**는 것이다. 성적 담론으로서 가족계획은 무엇보다도 생식활동을 다룬다. 그러나 그것이 생식활동을 다루는 방법은 도덕적인 성담론이나 문학적인 성담론, 혹은 음담 같은 통상적인 성담론과는 어떠한 유사성도 갖지 않아야 한다. 여기서 그것은 생식활동을 객관화하는 전략을 선택함으로써 성에 관한 과학이라는 고유한 지위를 확보한다. 그렇지만 여기서 과학으로서 지위는 애초에 탈성화된 거시적 범주를 다루는 인구학과 결코 동일할 수 없다. 그것은 성과 성행위를 직접 언급하고 다루어야 하기 때문이다.

도덕적 담론이나 문학적 담론, 혹은 음담과 구별되는 지점은, 일차적으로 성행위를 일종의 의료의 대상으로, 다시 말해 예방과 치료의 대상으로 설정하는 방식으로 확보된다. 피임은 원하지 않는 임신의 예방이며 중절은 원치 않는 임신을 치료하는 절차다. 의사나 보건요원이 성교와 피임의 기술에 대해 말하는 것은 그러한 예방과 치료를 위한 것이다. 이는 성행위에 대한 서술이나 언급의 이유를 제공하는 의학적 알리바이를 제공하기에 충분하다. 정자와 난자, 배란, 수정, 정관과 난관 등의 분석적인 개념들은 이러한 언표들이 그러한 과학적 객관성을 보장해주는 또 다른 성분들이다. 해부학과 생리학은 성교에 관한 언표를 탈성화하여 객관적인 생식행위에 관한 언표로 바꾸어 놓을 수 있는 고유한 스타일을 제공한다.

성기를 자세하게 묘사한 그림이나 그와 연관된, 평소에는 입에 담기 힘든 명칭들을 사람들 앞에서 입에 올리는 것은, 심지어 피임의 기술이나 피임기구를 성기 깊숙이 집어넣는 방법을 가르치는 것조차 임신을 방지하기 위한 의료조치라는 점에서 객관적 정당성을 획득한다. 이런 말을 한다는 이유로 가족계획요원들에게 욕을 하고 쫓아내려는 사람은 과학을 음담과 구별하지 못하는 무식한 사람일뿐이다. 이러한 언표의 기술로 인해 시집도 가지 않은 젊은 처녀가 아줌마들을 모아 놓고 성교와 피임에 대해 말을 하는 것조차, 처음에 입을 열 때의 약간의 쑥스러움만 넘어설 수 있다면, 충분히 가능하게 된다.

기묘한 것은 생식활동을 의료화하여 성교를 해부학적 내지 생리학적인 언표로 다루게 됨에 따라, 성교는 두 개의 상반되어 보이는 경로로 동시에 나아가게 된다는 점이다. 먼저 그것은 성적인 의도나 욕망과 분리된 객관적인 생식행위로 서술됨에 따라 탈성화(脫性化)된다. 마치 알콜로 신체의 피부를 소독하듯이, 생리학적 객관성이 성교를 둘러싸고 있던 모든 욕망과 감정을 깨끗하게 소독하고 '정화' 한다.

그러나 그것이 피임의 기술을 말하기 위한 절차인 한, 그렇게 탈성화된 개념들로 서술되는 성교는 반대로 수정이라는 결과를 피하여 이루어지는 행위로 재정의되는 셈이고, 그 결과 성교는 생식활동의 짐으로부터 자유로운 활동이 된다. 이는 성교를 생식에서 벗어난 행위로 묘사하는 것을 뜻한다. 그런데 가령 기독교에서 오랫동안 생식과 무관한 성교를 죄악시했다는 점을 상기한다면, 성교의 탈생식화라는 이러한 결과가 무엇을 의미하는가는 쉽게 이해할 수 있는 것이다. 성교를 **탈성화된 생식행위**로 정의함으로써 획득한 과학적 객관성이, 여기선 성교를 탈생식화된 행동으로 변환시킴으로써 **탈생식화된 성교**를 조장하고 촉발하게 된다. 그렇지만 앞서 생식활동을 과학적 담론의 대상으로 만드는 것이 생식활동에서 성욕을 분리함으로써 이루어졌다면, 바로 그러한 분리가 이젠 생식행동에서 분리된 성욕을 조장한다는 점에서 이 두 가지 결과는 양자를 분리하는 하나의 절차를 통해서 동시에 이루어진 것이다. 나중에 보겠지만, 이는 가족으로부터 성생활이 탈영토화되는 지점이 된다.

다음으로 성담론으로서 가족계획은 **섹슈얼리티를 교육화**한다. 애초에 국가는 계몽·교육사업과 여성불임시술 서비스의 보급을 가족계획사업을 위한 양대 사업으로 설정한 바 있다(한국보건사회연구원 1991, 58). '내각수반지시각서 18호'에 이미 명시된 것처럼, 가족계획은 여기서 일종의 문교정책이 되어, 각급 학교에서의 정규교육은 물론 그 밖의 다양한 방식의 교육장을 만들어 가족계획을 교육하고 계몽할 계획을 포함하고 있었다. 1974년 문교부는 인구교육종합계획을 수립하여 시행하였고, 78년에는 고등학교, 79년에는 중학교, 80년에는 국민학교의 정규교육과정에 가족계획 관련 내용을 포함시키게 된다(손애리 1999, 35)[7]. 또한 교사나 어머니교실 등을 대상으로 하는 연수프로그램을 확장하여, 교육은 물론 피임수술을 받도록 권장했다(신극범 1976, 220-230). 뿐만 아니라 1970년대 후반부터는 대한가족협회 주관으로 청소년의 성을 대상으로 하여 다양한 창구의 성 상담소를 만들어 운영했다.

학교만이 아니라 군대와 예비군 또한 이러한 교육의 중요한 대상이었다. 특히 예비군은 출산력이 가장 높은 연령군으로, 가족계획어머니회와 더불어 가장 중요한 교육 및 피임수술 권장 대상이었다. 예비군훈련을 면하기 위해 정관수술을 받는 것은 1970년대 이래 아주 흔한 일이었고, 그 결과 1983년 및 84년 전국의 불임수술자 가운데 예비군의 비율은 각각 44.6%와 67.8%로 가장 높은 비중을 갖는다(손애리 1999, 37).

세 번째로, **가족형태를 경제화**하는 기술이 사용된다. 이는 1970년대에 들어와 실행되었다. "인구목표를 달성함에 있어서……우리나라의 전통적 의식구조인 남아선호관의 완화를 통한 소자녀가치관을 정립하기 위해서는 규제 및 보상제를 포함한 사회지원시책의 도입이 주장되었다. 따라서 1970년대의 가족계획사업은 도시지역의 사업확충과 더불어 피임

---

7) 하지만 여기서 교육내용은, 교육목표를 "가족의 수가 가정생활에 미치는 영향을 이해시키고 앞으로의 이상적인 가족규모에 대한 올바른 판단을 갖게 한다" 등으로서 설정한 데서 보이듯이, 인구와 가족규모에 관한 것으로 치중되어 있었다.

실천을 촉진시키고 소자녀가치관을 형성시키기 위한 사회지원시책의 도입이 착수된 시기라고 볼 수 있다." (한국보건사회연구원 1991, 83).

이는 크게 두 번에 걸쳐 일련의 국가적 정책을 통해서 명확하게 가시화된다. 먼저 1974년 정부는 소득세법을 개정하여 소득세의 인적공제 범위를 세 자녀까지로 한정하며(1960년대는 3자녀 낳기 운동이 가족계획의 표준 슬로건이었다), 이후 두 자녀 낳기 운동이 확산되면서 1977년에는 소득세 인적공제 범위를 두 자녀로 줄였다. 또 1976년에는 법인세법 시행령을 개정하여 각급 기업체에서 지출되는 가족계획사업비를 손비 처리할 수 있게 하는 조치를 취했고, 1977년에는 불임수술을 받은 무주택자에게 주택공사가 건립하는 주공아파트와 국민주택부금에 의한 민영아파트 우선입주권을 주는 제도를 실시했으며, 영세민이나 저소득층이 불임수술을 받을 경우 생계비를 보조하거나 취로사업 참여에 우선권을 주는 제도 등을 시행했다(한국보건사회연구원 1991, 89-90).

한편 1982년부터 가족계획을 경제적으로 지원하는 일련의 조치들이 다시 실시된다. 두 자녀 이하인 가족이 불임시술을 수용할 경우 주택 및 생업자금 융자에서 우선권을 갖도록 했으며, 저소득층 불임수술 수용자에게 생계비를 지원해주는 제도를 만들었고, 두 자녀 이하인 가정에서 불임수술을 수용할 경우 5세 이하의 자녀에 대해 1차 의료를 무료로 제공하게 했다. 또 1983년에는 고등학교까지 두 자녀의 학비를 세금에서 공제해주는 조치를 실시했고, 공무원 가족수당 및 자녀학비 보조수당을 자녀 두 명까지로 제한했으며, 의료보험 분만급여를 둘째 자녀 출산까지로 제한하는 하는 등 두 명 이하의 자녀를 가정에 대한 지원과 그 이상의 자녀를 둔 가정에 대한 부담을 늘리는 다양한 조치들을 시행했다(한국보건사회연구원 1991, 93-94).

1970년대 중반부터 지속적으로 취해진 이러한 조치들은 자녀의 수를 경제적 이득과 손해와 결부된 것이 되게 만들었고, 그 결과 가족형태 자체를 경제적인 범주로 만들었다. 즉, 이상의 조치들로 인해 자녀가 많다는 것은 추상적인 차원에서 '다복'한 게 아니라 구체적인 차원에서 경제적인 부담이 되게 되었고, 역으로 경제적인 조건은 출산자녀수를 제한하고 규제해야 할 직접적인 이유가 되게 된 것이다. 가족형태 내지 자녀수를 직접적인 경제적 범주로 만듦으로써, 건강과는 다른 차원에서 특정한 가족형태를 규범적인 범주로 만들게 된다.

네 번째, **가족건강을 보건화**하려는 전략으로 이는 모자보건사업을 통해서 주로 진행되었다. 국가의 가족계획사업에서 가족계획과 모자보건의 관계를 역설적인 양상을 갖는다는 점을 앞서 보았다. 즉, 애초에 가족계획은 모성보호 내지 모자보건이라는 관점에서 제기되었지만, 그것이 국가정책이 되는 순간 인구억제의 담론 안에 자리잡게 됨에 따라 애초의 그런 목적은 부차적인 것으로 밀려나고[8], 심지어 인구억제를 위해 인공유산을 합법화하는 조치를 통해 인공유산이 거꾸로 늘어나는 결과를 빚었다. "모자보건 향상은 … 가족계획사업에 비하면 시급성이 덜하고 당장에는 인구증가억제에 역행하는 효과까지 있는데다가, 좀더 많은 기술인력과 시설투자를 요하기 때문에 70년대 말까지는 가족계획에 우선순위를 빼앗기고 소홀하게 다루어졌었다"(양재모 1986, 10).

그럼에도 불구하고 모자보건은 가족계획에 관한 국가적 담론이 개개의 가정, 개개인의 여성들에게 호소력을 갖게 하는 중요한 개별화 전략의 거점이었고, 이로 인해 가족계획의 다른 한 축으로 정의된다(강길원 외 1973, 51-54 참조). 1970년대 후반에 접어들면서 인구억제정책이 실효를 거두고 있음이 분명해지자, "인구조절의 긴박성에 따라 인구정책으로 발전되어온 가족계획이 모자건강 및 가정보건의 중요한 부분으로 받아

---

8) 초기에 보건사회부 안에 '모자보건과'가 만들어지긴 했지만, 이는 모자보건 발전을 도모한다는 긴 안목의 저류(低流)를 이룰 뿐, 사실상 인구억제책이 가족계획사업의 직접적인 계기였다(강길원 외 1973, 85).

들여지고 또 새로운 전개를 시도해야 할 필요성"(강길원 외 1973, 55-56)
이 새로이 부각된다. 1972년 모자보건 담당관제를 신설했고 1981년 이를
가족보건과로 개편했지만, 실질적인 모자보건사업이 진행된 것은 모자
보건법이 개정된 1986년이었다. 1973년 개정에서 특기할 것이 인공유산
의 합법화였다면, 1986년 개정에서 특기할 것은 "임산부와 영유아의 건
강관리를 위해 모자보건 진료기관에 신고하여 모자보건수첩을 받아 유
기적인 관리와 임신종합검진 및 영유아 정기 건강진단을 받도록 하며,
전 의료기관에서 임산부…신생아의 사망, 사산보고를 의무화하는" 내용
이었다(손애리 1999, 50).

여기서 모자보건수첩은 임산부나 신생아는 물론 장차 가족 전체, 혹은
국민들의 건강을 국가적으로 관리하기 위한 기초로서 제시된 것이다. 이
는 첫째, 임신, 분만, 영유아기로 이어지는 일련의 현상을 관리하기 위하
여 임신으로부터 그 관리사항을 파악하여 자신의 건강에 관한 제반기록
을 유지, 관리하게 함으로써 연계된 관리를 가능하게 하며, 둘째, 수첩소
지자에게 모자보건에 대한 보건교육자료로 활용하도록 하며, 셋째, 공공
보건기관 이용자와 민간의료기관 이용자의 등록관리를 수첩발급절차를
통해 일관화하며 나아가서 모자보건통계 산출의 기반마련을 목적으로
하고 있다. 임신과 영유아기 미취학아동을 대상으로 하는 모자보건수첩
은 이후 학교보건으로 이어지고, 나아가 국민건강수첩으로 이어지게 한
다는 거창한 구상과 연결되어 있었다(한국인구보건연구원 1988, 50-52).

이는 가족건강을 보건관리 대상으로 하며 국가적으로 관리할 뿐 아니
라, 그러한 관리의 연결고리로서 모성을 설정하려는 구상이었다. 그럼으
로써 건강과 관련된 국민들의 일상을 국가가 개별적으로 관리하게 되며,
각 가정의 어머니는 가족의 건강을 돌보는 건강관리자로서의 역할을 맡
게 된다. 이런 점에서 새로운 모자보건 관리체계는 가족건강을 보건화함
으로써 국가권력과 개별 가정을 연결하는 전략적 거점을 마련하게 된다.

아마도 푸코라면, 여기서 개별적인 가정이나 개인들에게 작용할 수 있는 근대적 국가권력의 섬세한 촉수를 발견할지도 모른다.

다섯 번째로 이와 나란히, 혹은 이보다 먼저 개인이나 가족생활을 서류화하는 권력기술이 개인적인 삶을 기록하고 관리하는 개인별 카드를 통해서 사용되고 있었다. **가족생활의 행정화**라고 불러도 좋을 이러한 기술은, 개개인의 임신과 출산, 병력을 기록하고 관리하는 모자보건수첩이나, 그것의 연장선상에서 개인들의 건강과 관련된 사항들을 기록하는 학교 건강기록부 및 생활기록부, 그리고 초기에 충분한 효과를 보진 못했다고 평가되어 확산되진 못했지만 국민 전체를 대상으로 개별적인 기록을 만들고 관리하고자 했던 국민건강수첩 등을 통해서, 호적이나 주민등록 서류, 신원기록부 등과 더불어 개인이나 가정생활에서 벌어지는 특이적인 사항을 개별적인 수준에서 기록하고 관리하려는 권력기술이었다.

한편 이보다 먼저 가족계획사업 진행과정에서 가족계획요원에게 요구되었던 '가족보건사업실적보고'나 '피임시술 요청 및 확인서' 등과 같은 서류를 통해 가족계획사업의 대상자들의 생활과 행태에 대해 반복하여 분석하고 연구하려는 시도 또한, 위와 동일한 맥락에서 가족생활을 기록하고 서류화하는 기술이었다고 말할 수 있을 것이다. '가족보건사업 실적보고'에서는 가족계획등록이나 피임지원사업, 피임보급현황, 임신(영유아)신고, 모자보건등록, 모자보건관리, 분만개조, 모자보건교육, 영유아 기본예방접종 등과 같은 항목을 통해서 가족계획요원이 소속된 보건·행정기관별로 사람들의 생활을 기록하고 서류화함으로써, 가족계획 관리의 '주체' 입장에서 대상에 대한 관리자료를 데이터베이스화했다[9].

---

9) 이와 별도로 가구조사, 부인 개인조사, 임신력 및 피임력 조사로 구성되는 출산력 및 가족보건 실태조사를 3년마다 정기적으로 실시하여 인구 및 모자보건에 관련된 자료를 상세하게 조사 수집하여 분석했다. 1982년부터는 가구조사에는 의료 이용에 대한 항목

또한 흔히 '쿠폰'이라고도 불렸던 '피임시술 요청 및 확인서'에서는 배우자, 주소, 근무처, 교육정도, 결혼연령, 현존자녀수, 최종자녀 출생연월일, 유산경험, 최근 사용하던 피임방법, 시술장소 등을 개인별로 기록하게 함으로써[10] 가족계획 관리 대상에 대한 개인적 기록이었으며, 이는 앞의 '가족보건사업일적보고'와 대비되고 교차된다[11].

전자가 관리대상의 생활을 국가라는 '사업' 주체의 입장에서 **전체화하여 포착하는 기록의 형식**을 취하고 있다면, 후자는 그것을 개인이나 개별적인 가정이라는 대상의 차원에서 **개별화하여 포착하는 기록의 형식**을 취하고 있다. 하나는 거시적인 차원에서 관리대상의 동태를 조사하고 분석하기 위한 범주로 만들어지고 있다면, 다른 하나는 미시적인 차원에서 그것을 조사 · 분석하기 위한 범주로 만들어지고 있다. 인구정책으로서 가족계획사업이 개개의 가정이나 개인들과 같은 미시적 차원에서 삶에 침투하고 실질적인 영향을 미치는 것은 이처럼 한편으로는 전체

을, 부인조사 항목에는 산전 · 산후진단, 분만형태, 분만장소, 수유양상, 예방접종 등의 항목을 추가하였고, 1985년부터는 1982년부터 실시된 두 자녀 가구와 관련된 보상 및 규제제도에 대한 지식이나 그에 대한 태도 등의 항목도 추가하였다(한국보건사회연구원 1991, 414-416).

10) 『인구정책 30년』에서는 한국에서 가족계획사업의 성공요인 가운데 하나를 이와 연관시킨다. "쿠폰제도를 도입하여 모든 피시술자에게 동일한 서식을 사용하게 했으며, 가능한 한 수용과정에서 번잡한 절차를 피하게 하고, **행정부산물로서의 쿠폰통계를 십분 활용**할 수 있게 하였다"(한국보건사회연구원 1991, 69). 여기서 행정적 부산물인 쿠폰 통계라는 말은, 이러한 개인별 기록이 행정적으로 실제로 '십분' 이용되었음을 보여준다.

11) 한편 가족계획어머니회 등의 모든 부녀조직을 새마을부녀회라는 하나의 조직으로 강제로 통합하는 조치를 취하면서, "제1차로 866,456명의 새마을 부녀회원을 대상으로…건강기록부 작성사업"을 실시하였는데, 여기에는 "유배우 가임여성에 대한 임신 및 피임력 실태와 자녀들의 예방접종 시행여부 등 건강관리상황을 **세대별 카드**에 기록해 두었다가 가족계획, 모자보건, 기타 가족의 건강상태에 대한 지도관리사업을 위한 기초자료로 활용코자 하는 한편 우수 새마을부녀회 선정시 가족계획업무 평가기준으로 활용키도 했다"고 한다(한국보건사회연구원 1991, 141).

화하는 동시에, 다른 한편으로는 개별화하여 기록하고 관리하는 권력기술이 없었다면 아마도 불가능했을지도 모른다.

이런 점에서 모자보건사업을 통해 가족건강을 보건화하고자 했던 것은, 개인이나 가족생활을 이중적인 수준에서 기록하고 서류화하는 권력기술과 매우 근접해 있다. 전자는 후자의 연장에서 그것을 보완하고 주민들의 건강이라는 좀더 일반화된 차원으로 확장하는 것이었다면, 그리하여 개별화하는 국가권력의 통치기술의 미시적 작용지점을 개별적으로 명확하게 하는 것이었다면, 후자는 그러한 통치를 가능하게 하는 것인 동시에 그러한 개별적 작용점들을 국가라는 층위에서 하나의 '주민' 내지 '국민'으로 포괄하여 전체화하는 것이었다고 할 수 있을 것이다.

이상의 국가적 관리전략이 정말 그러한 '음흉한' 의도를 목적으로 하고 있던 것인가를 묻는 것은 어리석은 일일 것이다. 개개 가정의 건강을 관리하고 보건화하는 것이 권력을 행사하기 위한 나쁜 정책이었던가를 묻는 것도 마찬가지일 것이다. 그것이 개인이나 가족의 건강을 생산하고 건강한 인구/주민을 생산하려 한다는 사실은 의문의 여지가 없기 때문이다. 그렇지만 그렇기 때문에 그러한 권력기술은 개인이나 가족에 의해 쉽사리 수용되고, 바로 그렇기 때문에 국가권력은 실질적인 유효성을 갖고 실행된다.

여기서 권력이란 언제나 권력을 장악한 자가 자신의 이익을 위해 그 대상에게 피해나 손해를 감수하게 하는 것이라는 전통적(?) 관념을 떠올리는 것은 사태를 이해할 수 없게 한다. 푸코가 이미 지적했듯이, 근대 국가에서 권력은 그것이 유효하게 실행되기 위해 어떤 유용성을 제시하고, 바로 그 유용성을 통해서 유효하게 작용하기 때문이다(푸코 1996). 혹은 차라리 들뢰즈/가타리라면, 권력이란 그것이 사람들에 의해 욕망되는 한에서, 다시 말해 사람들의 욕망이 되는 한에서 비로소 유효하게 작동한다고 말할지도 모른다(들뢰즈·가타리 2001). 이런 의미에서 본다면, 가족계획과 관련해서 사용한 다양한 권력기술은 가족생활과 관련된 사람들의 새로운 욕망의 배치를 창출하는 기술이었다고 말해도 좋을 것이다.

5. 가족계획과 가족주의

1) 가족계획사업에서 국가와 여성

가족계획을 통해 가족적인 욕망의 배치가 어떻게 달라졌는지, 가족에 대한 관념이 어떻게 달라졌는지를 보기 전에 먼저 하나 질문할 것이 있다. 가족계획이 민간운동에서 국가정책으로 변환됨에 따라, 가족계획의 '주체'가 국가로 변환되고, 가족계획의 주제가 모성이나 모자보건에서 인구문제로 변환되었는데, 그것은 곧 출산통제의 주체를 여성이나 가족에서 국가로 넘기는 과정을 의미하는 것일까? 그리하여 가족계획사업이 국가정책이 됨으로써 여성이나 남성, 혹은 부부 내지 가족이 단지 국가적 정책의 일방적이고 대상이 되었고, 국가적 조치를 수동적으로 수용하는 방식으로 대응하게 되었다고 말해도 좋을까? 혹은 흔히 지적하듯이 국가가 여성의 성을 통제하고자 했던 가족계획사업을 통해 여성들은 출산의 자율적 통제권을 국가에 양도하고 일방적인 통제대상이 되었다고 해도 좋을까?

반대로 생각할 여지는 없는 것일까? 출산자녀수를 줄이고자 하는 욕망에도 불구하고 시부모나 남편, 혹은 전통적인 가족관념의 영향으로 인해 명시적으로 추진할 수 없었던 상황을 타개해가는 데 여성이 여성 나름대로 가족계획사업의 담론을 이용했으리라고 생각해선 안 되는 것일까? 국가정책으로서 가족계획사업이 가부장제와 유교적 가족관 아래서 침묵에 갇혀 있던 여성들의 뜻과 욕망이 비로소 공개적으로 말해질 수 있는 조건을 제공했다고 해선 안 되는 것일까?

물론 성급하고 손쉬운 결론의 유혹에 넘어가선 안 된다. 가령 1973년까지만 해도 남편 몰래 피임을 하는 여성의 비율이 57.4%나 되고, 시부모가 모르게 하는 경우는 55.4%, 친정부모가 모르게 하는 경우도 52.26%나 된다는 보고(정경균 1987)는, 국가적인 정책과 지원, 계몽과 선전에도 불구하고 가족계획이라는 문제에서 여성들이 처한 난점과 어려움을 보여준다. 그렇지만 "가족계획사업 초기만 하더라도……[가족계획] 지도요원들이 마을에 들어갔다가 매를 맞고 쫓겨나오는 예가 비일비재하였다" 는 점에 비추어본다면(정경균 1987, 13), 이러한 비율은 오히려 그 반대의 의미를 가질 수도 있는 것으로 보인다. 같은 1973년의 보고를 인용하여, 피임실천 여부나 방법, 가족계획에 대한 일반적 태도 등에서 부부간 의견이 다를 경우 남편에 따라야 한다는 층이 34.8%인데, 부부가 합의해야 한다는 층이 38.27%나 되었고, 심지어 아내의 주장에 따라야 한다고 응답한 사람이 26.9%나 되었다고 하면서, 정경균은 "근년에 이르러 한국 농촌 여성들의 가정 안에서의 지위가 크게 향상되었음" 을 지적하고 있다(정경균 1987, 12).

한편 그가 제시한 사례를 전적으로 신뢰할 수 있는지, 혹은 그것이 표본으로서 대표성이 있는지 하는 문제가 있긴 하지만, 가족계획사업으로 인해 조직된 '어머니회' 가 가족계획이라는 주제를 넘어서 마을이나 도시에서 여성들의 사회·경제적 활동을 활성화하고, 그들의 발언권을 강화하는 효과를 가졌으리라는 것은 충분히 가정할 수 있는 것이다. 이러한 사례를 빌지 않더라도, 피임과 가족계획, 출산억제 등을 다양한 매체를 통해 말하고 교육하며, 남아선호와 다산적인 가족관을 전국가적인 차원에서 공공연하게 비난하는 조건이, 피임이나 가족생활 등과 관련하여 침묵 속에 갇혀 있던 여성들로 하여금 좀더 쉽게 말할 수 있게 했으리라는 것 또한 충분히 추정할 수 있는 것이다. 한 여성학자는 좀더 강하게 말한다.

　국가발전이란 차원에서 여성의 출산력을 정치화시키고 하나의 제도 속으로 편입시킨 가족계획정책은 계속되는 임신을 통제하고자 하는 여성들의 욕구와 잘 맞아떨어지면서 여성들의 재생산 행위와 출산력에 새로운 정치적 경험을 부여했고 적정한 자녀수의 출산과 이를 돌보는 질적으로 관리된 현대적 모성에 관한 새로운 사회적 실천모델을 제공했다(김은실 1991, 153).

　앞서 권태환의 말대로 박정희 정부의 가족계획사업이 애초부터 충분히 성공할 수밖에 없는 조건에서 시작했다면, 그리고 누구보다도 일단 여성들의 지지—많은 경우 비밀로 해야 했던 지지—로 인해 급속한 성과를 거둘 수 있었다면, 그것은 바로 이런 조건에 의한 것이 아니었을까? 이러한 사태를 방증하기 위해 "남아선호사상을 제거하기 위하여" 불완전하나마 여성의 권리를 신장시킨 가족법 개정을 다시 예로 들 필요가 있을까?(한국보건사회연구원 1991, 96-98).
　여기서 국가와 여성의 관계는 상보적이고 상호적인 것으로 보인다. "정부의 프로그램은 시행과정에서 강제적인 장치를 동원하여 국가의 이해를 관철시켰지만, 동시에 새로운 사회경제 환경 속에서 소자녀 가족이 갖는 효율성 때문에 정치적 담론에 따라 자신들의 욕구를 적극적으로 재조직하기 시작한 여성들로부터 권력행사의 정당성을 부여받았다"(김은실 1991, 157). 이러한 주장을 지지하든 말든, 그리고 가령 『가족계획교본』에서 가족계획의 취지 가운데 하나가 여성해방이라고 서술하고 있다(양재모 1996, 15)는 사실을 진지하게 받아들이든 말든, 가족계획사업을 통해서 가족 안에서 여성들의 권리가 신장되었으며, 거기서 여성의 몸을 통제하는 피임의 기술이 중요한 역할을 했다는 사실까지 부정할 이유는 없지 않을까? 그것은 국가의 가족계획정책에 일방적으로 대상화되거나 수동적으로 따르기보다는 그것을 통해 전통적인 가부장적 사회에서 벗어나는 선을 그리려는 여성들의 전략이었다고 말해도 좋지 않을까?

하지만 국가와 여성의 이러한 밀월은 그것의 실질적 기술을 제공하고 피임과 성, 몸에 일종의 객관성의 형식을 부여했던 근대 의학 내지 의사들이 없었다면 불가능했을 것이다. 19세기 서양에서 아이의 양육 내지 아이의 보호라는 목표 아래 국가와 가정의 및 여성의 동맹을 포착했던 동즐로(1979, 9-19)라면, 이러한 사실을 두고 이렇게 평가할지도 모른다. 국가는 인구통제라는 자신의 목표를 관철시키기 위해 한편으로는 자신의 몸과 출산능력에 대한 통제권과 가족 안에서 자신의 권리를 확보하려는 여성의 욕망과 손을 잡았고, 다른 한편으로는 위생학적 관심 속에서 사람들의 일상적 삶을 근대적 의료체계로 포섭하고자 했던 의사의 욕망과 손을 잡았다고[12]. 그리고 아마도 그 결과는 어느 쪽에게도 지극히 성공적인 것이었다고.

2) 가족계획사업과 가족주의

서구 '선진국'이 100년 동안 겪은 인구변동을 단 30년 만에 마치고 선진국형 인구구조로 들어갔다고 평가되는 가족계획사업의 인구학적인

---

12) 『인구정책 30년』은 가족계획사업의 성공요인을 나열하면서 이렇게 쓰고 있다. "일곱째, 인력면에서 간호보조원을 중추로 하는 임시직 요원을 읍·면·동 단위에 배치해서(1981년 양성화) 그들로 하여금 지역사회에 참여케 하여(어머니회 및 새마을 부녀회와 연결) 지역사회의 자발적 참여를 유도함으로써 가족계획이 좀더 더 효율적으로 확산될 수 있었다. 여덟째, 비교적 풍부한 의료인력과 의료인의 참여를 적극적으로 유도할 수 있었다."(한국보건사회연구원 1991, 69). 여기서 지역사회의 자발적 참여가 어머니회 및 부녀회라는 여성들의 조직이었다는 점을 주목한다면, 적어도 국가는 여성 및 의료인과의 동맹을 적극 추진했음을 분명하게 확인할 수 있다.

성과에 대해 여기서 말할 필요는 없을 것이다[3]. 또한 그로 인해 야기된 가족형태와 가족주기의 변화 또한 지금의 직접적인 관심사는 아니다. 우리의 일차적인 관심은 '가족계획사업'을 통해 가족계획 담론이 어떻게 다른 종류의 배치로 변환되었으며, 그 변환을 규정한 지점들은 무엇인지, 그리고 그러한 변환된 배치 안에서 작용한 새로운 생체정치학적 권력기술은 또 어떠한 것이었던가 하는 것이었다. 이에 대해 앞서 논한 내용을 다시 요약할 필요도 없을 것이다. 다만 마지막으로 가족계획사업을 통해 새로이 형성된 담론적 배치 안에서 가족에 관한 욕망이나 가족에 대한 관념이 어떻게 달라졌는가를 간단히 서술하기로 하자.

가족계획사업을 통해 많은 것이 변했으며, 가족에 관한 욕망이나 태도의 집합으로서 '가족주의' 역시 크게 달라진 것은 분명하다. 그 중에서 가장 먼저 지적해야 할 것은 가족 자체에 대한 관념, 혹은 가족이란 관념을 둘러싼 욕망의 양상이 가족계획사업을 통해 근본적으로 달라졌다는 것이다. 가족계획사업은 가족을 일정한 목표와 계획에 따라 조절하고 통제할 수 있다는 생각을 널리 확산했을 뿐만 아니라, 가족형태를 경제화하는 조치를 통해서 가족이란 이미 주어진 것이고 자연적으로 만들어진 단위라는 전통적 관념과 반대로 특정한 목적에 따라 통제가능한 것으로 간주하는 일종의 도구적이고 기능적인 가족관념이 형성되고 확산되었다. 이러한 태도 안에서 가족형태는 조절 및 관리 대상이 된다.

이와 다른 차원에서 생식생활을 의료화하고 가족건강을 보건화하는 조치를 통해서 의사들의 시선은 이제 가족 깊숙이, 그리고 개개인의 내밀한 성생활과 은밀한 신체 깊숙이 침투하게 된다. 가족형태에 대한 도구적 관념과 더불어 이러한 의학적 시선의 침투가 피임시술은 물론 인공유산을 아주 손쉽고 편리한 수단으로 간주하는 태도를 낳았을 뿐 아니

---

13) 이에 대해서는 홍문식(1998); 권태환(1997); 김태헌(1997) 등 참조.

라, 더 나아가 의학적 시술이나 수술 일반에 대해서 편의적이고 '개방적인' 태도로 귀결되었음을 짐작하는 것은 그리 어려운 일이 아니다. 이제 병원은 정상적인 가정생활의 아주 가까운 이웃이 되었고, 그것 없이는 아이들의 정상적인 양육이란 생각할 수 없는 그런 조건이 된다.

이러한 기술들과 더불어 섹슈얼리티나 가족형태, 가족생활의 교육화는 정상적이고 바람직한 가족의 형태와 그렇지 못한 형태를 구별하는 '정상가족'의 관념을 사회적인 차원에서 만들어내고 작용시킨다. 가족이나 자식에 대한 자신의 욕망은 정상가족의 형태로 작동하는 사회적 욕망 안에서 형성되고 제한된다. 여기서 가족형태를 경제적 이해의 문제로 바꾼 전략은 이러한 정상가족 형태에 경제적 가치를 부여하며, 가족에 대한 태도를 그리하여 자발적으로 작동하는 일종의 경제적 강제 아래 복속시킨다.

또한 가족의 출산이나 건강은 물론 그와 결부된 많은 자료들을 개인별로 기록하고 관리하는 행정기술을 통해서, 가족이나 개인의 사적인 내밀성은 국가적인 공공성의 일부로 편입되고, 대개는 '정상가족'이라는 반은 무의식적이고 반은 규범적인 공적인 척도에 따라 '정상생활'이라고 불리는 정상적 내밀성의 관념이 형성된다. 아마도 '정상적 신체'라는 관념은 이와 짝을 이루는 것이거나 그 안에 내포된 것일 터이다. 취업하기 위해 병원에서 '채용신체검사서'를 받아 제출해야 하는 것 못지 않게, 정상적 신체임을 입증하는 서류가 결혼의 정상적 조건이 되리라고 예견하는 것은 이런 맥락에서 매우 그럴 듯해 보인다.

결국 가족형태나 가족생활, 혹은 신체와 결부된 복합적인 '정상성'의 개념이 가족계획 담론의 출구에서 형성된다. 그것은 가부장과 장남으로 이어지는 친자관계(filiation)의 선을 대신해서 가족적인 욕망을 영토화하고 재영토화하는 지대를 형성한다. 그것은, 가장을 가족의 생계를 전담하는 부양자로 설정하면서 그 대가로 가족적 권력을 그에게 할당하고 그

대신 여성을 가정 안에서 가사와 육아 등을 전담하게 하는 활동의 분할과 분배로부터 상대적으로 자유롭게, 가족생활 전반을 가족 안으로 영토화하는 기제를 작동시킨다. 그것은 가족계획 담론을 통해 새로이 형성되는 가족주의적 욕망의 새로운 구심력을 형성한다.

반면 생식활동을 과학화하고 의료화하는 과정에서 발생한 생식활동과 성욕의 분리는, 앞서 본 것처럼 성욕이나 성생활을 생식활동으로부터 탈영토화시킨다. 의사들이 제공하는 피임의 기술은 이처럼 생식에서 벗어난 성욕이나 성활동이 실질적인 탈영토화의 선을 그리는 데 또 하나의 결정적인 조건을 제공한다. 그런데 생식활동에서 성욕이나 성생활이 이처럼 자유로울 수 있는 물질적이고 기술적인 조건이 마련되었을 때, 그리고 성교를 자식을 낳는 것과 독립된 것으로 생각하고 욕망하게 되었을 때, 성욕이나 성생활이 가족으로부터 다시 탈영토화되는 것을 막을 수 없게 되는 것으로 보인다. 다시 말해 생식활동으로부터 성생활의 탈영토화는 가족으로부터 성생활의 탈영토화로 이어질 가능성을 내포한다는 것이다. 가족을 이루기 이전의 성욕과 섹스, 가족 외부에서의 성욕과 섹스는 이러한 조건에서 새로운 활력을 얻을 수 있는 것은 아니었을까? 물론 '정상가족'이란 관념이 이를 막을 테지만, 성생활을 정신병리학의 대상으로 삼던 빅토리아 시대와 달리 생리학적 관념으로 성교를 탈성욕화했고, 그런 식의 과학화를 위해 스스로 탈도덕화한 가족계획 담론에서 의학적 정상성 개념은 이를 막기엔 역부족인 것처럼 보인다.

| 참고문헌 |

강길원 외. 1973. 『가족계획과 모성보호』. 서울대학교 보건대학원.

권태환. 1997. "출산력 변천의 과정과 의미". 권태환 편. 『한국 출산력 변천의 이해』. 일신사.

김은실. 1991. "발전논리와 여성의 출산력". 『또 하나의 문화』. 8호.

김태헌. 1997. "인구전망과 사회적 영향". 권태환 편. 『한국 출산력 변천의 이해』. 일신사.

대한가족계획협회. 1966. 양재모 편. 『가족계획교본』.

배은경. 1999. "출산통제와 페미니트스 정치". 『모성의 담론과 현실』. 나남.

신극범. 1976. 『인구교육』. 교육출판사.

양재모. 1986. "우리나라 인구정책의 종합분석". 『한국 인구학회지』. 제9권 1호.

_____. 1998. "우리나라 인구정책의 종합분석". 『한국인구학』. 제21권 2호.

손애리. 1999. "1960~1970년대 한국의 출산통제정책 연구". 고려대학교 석사학위 논문.

전광희. 1997. "출산력 변화의 메커니즘". 권태환 편. 『한국 출산력 변천의 이해』. 일신사.

정경균. 1987. 『가족계획 어머니회 연구』. 대한가족협회.

한국보건사회연구원. 1991. 『인구정책 30년』.

_____. 1988. 『모자보건사업 관리방안 연구』.

홍문식. 1998. "출산력 억제정책의 영향과 변천에 관한 고찰". 『한국인구학』. 제21권 2호.

들뢰즈 · 가타리(G. Deleuze and F. Guattari). 2001. 『카프카: 소수적인 문학을 위하여』. 이진경 역. 동문선.

푸코(M. Foucault). 1996. 『감시와 처벌』. 박홍규 역. 강원대 출판부.

_____. 1990. 『성의 역사』 1. 이규현 역. 나남.

Aries, P. and G. Duby eds. 1998. *A History of Private Life. II. tr.* by A. Goldhammer. The Belknap Press of Harvard University Press.

Donzelot, J. 1994. *L'invention du social*. Paris: Seuil.

_____. 1979. *The Policing of Families*. tr. by R. Hurley. Random House.

Shorter, E. 1977. *The Making of the Modern Family*. Basic Books.

글쓴이

조희연 chohy@mail.skhu.ac.kr

현재 성공회대 사회과학부 교수 겸 NGO대학원 교수로, 학술단체협
의회 상임공동대표를 맡고 있다. 서울대 사회학과를 졸업했고 연세
대 사회학과에서 석사 및 박사 학위를 받았으며, 미국 남가주대학
교(USC) 한국학 객원교수와 영국 랑카스터 대학교 교환교수를 지
냈다.

주요 논저로는 한국의 민주주의와 사회운동(저), 한국의 국가 · 민주
주의 · 정치변동(저), 계급과 빈곤(저); 한국의 민주주의와 사회운동
의 동학(편저); 한국사회구성체논쟁(편저), 국가폭력 민주주의 투쟁
그리고 희생(편저) 등이 있고, 그 외 다수의 논문이 있다.

홈페이지 : http://dnsm.skhu.ac.kr

김정훈 kjhandam@hanmail.net

현재 한신대 학술원 연구교수 겸 민주사회정책연구원 연구교수로, 한
국 산업사회학회 운영위원을 맡고 있다. 연세대 사회학과를 졸업했
고, 동 대학원에서 사회학 박사 학위를 받았으며 사회민주주의연구
회에서 활동하고 있다.

주요 논저로는 시민사회와 시민운동 2(공편저), "한국전쟁과 담론정
치", "세계화와 통일민족주의", "1960년대 이후의 한국 사회 민주화
와 사회민주주의", "분단체제와 민족주의", "시민사회와 계급정치"
등 다수가 있다.

이광일 nanjangi@orgio.net

현재 성균관대 강사로, 한국정치연구회에서 연구위원으로 활동하고
있다. 성균관대 정치외교학과를 졸업했고, 동 대학원에서 정치학

석사 및 박사 학위를 받았다.

주요 논저로는 20세기 한국의 야만2(공편저), 국가폭력, 민주주의투쟁 그리고 희생(공저), 저항, 연대 기억의 정치(공저) 등이 있고, "대선과 정치구조의 변화: '보수 대 진보의 대립'은 가능한가", "'우리안의 파시즘론'을 비판한다", "민주화이행, 80년대 '급진노동운동의 위상' 그리고 헤게모니" 외 다수의 논문이 있다.

손호철 sonn@sogang.ac.kr

현재 서강대 정외과 교수로, 민교협(민주화를 위한 전국교수협의회) 공동의장으로 활동하고 있다. 서울대 정치학과를 졸업했고, 미국 University of Texas at Austin에서 석사 및 박사 학위를 받았으며, 한국정치연구회 회장을 지냈다.

주요 논저로는 근대와 탈근대의 정치학(저), 신자유주의 시대의 한국정치(저), 현대 한국정치: 이론과 역사(저), 3김을 넘어서(저), 해방 50년의 한국정치(저), 전환기의 한국정치(저) 등이 있고, 그 외 다수의 논문이 있다.

김윤철 disorder@sogang.ac.kr

현재 민주노동당 상임정책위원으로, 인하대 정외과를 졸업했고 서강대 정외과에서 석사를 마치고 박사과정을 수료했다. 주요 논저로는 그러나 지난밤... 1991년 5월(공저), "새로운 성장정치 시대의 지배담론에 관한 고찰—김영삼 정권의 '세계화' 담론을 중심으로" 외 다수의 논문이 있다. 홈페이지 : http://myhome.naver.com/gazeman

조현연 hycho@mail.skhu.ac.kr

현재 성공회대 민주주의와사회운동연구소 소장 겸 사회문화연구원 연구교수 · 민주자료관 운영위원으로, 한국정치연구회 연구위원으로 활동하고 있다. 한국외국어대 정외과를 졸업했고 동 대학원에서

정치학 석사 및 박사 학위를 받았으며, 학술단체협의회 정책위원
장, 민주노동당 정책부위원장 등을 지냈다.

주요 논저로는 한국 현대정치의 악몽—국가폭력(저), 국가폭력 민주
주의 투쟁 그리고 희생(공저), 한국 민주주의와 사회운동의 동학(공
저), 20세기 한국의 야만(공편저) 등이 있고, "진보정당의 수권 전략
과 '현실주의적 유토피아'의 길" 외 다수의 논문이 있다.

박상훈 parsh0305@hanmail.net

현재 고려대학교 아세아문제연구소 연구교수로, 한국정치연구회 연
구위원으로 활동하고 있다. 서울대 경영학과를 졸업했고 고려대에
서 정치학 석사 및 박사 학위를 받았다.

주요 논저로는 박정희를 넘어서(공저), "한국의 유권자는 지역주의에
의해 투표하나: 제16대 총선의 사례", "민주화 이전의 선거와 지역
주의", "한국 지역정당체제의 미시적 기초에 관한 연구", "정치적
상징과 담론의 정치—신한국에서 세계화까지", "민주적 공고화의
실패와 그 기원" 외 다수의 논문이 있다.

김영범 twoponej@hanmail.net

현재 한림대학교 노년학연구센터 전임연구원으로, 연세대 사회발전
연구소 전문연구원을 지냈다. 연세대 사회학과를 졸업했고 동 대학
원 사회학과에서 석사 및 박사 학위를 받았다.

주요 논저로는 포스트 포드주의와 신보수주의의 미래(역시), "한국복
지국가의 유형화에 대한 비판적 검토", "적극적 노동시장정책의 실
업감소 효과에 관한 연구", "경제위기 이후 사회정책의 변화", "복
지국가에 대한 비교사회학적 접근: 에스핑 안데르센을 중심으로"
외 다수의 논문이 있다.

박태호 trans@korea.com

현재 서울산업대 교양학부 교수로, 한국산업사회학회에서 활동하고 있다. 서울대 사회학과를 졸업하고 동 대학원 사회학과에서 석사 및 박사 학위를 받았다.

주요 논저로는 노마디즘 1, 2(저), 철학의 외부(저), 탈주선 위의 단상들(저), 맑스주의와 근대성(저), 철학과 굴뚝청소부(저), 사회구성체론과 사회과학방법론(저), "코뮨주의와 공동체주의: 코뮨주의의 공간성에 관하여", "근대적 주체와 정체성: 정체성의 미시정치학을 위하여" 외 다수가 있다.

한국 자본주의 발전모델의 형성과 해체

김진업 편

이 책은 한국 자본주의 발전의 역사를 다루는 연구 결과물이다. 산업화 과정의 역사적 검토를 통해 한국자본주의의 연구방법과 관점을 세우는 일이 이 책이 기울인 노력이다. 연구자들은 신고전파 발전이론을 중심으로 한 국제적 논쟁과 국내 정치경제학계의 사회구성체 논쟁을 검토하면서 새로 얻어진 방법론을 잠정적으로 '역사제도주의'(historical institutionalism)라고 명명했다. 역사제도주의는 발전의 동학과 동시에 위기와 모순의 동학을 함께 설명하려는 시도이다. 그 결과 현재 한국 경제의 위기를 이 책에서는 잠정적이지만 결론적으로 국가동원체제가 재벌체제로 전화되는 과정에서 발생한 경제체제내부 모순과 국제경제적 조건(환경)의 변화가 결합된 것으로 이해되었다. 각 부문내부의 모순뿐 아니라 각 부문간 상호보완성의 파괴가 한국 경제의 문제라고 인식하고 있다. 그리하여 '시민사회의 눈'으로 '국민대중의 눈으로' 그리고 '노동자의 눈'으로 '아래로부터' 문제에 접근하려는 시도가 필요하다고 보고 이를 근거로 다양한 분석을 시도하였다.

한국 민주주의와 사회운동의 동학

조희연 편

21세기 한국 민주주의의 확산과 심화를 위한 구체적인 과제의 제시

지나온 현대사에 대한 역사적 반추를 통해 21세기 한국 민주주의의 확산과 심화를 위한 구체적인 과제를 제시한 것이 이 연구의 특징이라고 할 수 있다. 따라서 이 책의 민주주의를 단순히 국가를 중심으로 한 제도정치적 과정으로 보려는 자유주의적 관점을 넘어서면서, 민주주의를 복합적 · 다원적인 사회적 투쟁의 과정이자 결과로 파악하고자 하였다. 나아가 이런 관점을 한국 현대사에 확장하여, 한국 현대 민주주의의 발전과정을 제도정치와 운동정치의 역동적인 상호작용으로 파악하고자 하였다.

복합적 · 다원적인 사회적 투쟁의 과정이자 결과로서의 민주주의, 분석틀로서의

국가-제도정치-운동정치, '금단-배제-선택적 포섭'의 정치로 한국 현대사의 거시적 흐름을 분석하면서 이 책은 운동정치와 제도정치의 역동적인 상호관계의 프레임으로 해방 이후 한국 민주주의의 '숨겨진 동학'을 해명해보고자 하고 있다. 즉, 제도정치와 운동정치의 역동적인 상호관계 속에서 한국 민주주의의 발전을 보다 구체적으로 분석하기 위하여, '금단의 정치', '배제의 정치', '선택적 포섭의 정치'라는 개념을 사용하여 각 시대별, 각 시기별 특징을 분석하고 있다.

한국 시민사회의 변동과 사회문제

이영환 편

성장신화를 뒷받침할 사회통합의 과제는 무엇인가

해방 이후 지난 반세기 동안 한국 사회의 변화는 그 폭과 깊이 그리고 속도 면에서 손쉽게 다른 예를 찾아보기 힘들 정도이다. 경제성장을 위해 사회 전체가 동원되었으나 성장의 열매를 고르고 공정하게 배분하는 일은 뒷전에 밀려 있고 삶의 질은 뒷걸음질쳤다. 불평등과 사회적 위험(social risks)이 확대되었고, 성차별, 소수집단의 소외, 문화적 억압 등 다종다양한 문제들이 누적되었다. 결국 다양한 민중과 소수자 집단의 희생과 소외를 대가로 외형적 성장을 성취해온 것이 그간 우리 사회 성장신화의 실상이었다. 이 책은 이러한 사회문제의 해결이 절실한 과제임을 인식하고 이 부분에 대한 다양한 접근을 통한 분석과 해석, 문제해결을 시도한다.

즉, 이 책은 한국 사회의 문제점들을 가장 잘 보여줄 수 있는 대표적인 사례집단으로 노동자, 여성, 가족 및 소수자집단을, 그리고 대표적인 문제영역으로 '복지', '대중문화' 및 '언론'을 선택하여 지난 반세기 동안 경제적, 정치적 변화의 이면에서 누적된 문제들, 그리고 그를 해결하기 위한 사회적 노력과 국가의 정책적 대응의 전개과정을 심층적으로 분석하고 있다. 한국 사회의 성격과 구조적 변동에 대한 구체적 이해 증진이라는 목적을 공유하는 이 책이 가진 중요한 특징은 한국 사회 사회문제의 역사적 전개과정을 보다 긴 호흡으로 되돌아보면서, 그리고 한국 사회의 독특한 문화 및 역사적 요인들을 중시하면서, 그리고 고통받고 있는 민중의 대응에 주안점을 두고 살펴보려고 한 점이다.

국가폭력, 민주주의 투쟁, 그리고 희생

조희연 편

혼돈의 시대를 정리하는 한국민주주의의 탐색

이 책은 '국가폭력과 민주주의 투쟁의 상호작용' 속에서 발생한 '희생'(sacrifice) 이라는 프리즘으로 한국 현대사를 재조명하려는 시도이다. 이 연구는 국가폭력-민주 주의 투쟁-희생의 상관성, 그 속에서 나타나는 희생의 통계화와 그 구체적 양태에 주 목하고 있고, 다양한 영역과 차원에서 나타난 희생을 입체적으로 드러내고 분석하고 자 하였다. 일차적으로는 희생의 '양적' 규모(희생의 통계학) 및 구체적 양태를 각종 자료를 통해서 서술하고 그것의 구조적 배경 및 성격을 분석하고자 하였다. 분석적 인 목표는 국가폭력과 희생에 대한 가능한 수준에서의 통계적 계량화와 사례를 통한 폭력과 희생의 구체화, 그리고 그 구체적 양태의 유형화이다.

또한 희생을 다루면서 자연스럽게 '가해'를 설명하기 위하여 국가폭력을 논의하 였다. 그런 점에서 이 책은 '피해'로서의 역사적 희생과 가해로서의 국가폭력을 주 요한 화두로 하고 있다. 그리고 1987년 이후에도 그 이전과 똑같은 수준의 국가폭력, 투쟁, 희생은 아니지만 여전히 폭력이 존재함을 확인했다. 국가권력 담당층이 '위 기'라고 인식하는 국면(89년 공안정국 등)에서 과거와 동일한 수준―때로는 더 높은 수준―의 국가폭력과 억압이 재발휘됨으로써 구속 등의 희생이 크게 나타났던 사실 을 강조하는 것이다. 이로 인해 몇 가지 한국 민주화의 특성도 확인해 볼 수 있다.

성공회대학교 사회문화연구소 소개

　성공회대학교 사회문화연구소는 학문 간 교류와 학제 간 연구를 통해 종합적인 시각으로 사회문제를 접근하고 실천적 대안을 모색하는 인문사회과학 종합연구소이다.

　1996년 3월에 설립된 본 연구소는, 1999년에 '노인복지연구소'와 '인권평화연구소'를 통합하여 오늘에 이르고 있다. 현재 사회문화연구소는 2003년 내에 5소 1관 체제의 사회문화연구원으로의 개편을 추진하고 있다. 〈민주주의와 사회운동연구소〉, 〈사회복지연구소〉, 〈노인복지연구소〉, 〈노동사연구소〉, 〈동북아연구소〉의 5개 연구소와 〈민주자료관〉이 그것이다.

　본 연구소는 1999년 말 이래 한국학술진흥재단의 중점 지원을 받는 연구소로 선정되어 '자본주의 발전과 사회구성의 변화: 자본주의, 민주주의, 시민사회의 구조변화' 연구를 수행하고 있다. 이 연구는 6년에 걸친 장기 연구로 기획되어 있으며, 현재 2단계 연구를 마무리하는 과정에 있다.

　본 연구소의 또 하나의 주요 연구과제인 노동사 연구는 2002년 8월부터 한국학술진흥재단 기초학문지원 중형과제(3개년)로 선정되어 현재 '1970년대 한국산업노동자의 형성과 생활세계연구'가 진행 중에 있다. 이 연구는 노동관계 문헌 아카이브와 데이터베이스 구축, 구술사 정리 등을 주요내용으로 한다.

　그 밖에 본 연구소는 지난 1997년부터 인하대, 가톨릭대 등 경인지구의 대학연구소와 공동 콜로키엄을 개최하는 등 대학 간 협력 네트워크 구축을 위한 기반 조성에 노력하고 있다. 그리고 구로 지역사회의 공동체적 발전을 모색하기 위해 지역사회와 대학사회의 열린 소통의 공간을 마련, 자유로운 포럼 형식의 모임을 2003년부터 진행하고 있다. 지역사회에서는 구로구청 관련 공무원들과 구로구 기초의회 의원들이, 대학사회에서는 성공회대 경제학, 사회학, 사회복지학, 정치학, 유통정보학, 신학과 등 다양한 학문의 관련 교수들이 참여하고 있다.

또한 매년 '노인복지연구소'가 주관하는 세계노인의 날 기념세미나와 동북아연구소가 주관하는 '동북아포럼' 및 국제학술대회를 개최하여 우리 사회의 중요한 사회문제에 대한 학술적 토론을 통해 사회발전의 대안적 전망을 모색하는 데 기여하고자 하고 있다. 특히 동북아연구소는 향후 한반도문제를 연구하는 주요거점 연구소로 성장하기 위한 토대를 구축하는 데 필요한 동북아 인적 연대와 연구를 진행 중에 있다.

주요 연구 실적

『산업구조 전환과 구로공단의 재구조화』, 김진업, 양기호, 박경태, 이영환, 한국학술진흥재단 1996년도 대학부설연구소 총괄과제 '산업구조전환과 지역사회변동에 관한 연구' 제1세부과제 연구결과보고서, 1998. 5. 30.

『구로공단 지역의 생활세계』, 이가옥, 문진영, 권진관, 정원오, 이혜원, 김명환, 김창남, 한국학술진흥재단 1996년도 대학부설연구소 총괄과제 '산업구조전환과 지역사회변동에 관한 연구' 제2세부과제 연구결과보고서, 1998. 5. 30.

『주거비 보조 제도 연구』, 이영환, 한국학술진흥재단.

『결식아동 중식지원사업 실태조사』, 이혜원, 성공회대학교, 1999.

『한일관계와 사회문화적 상호작용』, 사회문화연구소(편), 성공회대학교 출판부, 1999.

『노인복지의 현황과 과제』, 이가옥, 나남출판, 1999.

『시민단체를 통한 정보문화 활성화 방안 연구』, 이종구, 정원오, 허상수, 홍은지, 이영환, 김명철, 정보통신부 제출 연구보고서(지정종합 99-12), 2000. 3.

『세기적 대전환과 대안적 교육』, 고병헌, 이장우, 장화경, 김명철, 송순재, 한국학술진흥재단 제출 연구보고서, 2000. 6. 30.

『한국민주화 운동의 전개와 구조』, 조희연, 오유석, 김서중, 조현연, 허상수, 한국학술진흥재단 제출 연구보고서, 2000. 6. 30.

『민주묘역조성 후보지 인문학적 기초조사』, 조희연, 백원담, 진영종, 전명혁, 이
　　광일, 민주화운동관련자 명예회복 및 보상심의위원회 용역연구보고
　　서, 2001. 6. 15 .

『중국에서 근대적 개인(주체)의 존재방식에 관한 문제』, 조경란, 학술진흥재단
　　학술연구과제.

『경제자유화, 사회적 신뢰, 민주주의』, 박은홍, 학술진흥재단 학술연구과제,
　　2002. 8-2005. 7.

『한국산업노동자의 형성과 생활세계연구-노동사 아카이브 구축과 생활사연구
　　를 중심으로』, 이종구 외, 학술진흥재단 기초학문육성과제, 2002. 8-
　　2005. 7.

한국 사회의 재인식 시리즈

1. 한국자본주의 발전모델의 형성과 해체, 김진업 편, 나눔의집, 2001. 8.
2. 한국민주주의와 사회변동의 동학, 조희연 편, 나눔의집, 2001. 8.
3. 한국 시민사회의 변동과 사회문제, 이영환 편, 나눔의집, 2001. 8.
4. 국가폭력, 민주주의 투쟁, 그리고 희생, 조희연 편, 함께읽는책, 2002. 11.

사회문화연구 Discussion Paper 시리즈

DP 01-1 '개발 독재기 국가 성격과 구조의 변화' , 이광일, 2001. 3. 15.

DP 01-2 '일본의 공적 사회복지 공급주체로서의 NPO', 정미애, 2001. 03. 22.

DP 01-3 '시민운동을 보는 민중적 관점, 민중운동을 보는 시민적 관점' , 조희연,
　　　2001. 5. 10.

DP 01-4 '한국시민사회의 변동과 사회문제 한국의 정보 격차 추이', 심상완,
　　　2001. 8. 25.

DP 01-5 '삶의 질과 사회복지', 이영환, 2001. 10. 04.

DP 01-6 '한국의 국가 폭력과 잊혀진 1991년 5월 투쟁', 조현연, 2001. 10. 11.

DP 01-7 '정치적 주체로서의 여성: 성적 대표성과 정치적 대표성', 오유석, 2001. 10. 18.

DP 01-8 '과거 청산과 민주주의 역사 복원의 이율배반성', 조현연, 2001. 10. 25.

DP 02-1 '정보화시대의 시민운동', 하승창, 2002 3. 19.

DP 02-2 '정책과 담론: 여성정책 연구방법론의 탐색', 황정미, 2002 3. 23.

DP 02-3 '인구고령화에 대응하는 복지 과학기술정책의 방향', 심상완, 2002 9. 27.

DP 02-4 '김대중 정부 사회복지정책의 평가: 탈빈곤과 재분배의 관점에서', 이영환, 2002. 10. 1.

DP 03-1 '구술방법론에 대하여', 김귀옥, 2003. 1. 16.

DP 03-2 '한국 장애인 복지의 전개와 장애담론의 변천', 김용득, 2003.

DP 03-3 '미 국립문서 기록관리청 소장 한국 경제 관련 자료 소개', 김점숙, 2003. 5. 2.

DP 03-4 '구로 지역사회 발전과 구로구의 주요사업 추진 상황', 이성·홍준호, 2003. 5. 23.

세계노인의 날 기념 세미나 시리즈

『한국의 노인과 세계의 노인』, 이가옥, 고양곤, 1995 9. 27. 제1회

『자원봉사와 노인의 역할』, 이가옥, 실비아 게즈, 1996 9. 30. 제2회

『경로연금의 도입과 시행방안』, 이가옥, 고천기, 1997 9. 19. 제3회

『경제위기와 고령자 고용, 소득의 대안 모색』, 이가옥, 고철기, 1998 10. 1 제4회

『장기요양보호 노인의 현황과 정책적 대안』, 이가옥, 최성재, 1999 9. 30. 제5회

『노년기 삶의 질: 지표개발과 평가』, 이가옥, 이현송, 김정석, 2000. 9. 22. 제6회

『노인 장기요양정책의 기본방향』, 한달선, 2002 9. 30. 제7회

노인복지 조사연구보고서

『공적 노후소득보장체제의 발전방안』, 1998. 6.

『구로구 노인생활실태 분석 및 정책과제』, 이가옥, 정원오, 구로구청 제출, 1998. 3.

『노인과 가족의 장기요양보호서비스 이용에 관한 태도』, 1999 6.

『지역공동체 활성화 방안』, 이가옥, 고철기, 한솔섬유, 2000.

성공회대학교 사회문화연구소

주소 : 152-716 서울 구로구 항동 1-1

전화 02) 2610-4138, 팩스 02) 2610-4296

전자메일주소 : cis@mail.skhu.ac.kr

홈페이지 : http://green.skhu.ac.kr

한국의 정치사회적 지배담론과 민주주의 동학
─한국 민주주의와 사회운동의 동학(3)

초판 1쇄 발행 2003년 8월 30일

초판 2쇄 발행 2015년 3월 23일

저자 / 조희연 편

펴낸곳 / 함께읽는책

펴낸이 / 양소연

주소 / 서울 금천구 디지털로9길 68, 1105호(가산동, 대륭포스트타워 5차)

전화 / 1688-4604

팩스 / 02-2624-4240

가격 / 20,000원

ISBN 89-90369-19-3

• 잘못된 책은 구입하신 곳에서 바꾸어 드립니다.